Georg Veith

Der Feldzug von Dyrrhachium zwischen Caesar und Pompejus

Verlag
der
Wissenschaften

Georg Veith

Der Feldzug von Dyrrhachium zwischen Caesar und Pompejus

ISBN/EAN: 9783957004451

Auflage: 1

Erscheinungsjahr: 2015

Erscheinungsort: Norderstedt, Deutschland

Hergestellt in Europa, USA, Kanada, Australien, Japan
Verlag der Wissenschaften in Hansebooks GmbH, Norderstedt

Cover: Sandro Botticelli "Die Verleumdung des Apelles" (1495)

DER FELDZUG VON DYRRHACHIUM ZWISCHEN CAESAR UND POMPEJUS

PETRA

(Škam, Sasso bianco), von Süden gesehen.

DER FELDZUG VON DYRRHACHIUM ZWISCHEN CAESAR UND POMPEJUS

MIT BESONDERER BERÜCKSICHTIGUNG
DER HISTORISCHEN GEOGRAPHIE DES ALBANISCHEN
KRIEGSSCHAUPLATZES

VON

GEORG VEITH
OBERSTLEUTNANT

MIT 9 KARTEN UND 22 LANDSCHAFTSBILDERN

MIT UNTERSTÜTZUNG DER AKADEMIE DER WISSENSCHAFTEN IN WIEN

WIEN 1920
VERLAG VON L. W. SEIDEL & SOHN

Beilage III

Abb. 1. Winterliche Inundation in der Muzakja.

Abb. 2. Der Del bei Gradišta.

Abb. 3. Der alte Apsuslauf östlich Biškesmi.

Abb. 4. Oricum.

Abb. 5. Apollonia (Oberstadt), von Osten gesehen.

Praschniker phot.

Abb. 6. Nymphaeum: Der Hafen von S. Giovanni di Medua.

Abb. 7. Die Hügelkette von Kuči, von Süden gesehen.

Abb. 8. Das Lager des Pompeius bei Asparagium, vom Lager Caesars gesehen.

Abb. 9. Das Lager Caesars bei Asparagium, vom Lager des Pompeius gesehen.

Abb. 10. Die Quellmulde des Kreisiabaches.

Abb. 11. Mittellauf des Kreisiabaches.

Abb. 12. Die Gešnike bei Stanirij.

Abb. 13. Das Hauptlager Caesars vor Dyrrhachium, vom Lager des Pompeius (Petra) gesehen.

Abb. 14. Das Hauptlager des Pompeius, von Norden gesehen.

Abb. 15. Der Mali Robit, von Norden gesehen.

Abb. 16. Der Hügel von Paljemoh, von Westen gesehen.

Abb. 17. Die Schanze »Meterizi«.

Abb. 18. Spuren des Lagerwalles bei Spie e Hoxhe Koles.

Abb. 19. Sumpfgraben bei Rrakoll.

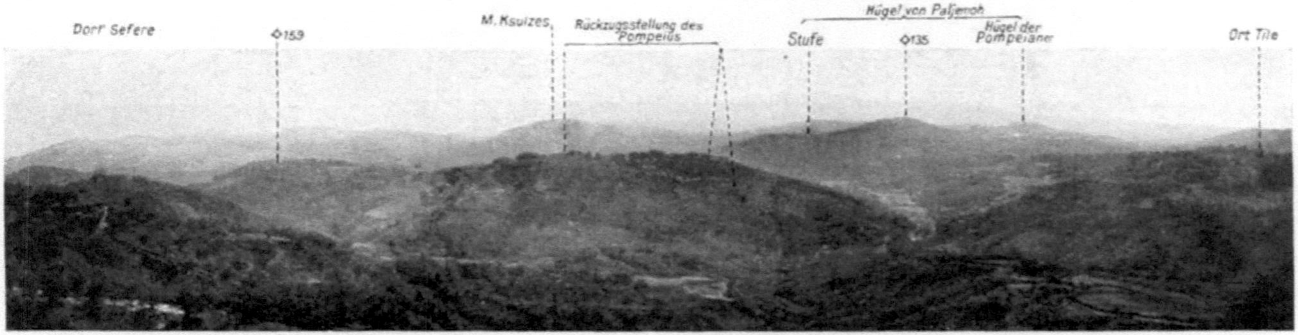

Abb. 20. Terrain des Angriffes auf die Schanze des Minucius, von Nordosten gesehen.

Abb. 21. Terrain des Angriffes auf die Schanze des Volcatius Tullus.

CARL PATSCH

IN TREUER FREUNDSCHAFT UND DANKBARKEIT

ZUGEEIGNET

Vorwort.

Diese Arbeit verdankt ihr Entstehen den Erfahrungen, die ich als Begleiter und Mitarbeiter Prof. Dr. J. Kromayers auf dessen im Winterhalbjahr 1907/08 nach Italien und Tunis unternommener Forschungsreise, zumal auf den caesarianischen Schlachtfeldern in Afrika, gemacht hatte. Damals, kurz nach Veröffentlichung meiner „Geschichte der Feldzüge C. Julius Caesars", hatte ich erkennen müssen, welch unendlicher Unterschied für das Verständnis und für die Möglichkeit der plastischen Darstellung eines Feldzuges sich ergibt, je nachdem man das Gelände aus eigener Anschauung kennen gelernt hat oder nicht. Ein Vergleich der Darstellungen der afrikanischen Feldzüge Curios und Caesars in meiner vorerwähnten Erstlingsarbeit und im III./2. Bande von Kromayers „Antiken Schlachtfeldern" zeigt diesen Unterschied in aller nur wünschenswerten Drastik.

Damals reifte in mir der Entschluß, nie wieder über einen antiken Feldzug zu schreiben, ehe ich das Terrain mit eigenen Augen gesehen; anderseits aber auch das begründete Verlangen, so wie es mir in Italien und Afrika vergönnt gewesen, auch in den übrigen Ländern, in denen Caesars Legionen gefochten, ihren Spuren persönlich zu folgen und so auf Grund eingehender Autopsie die Grundlage zu gewinnen für eine seinerzeitige Neubearbeitung der caesarianischen Feldzüge, in der ich meine wissenschaftliche Lebensaufgabe erblicke. Die Ausführung ist derart gedacht, daß ich die auf diesen örtlichen Untersuchungen fußenden Forschungsergebnisse fallweise je nach Gelegenheit in Form kritischer Bearbeitungen einzeln veröffentliche, um zuletzt in einer zusammenfassenden Schlußarbeit, jeder polemischen Diskussion überhoben, einfach auf jene Einzelarbeiten verweisen zu können.

Nachdem die Feldzüge in Italien und Afrika eine solche Bearbeitung erfahren hatten[1]), bot sich mir als nächstes Problem der Feldzug von Dyrrhachium dar, dessen Schauplatz meiner damaligen Garnison am nächsten lag.

Indes die mir seitens der kaiserlichen Akademie der Wissenschaften bereits im Jahre 1911 zu diesem Zwecke bewilligte Subvention konnte lange Zeit hindurch nicht ihrer Bestimmung zugeführt werden. Im ersten Jahre war es der nordalbanische Aufstand, im folgenden der italienisch-türkische Krieg, später der Balkankrieg und die eigene Kriegsbereitschaft, welche meine Entsendung in jene Gegenden untunlich erscheinen ließen. Ich hatte unterdessen, gleichfalls mit Subvention der kaiserlichen Akademie, eine Untersuchung der illyrischen Feldzüge Octavians durchgeführt und in dieselbe auch ein in den Rahmen der Kriege Caesars fallendes Problem, die Katastrophe des Gabinius bei Sinodium, einbeziehen können[2]).

Erst im Jahre 1914 traten mit der Thronbesteigung des Prinzen von Wied wenigstens vorübergehend jene Verhältnisse ein, welche es den maßgebenden Stellen opportun erscheinen ließen, mir die Reise nach Albanien zu gestatten. Im Laufe des Monates April jenes Jahres ward es mir endlich möglich, fast den ganzen Kriegsschauplatz zu bereisen, alle wichtigen Örtlichkeiten zu begehen und an der Hand der Quellen wie der bisherigen Literatur zu studieren, mit einziger Ausnahme der Landungsstelle Caesars bei Palaeste (Paljassa), an deren Besuch ich durch die Besetzung des Logarapasses seitens griechischer Truppen verhindert wurde; doch wiegt dieser Verlust, so bedauernswert er für mich an und für sich war, wissenschaftlich nicht so schwer, da dieses Problem im Terrain eindeutig gegeben und demzufolge von früheren Forschern in voller Übereinstimmung einwandfrei gelöst erscheint[3]).

Schon die damals gewonnenen Resultate bestätigten aufs neue meine Erfahrung von dem Unterschiede einer derartigen Arbeit am grünen Tische und im Gelände[4]). Ich mußte dies auch am eigenen

---

[1]) Veith, Corfinium, eine kriegsgeschichtliche Studie. Klio XIII (1913), S. 1 ff. — Kromayer-Veith, Antike Schlachtfelder. Bd. III/2. Berlin 1912.

[2]) Schriften der Balkankommission. Ant. Abt. VII. Wien 1914.

[3]) Stoffel I 349 f. — Heuzey, Op. mil. S. 10 ff. — Patsch, Sandschak Berat 79 ff.

[4]) Vgl. den „Vorläufigen Bericht“ im Anzeiger der kaiserl. Akademie der Wissenschaften in Wien 1914, Nr. XVII.

Leibe spüren, denn manche der Einwände, die ich in meinen „Feldzügen“ gegen Stoffels Lokalisierung erhoben und die bezeichnenderweise seitens der nicht immer sanften und besonders bei Angriffen auf Stoffel empfindlichen Kritik unwidersprochen geblieben waren, haben sich bei Besichtigung des Terrains als hinfällig erwiesen, so meine Ansicht über den Verlauf des Südabschnittes der Linien vor Dyrrhachium. Hier hat eben die Lokalforschung recht behalten. In manchen anderen Punkten habe ich meine Ansichten bestätigt gefunden, und in einzelnen wesentlichen Teilen hat mich meine Untersuchung zu ganz neuen Ergebnissen geführt, bezeichnenderweise gerade dort, wo Heuzey und Stoffel mehr nach der Karte als nach dem Auge gearbeitet hatten, wie in der Frage der Apsuslager.

Die im April 1914 gewonnenen Ergebnisse waren bis zum Sommer desselben Jahres in einem vorläufigen Konzept festgelegt, als der Weltkrieg ausbrach. Er hat die endgültige Fertigstellung der Arbeit um $4^1/_2$ Jahre verzögert, sie aber anderseits in höchstem Ausmaße gefördert. Vor allem durch die Fülle persönlicher Kriegserfahrung überhaupt, welche mir gerade für diese Untersuchung wesentlich zustatten kam und auch bei künftigen Arbeiten Früchte tragen wird. Sie lehrte mich erst alle die im Friedensleben ausgeschlossenen und in ihrer Gänze kaum vorstellbaren Einflüsse kennen, die im Kriege eine so große Rolle spielen und die Ereignisse oft nicht minder beeinflussen wie die taktischen Entscheidungen an sich. Die unglaublichen technischen Fortschritte mit ihren umwälzenden Einflüssen auf die Kriegführung, die daraus resultierenden ungeheueren Unterschiede zwischen einem antiken Feldzug und dem jüngsten Weltkrieg kommen für die praktische Anwendung der Kriegserfahrung auf unsere Probleme nicht in Betracht; nicht um taktische Formen, Gefechtstätigkeit und Waffenwirkung handelt es sich hier, sondern um jene Momente, die, durch die Natur des Menschen und ihre Grenzen bedingt, naturgemäß unveränderlich sind. Hierher zählt nicht nur das auch abseits des Gefechtsfeldes sich fühlbar machende Bewußtsein des „Ernstfalles“, dann die Gefahr an sich mit ihrer weitgehenden und doch so verschiedenartigen Einwirkung auf die Psyche der Kampftruppe; im höchsten Ausmaße sind es zwei Momente, deren Wichtigkeit für die Kriegführung gewiß seit jeher jedermann klar war, deren v o l l e Würdigung jedoch nur dem möglich wird, der es eben „selbst mitgemacht" hat: die mit dem Kommunikationsproblem eng verknüpfte Frage der Marschleistungen und die alles beherrschende Verpflegsfrage.

Gerade in dieser Hinsicht ward ich vom Schicksal besonders begünstigt. Nachdem ich schon die Feldzüge in Serbien 1914 und 1915 zur Gänze mitgemacht, wo, was die Eigentümlichkeiten des Kriegsschauplatzes und bis zu einem gewissen Grade auch der Truppenverwendung anbelangt, immerhin viel nähere Beziehungen zu antiken Feldzügen obwalteten als etwa in Italien, Frankreich oder Rußland, kam ich im Herbst 1917 als Kommandant eines Gebirgsartillerieregiments an die albanische Front, also unmittelbar auf den caesarianischen Kriegsschauplatz selbst, dessen spezifische Eigentümlichkeiten wohl heute noch mehr als die irgend eines anderen Kriegstheaters mit den zu Caesars Zeit gültigen übereinstimmen, wodurch es mir möglich wurde, mich an Ort und Stelle recht drastisch in so manche Situation vor 2000 Jahren hineinzudenken und mit durch die selbstgewonnene Kriegserfahrung geschärften Sinnen sie nunmehr in zuvor nicht gekannter Klarheit zu durchschauen und zu verstehen. Ich will gleich hier ausdrücklich betonen, daß meine früher gebildeten Ansichten über diese Fragen nicht erschüttert oder in wichtigen Punkten modifiziert, vielmehr in allem Wesentlichen bestätigt, dabei zu bedeutend höherer Anschaulichkeit erhoben wurden. Wie denn überhaupt so manches, was durch die frühere theoretische Vorbildung immerhin erkannt und als selbstverständlich hingenommen worden war, erst durch die Kriegserfahrung Leben und Farbe erhalten hat. Der Umstand ferner, daß mein Befehlsbereich eine Front von über 50 km umfaßte und mein Wirkungskreis gelegentlich auch in den Etappenraum übergriff, bot mir insbesondere während mancher längeren Operationspause Gelegenheit, meine lokalen Untersuchungen fortzusetzen und zu ergänzen. Daß mir dieses intensive Studium des Kriegsschauplatzes und seiner Eigentümlichkeiten auch vice versa bei meiner eigenen kriegerischen Betätigung sehr zustatten kam — besonders auffallend in den siegreichen Kämpfen auf den von mir festgestellten Apsuslagern bei Kuči (21. bis 28. August 1918) — braucht nicht erst betont zu werden.

Diese Lokalstudien, die ich während des Krieges fortzusetzen Gelegenheit hatte, betrafen vor allem zwei Fragen: die Veränderungen der Landschaft, insbesondere der Flußläufe, in historischer Zeit, und das antike Verkehrsnetz. Für erstere Frage wurde das Material überhaupt erst jetzt gewonnen, für die letztere sehr wesentlich bereichert; demzufolge stammen die darauf bezüglichen Abschnitte des Buches in ihrer jetzigen Form zur Gänze aus der Kriegszeit. Zur größten Genugtuung durfte es mir gereichen, daß die ungeahnt reichen und neuen Ergebnisse auf diesen beiden Gebieten meine 1914 gewonnenen Endresultate auch hier wieder in keinem einzigen wesentlichen Punkte abgeändert, sie vielmehr sehr nachdrücklich bestätigt haben, so vor allem meine damaligen Festlegungen der Lager am Apsus und bei Asparagium.

Was nun die Anwendung der praktischen Kriegserfahrung auf das Verständnis der durch die Lokalforschung festgelegten Ereignisse betrifft, so wurde bereits angedeutet, daß ihr Schwerpunkt nicht auf taktischem, sondern auf operativem Gebiete zu suchen ist. Für diese Arbeit ermöglichte sie mir vor allem, die am Schlusse angeführten Untersuchungen über Verpflegung und Marschleistung mit ungleich höherer Gründlichkeit und Sicherheit auszuarbeiten, als dies vor dem Kriege möglich gewesen wäre. Nicht daß hier eine neue Erkenntnis sich mir erschlossen hätte; aber die vorhandene wurde unendlich vertieft und geklärt. Was ich früher objektiv wußte, das konnte ich jetzt überdies subjektiv mitfühlen. Man betrachtet es als selbstverständlich, daß Caesar der Schilderung fast jeder Operation die stereotype Phrase *„re frumentaria comparata"* vorausschickt; man weiß ja, daß es Pflicht der Führung ist, vor jeder Operation die Verpflegung sicherzustellen. Aber welche Unsumme von Arbeit und auch von Sorge in diesen drei Worten liegt, welche Fülle von Schwierigkeiten zu überwinden war, bis der Feldherr mit gutem Gewissen *„re frumentaria comparata"* sagen konnte, welch bittere Opfer an operativen Absichten hier oft genug gebracht werden mußten: diesen ganzen ungeheueren Gehalt der kurzen Phrase kann nur der ermessen, der aus eigener Erfahrung auf einem den antiken Verhältnissen möglichst nahe kommenden Kriegsschauplatze zu dieser Erkenntnis gelangt ist; nur er wird zwischen den Zeilen all das zu lesen vermögen, was Caesar, der ja zunächst für militärische Laien schrieb, nur angedeutet hat, im richtigen Bewußtsein, daß eine detaillierte Ausführung dieser

Dinge sein Publikum nur langweilen und überdies vielfach unverständlich bleiben würde. Und ganz ähnlich gestalteten sich die Ergebnisse in der Frage der durch die Wegverhältnisse bedingten Marschleistungen und ihres durchgreifenden Einflusses auf die Operationen.

Nicht übergehen darf ich schließlich an dieser Stelle die Tatsache, daß auch die unter dem Schutze der Okkupation möglich gewordene kartographische Neuaufnahme des Landes meine Arbeit wesentlich gefördert hat. Näheres darüber im Kapitel über das Kartenmaterial.

So hat der Krieg es mit sich gebracht, daß ich das vorher fertiggestellte Elaborat so gut wie neu verfassen mußte; aber die damit verbundene Mühe steht in vollem Verhältnis zum erzielten Vorteil: ich habe nunmehr die Überzeugung, auch diesen Feldzug Caesars trotz der hier viel schwierigeren Verhältnisse in allen Einzelheiten fast ebenso einwandfrei lokalisiert zu haben, wie es mir bei den viel einfacheren Problemen der beiden afrikanischen Feldzüge gelungen sein dürfte.

Die Ausarbeitung der Resultate selbst stößt in diesem speziellen Falle noch auf eine ganz besondere formelle Schwierigkeit. Die Ereignisse haben sich auf engem Raume und in der Art abgespielt, daß ein und dieselbe Örtlichkeit in verschiedenen Phasen des Feldzuges wiederholt eine Rolle gespielt hat: zu ihrer Lokalisierung ist man daher genötigt, mehrere, ganz verschiedenen Feldzugsphasen angehörige Ereignisse zur Beweisführung heranzuziehen und zu kombinieren. Daraus folgt weiter die Unmöglichkeit, in der Durchführung der einzelnen Untersuchungen immer die zeitliche Reihenfolge einzuhalten; man muß vielmehr vielfach die Örtlichkeiten einzeln, zunächst ohne Rücksicht auf den großen Zusammenhang, festlegen und dann erst die überlieferten Ereignisse auf diese Feststellungen aufbauen. Insbesondere für das schwierige und wichtige Problem der Wegverhältnisse mußten die zeitlich verschiedensten Quellenangaben vorweggenommen und mit anderen historischen und archäologischen Daten in Zusammenhang gebracht werden. Ein Leser indes, der die Überlieferung und damit den Verlauf des Feldzuges genau kennt, wird diese durch die Umstände aufgezwungene Arbeitsmethode weiter nicht störend empfinden:

doch muß eben die Kenntnis der Quellenberichte und der wichtigsten Erzeugnisse der modernen Literatur vorausgesetzt werden können.

Meinem wiederholt ausgesprochenen Grundsatze getreu habe ich mich bemüht, die Anschaulichkeit meiner Arbeit durch eine entsprechende Anzahl von Karten, Plänen und Landschaftsbildern zu unterstützen. Allerdings haben die trüben wirtschaftlichen Verhältnisse es nicht gestattet, das vorhandene reiche Material auch nur annähernd zur Gänze auszuwerten; sowohl im Umfange wie in der Ausführung der Karten mußte ich mir schwere Einschränkungen auferlegen und die Zahl der Abbildungen auf weniger als die Hälfte der ursprünglich in Aussicht genommenen herabsetzen. — Auch so aber hätte meine Arbeit gleich den früheren niemals zustandekommen können ohne die wohlwollende Stellungnahme einer Reihe von Behörden, Instituten und Persönlichkeiten, denen meinen aufrichtigsten Dank abzustatten an dieser Stelle meine vornehmste Pflicht ist: vor allem der Akademie der Wissenschaften in Wien, die durch wiederholte Subvention die Forschung ermöglicht hat, und dem Österreichischen Archäologischen Institut, das in der schweren Zeit nach dem Kriegsende meiner Arbeit ein Asyl bot. Dann meinem treuen Freunde und Berater Hofrat Dr. Carl Patsch sowie Herrn Privatdozent Dr. Camillo Praschniker, mit dem ich während des albanischen Feldzuges monatelang, zum Teile unter recht schwierigen Verhältnissen, zusammenzuarbeiten Gelegenheit hatte und dem ich weitestgehende Unterstützung, Belehrung und Anregung verdanke — ein sehr bedeutender Teil der hier niedergelegten archäologischen Ergebnisse ist sein geistiges Eigentum[5]); endlich meinen Kameraden, den Herren Major Karl Milius v. Rastičevo und Hauptmann Hugo Weiser, die als Kommandanten der in Albanien tätigen Kriegsvermessungsabteilungen meine kartographischen Ansprüche zu befriedigen keine Mühe scheuten.

Ich bin mir sehr wohl bewußt, daß viele meiner Ergebnisse mehr oder weniger hypothetischen Charakter tragen. Wollte man sich je-

[5]) Im Texte ist diese Tatsache nach Tunlichkeit zur Geltung gebracht, wenn auch eine scharfe Scheidung nicht immer möglich war. Desgleichen war es zur vollen Orientierung des Lesers unvermeidlich, in diese Arbeit manches aufzunehmen, worauf anderseits auch Praschniker in seiner jüngsten Publikation notwendig zurückkommen muß. Wo es einigermaßen möglich schien, wurde eine Aufteilung des Stoffes bei gegenseitigen Hinweisen durchgeführt.

doch ausschließlich auf mit mathematischer Sicherheit nachweisbare Resultate beschränken, so sähe es trist aus auf dem Gebiete der Altertumswissenschaft. Das Bestreben, diesem Grenzwert absoluter Sicherheit möglichst nahezukommen und ihn, wo es nur irgend angeht, zu erreichen, ist selbstverständliche Pflicht der Forschung; wo jedoch unsere Mittel hierzu nicht mehr voll ausreichen — und das ist beim Studium der Antike leider nur allzu oft der Fall — da darf man den erzielten Resultaten wohl zum allermindesten den Wert fruchtbarer Anregungen zubilligen, die späteren, glücklicheren Forschern ermöglichen sollen, den Weg zu sicherer Erkenntnis und damit zur Wahrheit zu vollenden.

Wien, am 1. Juni 1919.

G. Veith
Oberstleutnant.

Inhalt.

Einleitung.

Der Kriegsschauplatz.

Die Ereignisse.

Exkurse.

Verzeichnis der Karten und Pläne.

Verzeichnis der Abbildungen.

Literaturverzeichnis.

A. v. Domaszewski, Die Heere in den Bürgerkriegen. Neue Heidelberger Jahrbücher 1894.

W. Drumann, Geschichte Roms in seinem Übergange von der republikanischen zur monarchischen Verfassung. 2. Aufl., herausg. von P. Groebe. 1899 ff.

A. Forbiger, Handbuch der alten Geographie. III. Band, 1848.

A. Freiherr von Goeler, Die Kämpfe bei Dyrrhachium und Pharsalus nebst einem Anhang über kriegswissenschaftliche, philologische und geographische Fragen. 1854. — Aufgenommen in die von seinem Sohne veranstaltete Neuausgabe: Caesars gallischer Krieg und Teile seines Bürgerkrieges. II. Band, 1880.

P. Groebe s. u. Drumann.

J. G. v. Hahn, Albanesische Studien. 1854.

L. Heuzey, Les opérations militaires de Jules César. 1886.

C. Jireček, Die Lage und Vergangenheit der Stadt Durazzo in Albanien. — Valona im Mittelalter: Bei Thallóczy (s. d.) I. 152 ff., 168 ff.

H. Kiepert, Formae orbis antiqui XVII. 1894.

J. Kromayer, Die Entwicklung der römischen Flotte vom Seeräuberkrieg des Pompejus bis zur Schlacht von Aktium. Philologus 56 (N. F. 10), 1897, S. 426 ff.

W. M. Leake, Travels in northern Greece. 1835.

M. K. Mannert, Geographie der Griechen und Römer. VII. 1812.

H. Meusel, C. Julii Caesaris commentarii de bello civili, erklärt von Fr. Kranner und Fr. Hofmann, 11. Aufl., 1906.

K. Miller, Itineraria Romana. Römische Reisewege an der Hand der Tabula Peutingeriana dargestellt. 1916.

Th. Mommsen, Römische Geschichte III[8], 1889.

Th. Mommsen, Zu Caesar. Hermes II, 1867, S. 145 f.

H. Nissen, Italische Landeskunde I. 1901.

E. Oberhummer, s. v. Via Egnatia in RE[2], V, 1889—1905.

C. Patsch, Das Sandschak Berat in Albanien. Schriften der Balkankommission der kaiserl. Akademie der Wissenschaften in Wien. Ant. Abt. III, 1904.

B. Péch, Albanien. — Bei Thallóczy (s. d.) II, 45 ff.

C. Praschniker und A. Schober, Archäologische Forschungen in Albanien und Montenegro. Schriften der Balkankommission der Akademie der Wissenschaften in Wien. Ant. Abt. VIII, 1919.

C. Praschniker, Muzakhia und Malakastra, archäologische Untersuchungen in Mittelalbanien. Jahreshefte des österreichischen archäologischen Instituts XXI/XXII, Beiblatt, S. 1 ff.

A. Schober, s. Praschniker-Schober.

E. C. Sedlmayr, Die Landwirtschaft Albaniens. Bei Thallóczy (s. d.) II, 3 ff.

Colonel Stoffel, Histoire de Jules César, Guerre civile. 1887.

F. Stolle, Das Lager und Heer der Römer. Straßburg 1912.

F. Stolle, Der römische Legionar und sein Gepäck. Straßburg 1914.

G. Suchet, Gli odierni teatri di guerra Balcanici e la campagna di Giulio Cesare nell'anno 48 a. Chr. — Rivista di artigleria e genio IV, 1916.

Th. L. F. Tafel, De via militari Romanorum Egnatia, qua Illyricum, Macedonia et Thracia iungebantur. Dissertatio geographica. 1842.

L. v. Thallóczy, Illyrisch-albanische Forschungen. 1916.

G. Veith, Geschichte der Feldzüge C. Julius Caesars. 1906.

G. Veith, Vorläufiger Bericht über die Ergebnisse zur Erforschung des Feldzuges von Dyrrhachium im Jahre 49 auf 48 v. Chr. Anzeiger der philos.-histor. Klasse der kaiserl. Akademie der Wissenschaften in Wien vom 2. Juli 1914, Nr. XVII.

Abkürzungen.

Bei Hinweisen auf antike Quellen beziehen sich Kapitelangaben ohne nähere Bezeichnung stets auf Caesar bell. civ. III.

Bei Zitaten moderner Literatur sind häufig angezogene Werke nur mit dem Namen des Verfassers oder, wo mehrere Werke desselben in Betracht kommen, mit dem Schlagwort des Titels gekennzeichnet.

Sonst sind nur die allgemein gebräuchlichen Abkürzungen CIL, FOA und RE angewendet.

Einleitung.

I. Die Grundlagen der Forschung.

1. Die Quellen.

Es könnte beinahe als Vermessenheit erscheinen, sich bei kritischer Bearbeitung eines caesarianischen Feldzuges über die Quellen zu beklagen; denn für keinen anderen Teil der antiken Kriegsgeschichte verfügen wir über gleich gutes Quellenmaterial. Allein gerade dieser Umstand wird unbewußt als derart selbstverständlich empfunden, daß der verwöhnte Forscher schon die Brauen zusammenzieht, wenn er auf einen Abschnitt der caesarianischen Überlieferung stößt, den er, falls es sich um eine Episode aus den punischen Kriegen handeln würde, mit heller Freude begrüßen müßte, der jedoch im Vergleich zu anderen Teilen des Corpus Caesarianum nicht auf gewohnter Höhe steht. Mit einem solchen Abschnitt haben wir es fraglos hier zu tun. Asinius Pollios bekannte Kritik der Kommentare *„parum diligenter parumque integra veritate compositos ... rescripturum et correcturum fuisse“*[1]) wurde wohl mit Recht jederzeit in erster Linie auf das *Bellum civile* bezogen; und sicher haben wir es hier mit einem Konzept zu tun, dem die letzte Feile noch fehlt und in welchem nur einzelne wichtigere Partien, wie die Schilderung der Schlacht von Pharsalus, tadellos durchgearbeitet, vielleicht auch von Hause aus mit größerer Sorgfalt entworfen worden sind. Jedenfalls weist das *Bellum civile* — im Gegensatz zum *Bellum Gallicum* — weitgehende Unterschiede in der Sorgfalt und überhaupt in der Art und Weise der Ausführung auf, so daß es nicht zu verwundern ist, wenn übereifrige Textkritiker ganze Abschnitte als nicht von Caesars Hand herrührende Interpolationen ausschalten möchten. Wohl mit Unrecht; mag nur jeder ein von eigener Hand

Das *Bellum civile*.

Konzeptcharakter.

[1]) Sueton. Div. Jul. 56.

herrührendes, bruchstückweise unter ganz verschiedenen äußeren Umständen entstandenes Konzept nach denselben Gesichtspunkten überprüfen und sich dann in die Lage eines Kritikers hineindenken, der es zweitausend Jahre später in solchem Zustande in die Hand bekommt. Allerdings ist der hier in Betracht kommende Abschnitt meines Wissens noch nie bezüglich seiner echt caesarianischen Herkunft angezweifelt worden; allein es ist notwendig, gleich eingangs darauf hinzuweisen, daß die Hauptquelle hier nicht ganz auf der wünschenswerten Höhe steht, daß sie neben stilistischen auch sachliche Unklarheiten enthält und vor allem, daß wir es mit einem

Bulletin-charakter.

Bulletin, wenn auch mit einem meisterhaften, zu tun haben. Gerade der Abschnitt des albanischen Feldzuges läßt diesen Charakter besonders scharf hervortreten: einerseits verleiteten der Verlust des Feldzuges im ganzen sowie der Mißerfolg zahlreicher Maßnahmen im einzelnen zu kunstvoller Beschönigung und Verschleierung; anderseits läßt eben der konzeptartige Charakter der Darstellung infolge der mangelnden Feile, die in dieser Hinsicht noch manches hätte geschickter decken können, diese Tendenzen stärker hervortreten als beabsichtigt war. Von wirklichen Unwahrheiten ist natürlich nicht die Rede; aber vieles muß man zwischen den Zeilen lesen und manche Stellen, wie die Schilderung des Kampfes der IX. Legion c. 45—46, könnten ohneweiters einem offiziellen Preßbericht aus den Tagen der Lemberger oder Marneschlacht als Vorbild gedient haben.

Neben-quellen.

Die literarischen *Nebenquellen* sind hier dieselben wie für die ganze Epoche der Bürgerkriege, treten jedoch gerade für diesen Abschnitt verhältnismäßig in den Hintergrund. Das politisch auf gegnerischem Standpunkt stehende, sachlich jedoch teils auf die caesarianische Überlieferung, teils auf den nahezu farblosen Livius

Lucanus.

aufgebaute Epos *Lucans*, das für manche in den Kommentaren ausgefallene Partie sehr brauchbare Ergänzungen liefert, bietet hier historisch wenig Neues, immerhin aber einzelne brauchbare Angaben

Cicero.

über Land und Leute. *Ciceros* Briefe, die in jenen Tagen überhaupt spärlich fließen, erwähnen die kriegerischen Ereignisse so gut wie gar nicht. Folgt das für die Zeit der Bürgerkriege so wichtige

Plutarch, Appian, Cassius Dio.

Dreigestirn *Plutarch*, *Appian* und *Cassius Dio*, die bekanntlich auch auf eine von der caesarianischen verschiedene Überlieferung zurückgehen und demzufolge sonst manche wertvolle Ergänzung bieten; sie beschränken sich jedoch sämtlich für diese Episode — offenbar zu gunsten einer umso ausführlicheren Schilderung der Schlacht von Pharsalus — auf eine äußerst gedrängte Darstellung, in der für Einzelheiten wenig Raum ist; immerhin läßt sich manches aus ihnen gewinnen[2]). Eine brauchbare zusammenhängende Darstellung dieses Feldzuges allerdings bietet keine dieser Quellen; diesbezüglich bleibt man einzig auf Caesar angewiesen. Bedauerlich und ärgerlich ist die Lücke in Appian, b. c. II, 60, die unglücklicherweise mit der Lücke in Caesar, b. c. III, 51, zusammenfällt, wodurch die Überlieferung über die erste Schlacht bei Dyrrhachium arg gestört wird.

Noch weniger als die genannten Schriftsteller bieten die übrigen, die wir sonst noch zur militärischen Geschichte dieser Zeit heranzuziehen gewohnt sind, wie Sueton, Velleius Paterculus, Valerius Maximus, Florus, Polyaen, Frontin, Orosius, Zonaras, Eutropius; sie kommen nur ab und zu für einzelne Fragen in Betracht. Suetonius etc.

Alles in allem sind wir bei der Bearbeitung des dyrrhachinischen Feldzuges mehr als für die meisten anderen Teile des caesarianischen Bürgerkrieges — vielleicht mit einziger Ausnahme des ersten spanischen Feldzuges — auf die Hauptquelle angewiesen und müssen trachten, uns schlecht und recht mit ihren immerhin fühlbaren Mängeln auseinanderzusetzen.

Einigermaßen unterstützt wird die Forschung allerdings durch die geographisch-archäologische Quellengruppe, die alten Geographen Strabo, Plinius und Ptolemaeus, die Itinerare sowie einzelne archäologische Dokumente; dies nicht nur bezüglich der Topographie im engeren Sinne, sondern auch durch direkte und indirekte Angaben über Land und Leute des Kriegsschauplatzes; wie denn überhaupt allen Quellenangaben dieser Art aus den bereits im Vorwort angeführten Gründen besonderes Gewicht zukommt. Geographen, Itinerare. Archäologische Dokumente

Zu der damit eng zusammenhängenden äußerst wichtigen Frage der Beschaffenheit des Landes und deren Veränderungen in historischer Zeit sind die Belege nicht nur bei den antiken Autoren, sondern auch, und zwar hauptsächlich, in mittelalterlichen Dokumenten zu suchen, die zum geringsten Teile pu- Mittelalterliche Dokumente

[2]) Über ihre Charakteristik vgl. die neueste Bearbeitung der Quellenfrage dieser Zeit in Ed. Meyers „Caesars Monarchie und das Principat des Pompejus" 1918. Beilage IV, S. 601 ff. — Insbesondere das Urteil über Dio (S. 605 f.), das im Gegensatz zu den meisten Vorgängern diesem sehr ernst zu nehmenden Historiker vollauf gerecht wird, hat mich um so sympathischer berührt, als ich mit der gleichen Ansicht (Antike Schlachtfelder III/2, S. 723) lange Zeit nahezu allein stand. — Derselben Ansicht ist übrigens auch v. Mess, Caesar S. 4.

bliziert, zum größten in schwer zugänglichen und noch viel schwerer zu durchforschenden Archiven liegen und in ihrer Gesamtheit heute wohl niemandem vollständig und übersichtlich zur Verfügung stehen. Auch hier hat der Tod Jirečeks eine Lücke hinterlassen, die in absehbarer Zeit ausgefüllt zu sehen leider keine Aussicht besteht. Ich habe mich bemüht, was ich aus seinen zahlreichen und vielfach zersplitterten Publikationen Einschlägiges finden konnte, gewissenhaft zu verwerten und die von ihm genannten Quellen, soweit sie mir eben zugänglich waren, einzusehen; leider war letzteres nur in sehr beschränktem Maße der Fall. Da aber die auf diesem Wege immerhin gewonnenen Daten meine an Ort und Stelle erzielten Ergebnisse voll bestätigten, darf ich mich der begründeten Überzeugung hingeben, daß auch eine gründlichere Durchforschung dieser Quellengruppe wohl noch manche wertvolle Ergänzung, nicht aber eine Abänderung der gewonnenen Resultate mit sich gebracht hätte.

2. Die spätere Literatur.

Als ich über die illyrischen Feldzüge Octavians schrieb, konnte ich ein Literaturverzeichnis von nicht weniger als 75 Arbeiten vorausschicken, von denen die Mehrzahl sich auf selbständig kritische Lokalisierungsversuche eingelassen hat; wollte ich einen Abschnitt aus Caesars gallischem Kriege oder gar das enfant terrible der antiken Kriegsgeschichte, die Teutoburger Schlacht, bearbeiten, so würde diese Ziffer sich wahrscheinlich noch erhöhen. Für Caesars illyrischen Feldzug kann man die kritisch-lokalisierenden Bearbeitungen an den Fingern einer Hand abzählen. Der Grund liegt gewiß nicht in einem minderen Interesse, das dieser Feldzug in historischer wie militärischer Hinsicht beansprucht, sondern einzig in dem Mangel einer bodenständigen historischen Lokalforschung, wie sie in Frankreich und noch mehr in Deutschland so üppig gedeiht und auch in Krain und Dalmatien nicht vernachlässigt wurde, in Albanien allerdings bisher nicht dazukam, sich zu entwickeln. Nun hat diese Art von Lokalforschung gewiß ihre Schattenseiten; ich habe in meiner oben genannten Arbeit wiederholt auf die Tatsache hinweisen müssen, daß sie den fruchtbarsten Nährboden für wissenschaftlichen Dilettantismus abgibt. Allein dem Forscher, der sich diese Tatsachen jederzeit vor Augen hält und über entsprechend sicheres und selbständiges Urteil verfügt, bietet sie eben in ihrer Zersplitterung, ihrer im provinzialen Lokalpatriotismus bedingten Erschöpfung aller nur denkbaren Möglichkeiten, brauchbare Fingerzeige und eine nicht zu

Keine Lokalliteratur.

unterschätzende Entlastung in der Suche und Arbeitsdisposition. Trotzdem möchte ich das Fehlen dieser Lokalliteratur im vorliegenden Falle nicht bedauern. Die Konfusion, die sie sonst anzurichten pflegt, haben in diesem Falle die älteren Geographen besorgt, die im Gegensatz zu den Historikern — Geographen beschreiben bekanntlich lieber fremde Länder als das eigene, darum gibt es in der Geographie auch keine derart entwickelte Lokalliteratur wie in der Geschichte — für die in diesem Feldzuge genannten Örtlichkeiten großes Interesse bekundet und durch verkehrte Lokalisierungen es zustande gebracht haben, daß es bis vor nicht allzu langer Zeit gar nicht möglich war, ein plastisches Bild der militärischen Operationen zu gewinnen. Für uns kommen aus der ganzen historisch-geographischen und Reiseliteratur früherer Zeit neben Mannerts und Forbigers bekannten Werken bestenfalls noch Tafel „*De via militari Romanorum Egnatia*" (1842) und Leakes für seine Zeit sehr verdienstvolle Reisebeschreibung „*Travels in northern Greece*" (1835) in Betracht. Ersteres Werk ist ein typisches Beispiel jener seinerzeit viel praktizierten und auch heute noch nicht ganz ausgestorbenen Methode, auf Grund gewaltiger und sehr ostentativ zur Schau getragener Belesenheit ohne die geringste persönliche Vertrautheit mit dem Objekt eine mehr kompilatorische als kritische Arbeit zu liefern. Leakes Werk ist, wenigstens was unseren Kriegsschauplatz anbelangt, durch die neueren Forschungen im wesentlichen überholt.

Die Geographen. Tafel. Leake

Aus dem Wirrsal von Irrtümern und Unzulänglichkeiten wurde unser Problem erst um die Mitte des vorigen Jahrhunderts in richtige Bahnen gelenkt. Damals hat ein deutscher Kriegshistoriker, der General v. Goeler, gleichfalls ohne das Terrain gesehen zu haben und auf Grund mehr als primitiver Karten, Ordnung in die Sache gebracht und wenigstens in großen Zügen ein richtiges und plastisches Bild des Feldzuges aufgestellt. Mit seiner Arbeit erscheint alles, was vor ihm war, nahezu ausgeschaltet und für die Forschung unmaßgeblich.

v. Goeler.

Nach Goeler ist quantitativ wenig auf diesem Gebiete geleistet worden, umsomehr jedoch qualitativ. Es liegen zwei Arbeiten vor, die, auf eingehendem persönlichen Lokalaugenschein beruhend und mit sehr bedeutenden materiellen Mitteln durchgeführt, für alle Zeiten zu den hervorragendsten Erzeugnissen kriegsgeschichtlicher Forschung werden gerechnet werden müssen: Heuzeys „Les opérations militaires de Jules César" und Oberst Baron Stoffels „Histoire de Jules César, Guerre civile".

Heuzey und Stoffel.

Über das Verhältnis dieser beiden nahezu gleichzeitig erschienenen Werke zueinander liegt ein etwas mysteriöses Dunkel gebreitet. Sowohl Heuzey — in Gemeinschaft mit Doumet — als Stoffel haben ihre Untersuchungen im Auftrag und mit sehr ausgiebiger Unterstützung Napoleons III. als Vorarbeiten zu dessen begonnener Geschichte Caesars durchgeführt, ersterer im Jahre 1861, letzterer wesentlich später; beide entschlossen sich, nachdem die Ereignisse von 1870/71 dem Kaiser die Vollendung des Werkes verleidet hatten, später und fast gleichzeitig zu selbständiger Publikation. Umso befremdlicher ist die fast gänzliche gegenseitige Ignorierung, insbesondere von Seite Stoffels, der sich begnügt, seine Kenntnis von den Arbeiten Heuzeys in einer Anmerkung durch ein abfälliges Urteil über dessen persönlichen Charakter, das mit der Beurteilung seiner wissenschaftlichen Leistungen wenig zu tun hat, zu verraten[3]), was ihn jedoch nicht gehindert hat, die graphischen Elaborate der Heuzey-Doumetschen Expedition ausgiebig und ohne Quellenangabe zu benützen; jeder Fachmann wird dies an den Karten sowohl wie insbesondere an den Abbildungen unschwer nachweisen können[4]).

Je mehr dieses Verhältnis beider Autoren uns befremden mag, desto weniger dürfen wir in denselben Fehler der Übertragung eines persönlichen Urteils auf die wissenschaftlichen Ergebnisse ihrer Arbeiten verfallen; vielmehr müssen wir konstatieren, daß beide Elaborate, ohne folgerichtig allzu sehr voneinander abzuweichen, mit großer Gründlichkeit durchgeführt sind und als eine unentbehrliche Basis für die weitere Forschung genommen werden müssen.

Immerhin läßt gerade diese Gründlichkeit bei beiden Autoren jenen bedeutsamen Unterschied erkennen, welchen persönliches Studium des Terrains gegenüber der bloßen Arbeit nach der Karte zeitigt. Beide Forscher haben einzelne Lokalprobleme — und zwar beide dieselben — ganz oder vorwiegend auf letztere Art erledigt: und eben diese Probleme sind es, wo unsere Kritik auf Grund des tatsächlichen Lokalaugenscheines am schärfsten einzusetzen bemüßigt ist. —

Nach Heuzey und Stoffel hat das Thema, das ja doch nur auf Grund persönlicher Untersuchung in dem schwer zugänglichen Lande Patsch. weiterzuspinnen war, lange geruht; erst Patsch hat auf Grund

[3]) II. S. 240 f.

[4]) So ist zum Beispiel auf dem Stoffelschen Landschaftsbild von Oricum, Pl. 13, das auf der Doumetschen Skizze zu S. 26 verzeichnete Segelschiff sogar an genau derselben Stelle wiedergegeben. Sollte es am Ende zur Zeit der Stoffelschen Expedition noch immer am selben Fleck gekreuzt haben?

seiner im Jahre 1900 unternommenen Bereisung des Südteils unseres Kriegsschauplatzes in seiner Publikation „Das Sandschak Berat in Albanien" (Schriften der Balkankommission der kaiserl. Akademie der Wissenschaften, Bd. III, 1904) vor allem eine bis heute unübertroffene Charakteristik des Landes, unter dankenswerter Hervorhebung der für den Feldzug Caesars in Betracht kommenden Örtlichkeiten, geboten.

In allerneuester Zeit endlich, während des Weltkrieges, hat C. Praschniker teils allein, teils gemeinsam mit A. Schober in Albanien planmäßige archäologische Forschungen durchgeführt, die sich naturgemäß vielfach mit den Problemen dieses Feldzuges berührten. Die Publikation dieser Ergebnisse ist teils eben erfolgt (C. Praschniker und A. Schober, Archäologische Forschungen in Albanien und Montenegro. Schriften der Balkankommission der Akademie der Wissenschaften in Wien, Ant. Abt., Bd. VIII), teils ist sie in Vorbereitung (C. Praschniker, Muzakja und Malakastra). Vielfach an diesen Arbeiten persönlich beteiligt, bin ich über deren Ergebnisse vollkommen informiert und habe sie im folgenden im Einverständnis mit dem Verfasser verwertet. Praschniker.

Außer dieser engeren Literatur des Kriegsschauplatzes wäre noch die kommentierte Ausgabe des *Bellum civile* von H. Meusel (11. Auflage, 1906) zu nennen, die, in ihrem sachlichen Kommentar im wesentlichen auf Stoffel fußend, dennoch eine große Zahl selbstständiger, äußerst bemerkenswerter Beiträge bietet; endlich die von P. Groebe bearbeitete zweite Auflage von Drumanns „Geschichte Roms in seinem Übergange von der Republik zur Monarchie" (III. Bd., 1906), die im Anhang außer einer Reihe interessanter Diskussionen auch eine neue Umrechnungstabelle des vorjulianischen Kalenders bringt; ob diese gegenüber der von Stoffel benützten Berechnung Le Verriers einen Fortschritt darstellt, muß Fachleuten auf dem Kalendergebiete zur Entscheidung vorbehalten bleiben. Meusel. Drumann-Groebe.

Meine eigene Darstellung dieses Feldzuges endlich in der „Geschichte der Feldzüge C. Julius Caesars" (Wien 1906) hat in einzelnen Fragen mit Stoffel zu polemisieren versucht, im allgemeinen mit wenig Glück. In einigen Punkten freilich konnte ich mich behaupten; in vielen erfährt meine dortige Darstellung durch die vorliegende Untersuchung wesentliche Berichtigungen, die einer eventuellen Neubearbeitung zugute kommen werden. Veith.

Endlich sei hier nochmals der äußerst verdienstvollen Arbeiten Jirečeks gedacht, von denen einige in dem Sammelwerk L. von Thallóczys „Illyrisch-albanische Forschungen" (1910) vereinigt Jireček.

sind und insbesondere für die Geschichte des Landes und seiner Bevölkerung grundlegend in Betracht kommen.

Erst nach Abschluß meiner Arbeit wurde mir ein in der „Rivista di artigleria e genio" IV 1916, erschienener Aufsatz des italienischen Generals Gust. Suchet zugänglich, betitelt: „Gli odierni teatri di guerra Balcanici e la campagna di Giulio Cesare nell'anno 48 a. Chr." Meine Erwartung, hier eine der meinen verwandte Arbeit mit Rücksichtnahme auf die Kriegserfahrungen vorzufinden, wurde leider enttäuscht; sie enthält nichts anderes, als eine bis auf einige unwesentliche Kürzungen wörtliche Übersetzung des betreffenden Abschnittes aus meiner „Geschichte der Feldzüge Caesars", einschließlich aller dort enthaltenen Fehler, wie der Identifikation Apollonia-Valona etc.

3. Die Karten.

Betreffs des zur Verfügung stehenden Kartenmaterials war ich zweifellos ungleich besser daran wie meine Vorgänger. Zunächst standen mir ja eben deren eigene, zwar auf wenige, aber gerade die wichtigsten Örtlichkeiten beschränkte, durchaus sehr gute Aufnahmen zu Gebote. Dann aber konnte ich schon im Jahre 1914 mit zwei kartographischen Elaboraten arbeiten, die wenn auch nicht überall auf voller Höhe moderner Anforderungen stehend, doch der Forschung wie der Darstellung im wesentlichen zur Grundlage dienen konnten: der österreichisch-ungarischen Generalkarte 1 : 200.000 und der Küstenkarte des k. u. k. marine-hydrographischen Amtes in Pola 1 : 80.000.

Küstenkarte 1 : 80.000.

Die Küstenkarte, ein für seine eigentlichen Zwecke durchaus modernes Elaborat, beschränkt sich auf die Küstenstriche bis auf 6—8 km landeinwärts; wo zur Ausfüllung des Blattes die Terraindarstellung weiter reicht, ist sie schematisiert und übrigens als solche für den geübten Kartenleser sofort erkennbar. Die detailliert ausgearbeiteten Abschnitte jedoch sind, soweit das Gerippe in Betracht kommt, recht genau und erschöpfend dargestellt. Die offenbar nur auf barometrischen Messungen beruhenden Höhenkoten und mit ihnen auch die Schichtenlinien sind freilich sehr ungenau und stehen hinter denen der Heuzeyschen Aufnahme zurück.

Generalkarte 1 : 200.000.

Die Generalkarte 1 : 200.000 ist, oder war wenigstens 1914, nur in den Küstenstrichen, wo ihr eben die vorerwähnte Küstenkarte zugrunde liegt, annähernd auf mitteleuropäischer Höhe; landeinwärts beruht sie teils noch auf den sehr unverläßlichen Daten der türkischen Generalkarte, teils, und zwar hauptsächlich, auf verschiedenen Routenskizzen und Reisebeschreibungen von naturgemäß sehr ungleicher Genauigkeit. Heute allerdings ist eine allmähliche Rektifikation auf Grund der im Kriege durchgeführten Neuaufnahme, von der gleich die Rede sein soll, im Zuge, aber noch nicht weit vorgeschritten. Im ganzen läßt sich sagen, daß die Generalkarte für die Darstellung taktischer Probleme die erforderliche Genauigkeit im allgemeinen nicht besitzt; für jene der operativen Vorgänge jedoch reicht sie leidlich aus. Wo auch hier Mängel oder Irrtümer zu Mißverständnissen führen könnten, ist dies im Texte immer ausdrücklich bemerkt worden.

Kriegsvermessung.

Zu diesen, wie gesagt schon im Frieden vorhandenen Kartenwerken, kamen nun im Kriege die Elaborate der Kriegsvermessung. Sie wurden in Sektionen im Maßstabe 1 : 50.000 ausgeführt, die später in Spezialkartenblätter 1 : 75.000 zusammengezogen wurden und sind infolge der Schwierigkeiten, die sich teils aus den kriegerischen Ereignissen selbst, teils aus den durch die Malaria bedingten personellen Friktionen ergaben, nicht überall von gleicher Güte. Insbesondere die südlichen Blätter lassen manches zu wünschen übrig; dagegen sind die Gegend von Durazzo-Kavaja, also gerade das Gebiet der wichtigsten Kämpfe des caesarianischen Feldzuges, dann die Škumbilinie wirklich gut wiedergegeben und bieten, was man vom Maßstabe zu erwarten berechtigt ist; sie haben auch die Küstenkarte, die mir im Jahre 1914 zur Grundlage gedient hatte, für die Darstellung entbehrlich gemacht. Leider ist durch eine unglückselige Verkettung von Umständen die Ausführung des für die wichtige Frage der Apsuslager in Betracht kommenden Blattes der mittleren Muzakja nicht zur Ausführung gelangt — das noch nicht vervielfältigte Aufnahmsblatt wurde am Rückzuge von den Jugoslawen konfisziert und trotz aller Interventionen nicht herausgegeben —, so daß ich zu meinem Leidwesen gezwungen war, gerade dieses mir besonders am Herzen liegende Problem auf mehr weniger ungenauen, unter großen Mühen aus Teilen angrenzender Blätter, an Ort und Stelle ausgeführten Croquis und photographischen Aufnahmen kombinierten Skizzen zur Darstellung zu bringen.

Photographien.

Die beigegebenen Photographien sind fast durchwegs mit einem Rollfilmkodak III A, Format 8 : 14½ cm, hergestellt und dürften den Anforderungen, die man an sie zu stellen hat, zumeist entsprechen. Nach meinen ziemlich reichen Erfahrungen halte ich dieses System und Format zu dem hier in Betracht kommenden Zweck für das beste. Einige im Detail mißglückte Aufnahmen sind zeichnerisch nachgebessert, natürlich unter voller Wahrung der Bildtreue. Ein Bild verdanke ich der Liebenswürdigkeit Praschnikers.

Schreibweise der albanischen Namen.

Die Schreibweise der rezenten albanischen Namen bietet infolge ihrer unglaublichen Divergenz in den verschiedenen literarischen und kartographischen Belegen ein Schwierigkeitskapitel für sich. Dabei läßt sich gar nicht von richtiger oder falscher Schreibweise sprechen, da ein Ortsnamenkataster oder dergleichen im Lande nicht existiert, die gesamte Nomenklatur daher einzig auf mündlicher Überlieferung beruht, der Forscher wie der Kartograph somit nicht nur den bis ins letzte Dorf zersplitterten lokaldialektischen Unterschieden, sondern auch der, sei es auch selbst durch Sprachfehler beeinflußten individuellen Aussprache des einzelnen Albaners wehrlos gegenübersteht. Man wird daher mit Ausnahme der italienisierten Namen der Küstenorte kaum eine einheimische Ortsbezeichnung in zwei Büchern oder Karten gleich geschrieben finden. In der vorliegenden Arbeit habe ich bei der letzten Durchsicht die Nomenklatur auf die jeweilig neueste Publikation, zumeist auf die Neuaufnahme der Kriegsvermessung, zurückgeführt. Nur wo diese nach meiner Meinung dem Dialekt allzu große Konzessionen gemacht hat[5]), habe ich, wenigstens soweit es sich um allgemein bekannte topographische Objekte handelt, die in der Literatur gebräuchliche Schreibweise restituiert[5a]).

---

[5]) Sehr weit gegangen ist in dieser Hinsicht insbesondere die sogenannte „Škuminiaufnahme“, deren Schreibweise in das Spezialkartenblatt „Kavaja“ übergegangen ist: Kap Gagji statt K. Laghi, Škumin statt Škumbi, Petjin statt Pekinj etc.

[5a]) Das mir erst während des Druckes bekanntgewordene, im Jahre 1918 vom k. u. k. XIX. Korpskommando herausgegebene „Ortschaftsverzeichnis für das von den k. u. k. Truppen besetzte Gebiet Albaniens“ weicht wieder derart von der Kartenaufnahme ab, daß es nicht mehr möglich war, es dem Texte zugrunde zu legen.

Der Kriegsschauplatz.

(Hierzu Karte I *a*.)

II. Das heutige Bild des Kriegsschauplatzes.

Ich habe bereits im Vorwort angedeutet, in welch hohem Ausmaße die Eigentümlichkeiten des Kriegsschauplatzes die Kriegführung zu beeinflussen geeignet sind: diese Eigenschaften soweit es der Zweck erfordert klarzulegen, ist die Aufgabe des vorliegenden Kapitels. Im nächsten soll dann festgestellt werden, inwieweit die heutigen Verhältnisse für das Altertum, speziell für die Zeit Caesars, Geltung haben.

In mehr als einjähriger zusammenhängender Kriegstätigkeit habe ich den Kriegsschauplatz und seine Eigentümlichkeiten mit allen ihren Einflüssen auf die Kriegführung und in ihrem weitgehenden Wechsel nach der Jahreszeit gründlich kennen gelernt und auch jede Gelegenheit benützt, um durch Aussprache mit Offizieren, welche bereits die vorhergegangenen anderthalb Jahre in Albanien gekämpft hatten, sowie mit intelligenteren Landesbewohnern genau zu kontrollieren, welche meiner eigenen Beobachtungen sich ohneweiters generalisieren lassen und welche in verschiedenen Jahren verschieden sein können; es handelte sich dabei hauptsächlich um die klimatischen Faktoren, mit ihren die Kriegführung und überhaupt alle Lebensfunktionen radikal beeinflussenden Folgen. Die Resultate, zu denen ich auf Grund dieser wirklich sorgfältigen Nachforschungen gelangte, decken sich in allem Wesentlichen mit dem, was verschiedene Vorgänger, vor allem P a t s c h und einzelne Mitarbeiter an dem Thallóczyschen Sammelwerk, darüber geschrieben haben; ich begnüge mich, die Priorität derselben hier ein für allemal zu konstatieren und kann mir in der Folge neuerliche Hinweise umsomehr ersparen, als ich zu meinen Resultaten ganz unabhängig durch eigene Erfahrung gelangt bin.

1. Die Ebene.

Die mittelalbanische Küstenebene zerfällt in zwei ziemlich verschiedene Abschnitte, die durch den Strandpaß südlich Durazzo, wo das zusammenhängende Bergland hart ans Meer herantritt, voneinander getrennt sind. Der Unterschied gründet sich vor allem auf die Beschaffenheit der sie durchströmenden Flüsse, deren Schwemmland die Ebenen darstellen. Während die großen Ströme des Südabschnittes, die Vojusa, der Semeni und Škumbi, ihren Lauf, wie der Fachausdruck lautet, bereits ziemlich „gezähmt" haben, ist dies bei den Flüssen des Nordabschnittes, insbesondere beim Mati, noch lange nicht der Fall[1]). Die Folge ist, daß die derzeitige Kultur-

Die nördliche Küstenebene.

fähigkeit dieses Abschnittes infolge des häufigen Wechsels der an sich sehr breiten Torrentenbetten und der damit zusammenhängenden beständigen Überschwemmungs-, Vermuhrungs- und Versumpfungsgefahr hinter der des südlichen beträchtlich zurücksteht; womit natürlich nicht gesagt sein soll, daß die tatsächlich vorhandene Kultur auch jene Unterschiede aufweist, die in diesen Bedingungen gegeben sind. Hierfür steht, wie ja sattsam bekannt, die Ausnützung der vorhandenen Kulturmöglichkeiten in Albanien heute noch zu tief. Immerhin kann gesagt werden, daß die auch schmälere Küstenebene nördlich Durazzo mit Ausnahme ihres südlichsten Teiles vorwiegend ein wenig kultiviertes und heute auch wirklich nicht viel kulturfähigeres Sumpf-, Wald- und Schotterland darstellt. Dieser Abschnitt hat übrigens auch im caesarianischen Feldzuge keine wesentliche Rolle gespielt, wir können uns daher mit diesem kurzen Hinweise begnügen.

Wesentlich interessanter für uns erscheint jedoch die südlich Durazzo sich ausbreitende Ebene, die heute unter dem Namen

Die Muzakja.

„Muzakja" (toskisch „Müzet'je") bekannt ist und zu den bedeutendsten Tiefländern der Balkanhalbinsel zählt. Die Beurteilung ihres antiken Zustandes bildet ein Kernproblem unserer Untersuchung; um zu diesem Resultate zu gelangen, müssen wir zunächst den jetzigen Zustand ins Auge fassen und die Bedingungen festzulegen suchen, die ihn herbeigeführt haben.

Genau genommen ist der Name „Muzakja" nur für den breiten Abschnitt zwischen dem Škumbi und der Malakastra gebräuchlich, wobei eine Unterscheidung zwischen „Muzakja maze" (große Muzakja) und „Muzakja res" oder „minar" (kleine Muzakja) gemacht wird, deren Trennungslinie der Semenilauf bildet. Doch gilt das hier

---

[1]) Vgl. B. Péch bei Thallóczy II, 48.

Gesagte in fast jeder Hinsicht auch für die nördlich des Škumbi anschließende schmälere Ebene von Kavaja sowie für jene an der Vojusamündung.

Die Muzakja stellt, wie erwähnt, das Schwemmland der großen mittelalbanischen Flüsse Škumbi und Semeni, hauptsächlich des letzteren dar, in dessen Laufrichtung sie auch ihre größte Breite von ca. 40 km erreicht. Der Küste zu ist ein heute ziemlich breiter Streifen durch eine hauptsächlich aus Konglomerat aufgebaute, durch Einschnitte in mehrere Teile zerlegte Hügelkette abgetrennt.

Das Material der Muzakja besteht vorwiegend aus Lehm, nur zum geringeren Teile aus richtigem Humusboden[2]); immerhin ist die Fruchtbarkeit auch der ersteren Strecken — wohl zufolge ihrer bisher äußerst geringen Ausnützung — wie Versuche gezeigt haben, eine ganz kolossale. Diese wie gesagt viel zu geringe Ausnützung ist in den desolaten wirtschaftlichen Verhältnissen, auf die hier nicht näher eingegangen werden soll, dann in den verheerenden Folgen der Malariaverseuchung begründet; trotzdem und trotz der Tatsache, daß der Albaner aus Mißtrauen gegen den Nachbar und Furcht vor Diebstahl das Getreide grundsätzlich in halbreifem Zustande schneidet, ist die Muzakja heute imstande, nicht nur sich selbst, sondern auch die angrenzenden gebirgigen Gegenden mit Getreide zu versorgen. Daß sich dieser Ertrag selbst beim jetzigen Zustande durch eine intensive Bewirtschaftung um ein Vielfaches, bei entsprechend großzügigen Investierungen für Be- und Entwässerung in ganz unabsehbarem Ausmaße steigern und aus der Muzakja eine Kornkammer allerersten Ranges schaffen ließe, ist nicht zu bezweifeln. Kulturfähigkeit der Muzakja.

Was die Kulturarbeit, aber auch die militärische Auswertung der Muzakja noch besonders behindert, ist das Wechselspiel zwischen Niederschlag und Bodenbeschaffenheit. Der Lehm läßt das Wasser nicht durchsickern, die äußerst geringe Neigung der Ebene erschwert das Abfließen. Die Folge ist, daß das Regenwasser so lange stehen bleibt, bis es verdunstet. In der heißen, ohnehin regenarmen Jahreszeit geht dies schnell vor sich; im Winter aber, der hier bereits den vollen Charakter der subtropischen Regenzeit aufweist, ist die Folge eine andauernde Inundation, die weite Strecken für Monate unter Wasser setzt und auch den Rest wenigstens für Bewegungen größerer Heereskörper unpassierbar macht. Der aufgeweichte Lehmboden wird zu einem Brei, in welchem Menschen, Tiere und Fuhrwerke tief einsinken; ihre Spuren verwandeln die Ebene in eine zerwühlte, Wegsamkeit der Muzakja.

[2]) Vgl. E. C. Sedlmayr bei Thallóczy II, 6.

schwammartige Fläche, die auch nach der Austrocknung noch geraume Zeit diesen Charakter behält und auf der das Fortkommen dann auch nicht viel angenehmer ist als zur Zeit der allgemeinen Nässe. Am besten gangbar sind noch die Ufer der großen Flüsse, die meist etwas aufgeworfen sind und festeren Boden haben; aber abgesehen von ihrem mäandrischen Lauf, der auch auf der Generalkarte 1 : 200.000 lange nicht genügend zur Geltung kommt und eine gewaltige Wegverlängerung bedingt, sind diese durchwegs brüchigen Lehmufer beständigen Abrutschungen unterworfen und überdies an vielen Stellen durch schwer passierbare Sumpfadern unterbrochen, so daß eine Stabilisierung dieser Wege erst nach vorausgegangener Flußregulierung möglich wäre.

Sumpfgebiete. Die große Rolle, welche die Inundation in der Muzakja spielt, läßt auch die Bildung großer Sumpfstrecken als selbstverständlich erscheinen. Man kann hier zwei Typen unterscheiden, die im allgemeinen durch die parallel zur Küste verlaufende Hügelkette geschieden sind. Die westlich derselben, also hart an der Küste gelegenen tragen den Charakter von Lagunen: flache Brackwasserseen von oft bedeutender Ausdehnung, gegen das offene Meer durch eine Dünennehrung abgetrennt, offene Wasserfläche, kein Schilf, spärliche und niedrige Binsenvegetation. Die bedeutendste dieser Lagunen ist der Lićeni Kravasta zwischen den Mündungen des Škumbi und Semeni; auch die Kneta Durreš, die in unseren Untersuchungen oft zu erwähnende Lagune von Durazzo, sowie der südlich der Vojusamündung liegende See von Arta haben denselben Charakter. — Die von der Küste abgelegenen Sümpfe dagegen sind typische Süßwassersümpfe, entstanden dadurch, daß die Anschwemmungen der Flüsse dem Niederschlagswasser den Abfluß gesperrt hatten. Sie bilden kleine oder größere offene Wasserflächen, die ringsum von einem breiten Gürtel hohen Schilfes umgeben sind, stellenweise auch in Sumpfwiesen auslaufen. Einige derselben haben sich einen Ablauf zum nächsten Flusse durchgebrochen, der jedoch nicht zur vollständigen Entwässerung ausreicht; auch liegt ihr Wasserspiegel oft unter jenem der auf dammartig aufgeschwemmten Landstreifen strömenden Flüsse. Selbstverständlich ist ihr Niveau und damit auch ihre Ausdehnung nach der Jahreszeit sehr veränderlich. Der bedeutendste dieser Sümpfe ist der seeartige Lićeni Trbuf zwischen Ljužna und dem Škumbi; kleinere finden sich nord- und südöstlich Ardenica sowie östlich von Fjeri (Lićeni Portica, richtiger Porteze, auch Bertuka).

2. Das Bergland.

Das die Küstenebene teils einschließende, teils durchschneidende Hügelland ist geologisch wohl recht abwechslungsreich, praktisch betreffs seiner Wertung als Kriegsschauplatz jedoch ziemlich einheitlich. Die äußeren Ränder und niedrigen Ausläufer sind vorwiegend lehmig, im Inneren überwiegt ein weicher, kalkiger Sandstein; vielfach findet sich Konglomerat, zumal die Hügelkette an der Küste besteht vorwiegend aus solchem, und es setzt sich auch über den Semeni nach Süden fort; wenigstens ist der Stadthügel von Apollonia zum Teil darauf aufgebaut und auch bei Valona ist es vielfach anzutreffen. Karst findet sich hingegen geschlossen nur im äußersten Norden (Alessio-Medua) und Süden des Kriegsschauplatzes (südlich Valona, das ganze akrokeraunische Gebiet); sonst vereinzelt an höheren Partien des Berglandes (Oberteil des Špiragr, Stadtberg von Byllis etc.). Das Hügelland zwischen der großen Muzakja und dem unteren Devolital besteht in seinem östlichen Teile aus Gips, dessen besondere Wasserundurchlässigkeit die Gegend in eine landschaftlich reizende Seenplatte („Dumbrea") verwandelt hat, aus deren Mitte unweit des stattlichen, an einem See gelegenen Ortes Belš (Beliš) auf einem allseits schroff abfallenden Tafelberge die Reste einer bisher unbekannten, recht ansehnlichen alten Stadt zu sehen sind. Die Dumbrea.

Die Formen des Hügellandes sind im allgemeinen recht eintönig; wo der Stein, sei es Sandstein oder Konglomerat, mehr zutage tritt, naturgemäß steiler als dort, wo der Lehm dominiert. Der Sandstein bildet oft sehr charakteristische Stufenformationen und ausgedehnte brüchige Wände und Abstürze, die manchen Teilen, insbesondere den höheren Lagen der Malakastra, ein ganz eigenes Gepräge verleihen. Formen.

Die **Malakastra**, das von der Küste gegen Osten stufenförmig ansteigende Bergland zwischen Semeni und Vojusa etwa bis an den Špiragr und den Leftinjabach, ist trotz ihrer im Innern recht schroffen Formen der am dichtesten bewohnte und am besten kultivierte, wohl auch wohlhabendste Teil Mittelalbaniens. Hier sind bezeichnenderweise auch die weitaus meisten Spuren antiker Niederlassungen zu finden, während diese in der Muzakja einschließlich der Hügelkette an der Küste gänzlich fehlen. Darüber im nächsten Kapitel. Die Malakastra.

Recht gut sind im ganzen Hügelgebiet die Wasserverhältnisse. Es gibt reichliche und gute Quellen, zahlreiche kleine Bäche führen trinkbares Wasser; im allgemeinen hält die Möglichkeit der Versorgung mit Trinkwasser auch in der trockenen Jahreszeit an. Wasser.

Die Bodenbedeckung ist sehr verschieden; leidlich kultivierte Strecken — Äcker und Ölgärten — wechseln mit weiten Hut- Bodenbedeckung.

weiden und ausgedehntem dichten Bosco; letzterer besteht zum Teil aus allerhand Dorngestrüpp (*Paliurus*), zum Teil aus großen Beständen des Erdbeerbaumes und der Valonaeiche; auch der Besenstrauch, Erika und Pistazien bedecken große Flächen. Wirkliche Wälder finden sich vorwiegend in der Nähe der Küste, zumal die oft erwähnte Hügelkette ist sehr stark bewaldet, zumeist mit Eichen; in der Küstenebene bei Divjaka und südlich der Vojusamündung gibt es auch Pinienwälder. Die Gangbarkeit der Wälder ist eine leidliche, weniger jene des Bosco, zumal dort, wo der Paliurus vorherrscht. Daß die Bevölkerung diesen gräulichen Strauch auch zur Aufrichtung von Hecken an Feldrändern etc. verwendet, trägt natürlich zur Gangbarkeit des Geländes nicht bei; jedenfalls sind die albanischen Dornhecken viel schwerere Hindernisse als die Steinriegel („ograda") der Karstländer.

3. Die Wasserläufe.

Der ganze landschaftliche wie wirtschaftliche Charakter Mittelalbaniens wird zum überwiegenden Teile durch seine hydrographischen Verhältnisse bestimmt. Es ist selbstverständlich, daß diese Verhältnisse auch seinen Charakter als Kriegsschauplatz entscheidend beeinflussen.

Mittelalbanien wird von einer Reihe zum Teile sehr mächtiger Flüsse durchströmt, die, in den Gebirgen im Innern des Landes entspringend, sich in das Adriatische Meer ergießen. Für die Ereignisse dieses Feldzuges kommen hier nur jene in Betracht, deren Lauf zwischen den alten Stätten von Oricum und Dyrrhachium liegt. Es sind dies von Süden gegen Norden: die Vojusa, der Semeni, Škumbi, Darči und die Gešnike; eventuell noch die Djanica und die Bäche von Karbunara und Ljužna.

Allgemeiner Charakter.

Im allgemeinen gilt, daß die größeren Flüsse, solange sie durch das Bergland fließen, ausgesprochen torrenteartigen Charakter aufweisen, während sie in der Ebene in geschlossenem Bette zwischen hohen, brüchigen Lehmufern dahinströmen. Ihre Wassermasse differiert nach der Jahreszeit sehr bedeutend; im Sommer und Frühherbst ist ihr Wasserstand sehr niedrig, die Geschwindigkeit gering, zahlreiche Furten sind vorhanden; im Winter füllt der Fluß sein Bett voll aus, die Stromgeschwindigkeit ist bedeutend gesteigert, die Furtbarkeit schwindet im Unterlauf fast gänzlich, dafür werden die größeren Flüsse, wenn auch mit Vorsicht, für kleine Fahrzeuge schiffbar.

Im einzelnen wäre bezüglich des heutigen Zustandes hervorzuheben:

Die Vojusa oder Vjossa entspringt im südlichen Pindosgebirge und durchfließt in nordwestlicher Richtung ein meist enges, oft defileeartiges Gebirgstal, das sich gegen den Unterlauf zu, endgültig erst von Karbunara an, merklich erweitert. Beim definitiven Austritt in die Küstenebene zwischen Mifoli und Kafarani beträgt die Talbreite ca. $4^1/_2$ km. Bis zu dieser Stelle bewahrt der Fluß den Torrentecharakter, erst auf die kurze Strecke von Mifoli bis zur Mündung nimmt er die Form des Tieflandflusses an; Breite 50 bis 100 m. Der unterste Teil von Feras abwärts ist limanartig erweitert; die Tiefe ist hier ziemlich bedeutend und gleichmäßig, so daß diese Stromstrecke unter günstigeren Bedingungen als alle übrigen mittelalbanischen Stromstrecken mit kleineren Schiffen befahren werden kann. Die Vojusa.

Im übrigen zeigt die Vojusa als echter Torrente sehr wechselnden Wasserstand, nicht nur nach der Jahreszeit, sondern auch nach der Witterung. Sie reagiert auf lokale und vorübergehende Wetterumschläge viel stärker als der Semeni oder Škumbi, sowohl im Steigen wie im Fallen. Im Sommer ist sie im allgemeinen oberhalb Feras kein bedeutendes Hindernis und an vielen Stellen zu durchfurten; im Winter bewirkt sie durch Überschwemmungstätigkeit ausgedehnte Inundationen.

Der Semeni, der mächtigste Fluß Mittelalbaniens, entsteht aus zwei Quellflüssen, dem Devoli und dem Osum (Ljumi Beratit), die sich ca. 12 km unterhalb Berat vereinigen[3]). Heute, wo wir hauptsächlich nach dem kartographischen Bilde urteilen, gilt im allgemeinen der die einheitliche Richtung einhaltende Osum als Haupt-, der Devoli als Nebenfluß. Im Mittelalter war dies umgekehrt, eine Zeitlang führte sogar der ganze Fluß bis zur Mündung den Namen Devol, Dievalo etc.[4]); der Osum hieß damals Ason (Ἄσων, Ἀσύνης[5]). Jedenfalls war diese Auffassung insoferne berechtigter, als der Devoli merklich wasserreicher ist als der Osum. Wie dies im Altertum gehalten wurde, das uns nur den einen Namen „Apsus" überliefert hat, wissen wir nicht. Der Semeni.

---

[3]) Der Name „Ljumi Beratit", d. h. „Fluß von Berat", gilt nur für den Osum; seine Anwendung auf den unteren Semeni, die man auf manchen Karten finden kann, ist unrichtig.

[4]) Von einer altillyrischen Stadt Debolia, später irrtümlich als „*flumen diaboli*" ausgelegt. Vgl. Jireček bei Thallóczy I, 169.

[5]) Ebenda.

Der Devoli bildet den Abfluß des Maliksees und fließt durch ein wildes Gebirgstal bis in die Gegend südwestlich Elbasan, wo er sich dem Škumbi auf ca. 7 km nähert, hier nur durch eine vollkommen flache Wasserscheide von ihm getrennt oder richtiger durch eine Bifurkation in Gestalt einer sumpfigen Wasserader (Ceriku) mit ihm verbunden. Daß er einstmals, wie die Tradition wissen will, hier überhaupt in den Škumbi geflossen ist, halte ich für sehr unwahrscheinlich; jedenfalls weist das ganze untere Tal auf eine weit in vorgeschichtliche Zeit hinaufreichende Tätigkeit eines großen Flusses hin. Der kürzere und wasserärmere Osum entspringt im Gebirge südlich Korča.

Beide Quellflüsse halten den Torrentecharakter mit geringen Unterbrechungen bis zu ihrer Vereinigung fest; von da ab erscheint der Semeni als mächtiger, geschlossener Tieflandfluß von 80 bis 120 m Breite mit hohen steilen Lehmufern. Das Bett ist noch nicht vollständig gezähmt, die Ufer unterliegen starker Ab- und Anschwemmung, die Bildung von Sandbänken und Untiefen ist intensiv und vielfach wechselnd, was trotz der sehr bedeutenden Wassermasse die Schiffbarkeit außerordentlich behindert. Der an sich bedeutende Wechsel des Wasserstandes erfolgt vorwiegend nach der Jahreszeit, viel weniger nach lokalen Wetterereignissen; im Frühjahre bleibt der winterliche Wasserstand bis zum Abschluß der Schneeschmelze in den Gebirgen nahezu unverändert. Ausgesprochene Überschwemmungen kommen regelmäßig nur im äußersten Unterlauf, unterhalb Petova, vor; nur ausnahmsweise, in besonders niederschlagsreichen Wintern, sucht sich ein Teil der Wassermassen schon in der oberen Muzakja den Weg durch das alte Flußbett „Del" gegen die Senke von Gradišta[6]).

Der Semeni ist im Winterhalbjahr für kleine Flußfahrzeuge, wenn auch mit großen Schwierigkeiten infolge der beständig wechselnden Sandbänke und Untiefen, schiffbar[7]): im Sommer und Frühherbst ist er an vielen Stellen, im Winter, von besonders trockenen

---

[6]) Siehe unten S. 33f.

[7]) Heute ist sein Mündungsgebiet derart versandet, daß hier die Schifffahrt auch für die in Betracht kommenden kleinen und flachgehenden Flußfahrzeuge nur durch einen künstlichen Kanal aufrechterhalten werden kann. Ob dies in früheren Zeiten anders war oder ob diese Versandung der Mündung in der Anschwemmungstätigkeit des Flusses dauernd bedingt ist, vermag ich nicht mit Sicherheit zu entscheiden. Nach einzelnen Angaben scheint es im Mittelalter besser gewesen zu sein (vgl. Jireček bei Thallóczy I. 170). Vielleicht hängt die Verschlechterung mit der im 19. Jahrhundert erfolgten Verlegung des Flußlaufes zusammen, von der unten S. 33f. die Rede sein wird.

Jahren abgesehen, unterhalb der Vereinigung der Quellflüsse nirgends durchfurtbar.

Die Djanica.

Sein linker Nebenfluß Djanica entspringt am Sattel von Sinja und mündet nördlich Fjeri in den Semeni; sie hat ein sehr verschieden gestaltetes, im Unterlaufe tief eingeschnittenes Bett, ihr Wasserstand wechselt nach der momentanen Witterung zwischen sehr bedeutenden Extremen; im Sommer trocknet sie stellenweise fast ganz aus.

Karbunara und Ljužna.

Die Bäche von Karbunara und Ljužna entspringen im Hügellande südlich Pekinj und fließen im Bogen, an den genannten Orten vorbei, in die Muzakja, wo sie sich verlieren; sie vereinigen sich weder noch erreichen sie den Ličeni Trbuf; die diesbezüglichen Angaben älterer Karten sind falsch. In ihrem Charakter gleichen sie der mittleren Djanica.

Der Škumbi.

Der Škumbi oder Škumin entspringt auf den Höhen westlich des Ochridasees und durchfließt bis vor Elbasan ein enges Gebirgstal, dann bis Murikjani eine 4 bis 5 km breite, meist schotterige Ebene, von da ab wieder ein mäßig breites, stellenweise defileeartig verengtes Tal bis zu seinem Austritte in die Muzakja bei Rogožina; durch die Lücke von Nova-Baštova in der küstenseitigen Hügelkette strömt er zum Meere ab. Sein Charakter ist bis Rogožina, soweit es die Breite der Talsohle erlaubt, der eines mäßigen Torrente, weiter abwärts der des Tieflandflusses. Im Sommer fast überall durchwatbar, wird er im Winter zu einem mächtigen Hindernis. In seinen sonstigen Eigentümlichkeiten gleicht er dem Semeni, dem er jedoch an Mächtigkeit nachsteht.

Darči und Gešnike.

Der Darči und die Gešnike (Lešnikja, Kavaja) sind mittelstarke Bäche, die erst nach ihrem Austritt in die Ebene infolge ihrer tief eingeschnittenen Betten zu merklichen Hindernissen werden und im untersten Lauf überdies der Aufstauung durch die Flut unterliegen. Im Sommer und Frühherbst sind sie, von der aufgestauten Mündung abgesehen, fast trocken; letztere unterliegt dem Einflusse der Gezeiten.

4. Das Klima.

Die physikalische Beschaffenheit des Landes äußert ihren Einfluß auf das Wohl und Wehe der darauf lebenden Menschheit hauptsächlich durch zwei Faktoren: durch die bereits scharf nach den Gesetzen der subtropischen Zone durchgeführte Scheidung von Trocken- und Regenzeit, und durch das gleichfalls im Rahmen der Jahreszeiten geregelte Auftreten der Malaria.

Trocken- und Regenzeit.

Die Regenzeit beginnt gewöhnlich im Oktober und dauert bis in den März oder April; in der Mitte dieses Zeitraumes, in der Regel zweite Hälfte Jänner und Anfang Februar, gibt es oft eine zusammenhängende Reihe schöner, aber kalter Tage.

Den Einsatz der Regenzeit bezeichnen schwere Gewitter, die oft schon im August, wenn auch zunächst mit großen, mehrwöchentlichen Pausen einsetzen, ab Oktober aber sich immer rascher folgen und endlich in ein andauerndes Unwetter übergehen. Auch während der ganzen übrigen Regenzeit sind die Güsse sehr oft von Gewittern begleitet, wie denn überhaupt der ganze Charakter dieser Niederschläge weniger unseren mitteleuropäischen Landregen gleicht als vielmehr einem schlechten Aprilwetter mit zahlreichen heftigen Platzregen, zwischen denen einzelne Stunden oder selbst Tage schönen warmen Sonnenscheines nicht ausgeschlossen sind. Natürlich genügen diese nicht, um den durchweichten Boden zu trocknen; kommt es aber zu einer längeren Regenpause, so tritt unfehlbar empfindliche Kälte ein mit scharfen Nachtfrösten, die wiederum die Verdunstung behindern. Ich erlebte in dem allerdings besonders kalten und ziemlich regenarmen Winter 1917/18 auf dem Semeni und der Djanica regelrechten Eisgang und an der steinernen Brücke in Fjeri meterlange und armdicke Eiszapfen. Schnee fällt in den Tieflagen äußerst selten und bleibt niemals liegen.

Wegsamkeit im Winter.

Mit dem Einsatz der Regenzeit ist es mit der normalen Gangbarkeit des Geländes wenigstens in der Ebene nahezu zu Ende. Die tief aufgeweichten Wege werden durch Benützung natürlich nicht besser, bei intensiver Inanspruchnahme zumal durch Fuhrwerke in kürzester Zeit gänzlich unpassierbar. Ist die durch Mensch- und Tierspuren sowie Radgeleise total durchwühlte Bahn schon bei warmem Wetter, wo alles knietief und mehr einsinkt, nur äußerst schwer zu begehen, so hört bei Frostwetter, wenn die zerwühlte Fläche zu steinerner Härte erstarrt, jede Begehungsmöglichkeit zum mindesten für Pferde und Tragtiere gänzlich auf. Inzwischen treten immer größere Flächen dauernd unter Wasser; große Teile der Muzakja verwandeln sich in Seen (s. Abb. 1) und die Überschüsse dieser Gewässer bahnen sich endlich ihren Abfluß nicht zum heutigen Semeni, sondern zu seinem alten Lauf „Del" durch die Senke von Gradišta. Auch die nicht inundierten Flächen sind jetzt derart aufgeweicht, daß ein dauerndes Freilager in der Ebene ausgeschlossen ist. In dieser Zeit ist der Verkehr in der Muzakja, soweit landesübliche Wege in Betracht kommen, fast ausschließlich auf die Uferstrecken unmittelbar an den großen Flußläufen beschränkt, und auch diese sind dann, schon infolge der gesteigerten Beanspruchung, miserabel genug. Die Regenpause inmitten der Regenzeit bessert zur Not diese Partien, an den inundierten Strecken geht sie spurlos vorüber.

Im April erst fängt die gesteigerte Sonnenwärme an sich ausgiebig fühlbar zu machen. Langsam beginnt die Austrocknung, die mächtig aufstrebende Vegetation trägt stark dazu bei. Die Inundationsflächen schrumpfen und schwinden, die Wege glätten sich durch den Verkehr; noch führen die Flüsse Hochwasser, denn im Hochgebirge schmilzt der über den Winter in ungeheueren Mengen gefallene Schnee; erst Ende Mai beginnen auch sie endgültig zu sinken. Im Juni ist Sommer. Die im Frühling zu großer Pracht und Üppigkeit aufgeschossene Vegetation fängt langsam an zu verdorren, die Gegend wird grau, die Wege bedecken sich mit hohen Staubschichten. Ein Regen ist jetzt Wohltat. Im Juli setzt die ganz große Hitze ein. in den Mittagsstunden wird jede Marschbewegung, jede Arbeit unmöglich. Das hält bis Mitte August. In diesen Monat fällt gewöhnlich das erste Gewitter, dauert auch wohl 2 bis 3 Tage; dann wieder 1 bis 2 Wochen Hitze; die noch so ausgiebigen Niederschlagsmengen sind in längstens zwei Tagen verdunstet. Dann wieder ein Gewitter und wieder eines in immer rascherer Folge, bis endlich im Oktober die Regenzeit einsetzt. Frühjahr und Sommer.

Selbstverständlich sind diese Vorgänge nicht Jahr für Jahr ganz gleich; wie überall, gibt es auch hier regenreiche und regenarme Winter, wärmere und kühlere Sommer. So war der Winter 1917/18, den ich im Lande mitmachte, ein verhältnismäßig regenarmer; die Regenzeit setzte sehr zögernd ein, die Pause im Jänner und Februar dauerte gute 6 Wochen. Der Unterschied gegen den wiederum ganz besonders regenreichen Winter des Vorjahres äußerte sich aber praktisch nur in einer geringeren Ausdehnung der eigentlich inundierten Flächen; immerhin zeigt Abb. 1, die im Jänner 1918 während der kalten Regenpause aufgenommen ist, noch genug davon. Die Aufweichung der Wege war dieselbe und die gelegentliche Kälte war empfindlicher als sonst. Als Entschädigung für den regenarmen Winter erhielten wir 1918 ein relativ nasses und kühles Frühjahr, das sich bis in den Juli fortsetzte; ohne diesen abnormalen Umstand wären die Kämpfe dieses Monates gar nicht möglich gewesen. Große Hitze gab es eigentlich nur in der zweiten Juliwoche durch kaum mehr als 14 Tage. Am 13. August kam das erste Gewitter; die Regenzeit setzte mit dem 2. Oktober heftig und andauernd ein. Das Jahr 1917/18.

Die hier geschilderten Einflüsse des Wetters beziehen sich hauptsächlich auf die Verhältnisse in der Ebene. In den Bergen sind sie Das Klima im Bergland weniger schroff, vor allem weil die Inundation hier wegfällt, dann weil der bessere Abfluß des Niederschlages, besonders aber der stellenweise steinige Boden auch die Wege weniger wetterempfindlich macht. Immerhin muß man sich hüten das zu verallgemeinern: neben ganz unempfindlichen Wegstrecken gibt es auch hier solche, die mit denen der Muzakja jede Konkurrenz aufnehmen und Partien beider Extreme wechseln oft auf engem Raume in rascher Reihenfolge wiederholt ab. Dabei sind die Temperaturschwankungen, je weiter vom Meere, desto empfindlicher. Im allgemeinen ist jedoch zur Regenzeit das Hügel- und Bergland zweifelsohne geeigneter für Truppenbewegungen und Truppenaufenthalt als die Ebene. Im Sommer ist die Gangbarkeit des Berglandes natürlich, soweit die Bodenbedeckung sie nicht beeinträchtigt, eine gute. Dagegen ist die Hitze hier, infolge des geringeren Einflusses der Seeluft, im allgemeinen empfindlicher. Einzelne Täler und Kessel sind förmliche Hitzeherde, so zum Beispiel das Osumtal bei Berat.

Ist der albanische Winter mit seinen schweren Regengüssen, der weitgehenden Inundation des Landes und der dadurch bedingten Unterbindung jedes lebhafteren Verkehrs ein schweres Hindernis für jede umfangreichere Betätigung menschlicher Arbeitskraft, so erwächst derselben im Sommer, wenn alle diese Hindernisse wegfallen, ein neuer, ungleich furchtbarerer Feind: die **Malaria.**

Die Malaria.

Die Malaria ist im Lande endemisch und beherrscht es vollständig. In ihrer Verbreitung vom Vorhandensein der Stechmücken aus der Gattung *Anopheles* abhängig, findet sie in den großen Sumpfgebieten und zahllosen Inundationstümpeln, die den Jugendstadien dieser Insekten zur Entwicklung dienen, einen ergiebigen Nährboden. In vertikaler Richtung reicht ihre Verbreitung bis auf Höhen von mehr als 500 m Seehöhe, obwohl die Intensität mit der Erhebung stark abnimmt. Die Zeit der Neuinfektionen beschränkt sich naturgemäß auf die Monate, in denen die für die Übertragung einzig in

Zeit der Infektionen.

Betracht kommenden Weibchen schwärmen, das ist in die Zeit vom Spätfrühjahr bis in den Spätherbst. Im Jahre 1914 wurde mir im Lande versichert, die Infektionszeit beginne bei Valona etwa Mitte April, bei Durazzo 2 bis 3 Wochen später. Nach den sehr umfangreichen Erfahrungen, die wir im Kriege gemacht haben, sind diese Termine zu früh angesetzt. Vereinzelte Fälle von Infektionen durch in geschützten Wohnungen überwinternde Weibchen mögen vorkommen und sind auch im tiefsten Winter nicht ausgeschlossen; bei der überwiegenden Mehrzahl der um diese Zeit auftretenden sicher nicht sehr zahlreichen Erkrankungen dürfte es sich jedoch um Rezidiven handeln. Nach unseren, wie erwähnt, sehr ergiebigen Erfahrungen beginnt die eigentliche Erkrankungssaison an der Küste (Vojusamündung) etwa Mitte Juni, nach kühlem Frühjahr auch später, und schreitet von da ziemlich langsam landeinwärts fort: Berat wird erst nach etwa 6 Wochen erreicht. In dieser Zeit überwiegt die als *Malaria tertiana* bekannte Form der Krankheit, die im Hochsommer ihren Höhepunkt erreicht; zugleich setzt jetzt die andere Spielart, *Malaria tropica*, ein, erreicht ihren Höhepunkt etwa zu Beginn der Regenzeit und erlischt nicht vor Mitte oder Ende November.

Einfluß auf die Kriegführung.

Wir kennen heute einigermaßen die Naturgeschichte dieser Krankheit, besitzen im Chinin ein leidliches Gegenmittel, und wissen außerdem den mechanischen Mückenschutz ausgiebig anzuwenden. Aber diese Mittel, wenigstens der mechanische Schutz, sind nur anwendbar unter teilweisem, oft weitgehendem Verzicht auf praktische Arbeitsleistung. Dies ist gerade für die Beurteilung des Landes als Kriegsschauplatz von entscheidender Bedeutung; denn diese Mittel, die im Stellungskrieg recht gute Ergebnisse liefern, versagen im Bewegungskriege vollkommen. So hat denn auch der uns ab 7. Juli 1918 von den Italienern aufgezwungene Bewegungskrieg im Laufe von drei Monaten beide Armeen vollständig ruiniert; die Feuergewehrstände der Bataillone, die anfangs Juli durchschnittlich 500 Mann betragen hatten, variierten trotz eingesetzter Marschformationen zu Ende September zwischen 0 und 50; und bei den Italienern soll es um diese Zeit auch nicht viel besser ausgesehen haben. — Resultat dieser Feststellungen ist die Tatsache, daß, während im Winter die Wettereinflüsse jede größere Truppenbewegung im Lande unterbinden, im Sommer, wo jene wegfallen, die Malaria sie verbietet und, wenn dieses Verbot mißachtet wird, sich furchtbar rächt. — Dieser Satz enthält so ziemlich die Charakteristik Albaniens als Kriegsschauplatz, soweit die heutigen Verhältnisse in Betracht kommen. Hinzufügen könnte man noch, daß auch der allgemeine Kulturzustand, der ja für den Ressourcenreichtum des Landes und damit für die Wertung desselben als Kriegsschauplatz ins Gewicht fällt, in gleicher Weise unter diesen Einflüssen leidet, indem eben jede ergiebige Betätigung menschlicher Arbeitskraft, also auch und vor allem die Landwirtschaft, schwer durch sie getroffen wird. Die einheimische Bevölkerung des Flachlandes ist natürlich durchwegs von der Malaria infiziert; sie leidet infolge jahrtausendelanger Angewöhnung äußerlich in weniger akuten Formen unter ihr, doch zeigt sich als Folge der Krankheit eine allgemein geringe Disposition zur Arbeit, verbunden mit wesentlicher Herabsetzung jeder mit physischer Anstrengung verbundenen Leistungsfähigkeit, die wir wohl als Hauptursache des kulturellen Tiefstandes und Haupthindernis jedes Fortschrittes im Lande zu betrachten haben. All die unbegrenzten Möglichkeiten, welche die Eigenschaften von Grund und Boden einem fabelhaften landwirtschaftlichen Aufschwung zu bieten scheinen, hätten zur unabweislichen Voraussetzung ihrer Erfüllung die Ausrottung der Malaria durch radikale Entsumpfung des Landes und restlose Vernichtung aller sonstigen Brutherde der Anophelesmücken.

5. Bevölkerung und Kultur.

Allgemeiner Volkscharakter.

Die Bevölkerung Mittelalbaniens gehört dem illyrischen Stamme an, den wir, wenn auch sprachlich slavisiert, noch in Süddalmatien, Montenegro und der Herzegowina antreffen. Während der Albaner des Gebirges mit den Bewohnern der genannten Karstländer in der hohen Statur und manch anderem Merkmal auffallend übereinstimmt, fällt er in der Ebene und im flachen Hügellande stark aus der Rasse. Grund hierfür dürfte weniger fremde Beimischung sein, als vielmehr Degeneration infolge der Malaria. Letztere beeinflußt auch sonst, wie schon im vorigen Abschnitt angedeutet, den Volkscharakter; die Arbeitsscheu und der Fatalismus des Orientalen erscheinen hier noch wesentlich gesteigert durch tatsächlich geringere Arbeitsfähigkeit. Immerhin ist selbst diese Degeneration nicht imstande gewesen, einzelne positive Anlagen des Volkes gänzlich zu erdrücken. Ein gewisser, wenn auch mit primitivsten Mitteln, aber mit umso anerkennenswerterem Erfolge betätigter Gewerbefleiß ist unverkennbar, die Hausindustrie steht auf achtbarer Stufe; ganz besonderes Talent, Findigkeit und praktisches Geschick, ja gelegentlich sogar verblüffende Originalität bekunden die Albaner in der Herstellung von Wasseranlagen zum Zwecke der Feldbewässerung oder des Mühlenbetriebes. Die Djanica zum Beispiel ist für letzteren Zweck derart ausgenützt, daß an den Talhängen stellenweise bis zu drei Mühlgänge übereinander laufen, manche von mehr als 10 km Länge; oberhalb Tirana sah ich im Rahmen ähnlicher Anlagen tunnelartige, in die senkrechten Sandsteinuferwände des Ljumi Tirans eingeschnittene Wasserkammern, deren Einzelheiten eines genauen Studiums durch Fachleute wert wären. Spuren deuten darauf hin, daß diese Art der Wasserausnützung bis ins Altertum zurückreicht:

jedenfalls scheint sie zu allen Zeiten eine Spezialität dieses Volkes gewesen zu sein. Ein Grund mehr, uns Land und Leute Albaniens im Altertum im wesentlichen so vorzustellen, wie wir sie heute sehen.

Von diesem Standpunkte aus betrachtet, interessiert uns vor allem die einheimische Landwirtschaft. Daß deren Entwicklung vielfach durch die natürlichen Bedingungen behindert wird, wurde schon erwähnt. Am besten steht es auf diesem Gebiete noch mit der dem Südländer überhaupt besonders zusagenden Ölbaumkultur; einzelne Landstriche, allen weit voran die Malakastra, stehen hierin auf sehr hoher Stufe und danken dem Ölbaum einen sehr ansehnlichen Wohlstand, der sich vice versa in blühender Hausindustrie und sogar in architektonischer Prunkentwicklung äußert; die Wohnstätten einzelner reicher Beys und Agas dieser Gegend sind regelrechte „Palazzi", nicht nur an Raumentwicklung und dekorativem Prunk, sondern auch an künstlerischem Geschmack, so in Žagran und Kljoš[8]). Auf dem Gebiete der Ölgewinnung — und vorläufig nur hier — sind auch spontane Ansätze zur Modernisierung des Betriebes zu erkennen. Landwirtschaft. Ölbaumkultur.

Auf viel tieferer Stufe als die Ölkultur steht der Ackerbau. Vor allem sind nicht annähernd alle anbaufähigen Flächen ausgenützt, weder in der Ebene noch im Hügelland; dann ist von einem halbwegs modernen oder auch nur ökonomischen Betrieb nicht die Rede, vielmehr die Primitivität in Anbau, Ernte und Verwertung gleich groß. Die derzeit zu Recht bestehenden Agrarverhältnisse tragen natürlich nicht dazu bei, die Lage zu bessern[9]). Immerhin kann das Land heute sich selbst ernähren, wozu die Muzakja, trotzdem die Bevölkerung hier am dünnsten, physisch minderwertigsten und ärmsten ist, am meisten beiträgt. Ackerbau

Die Ernte beginnt für Gerste etwa Anfang, spätestens Mitte Juni, für Weizen Ende Juni oder Anfang Juli, für Hafer im August. Natürlich spielt die Höhenlage eine große Rolle; obige Angaben gelten für die Muzakja. Erwähnt wurde schon, daß der albanische Bauer das Getreide in nicht ganz ausgereiftem Zustand schneidet; nicht anders macht er es mit dem Obst. Mais wird zweimal geerntet, der erste Anbau erfolgt im Frühjahr, der zweite nach Abernten des Ge-

---

[8]) Diese Herrensitze dürfen umso eher als „Palazzi" bezeichnet werden, als sie unzweifelhaft von italienischen Vorbildern beeinflußt sind; rein albanischen Typ zeigen jedoch die großen verteidigungsfähigen Familienkastelle der nördlichen Malakastra, besonders der Gegend von Zfiri südwestlich Sinja, auf welche hiermit ethnographische Forscher besonders aufmerksam gemacht seien.

[9]) Vgl. Sedlmayr bei Thallóczy II, 11 ff.

treides auf den freigewordenen Flächen: da in beiden Fällen die Anbauzeiten sehr variieren, gilt dasselbe auch von der Ernte. Obst ist zahlreich vorhanden, aber, wohl aus Mangel an verständnisvoller Pflege, nicht von besonderer Qualität; Wein wächst in der Muzakja allenthalben wild als Schlingpflanze auf den Bäumen. Reis wird bei Berat gebaut, Tabak überall im Lande. Bei Elbasan und Ljužna gedeihen Orangen und Zitronen. Bei letzterem Orte hat ein von unserer Seite unternommener Versuch, den Baumwollstrauch zu ziehen, ein vorzügliches Resultat ergeben.

Viehzucht. Besser als der Ackerbau ist die Viehzucht bestellt, freilich den Bedürfnissen des Landes angepaßt und daher wenig für den Export geeignet, doch entlastet sie das Land, wenigstens solange die derzeitige Anspruchslosigkeit der Bevölkerung anhält, von jeder Notwendigkeit der Einfuhr. Ganz vorzüglich ist der kleine albanische Pferdeschlag, ohne den der Verkehr im Lande unmöglich wäre, ebenso der landesübliche kleine Esel; Maultiere sieht man dagegen selten. Minder wertvoll ist das kleine, dürre Rind des Landes, auch der nur als Zugtier verwendete Büffel der Muzakja ist wesentlich schwächer als sein ungarischer Vetter. Reich ist der Bestand an Schafen und Ziegen; Schweine gibt es natürlich nur in den von Christen bewohnten Gegenden. Sehr reich ist das Land an Geflügel aller Art, besonders an Truthühnern.

In der Viehzucht huldigt der Albaner weitgehend dem bequemen System der Selbstverpflegung; die jungen Pferde leben bis zu ihrer Dienstbarkeit so gut wie wild, in manchen Gegenden findet man ganze Rudel solcher „wilder Pferde" ohne jede Aufsicht, Kontrolle und Fürsorge; ihr Fang und ihre Eingewöhnung muß dann auch mit Mitteln vor sich gehen, die so ziemlich den aus Lederstrumpf und Karl May bekannten Präriemethoden entsprechen. Nicht viel anders steht es mit den jahraus jahrein in den Sümpfen herumlungernden Büffeln, und es ist mindestens verzeihlich, wenn unsere Truppen, als sie fremd ins Land kamen, auf sie Jagd machten in der Meinung, es mit Wild zu tun zu haben.

Weide. Dieser Betrieb der Viehzucht hat den Weidereichtum des Landes zur notwendigen Voraussetzung. Große Teile der Ebene, der größte Teil des Hügellandes dient diesem Zweck. Die Weide ist am besten im Frühjahr; im Sommer verdorrt, vom Hochgebirge abgesehen, das Gras vollkommen, einzig die nächste Umgebung der Sümpfe bietet spärlichen Nachwuchs. Nach Einsetzen der Regenzeit beginnt in tieferen Lagen fast überall, wo die Inundation es nicht erstickt, grünes Gras zu sprießen, das über den Winter anhält, an einzelnen Stellen, so in der Vojusaniederung, sich sogar zu reicher Üppigkeit entwickelt; im Hügel- und Berglande beginnt jedoch die volle Ergiebigkeit der Weiden nicht vor April und endet meist schon im Juni.

All dies zusammengefaßt und durch die eigene Kriegserfahrung ergänzt, ergibt sich, daß das Land heute nicht nur sich selbst ernähren, sondern im Notfalle auch noch kleine Überschüsse abgeben, daher eine nicht zu große Heeresmacht aus eigenen Landesmitteln unterhalten kann. Überschreitet diese Macht eine gewisse Stärke, so bleibt sie bereits auf Nachschub aus anderen Gebieten angewiesen. Jedenfalls ist ein Heer, dessen Verpflegung auf dem System gemischter Kost oder gar überwiegender Fleischkost basiert, im Lande besser daran als eines, das, wie die römische Legion, überwiegend von Cerealien zu leben gewohnt war. Sehr zu beachten ist allerdings, daß der Albaner, durch jahrhundertealte Erfahrungen gewitzigt, ein ganz besonderes Geschick im Verheimlichen seiner Vorräte entwickelt, eine Eigenschaft, die auch schon Caesar andeutet[10]).

Der agrarischen Natur der Bevölkerung entsprechend, bestehen die Siedelungen zum weitaus überwiegenden Teile aus Dörfern und Einzelhöfen; auch die ersteren sind selten in sich geschlossen, vielmehr zumeist in kleine Häusergruppen („Mahala") aufgelöst, die oft eigene Namen führen. Städte gibt es nur ganz wenige, sicher weniger als es im Altertum gab, wie die Funde beweisen. Siedelungen.

Desolat sind die Wegverhältnisse. An einzelnen Stellen, besonders im Bergland, findet man grob gepflasterte Saumwege, deren Erhaltungszustand übrigens meist derart ist, daß die Wahl zwischen Weg und Angelände leicht zu gunsten des letzteren ausfällt. Dasselbe gilt von den noch spärlicheren, meist nur bruchstückweise ausgebauten türkischen Straßen. Beide Typen führen zweifellos ihre Herkunft auf die Glanzzeit der Türkenherrschaft zurück und haben deren Schicksal geteilt. Die weit überwiegende Mehrzahl der Wege besteht einfach in durch den Gebrauch ausgetretenen beziehungsweise ausgefahrenen Streifen ohne jede weitere Ausgestaltung; sie wechseln von schmalen Ziegenpfaden über Saum- und Karrenweg bis zu dem im Sommer recht praktikablen Fahrweg der Muzakja. Über die weitgehende Abhängigkeit dieser Wege von der Witterung, ihren desolaten Zustand in der Regenzeit wurde schon gesprochen. Dazu kommt noch, daß das Wegnetz sämtlicher Abstufungen selbst für albanische Verhältnisse unglaublich weitmaschig ist, daß oft zwischen Wegverhältnisse.

[10]) b. c. II, 42, 5.

ganz nahe gelegenen Ortschaften eine direkte Wegverbindung nicht besteht und Abkürzungen querfeldein durch Dornenhecken, Bosco oder Sumpfstrecken empfindlich erschwert, für Reiter oft ganz unmöglich sind. — Nicht unerwähnt dürfen an dieser Stelle die Reste alter Römerstraßen bleiben, die infolge ihres meist noch vorhandenen festen Unterbaues, vor allem aber durch ihre vernünftige Trassierung die Wegsamkeit des Landes stellenweise heben[11]).

Brücken. Ein besonderes Wort verdienen die Brücken. Es muß eine Zeit gegeben haben — jedenfalls die schon erwähnte Glanzzeit der Türkenherrschaft — wo es diesbezüglich im Lande geradezu vorzüglich bestellt war; leider kann man heute nur mehr Reste dieser Herrlichkeit praktisch genießen. Die bekannten steinernen Bogenbrücken bilden ein Charaktermerkmal des Landes, freilich sind von vielen nur mehr die Pfeiler erhalten. Es scheint, daß zu jener Zeit an allen wichtigen Übergangsstellen auch Brücken bestanden haben, und zwar ohne daß man annehmen dürfte, daß auch die Straßen in gleichem Ausmaße ausgebaut gewesen wären. Vielmehr scheint der Brückenbau eine beliebte Betätigung tatkräftiger Paschas und Veziere, förmlich eine Mode gewesen zu sein, die auf den logischerweise damit zusammenhängenden Straßenbau nicht mehr übergriff; besitzt das Land doch stolze Steinbrücken an Stellen, wo nachweislich niemals eine Straße geführt hat. Jedenfalls wäre das zusammenfassende Studium dieser türkischen Brücken vom historischen wie vom technischen Standpunkte ein interessantes und dankbares Problem.

In neuester Zeit sind, wie erwähnt, diese Brücken zum größten Teil verfallen und an ihrer Stelle, soweit Übergänge über größere Flüsse in Betracht kommen, die billigeren Überfuhren getreten, die den spärlichen Lokalverkehr umso leichter bewältigen, als die sprichwörtliche Geduld der Orientalen dabei eine große Rolle spielt. Den Anforderungen des militärischen Verkehrs genügen sie natürlich nicht im entferntesten, und so war auch im letzten Kriege ihr Ersatz durch permanente Brücken an allen für regelmäßige Truppenbewegungen sowie den Nachschub in Betracht kommenden Stellen geboten.

Überfuhren.

* * *

[11]) Die alte Römerstraße zwischen Fjeri und Kuči hat während des Bewegungskrieges im Sommer 1918 einen recht intensiven Lastautoverkehr ohne Schwierigkeit bewältigt.

Zusammenfassend ergibt sich:

Mittelalbanien ist ein Kriegsschauplatz, der sowohl bezüglich seiner Bodenbeschaffenheit, seiner klimatischen und hygienischen Verhältnisse, als betreffs der Ressourcenfrage der Kriegführung wesentliche Beschränkungen auferlegt. Resumé.

Im Winter behindert die Regenzeit mit ihrer weitgehenden Einwirkung auf die an sich miserablen Wegverhältnisse jeden Bewegungskrieg; im Sommer macht ihn die Malariagefahr zu einem Risiko schwerster Art. Im ganzen Jahre verbietet die Ressourcenarmut des Landes, eine größere Truppenzahl daselbst dauernd zu unterhalten, sofern nicht ausreichender und gesicherter Nachschub von auswärts zur Verfügung steht.

Die für den Bewegungskrieg noch verhältnismäßig günstigste Jahreszeit ist das spätere Frühjahr, wo die Wege bereits leidlich getrocknet, die Weideverhältnisse günstig sind, dagegen die Malariagefahr noch nicht akut ist.

* *

Ich bin mir vollauf bewußt, daß diese Ausführungen in vieler Hinsicht über den Rahmen des unbedingt Notwendigen hinausgehen; doch habe ich mit guten Gründen, die im Laufe der weiteren Untersuchungen klarer werden dürften, an der Absicht festgehalten, ein möglichst erschöpfendes und anschauliches Bild des Landes als Kriegsschauplatz zu bieten; nur aus diesem Bilde, ergänzt durch die nun folgenden Untersuchungen über die antiken Verhältnisse, können wir die Grundlagen für das volle und richtige Verständnis des Feldzuges Caesars gewinnen. Schließlich wird manche der hier scheinbar ohne zwingende Notwendigkeit gegebenen Angaben späteren Forschungen auf verschiedenen, das Land betreffenden Gebieten zugute kommen können.

III. Antike Topographie des Kriegsschauplatzes.

Festhaltend an der Absicht, unsere den Charakter des Kriegsschauplatzes betreffenden Erfahrungen der Erforschung des caesarianischen Feldzuges zugrunde zu legen, müssen wir vor allem darüber klar werden, inwieweit die heutigen Verhältnisse für die Zeit jenes Feldzuges Gültigkeit besitzen. Wir müssen feststellen, welche Verhältnisse sich erwiesenermaßen geändert haben, bei welchen eine Veränderung ebenso sicher nicht stattgefunden hat, und für den Rest, für den sich direkte Belege nicht erbringen lassen, auf indirekten Wegen eine befriedigende Lösung anstreben. Aus all dem soll uns ein soweit anschauliches Bild des Kriegsschauplatzes jener Zeit erstehen, daß wir die Einwirkung seiner Eigentümlichkeiten auf den Verlauf des Feldzuges zu erkennen und zu verfolgen imstande sind.

Im vorhergehenden Kapitel, dessen Material der Forschung ohne Einschränkung zur Verfügung stand, konnte in der Anordnung des Stoffes eine logische Reihenfolge eingehalten werden; bei den folgenden Untersuchungen, denen nur bruchstückweise Daten zur Verfügung stehen, die sich gegenseitig mehr zufällig als nach zwingenden Zusammenhängen ergänzen, mußte ich unter Verzicht auf die zweifellos wünschenswerte Gleichheit der Materialanordnung die Probleme so aneinanderfügen, wie die vorhandenen Grundlagen und die Möglichkeit, ein Ergebnis auf das andere aufzubauen, es erheischten.

1. Die Flußläufe und ihre Veränderungen.

Die mir im Kriege gebotene Gelegenheit, mich mit der Topographie des Landes eingehender zu beschäftigen, zeitigte zu meiner eigenen Überraschung auf dem Gebiete der hydrographischen Geschichte Erkenntnisse, die mir bei meiner kurzen Bereisung im Frieden nicht im entferntesten zum Bewußtsein gekommen und aus ähnlichen Gründen auch meinen Vorgängern Heuzey und Stoffel versagt geblieben waren. Es handelt sich um nicht mehr und nicht weniger als die Tatsache, daß die meisten, wahrscheinlich alle großen Flüsse des Landes in historischer Zeit, und zwar nach Caesar, ihren Lauf bedeutend verändert haben.

Es würde zu weit führen und die Übersichtlichkeit beeinträchtigen, wollte ich dies Resultat hier auf denselben Wegen ableiten, auf denen ich schrittweise zu ihm gelangt bin; im folgenden soll das gewonnene Material in logischer und übersichtlicher Anordnung dargelegt werden.

Eine Betrachtung der orographischen Gestaltung des Landes zeigt auf den ersten Blick, daß die Entwässerung des zum adriatischen Meere abfallenden Berglandes in diesem Abschnitte ursprünglich durchwegs in nordwestlicher Richtung erfolgte. Speziell der Abfluß der Muzakja ging zur Urzeit zweifellos zur Gänze in der Gegend von Kavaja ins Meer; die drei Durchbrüche durch die jene Ebene im Westen begrenzende Hügelkette — bei Fjeri, Gradišta und Baštova — sind offenbar späteren, wenn auch noch immer vorgeschichtlichen Ursprungs, ebenso die ebenen Küstenstreifen westlich dieser Hügelkette, die erst nach Entstehung dieser Durchbrüche angeschwemmt wurden. Aber auch nach Bildung der Durchbrüche sind, wie wir nunmehr nachweisen können, noch sehr bedeutende weitere Verlegungen der Flußläufe erfolgt, zum großen Teil nachweislich in historischer, ja selbst in neuester Zeit. Diese Laufverschiebungen betreffen vor allem die drei Hauptflüsse und erfolgten sämtlich vom rechten gegen das linke, d. i. südliche Ufer, was auf die erwiesene allmähliche Senkung der Küste, der sie ursprünglich alle ihre linke Flanke zeigten, dann aber auch auf den in derselben Richtung wirksamen Einfluß der Erdrotation (Baersches Gesetz) zurückzuführen ist. Hier handelt es sich darum, zu bestimmen, welche dieser Veränderungen nachweislich in historischer Zeit vor sich gegangen sind, und dieselben so genau als dies heute möglich ist, zeitlich zu fixieren, um schließlich jenen Zustand sicherzustellen, der in den Tagen Caesars hier geherrscht und die Operationen beeinflußt hat.

Der Aous.

Am genauesten läßt sich dieser Zustand für die Vojusa, den **Aous** [Aias[12]), Anas[13])], der Alten, festlegen; hier allein galt auch die Tatsache der in historischer Zeit eingetretenen Veränderung des Flußlaufes bisher schon als erwiesen. Wir wissen mit voller Sicherheit, daß dieser Fluß im Altertum an der Stadt Apollonia vorbeifloß und ihren Hafen bildete, der nur 10 Stadien (1·75 km) von der Stadt entfernt war[14]) und ca. 6 bis 10 km weiter in das Meer mündete[15]);

[12]) Plinius n. h. III, 26.

[13]) Dio XLI, 45.

[14]) Dio XLI, 45; die Entfernung des Hafens bei Strabo VII, 8, 5.

[15]) Die Angaben über die Entfernung der Stadt Apollonia vom Meere variieren ziemlich bedeutend. Nach Pseudo-Skylax c. 26 betrug die Entfernung 50 Stadien (8·75 km), nach Strabo VII, 8, 5 60 Stadien (10·5 km), nach Plinius n. h. III, 145 4 m. p. (6 km). Diese Unterschiede können wohl nur zum Teil auf temporäre Veränderungen der Küste zurückzuführen sein; keineswegs geht es an, für das kurze Zeitintervall zwischen Strabo und Plinius eine Küstenänderung von über 4 km anzunehmen. Erklärlicher wird die Sache, wenn man die Unterschiede auf verschiedene Messungen zurückführt und die kleinere

wir wissen aber auch, daß er noch 5 römische Meilen von Apollonia an Hügeln vorbeifloß[16]), die nur an seinem rechten Ufer oberhalb der Stadt gesucht werden können, da jene des linken Ufers nirgends so nahe an sie herantreten, und flußabwärts überhaupt keine mehr vorhanden sind. Wir wissen also mit voller Sicherheit, daß noch in der Kaiserzeit die Vojusa mindestens von der Gegend von Frakula paša an, möglicher- (und wahrscheinlicher-) weise noch von weiter oben her längs des Fußes der sie rechts begleitenden Höhen bis zu deren Ende bei Apollonia geflossen ist. Heute bespült sie gegenteilig die südlichen Höhen bis zu deren Abschluß bei Mifoli, und ist an ihrer nächsten Stelle von den Ruinen Apollonias fast 7 km entfernt. Es ist nun interessant und insbesondere für die Beurteilung der aus den antiken Quellen nicht so klar zu begründenden Veränderungen der übrigen Flüsse wichtig, daß dieser zu einer genau bestimmten Zeit zweifellos vorhanden gewesene Flußlauf heute nur mehr äußerst schwer im Terrain zu erkennen ist. Längs des Höhenfußes selbst ist er nicht mehr durch bloße Beobachtung, sondern nur mehr durch geologische Untersuchung festzustellen[17]); erst beim Verlassen der Höhen beim Dorfe Sop ist die Stelle des alten Hafens durch kleine Rideaux, sodann der weitere gegen Südwesten abbiegende Lauf teils als flacher Doppeldamm, teils an der von der Umgebung abstechenden Vegetation zu erkennen[18]).

Die Mündung des Flusses ist heute noch limanartig erweitert und es ist kein Zweifel, daß sie es im Altertume auch gewesen ist; nur dadurch wurde die ständige, von der Jahreszeit unabhängige

---

Ziffer auf die Entfernung der Stadt von dem allerdings an sich belanglosen nächsten Punkt der Küste, die größere auf die praktisch viel wichtigere Länge des Flusses vom Hafen bis zur Mündung bezieht.

[16]) Hier lag das vielgenannte Nymphaeum (Plin. III, 145; Strabo VII, 8, 5; Aelian v. h. XIII, 15; Dio XLI, 45; Ampelius VIII, 1). — Tatsächlich hat Praschniker das Nymphaeum genau in der angegebenen Distanz von der Stadt, am Fuße der das Vojusatal nördlich begleitenden Hügelkette, einwandfrei festgelegt. (Muzakja und Malakastra S. 57ff.)

[17]) Der Boden am Hügelfuße besteht durchwegs aus Sand und Schotter, im Gegensatze zu dem Lehm der Umgebung.

[18]) Heute ist zur Inundationszeit noch ein weiterer, zwischen dem hier geschilderten antiken und dem jetzigen Flußbett etwa die Mitte haltender Lauf zu erkennen; er dürfte auch der Zeit nach zwischen beiden liegen. — Die ziemlich ausführlichen, aber etwas konfusen Daten des Bischofs Anthimos Σύντομος ἱστορικὴ περιγραφὴ τῆς ἱερᾶς Μητροπόλεως Βελεγράδων, S. 41, lassen sich auf unseren Karten nicht mit Sicherheit verfolgen. Vgl. auch Praschniker, Muzakja und Malakastra S. 55f.

Passierbarkeit wenigstens für kleinere Schiffe bis Apollonia möglich, während sie auf dem an sich wasserreicheren Apsus-Semeni offenbar damals ebenso ausgeschlossen war wie heute.

Der Apsus.

Nicht so einfach liegen die Verhältnisse beim Semeni, dem **Apsus** der Alten, obwohl hier eine große Menge noch sichtbarer Spuren verschiedener Verlegungen ein reichliches Material zur Untersuchung der Frage bieten. Die ganze Südhälfte der Muzakja ist von einem Netz älterer und jüngerer Semeniläufe überdeckt; die Datierung im einzelnen ist jedoch nicht ohneweiters durchführbar, zumal wir gerade für das Altertum nur auf indirekte Angaben angewiesen sind.

Zwei Dinge aber lassen sich zweifellos feststellen: erstens, daß, wie der Augenschein lehrt, das Alter der verlassenen Läufe von Norden nach Süden, also von rechts nach links, abnimmt, was mit dem oben aufgestellten Grundsatz über die Flußveränderungen des Landes übereinstimmt; zweitens, daß der Unterlauf des Flusses in seiner heutigen Gestalt allerneuesten Datums ist. Als Leake im Jahre 1804 die Gegend besuchte, floß der Semeni, wie aus Text und Karte seines Werkes hervorgeht, noch durch die Senke von Gradišta ab[19]). Sein Lauf ist daselbst noch heute in vollster Deutlichkeit, als ein in jeder Hinsicht intaktes Flußbett zu erkennen (Abb. 2). Dasselbe führt hier sowie im anschließenden Teile der Muzakja den Namen „Del", der zweifellos von der mittelalterlichen Bezeichnung des Flusses „Devol" sich herleitet[20]). Dieser Lauf ist, wie erwähnt, quer durch die ganze Muzakja, aufwärts bis in die Gegend oberhalb Kalmi zu verfolgen. Durch ihn und somit

Der Del.

[19]) Leake I, 379 beziehungsweise Karte I. — Leake geht von Pojani über Kolkondasi nach Ardenica, ohne den Übergang über den Semeni zu erwähnen, der, abgesehen von seiner geographischen Bedeutung, schon mit Rücksicht auf die vielen sich an ihn knüpfenden historischen Reminiszenzen bei der bekannten erschöpfenden Arbeitsweise des Verfassers zweifellos hätte erwähnt werden müssen, wenn Leake ihn wirklich überschritten hätte; und übereinstimmend damit ist auf der Karte der Semeni im Bogen nördlich um Ardenica herumfließend gezeichnet, was nur auf die Senke von Gradišta bezogen werden kann. — Gegenüber diesen sehr bestimmten Daten kommt die von Anthimos überlieferte Märtyrerlegende des heiligen Kozmas, wonach dieser in Mujali (unweit Kolkondasi) im Jahre 1779 ermordet und in den „Apsos" geworfen wurde, nicht in Betracht; hier wurden wohl, wie bei derlei Legenden häufig, frühere Ereignisse späteren Verhältnissen angepaßt. Allenfalls könnte man noch an ein periodisches Pendeln des Flusses zwischen seinem heutigen Lauf und dem „Del" denken.

[20]) Jireček bei Thallóczy I, 169. — Vgl. oben S. 18.

durch die Senke von Gradišta fließt noch heute bei starker Inundation der größte Teil der in der Muzakja aufgestauten Wassermassen, nach sehr schweren Niederschlägen auch ein Teil des Semeniwassers zum Meere ab. Die Senke selbst ist einer der inundationsempfindlichsten Teile der Ebene, viel empfindlicher als die Gegend von Fjeri; sie steht selbst in relativ regenarmen Wintern zum größten Teile unter Wasser.

Wann in der Zeit seit 1804 der Semeni seinen Lauf aus der Senke von Gradišta in jene von Fjeri verlegt hat, konnte ich nicht eruieren. Die Tatsache, daß das schon zu Leakes Zeiten existierende Kloster Kolkondasi erst seit ca. 1890 von der Anschwemmungstätigkeit des Flusses in Mitleidenschaft gezogen wurde[21]), läßt eher auf ein späteres Datum schließen.

Außer dem Del, welcher den die Muzakja von Ljužna nach Kolonja durchquerenden Feldbahndamm zwischen den Dörfern Biškezmi und Ljumši, also im westlichen Teile kreuzt, sind in dieser Ebene noch vielfach andere Spuren älterer Flußläufe zu erkennen, deren ältester, aber anscheinend mächtigster etwa 2 km östlich Biškezmi von dem erwähnten Damm übersetzt wird. Dieser Lauf ist weitaus älter als der Del, immerhin aber noch merklich deutlicher erkennbar als alle älteren Vojusaläufe (Abb. 3). Ob er trotzdem mit dem antiken Apsuslauf, der sich in diesem Falle länger als der des Aous erhalten haben müßte, identisch ist, mag dahingestellt bleiben; uns interessiert nur die Frage, ob der Fluß zu Caesars Zeit durch die Senke von Gradišta oder jene von Fjeri abgeflossen ist.

Für ersteres spricht die erkennbare und geogenetisch begründete Tendenz aller Muzakjaflüsse, von rechts nach links zu wandern, in diesem Falle bestätigt durch die bereits erwähnte Tatsache, daß alle in der Muzakja sichtbaren Flußbettreste von Norden nach Süden an Deutlichkeit zunehmen, was auch ein „Pendeln" des Flusses wenig wahrscheinlich erscheinen läßt, das übrigens nur auf engem Raume zu erwarten ist, wenn der bereits erreichte entgegengesetzte Höhenfuß ein Weiterwandern in dieser Richtung verhindert und die fortgesetzte Anschwemmungstätigkeit einen Wechsel des Laufes trotzdem erzwingt. In der weiten geräumigen Ebene ist ein solches Pendeln des ganzen Flußlaufes an sich unwahrscheinlich und müßte überdies in den Spuren verfolgbar sein.

---

[21]) Patsch, Sp. 147. — Nach Anthimos, S. 81, war das Kloster im Jahre 1868 noch zehn Minuten vom Flusse entfernt.

Kleinere Varianten sind natürlich nicht ausgeschlossen, insbesondere im Mündungsgebiet, wo die Einflüsse der Strandbildung vielfach mitspielen[22]).

Sprechen schon diese physikalischen Erwägungen für die Festlegung des antiken Apsuslaufes in der Senke von Gradišta, so finden wir bei Caesar selbst einen ganz sicheren Beweis dafür. Er berichtet c. 30, 1, daß die Flotten des Antonius und Coponius auf ihrer Fahrt von Süden nach Norden von Apollonia und Dyrrhachium aus gesehen und zu Lande begleitet wurden (*iter secundum eas terra direxerant*). Floß der Apsus durch die Senke von Fjeri ab, so hatte diese Verfolgung durch Beobachter von Apollonia aus keinen Sinn. Denn südlich des Flusses in der Ebene konnten jene, auch wenn sie sich knapp ans Ufer hielten, keinen Punkt mehr erreichen, von dem aus sie auch nur annähernd denselben Ausblick auf das Meer hatten wie von der Akropolis von Apollonia selbst, welche eine vortreffliche Übersicht bis zum Kap Laghi gewährt; das Nordufer jedoch, das solche Punkte allerdings geboten hätte, befand sich dann bereits in der Gewalt des Pompejus. Floß hingegen der Apsus bei Gradišta ab, so lag der Gurezarücken mit seinem weitberühmten Aussichtspunkte Ardenica, von dem aus man selbst Durazzo und darüber hinaus sieht, in Caesars Machtbereich, und es hatte sehr viel Sinn, wenn die zur Beobachtung der Flotten von Apollonia aus entsandte Patrouille — anscheinend war Caesar selbst dabei, siehe unten S. 116 — dahin vorging. Wir dürfen daher mit Sicherheit die schon durch physikalische Gründe nahegelegte Annahme, daß der Apsus zu Caesars Zeit bei Gradišta die Hügelkette passiert hat, unseren weiteren Untersuchungen zugrunde legen.

Den Lauf im übrigen Muzakjagebiet im Detail zu bestimmen ist wohl nicht möglich, für unsere Untersuchungen auch nicht notwendig. Es genügt festzustellen, daß der Fluß dazumal aus der Talöffnung von Kuči im allgemeinen quer durch die Muzakja gegen die Senke von Gradišta und durch diese dem Meere zufloß. Das letztere müssen wir uns für jene Zeit, bei Berücksichtigung der sehr starken Anschwemmungstätigkeit der Küstenflüsse, näher der Hügelkette, stellenweise vielleicht knapp vor derselben, denken.

---

[22]) Tatsächlich existiert im Mündungsgebiet eine große Zahl von teils ganz, teils zeitweise verlassenen Mündungsarmen, die natürlich im Winter alle mehr weniger aktiv werden. Einer derselben führt sogar aus der Gegend von Alipašajn am jetzigen aktiven Lauf, unter Entsendung mehrerer Arme gegen das Meer, schließlich in fast südlicher Richtung gegen die Lagunen von Soli, also beinahe in die Vojusa.

Die Djanica. Ob die Djanica[23]), die heute in der Senke von Fjeri in den Semeni mündet, auch im Altertum in den Apsus gemündet hat oder direkt ins Meer, ist schwer zu sagen. Der Umstand, daß in keiner antiken Quelle ein Küstenfluß zwischen Apsus und Aous erwähnt wird, scheint auf ersteres hinzudeuten. Die Djanica dürfte demnach von der Stelle ihrer heutigen Mündung bei Brustar Mah. beiläufig in der Linie des jetzigen Semenilaufes nach Norden geflossen sein und irgendwo westlich der Senke von Gradišta den Apsus knapp vor seiner Mündung erreicht haben[24]).

Der Genusus. Am unsichersten gestaltet sich die Untersuchung beim nördlichsten der großen Muzakjaflüsse, dem Škumbi, **Genusus** der Alten.

Schon ein Blick auf die Karte lehrt, und die auf meine Bitte von dem Geologen Dr. Ernst Novak durchgeführte Untersuchung hat es bestätigt, daß die Ebene von Kavaja ursprünglich das natürliche Abflußgebiet der aus dem Škumbitale strömenden Wassermassen gewesen ist. Die Spuren des alten Laufes sind bei genauerer Untersuchung noch erkennbar, und zwar in Form einer nur bei Inundation deutlich hervortretenden, flußartig fortlaufenden Niederung, die sich zunächst bis südlich der Stelle, wo der Darči aus dem Berglande tritt, im allgemeinen in mäßiger Entfernung vom östlichen Höhenfuß hält, sodann schräg durch die Ebene den westlichen Hügeln zustrebt; hierzu tritt eine „leicht bogenförmig geschwungene Welle" südlich des Dorfes Bukajt, die von einem alten Mäander des Flusses herrühren dürfte. Bezeichnend ist dabei, daß sowohl der Darči als auch der kleine, an den Nordostrand der Maljziahügel angeschmiegte Bach Similj in durchaus individuellen Betten fließen und nicht im Gerinne eines älteren, größeren Flußlaufes[25]).

---

[23]) Die von Patsch, Sp. 115, vorgeschlagene Identifizierung der Djanica mit dem Argyas der berühmten Felseninschrift von Byllis, CIL III 600, hat wenig für sich, da der Platz der Inschrift mit einer gegen das Djanicatal führenden Straße nicht recht vereinbar ist. Näheres darüber in Praschniker, Muzakja und Malakastra Sp. 72f.

[24]) Zu Anfang des 19. Jahrhunderts floß die Djanica nach Leakes Karte — aus dem Text ist nichts zu entnehmen — von Fjeri in nordwestlicher Richtung gegen den Semeni, den sie unweit der Mündung erreichte. Der Lauf dient teilweise heute noch dem Abfluß eines Mühlganges. An der gleichen Stelle verzeichnet sie die 1837 herausgegebene Karte des österreichischen Obersten Graf Karaczay. Die Karte des österreichischen Generalquartiermeisterstabes von 1810 läßt sie sogar ins Meer münden; doch ist diese Karte so willkürlich, daß aus ihr kein Schluß gezogen werden kann.

[25]) Aus dem schriftlichen Gutachten des Geologen Dr. Ernst Novak.

Aus all dem erhellt, daß sich auf physikalischem Wege wohl der einstmalige Abfluß des Škumbi durch die Kavajaniederung erweisen, nicht aber die Frage entscheiden läßt, ob die Verlegung in das jetzige Bett in vorgeschichtlicher oder geschichtlicher Zeit erfolgt ist. Die Möglichkeit letzterer Annahme bleibt jedoch durch den Vergleich mit der Vojusa, deren festgestellter antiker Lauf im allgemeinen heute auch nicht deutlicher erkennbar ist, immerhin offen.

Unter den historischen Zeugnissen des Altertums finden wir allerdings eines, das geeignet ist, in diese Frage wenigstens etwas Licht zu bringen; allerdings müssen wir hier wieder einmal einem späteren Kapitel vorgreifen.

Die Tabula Peutingeriana, deren Urtypus in das dritte nachchristliche Jahrhundert verlegt wird[25a]), enthält eine Straße Dyrratio (= Dyrrhachium)—Apollonia, deren erste Station der Übergang über den „Genesis fl." bildet. Zwar fehlt in der uns erhaltenen Kopie gerade in diesem ersten Intervall die Distanzangabe, doch weist dafür die unmittelbar daneben gezeichnete, von Dyrrhachium über Clodiana führende Straße im ersten Intervall die zwei Ziffern XV und XXVI auf. Die Vermutung liegt nahe, daß die erstere der beiden Ziffern sich auf die ersterwähnte Straße bezieht. Indes auch dieser Ausweg ist in dieser Form nicht annehmbar: denn es können unmöglich beide Straßen von Dyrrhachium ausgegangen sein, aus dem einfachen Grunde, weil in dem engen Strandpaß zwischen Durazzo und Kavaja nur für eine Straße Platz ist. Die direkte Straße nach Apollonia kann von der nach Clodiana führenden erst in der Gegend des heutigen Kavaja abgezweigt sein; dieser Raum aber ist von Durazzo tatsächlich etwa 15 römische Meilen entfernt. Bezeichnet nun, was unter den obwaltenden Umständen das Wahrscheinlichste ist, XV die Länge des gemeinsamen Straßenstückes und lag an dessen Ende gleichzeitig der Übergang über den Genusus, so folgt daraus, daß dieser Fluß damals noch unweit Kavaja geflossen ist, während der heutige Lauf an seiner nächsten Stelle von Durazzo über 30 km entfernt ist. Die weiteren Details gehören nicht hierher, sondern in das Straßenkapitel[26]).

Sehr gut stimmt damit übrigens Ptolemaeus III 12, 2, überein,

---

[25a]) Die neuesten Untersuchungen hierüber bei Kubitschek, Gött. gel. Anz. 1907 (Bespr. von Miller, Itineraria Romana), und RE² X/2 2119.

[26]) Eine ähnliche Ansicht vertritt im wesentlichen auch Miller, Itineraria Romana, Sp. 517 bzw. 560. — Ganz verläßlich sind übrigens die Tabulazahlen hier auch nicht, und sie werden erst voll beweiskräftig, wenn man sie durch umgekehrte Rechnung von Apollonia aus kontrolliert. Siehe unten S. 60.

der die Mündung des Flusses Panyasos, worunter nur der Genusus gemeint sein kann, 15 Minuten = 16 röm. Meilen = 24 km, südlich Dyrrhachium ansetzt, was wohl auf die Ebene von Kavaja, jedoch gar nicht auf die jetzige Flußmündung zutrifft.

Sicher ist übrigens, daß, wie wahrscheinlich auch jene in keinem anderen Itinerar erwähnte Straße, so auch der hier festgelegte alte Genususlauf die Zeit der Ur-Tabula nicht lange überlebt hat. Beweis dafür ist das zuerst von Hahn[27]), dann von Heuzey[28]) erwähnte Kastell von Baštova (Düldemiri), welches frühestens spätantiken, wahrscheinlich frühbyzantinischen Ursprungs ist[29]). Dieses Kastell liegt nun an einer Stelle, die für den nur bei Nova denkbaren Straßenübergang niemals in Betracht kommen konnte; es kann daher nur eine Flußsperre gewesen sein. Aus dieser einfachen Tatsache geht somit hervor, daß zur Zeit des ausgehenden Altertums oder beginnenden Mittelalters einerseits die direkte Straße Apollonia —Dyrrhachium kaum mehr existiert haben dürfte — sonst wäre die Sperre doch am Straßenübergang, wo sie auf der vorspringenden Welle von Nova die denkbar günstigsten Vorbedingungen fand, errichtet worden — anderseits der Genusus bereits im wesentlichen seinen heutigen Lauf genommen hatte, das heißt durch die Senke von Baštova abfloß[30]).

Die Verlegung des Škumbilaufes aus der Kavajaniederung in die Baštovasenke dürfte somit in die Zeit zwischen dem dritten und sechsten Jahrhundert n. Chr. fallen, wahrscheinlich näher dem letzteren Zeitpunkt. Dies läßt auch einen annähernden Schluß zu auf die Verlegung des Vojusalaufes, für welche, nach den physikalischen Indizien zu schließen, beiläufig derselbe Zeitraum angenommen werden kann. Dies wird auch durch die Tatsache bestätigt, daß das einst so blühende Apollonia, im Gegensatz zu Dyrrhachium und anderen

---

[27]) Albanische Studien S. 118.

[28]) S. 41.

[29]) Heuzey a. a. O.; derselben Ansicht ist auch Praschniker.

[30]) Im ganzen Mittelalter war die Mündung dieses Flusses, der damals „Vrego", „Briego" etc. hieß, ein wichtiger Stapelplatz für den Seeverkehr nach Venedig und Ragusa. Vgl. die Quellenangaben hierüber bei Jireček in Thallóczy I, 169 f.

Auch der Umstand, daß dieser Unterlauf heute ebenso wie der ganze übrige Lauf des Škumbi die ethnographische Grenze zwischen Tosken und Gegen bildet, läßt es ausgeschlossen erscheinen, daß er allzu jungen Datums sein könnte. Doch erwähnt Anthimos noch für das Jahr 1811 eine Wanderung des Flußlaufes, welche eine ganze „Enorie" (Kirchsprengel) vom Bistum Berat abtrennte und dem von Durazzo auslieferte, woraus hervorgeht, daß es sich auch hier um eine Wanderung von rechts nach links handelt. Die Örtlichkeit selbst ist auf den heutigen Karten nicht mehr aufzufinden.

Städten des Landes, am Anfang des Mittelalters bereits verödet war[31]), was sich denn doch in erster Linie aus dem Verlust des Hafens erklären läßt. Immerhin ist festzuhalten, daß die Tatsache der Verlegung des Vojusalaufes in historischer Zeit einwandfrei erwiesen ist, während das, was hier über den Genusus gesagt wurde, doch mehr weniger hypothetischer Natur bleibt.

Ob vor dem Škumbi etwa der Ljužna- und Karbunarabach, zu einem kleinen Flüßchen vereint, durch die Senke von Baštova abflossen und erst durch die Anschwemmung des neuen Škumbibettes zum heutigen Lićeni Trbuf aufgestaut wurden, mag dahingestellt bleiben. Dagegen würde sprechen, daß sie, gleich der Djanica, unter den Küstenflüssen des Altertums nicht erwähnt werden. Anderseits fällt es doch schwer, uns die Senke lange Zeit hindurch ohne Abfluß zu denken. Vielleicht ist in prähistorischer Zeit einmal der Semeni dort geflossen und nach seinem Abschwenken zur Gradištasenke blieb jene von Baštova in einem Zustande totaler Versumpfung, mit einem nur periodisch aktiven Bett zurück, ähnlich wie es heute bei Gradišta der Fall ist. Der Ljužna- und Karbunarabach.

Vom Darči, dessen antiken Namen wir nicht kennen[32]), müssen wir annehmen, daß er zur Zeit, als der Genusus noch durch die Ebene von Kavaja abfloß, bald nach seinem Austritt aus dem Gebirge in jenen gemündet und sich später seinen eigenen Lauf durch die Ebene geschaffen hat. Die Gešnike (Lešnikja, Kavaja), für die übrigens auch der alte Name Palamus durchaus nicht als erwiesen gelten kann[33]), dürfte immer annähernd dort geflossen sein, wo sie jetzt fließt, da ihr Bett in der für eine Verlegung einzig in Betracht kommenden kurzen Strecke in der Ebene so tief eingeschnitten ist, daß sich bei ihrer auch im Winter geringen eigenen Wassermenge daraus sowohl ein hohes Alter des Laufes entnehmen läßt, als auch eine gewaltsame Verlegung höchst unwahrscheinlich wird. Der Darči. Die Gešnike.

Resumieren wir:

Im Altertum floß die Vojusa am Nordrande ihrer Mündungsebene, der Semeni durch die Senke von Gradišta, der Škumbi wahrscheinlich durch die Ebene von Kavaja ab. Die Verlegung in die Resumé.

---

[31]) Jireček bei Thallóczy I, 173.

[32]) Die Identifizierung mit dem Hebros bei Diodor XIX, 67, 6, 7, ist nicht unmöglich, aber noch weniger zu beweisen.

[33]) H. Kiepert, Atlas von Hellas, Taf. VII; — FOA Taf. XVI.

heutige Laufrichtung erfolgte bei der Vojusa und beim Škumbi etwa am Ausgang des Altertums, beim Semeni endgültig erst im 19. Jahrhundert. Der Zeitunterschied darf uns nicht stutzig machen; es handelt sich um Vorgänge geogenetischer Natur, und für solche ist ein Zeitraum von anderthalb Jahrtausenden ein kurzer Augenblick.

2. Bevölkerung und Siedelungen.

Daß die altillyrische Bevölkerung sich in den heutigen Albanern verhältnismäßig gut erhalten hat, wurde schon erwähnt, und ist auch allgemein bekannt und anerkannt. Was die antiken Schriftsteller und speziell Caesar über sie berichten, stimmt auch recht gut zu den Erfahrungen, die wir heute mit dem Volke machen. Caesar nennt die Illyrier des Kriegsschauplatzes mit einziger Ausnahme der einmal (25, 4) erwähnten, im nördlichsten Teile desselben wohnenden

Die Parthiner.

L a b e a t e n, konsequent P a r t h i n e r: er erwähnt sie bei Oricum (11, 3), am mittleren Škumbi (41, 1) und in der Umgebung von Dyrrhachium (42, 4, 5); letzteres auch bei Dio XLI, 49, 2. Inwiefern diese Angaben über die Ausdehnung des Parthinergebietes einer strengen Kritik standhalten[34]), ist für uns ziemlich gleichgültig und bei der durchaus nicht erschöpfenden Überlieferung über die vielfachen Veränderungen illyrischer Gausysteme auch kaum mit Sicherheit zu entscheiden. Interessanter ist, daß Caesar die Parthiner im selben Atem als „Griechen" bezeichnet (11, 3): so dürften wohl auch die cap. 30, 6 erwähnten „*Graeci*", zumal es sich hier zweifellos um Landbevölkerung handelt, mit den Parthinern identisch sein. Diese Gleichstellung ist etwas irreführend. Alles was wir über die damaligen Zustände aus Strabo u. a. wissen, spricht g e g e n die Gräcisierung der Bevölkerung des offenen Landes durch die griechischen Kolonien beziehungsweise die gräcisierten Städte; auch wäre der wiederholt erwähnte, in Typus, Tracht und Sprache bis heute erhaltene Volkscharakter unter jener Voraussetzung nicht erklärlich. Auf diesen Fragenkomplex, der unser Problem nur entfernt streift, näher einzugehen, glaube ich mir erlassen zu dürfen.

Die Städte.

Sicher ist, daß die S t ä d t e zum Teile griechische Kolonien waren, zum Teile früher oder später der Gräcisierung verfielen. In die erste Kategorie gehören O r i c u m, eine Kolonie der Kolchier[35]), A p o l l o n i a und D y r r h a c h i u m (ursprünglich Epi-

[34]) Cicero in Pis. 40 spricht von „Parthini et Bulienses".
[35]) Plinius I. 1.

damnus), die beide von Kerkyra gemeinsam mit dessen Mutterstadt Korinth gegründet wurden[36]), und L i s s u s, das Dionysios dem Älteren von Syrakus seine Entstehung verdankt[37]); zur zweiten A m a n t i a und B y l l i s. Das „o p p i d u m P a r t h i n o r u m", das Caesar nach 41, 1 erobert, muß nicht unbedingt eine „Stadt" im selben Sinne wie die vorgenannten gewesen sein, da der Ausdruck „oppidum" bei zahlreichen alten Schriftstellern auch häufig auf die durchaus nicht stadtartigen Wall- und Fluchtburgen der Landbevölkerung angewendet wird; gerade seine Namenlosigkeit spricht für diese Auffassung. Deshalb steht allerdings seiner l o k a l e n Identifizierung mit dem s p ä t e r e n Clodiana, auf die uns die Ereignisse mit einiger Wahrscheinlichkeit führen werden, nichts im Wege.

Im folgenden noch einige nähere Angaben über die erwähnten Städte, soweit sie für unsere Untersuchungen in Betracht kommen; Ausführlicheres darüber in den beiden Publikationen P r a s c h n i k e r s, auf dessen Forschungen auch das Folgende vielfach aufgebaut ist.

Oricum, heute Paläokastro, auf einer Karstinsel am Rande des jetzt stark versumpften Sees Pašaliman im Südwinkel der Bucht von Valona[38]) (Abb. 4). In den offenbar auf ein und dieselbe Aufnahme zurückgehenden Plänen Heuzeys und Stoffels ist der Hügel, auf dem die Stadt lag, infolge Auslassung der Schichtenlinien nicht als solcher gekennzeichnet[39]), obwohl er auf den Abbildungen gut zur Geltung kommt; dagegen ist die Beschreibung, insbesondere der für die caesarianischen Ereignisse in Betracht kommenden Einzelheiten, richtig und erschöpfend. Nach Caesar III, 39 f. stand der Stadthügel auf einer Seite durch eine schmale, niedrige Landzunge mit dem Festlande in Verbindung, während er auf der anderen Seite durch eine Wasserstraße, welche die Einfahrt in den inneren Hafen bildete, von ihm getrennt war. Diese Verhältnisse sind im wesentlichen bis heute dieselben geblieben. Die Landzunge ist die schmale und sandige Nehrung, die den Sumpfsee vom offenen Meere trennt; die Hafeneinfahrt der Abfluß dieses Sees westlich der Stadt. Ob letzterer damals genau an derselben Stelle sich befand wie heute, ist allerdings nicht sicher; auf den Plänen von Stoffel und Heuzey ist er ein gutes Stück westlicher gezeichnet als er heute verläuft, und der Oricum.

---

36) Thukid. I, 24; Strabo VII, 316.
37) Diodor. XV, 13.
38) Heuzey 23 ff.; Stoffel I, 330; Patsch, Sp. 70 ff.
39) Demzufolge auch bei Meusel S. 210.

Augenschein ergibt, daß er tatsächlich vor nicht langer Zeit dort geflossen ist. Der heutige Abfluß ist künstlich durch Faschinenverblendung reguliert und von einer äußerst primitiven Holzbrücke überspannt, allerdings kaum tief genug, um selbst für antike Kriegsschiffe als Hafeneinfahrt dienen zu können oder gar zu seiner Sperrung solche Vorkehrungen zu erfordern, wie sie cap. 39 2, geschildert werden. Übrigens ist auch die östlich verlaufende Düne etwa 1 km von der Stadtruine durch einen künstlichen schmalen Durchstich unterbrochen, der anscheinend zu Fischereizwecken dient[40]).

Apollonia. **Apollonia,** neben Dyrrhachium die wichtigste Stadt des Kriegsschauplatzes, lag auf dem letzten Ausläufer der Malakastra, östlich des bereits in der Ebene liegenden heutigen Dorfes Pojani. Das gleichnamige berühmte, heute durch Geschützfeuer leider größtenteils zerstörte Kloster steht mit seiner Ostkante auf der östlichen Stadtmauer[41]) (Abb. 5).

Über die Einzelheiten der Stadtanlage, ihren Hafen, das vielgenannte Nymphaeum etc., findet der Leser erschöpfenden Bericht in den beiden Publikationen Praschnikers, besonders der jüngeren. Ich möchte hier nur eines Umstandes erwähnen, der in unserem Feldzuge eine Rolle gespielt hat. Caesar erzählt cap. 12, 1, daß bei seinem Anrücken der feindliche Kommandant L. Staberius Wasser in die „*arx*“ bringen und diese befestigen ließ. Nun bestand die Stadt schon zu Caesars Zeit aus einer kleineren Oberstadt und einer größeren Unterstadt, und in der Oberstadt selbst befand sich noch eine eigene Akropolis. Letztere ist allerdings recht klein (ein Rechteck von 140 m Länge und 80 m Breite), und war zudem wohl schon damals zum großen Teile mit Monumentalbauten bedeckt[42]). Anderseits scheint es aber, daß zum Zweck der Anlage dieser Bauten die Umfassungsmauer der Akropolis sehr früh wenigstens teilweise geopfert wurde.

---

[40]) Meine Beobachtungen beziehen sich ausschließlich auf das Jahr 1914; während des Krieges konnte ich diese hinter der italienischen Front gelegene Örtlichkeit nicht mehr aufsuchen.

[41]) Diese durch unzählige Belege zur vollsten Sicherheit gediehene Identifizierung wurde meines Wissens bisher nur von mir selbst (Geschichte der Feldzüge Caesars, S. 511) bestritten. Die dort vorgeschlagene Gleichsetzung mit Valona (Αὐλῶν) wird schon durch die Geographen und Itinerarien, die beide Städte nebeneinander erwähnen, widerlegt. Mein damaliger Haupteinwand, der sich auf den Marsch Caesars von Oricum nach Apollonia, dann auf die Entfernung dieser Stadt von Dyrrhachium unter Hinweis auf die Dauer der betreffenden Märsche gründete, wird im Laufe der Untersuchung in anderer Weise seine voll befriedigende Lösung finden.

[42]) Praschniker, Muzakja und Malakastra S. 38.

Das würde die neuerliche „Befestigung" durch Staberius erklären. Die Wasserfrage wirft kein sicheres Licht auf die Sache, da weder in der Akropolis noch auch in der Oberstadt, die allenfalls als die *„arx"* Caesars aufgefaßt werden könnte, eine Quelle vorhanden ist. Freilich müßte man annehmen, daß es in der Oberstadt, die ja zum großen Teile normal bewohnt war, wenigstens Zisternen gegeben habe, und diese mußten zur Zeit der Landung Caesars — mitten in der Regenzeit — wohl gefüllt und ihre ständige Nachfüllung zu erwarten gewesen sein. Endlich lassen die Untersuchungen der die Oberstadt umgebenden Mauer nicht erkennen, daß dieselbe zu irgend einer Zeit vorübergehend zerstört und ihre Neuherstellung im Kriegsfalle nötig gewesen wäre; auch kann es sich bei der Kürze der Zeit, die Staberius zur Verfügung stand — bestenfalls zwei Tage — nur um eine räumlich beschränkte Arbeit gehandelt haben. Aus all dem erhellt, daß Staberius höchstwahrscheinlich nur die innere Akropolis (den heutigen „Tafelberg") zu verteidigen beabsichtigt hat. Jedenfalls hatte er auch nur eine sehr schwache Garnison zur Verfügung, die zur Verteidigung der immerhin fast 2 km im Umfang messenden Oberstadt nicht ausreichte; wodurch sich auch sein schwächliches Verhalten den widerhaarigen Städtern sowie Caesar gegenüber zur Genüge erklärt.

Der Hafen der Stadt lag, wie bereits erwähnt, an der Biegung des Aous beim heutigen Dorf Sop. Indessen scheint die Flußeinfahrt schon zu Caesars Zeit zum mindesten für größere geschlossene Flottenabteilungen nicht in Betracht gekommen zu sein; sonst wäre es nicht erklärlich, daß Apollonia im Gegensatz zu Oricum und Dyrrhachium als Flottenstützpunkt gar keine Rolle spielt; weder Pompejus noch Caesar hatten dort Kriegsschiffe stationiert, und letzterer befahl in seinen Direktiven an Antonius ausdrücklich, „an der Küste des Gebietes von Apollonia", also nicht bei der Stadt im Flußhafen, zu landen (25, 4). Wenn Caesar die Stadt trotzdem zu den *„oppida maritima"* rechnet, so tut er dies in demselben Sinne wie sein Fortsetzer im bell. Africanum 8, 1 Ruspina hiezu zählt, welches auch nicht am Meere lag, sondern nur eine 3 km entfernte minderwertige Reede besaß[43]).

Als Handelshafen stand Apollonia damals zweifellos in Blüte, wie auch noch zur Zeit des Cassius Dio[44]). Jedenfalls hat aber bald nachher der Verfall des Hafens begonnen und rapide Fortschritte

---

[43]) Kromayer-Veith, Antike Schlachtfelder III/2, 771.

[44]) XLI 45, 1.

gemacht, was hauptsächlich aus der Tatsache erhellt, daß bei den späteren Geographen und Itinerarien das bei und vor Caesar gar nicht erwähnte Aulon (Plaka, s. Patsch Sp. 63) immer mehr in den Vordergrund rückt und schließlich die bei Strabo noch Apollonia zufallende wichtige Rolle als Endpunkt des Südzweiges der Via Egnatia übernimmt, während dieses zu einer Landstation der Straße herabsinkt[45]).

Dyrrhachium.

Dyrrhachium, früher Epidamnos, heute Durazzo (alban. Durrës, spr. „Durs"), war der Ausgangspunkt des nördlichen Zweiges der Via Egnatia[46]). Die Stadt lag am Südende einer in das Meer vorgelagerten Hügelkette, die nur an den beiden Enden durch schmale flache Landengen mit dem Festlande verbunden war[47]): dazwischen lag ein Brackwassersee. Diese Verhältnisse haben sich, wie ein Blick auf die Karte zeigt, bis heute nicht wesentlich verändert. Über die genaue Lage und Ausdehnung der Stadt, die übrigens schon im Altertum großen Veränderungen unterworfen war, sind die Meinungen geteilt; die neuesten Forschungen bei Praschniker-Schober S. 32 ff. Für diese Untersuchung fällt nur die Lage der von Appian II 60 erwähnten Tore und des Artemistempels ins Gewicht, die beim Angriff Caesars auf die Stadt eine Rolle spielten; diese Frage muß im Zusammenhang mit jenen Ereignissen behandelt werden.

Der Hafen der Stadt lag zweifellos am offenen Meere, nicht in der Lagune, die hierfür wohl zu keiner Zeit in Betracht kam; auch der später von den Venetianern unternommene Versuch, die Verbindung der Lagune mit dem Meere zu verbessern, hatte sanitäre, nicht kommerzielle Beweggründe[48]).

Lissus.

Lissus, jetzt Alessio, alban. Leš. Die Stadt liegt heute am Drin; dieser floß jedoch im Altertum zur Gänze, nicht wie heute nur mit seinem größeren Teile (Drin e maze, Drinassa), durch die Bojana ab. Bei Lissos floß nur ein kleiner Fluß oder Bach namens Anapos[49]); doch muß dieser immerhin für kleine Schiffe (*pontones*) benützbar gewesen sein, da Antonius nach seiner Landung bei Nymphaeum solche nach Lissus brachte[50]).

---

[45]) Ptolem. III 13, 3; Tab. Peut.; Itin. Anton. 329; Itin. Hieros. 608.
[46]) Strabo a. a. O.; Itin. Ant. 317.
[47]) Caesar b. c. III 58, 1.
[48]) Vgl. Jireček bei Thallóczy I. 146.
[49]) Diodor XV, 13.
[50]) Caesar III 29, 3.

Die Stadt hatte eine imposante Akropolis, den heutigen Schloßberg von Leš, und war außerdem durch die auf dem benachbarten Rücken gelegene Feste Akrolissus geschützt; die interessanten Feststellungen bei Praschniker-Schober 14 ff., 23 ff.

Unweit Lissus lag der Landungsplatz **Nymphaeum**, wo Antonius nach Caes. 26, 4, landete. Nach der dort gegebenen eindeutigen Charakteristik hinsichtlich des Schutzes gegen die verschiedenen Winde kann der Platz nur mit dem heutigen Hafen von S. Giovanni di Medua (alban. Šinjin) identisch sein, was auch niemals bezweifelt worden ist (Abb. 6). Allerdings muß die von Caesar angegebene Entfernung von 3 m. p. von Lissus berichtigt werden, sie beträgt in Wirklichkeit $6^1/_2$ km, also über 4 m. p. Nymphaeum

Über die Windverhältnisse, die bei der Landung des Antonius eine so große Rolle spielten, wird bei der Besprechung jener Ereignisse ausführlich die Rede sein.

Byllis, inschriftlich festgestellt auf dem mächtigen, das ganze mittlere und untere Vojusatal beherrschenden Tafelberg „Gradica" (Gradišta) östlich des ausgedehnten Dorfes Hekalj[51]). Die Stadt, eine schon in früher Zeit gräcisierte illyrische Niederlassung, war infolge ihrer Lage zur Beherrscherin des Vojusagebietes und damit zu einer strategisch bedeutsamen Rolle bestimmt[52]). Auch wirtschaftlich war Byllis zweifellos mächtig; es besaß einen Hafen am Meere[53]) und sein Gebiet reichte bis auf 5 römische Meilen an die Stadt Apollonia[54]). Sehr auffallend sind die innigen politischen und wirtschaftlichen Beziehungen, welche zwischen Byllis und seiner Nachbarstadt Amantia bestanden zu haben scheinen. Byllis

Amantia, nach Patsch Sp. 49 identisch mit der großen Ruinenstätte von Pljoča am Westfuße des Kudešberges (Maja Kulčit). Dieser Ansicht, die sehr viel für sich hat und bisher unwidersprochen geblieben ist, möchte ich dennoch eine andere zur Erwägung durch berufene Fachmänner entgegenstellen. Amantia

Kaum 2 km südöstlich der Ruinen von Byllis liegen auf einer gegen den tief eingeschnittenen Povlebach abfallenden Rückfallkuppe

---

[51]) CIL. III, 600; Patsch, Sp. 101 ff. Ausführliche Beschreibung bei Praschniker, Muzakja und Malakastra S. 68 ff.

[52]) Livius XXXVI 7.

[53]) Ptolem. III 12, 2.

[54]) Plinius III 145. Das dort als Gebietsgrenze bezeichnete Nymphaeum lag nach Ampelius VIII, 1, 5 m. p. von Apollonia, was auch die Auffindung des Ortes durch Praschniker bestätigt hat.

des Gradicaberges beim Dorfe Kljoš die Reste einer zweiten antiken Stadt, die, nach den noch vorhandenen Spuren zu schließen, Byllis an Umfang wenig, an Festigkeit gar nicht nachstand[55]). Eine so unmittelbare Nachbarschaft zweier an sich starker und mächtiger Städte steht in jener Gegend vereinzelt da, und es ist zweifellos, daß es in diesem Falle für beide nur zweierlei gab: entweder ein über sonstige gutnachbarliche Beziehungen weit hinausgehendes enges Verhältnis zueinander oder aber Feindschaft auf Leben und Tod, bis zum Untergang des einen Teiles. Man denke nur an die Probleme, die sich in Hinsicht auf die gerade in jener Gegend sehr großen Landgebiete, die zu jeder Stadt gehörten[56]), ergeben mußten, wenn die Städte selbst so nahe aneinander lagen, daß die Bürger der einen kaum die Nase aus ihrem Stadttor stecken konnten, ohne damit in das Gebiet der anderen zu geraten. Hier war ein dauerndes friedliches Zusammenleben nur auf Grund einer weitgehenden Gemeinsamkeit denkbar, die sich bis zu einem gewissen Grade auch auf die Landgebiete erstrecken mußte.

Nun ist es höchst auffallend, wie oft bei den alten Schriftstellern Byllis und Amantia — und immer nur diese beiden Städte — miteinander in einem Atem genannt werden (Caes., b. c. III, 12, 4; 40, 5; Cic. Phil. XI 26; Plin. n. h. III 145); besonders auffallend ist die letztgenannte Stelle, in der bei ungezwungener Interpretation ein gemeinsames Landgebiet beider Städte geradezu bestätigt wird. Daß dort, nur $7^1/_2$ km von Apollonia, gleich zwei fremde Gebiete an ein und demselben Punkt an das Territorium jener Stadt angrenzten, ist an sich sehr unwahrscheinlich; überdies hatte nach Ptolem. III 12, 2 f. sowohl Byllis wie Amantia je einen Hafen am Meere, beide südlich Apollonia, und Amantia überdies südlicher als Byllis; es müßte daher sein Gebiet, um trotzdem an jenes von Apollonia anzugrenzen, quer durch jenes von Byllis durchgegriffen haben. So bleibt vernünftigerweise nur die Annahme eines gemeinsamen Gebietes mit zwei getrennten, aber nahe aneinander gelegenen Umschlagplätzen übrig. Die stets gemeinsame Politik, die gemeinsame Vorsorge für die Verpflegung von Oricum etc., die bei Caesar erwähnt werden, stimmen mit obiger Auffassung sehr gut überein, und alles zusammen legt die Vermutung nahe, daß diese Stadt, mit der Byllis in so engen Beziehungen stand, eben jene war, mit der es in engen Beziehungen stehen mußte, und das war nun

[55]) Patsch Sp. 118. Ausführlicher bei Praschniker, Muzakja und Malakastra S. 83ff.

[56]) Siehe unten S. 50f.

einmal viel eher die 2 km entfernte Stadt bei Kljoš als das 20 km Luftlinie entfernte, durch das Vojusatal getrennte Pljoča. Oder umgekehrt: wäre wirklich Amantia = Pljoča gewesen, so hätte Kljoš einen anderen Namen gehabt und es wäre ganz unverständlich, daß das oft zitierte Byllis immer und immer wieder in einem Atem mit der so weit entfernten und nicht ein einziges Mal mit der hart neben ihr gelegenen Stadt genannt wird.

Bestätigt wird diese Auffassung schließlich auch durch die Tabula Peutingeriana, welche die Entfernung Apollonia—Amatria, worunter zweifellos Amantia zu verstehen ist, mit 30 m. p. angibt. Tatsächlich beträgt die Länge einer Straße, die wir uns von Pojani längs des Fußes der das Vojusatal nördlich begrenzenden Höhen unter Berücksichtigung der durch die winterliche Inundation gebotenen engen Anschmiegungen an dessen Buchten, nach Kljoš geführt denken, nahezu 45 km: die überlieferte Ziffer braucht daher nicht a posteriori berichtigt zu werden, wie dies bei der Gleichung mit Pljoča der Fall ist. Hier wird auch klar, warum in der Straßenkarte[57]) nur Amantia, nicht auch Byllis genannt ist. Die nach Griechenland im Aoustale weiterführende Straße passierte eben nur die tieferliegende Stadt; das hoch gelegene Byllis war mit dieser durch eine kurze Zweigstraße verbunden, die sich dann möglicherweise nach Norden fortsetzte, wo beim Dorfe Karš Spuren vorhanden sind, die aber mit der in der Tabula erwähnten nicht identisch sein kann.

Habe ich hier alles angeführt, was für die Gleichung Amantia = Kljoš spricht, so bin ich mir voll bewußt, daß auch schwere Bedenken dagegen sprechen, insbesondere die Daten, welche der Stadt eine Existenz bis in die justinianische Zeit zusprechen[58]), was mit dem Lokalbefund bei Kljoš nicht vereinbar ist; unter diesen Umständen bleibt meine Meinung eben nur eine Anregung, dieser Frage näherzutreten, wobei freilich nur von einer gründlichen, durch Grabungen unterstützten Untersuchung beider Stätten eine endgültige Fntscheidung erhofft werden kann[59]).

* * *

[57]) Ebenso in der verdorbenen Stelle des Ampelius VIII 1: deren Auflösung bei Praschniker, Muzakja und Malakastra S. 58.

[58]) Procop. de aedif. 278, 45; Hierokles 653, 5.

[59]) Ich habe Pljoča, das seit Beginn der Kämpfe in Albanien in italienischer Hand war, nur von ferne mit dem 15fachen Fernrohr der auf der Gradica stehenden Batterie beobachten können; ebensowenig wie ich konnte natürlich Praschniker hingelangen. Ob auf Seite der Italiener in gleicher Weise wie bei uns archäologisch gearbeitet wurde, wird sich ja bald zeigen.

Andere Städte.

Außer den hier ausführlich besprochenen, mit ihren antiken Namen bekannten Städten gab es aber in diesem Gebiete noch eine ganze Reihe teils stadt-, teils dorfartiger Niederlassungen, deren Namen uns nicht oder doch nicht sicher überliefert sind. Hierzu zählt zunächst die bereits genannte sehr ansehnliche Stadt bei Kljoš für den Fall, daß sich die Identität von Amantia mit Pljoča als sicher erweisen sollte; dann die kleine, aber sehr feste Stadt beim Dorfe Marglić[60]) in der nördlichen Malakastra, sowie die noch bedeutendere auf Kalja Krot westlich des Špiragr[61]); endlich die aus guten Gründen mit Antipatrea identifizierte Zitadelle von Berat[62]). In dem Berglande zwischen der Muzakja und dem unteren Devoli erhebt sich auf steilem Gipskegel das „Gradišče" von Belš, das ebenfalls die Ruinen einer bedeutenden alten Stadt repräsentiert[63]).

Dörfer.

Noch viel häufiger sind natürlich die allerdings weniger auffälligen Spuren offener, dorfartiger Niederlassungen, ganz besonders in der Malakastra. Wir fanden solche bei Fljoč und Čjonča nächst Buzmazi, bei Balši, Uzaja und Kalenja[64]); vereinzelte Kleinspuren findet man in der Malakastra sozusagen auf Schritt und Tritt. Es ist, wie diese Spuren erkennen lassen, zweifellos, daß schon im Altertum die Malakastra der am weitaus dichtesten besiedelte Teil des Kriegsschauplatzes war, während das Hügelland östlich der Muzakja an Siedelungen viel ärmer ist, die Muzakja selbst einschließlich der Hügelkette am Meere so gut wie gar keine Spuren antiker Besiedelung und überhaupt Kulturtätigkeit aufzuweisen hat[65]).

Asparagium.

Ein Dorf dieses Kriegsschauplatzes wird übrigens von Caesar mit Namen genannt und spielt eine bedeutende militärische Rolle, weshalb seine Lokalisierung dringend geboten ist: **Asparagium.**

---

[60]) Praschniker-Schober S. 75.

[61]) Praschniker, Muzakja und Malakastra S. 103ff.

[62]) Patsch Sp. 131; Praschniker-Schober S. 63.

[63]) Veith, Vorläufiger Bericht. Anz. d. phil-hist. Klasse d. kaiserl. Akad. d. Wiss. vom 2. Juli 1914, Nr. XVII, S. 6.

[64]) Praschniker, Muzakja und Malakastra S. 64, 103.

[65]) Der älteste Baurest des Muzakjagebietes ist das erwähnte Kastell von Baštova, eine Flußsperre aus spätantiker oder frühbyzantinischer Zeit. Sonst konnten wir nirgends auch nur die Spur einer Dorfniederlassung finden. Selbst die Höhe des Klosters von Ardenica, einer der markantesten Punkte Albaniens, der wie wenige andere das ganze Land weithin beherrscht, ist gänzlich frei von bodenständigen antiken Resten.

Sein Name begegnet uns zweimal im Verlauf der Operationen: zuerst bei Caesars zweitem Vorstoß gegen Dyrrhachium (c. 30, 7 bis 41, 1), dann beim Rückzuge Caesars nach der verlorenen zweiten Schlacht (c. 76).

Das erstemal sperrte Pompejus durch eine Stellung *„ad Asparagium Dyrrhachinorum"* dem von der Stelle seiner Vereinigung mit Antonius kommenden Caesar den Weg nach Dyrrhachium, so daß dieser sich gezwungen sah, umzukehren und auf einem äußerst schwierigen Umwege über das Gebirge sein Ziel zu erreichen (c. 41). Nun kam Caesar damals, wie später in Übereinstimmung mit fast allen Vorgängern abgeleitet werden wird, aus dem mittleren Škumbitale längs dieses Flusses herab, tatsächlich lag auch, wie aus den Ereignissen c. 75—76 hervorgeht, Asparagium am Genusus. Heuzey p. 41 verlegt nun den Ort in die Gegend von Baštova; Stoffel I, 348f. erklärt diese Identifikation ausdrücklich für unmöglich, sucht den Ort zwischen Sulzoti und Čerma begleret (wohl irgendwo zwischen den vielen Mahalen von Čerma), zeichnet ihn aber auf Plan 14 dennoch bei Baštova ein.

Wie ein Blick auf die moderne Karte lehrt, kann Asparagium keinesfalls weiter westlich gelegen haben, als am Austritt des Genusus in die Ebene; denn nur dann konnte Pompejus den Vormarsch Caesars auf Dyrrhachium sperren. Stand er hingegen bei Baštova, und der Gegner war offensivfähig und zur Schlacht bereit, wie dies ja von Caesar nach c. 41, 2 ausdrücklich bezeugt ist, so brauchte sich dieser durch die über 10 km entfernte Flankenstellung nicht im geringsten imponieren zu lassen, sondern konnte ruhig auf der Straße nach Dyrrhachium weitermarschieren; griff Pompejus an, so kam es eben zur Schlacht, die Caesar wollte und die er in Anlehnung an die Hügel von Goasa überdies unter den allergünstigsten Bedingungen annehmen konnte. Wollte er besonders vorsichtig sein, so brauchte er nur auf dem vorspringenden Hügel südöstlich Goasa ein Lager zu schlagen, womit er gewissermaßen schon zwischen Pompejus und Dyrrhachium stand, und unter dem Schutze dieses Lagers die Marschkolonne auf der Straße durchzuziehen. Keineswegs hätte Caesar es nötig gehabt, den langen und beschwerlichen Umweg über die Berge einzuschlagen.

Erscheint durch diese Erwägung die Lage von Asparagium an einem vom Austritt des Škumbi in die Ebene bedeutend flußabwärts liegenden Orte ausgeschlossen, so zeigt unter anderem die Rolle, die es später bei Caesars Rückzug gespielt hat, daß es auch nicht weiter stromaufwärts zu suchen ist. Denn Caesars Rückzug war der ganzen Schilderung c. 75—77 nach ein äußerst beschleunigter; da war es selbstverständlich, daß jeder überflüssige Umweg vermieden werden mußte. Ein solcher aber wäre es gewesen, wenn Caesar erst in das Škumbital hinein und dann wieder im spitzen Winkel zurück über die Höhen in die Muzakja marschiert wäre; zudem werden wir später bei Besprechung der Straßen erweisen, daß die Gabel der Via Egnatia, welche dazumal zugleich die kürzeste Verbindung zwischen Dyrrhachium und Apollonia darstellte und daher als Caesars Rückzugslinie aufzufassen ist, eben bei Rogožina gesucht werden muß, Caesar also an dieser Stelle den Genusus überschritten und sein Lager „*contra Asparagium*" (c. 76, 1) bezogen hat, ebenso Pompejus gegenüber „*ad Asparagium*" (76, 2). Damit ist die Abgrenzung des möglichen Raumes auch gegen Osten und die endgültige Fixierung von Asparagium am Talausgang bei Rogožina gegeben.

Nach der Schilderung des Kapitels 76 lag Caesars Lager südlich des Flusses „*contra Asparagium*", jenes des Pompejus nördlich desselben „*ad Asparagium*"; der Ort lag demnach am rechten Ufer. Ich fand tatsächlich knapp östlich der Höhe △ 86 antike Ziegelreste; vielleicht war auch an Stelle des Dorfes Rogožina einmal eine antike Niederlassung, wozu der Platz sehr einlädt. Jedenfalls haben wir in diesem Raume das caesarianische „Spargeldorf" zu suchen.

* * *

Die Landgebiete der Städte.

Schließlich dürfte es am Platze sein, ein Wort über die **Landgebiete** der größeren Städte zu sagen. Selbstverständlich kann dieses verwickelte Problem hier nicht erschöpfend behandelt werden; es soll dies nur soweit geschehen, als es für den Feldzug in Betracht kommt, das heißt, es soll versucht werden zu zeigen, was der Feldherr von der Besitznahme oder dem freiwilligen Anschluß einer oder mehrerer Städte zu erwarten beziehungsweise was er zu decken hatte, wenn er sich zu ihrem Schutze verpflichtete, wie Caesar nach c. 13, 5[68]); abgesehen von sonstigen Einzelheiten, die gegebenenfalls für einzelne Begebenheiten des Feldzuges Anhaltspunkte liefern.

Im allgemeinen läßt sich feststellen, daß die Landgebiete wenigstens der bedeutenderen Städte sehr ausgedehnt waren. Das Gebiet von Oricum reichte nach Strabo VII, 5, 8 bis zum Hafen Panormus (heute Porto Palermo), was, da die ganze akro-

---

[68]) *„ut (castellis vigiliisque) bene meritae civitates tutae essent".*

keraunische Halbinsel auch nur dorthin gehört haben kann, einer Längenausdehnung des Gebietes von über 60 km entspricht; allerdings ein wenig fruchtbares Gebirgsland, das Verpflegszuschübe aus den Nachbargebieten notwendig machte[67]). Von Byllis und Amantia wurde schon erwähnt, daß sie, obwohl gute 40 km landeinwärts gelegen, ihr Gebiet bis auf $7^1/_2$ km vor die Stadt Apollonia und weiter bis an das Meer erstreckten, wo jede der beiden Städte ihren Hafen hatte; wir sehen hier also schon im Altertum den heute so populär gewordenen „Korridor zum Meere". Unter diesen Umständen wäre es sehr verwunderlich, wenn die größte und mächtigste Stadt dieses Landstriches, Apollonia, über kein gleichwertiges Territorium verfügt hätte; und tatsächlich lesen wir bei Caesar 13, 5, daß er am Apsus *„in finibus Apollinatium"* haltmachte; dieser Platz aber lag, wie später aus anderen Gründen einwandfrei abgeleitet werden wird, beim heutigen Kuči, also über 30 km Luftlinie von Apollonia und fast 40 km von der zweifellos ebendahin gehörigen nächsten Küstenstrecke entfernt. Bezüglich Dyrrhachiums endlich erfahren wir gleichfalls aus Caesar 30, 7, daß das Dorf Asparagium noch in seinem Gebiete lag; dieser Ort aber lag, wie wir festgestellt haben, ca. 36 km südlich der Stadt, deren Gebiet zweifellos auch in entgegengesetzter Richtung, gegen Norden, sich bedeutend ausgedehnt hat[68]).

Wenn nun Caesar durch die Stellung am Apsus die *„bene meritae civitates"* deckte, so begriff er darunter zunächst das ganze Malakastragebiet vom Meere bis an den Špiragr, wahrscheinlich bis an den Osum; denn es ist nicht anzunehmen, daß Antipatrea oder wie die Stadt bei Berat sonst geheißen haben mag, sich nach der Partei-

---

[67]) c. 40, 5.

[68]) Hier möchte ich eine Vermutung, betreffend den an diesen Stellen zutage tretenden Sprachgebrauch, einschalten.

Caesar sagt, daß er das Lager am Apsus *„in finibus Apollinatium"* schlug, und charakterisiert Asparagium bei seiner ersten Erwähnung als *„Asparagium Dyrrhachinorum"*. Wer Caesars Schreibweise kennt und weiß, wie er nähere Ortsbezeichnungen selbst dort, wo ein anderer nicht an ihnen vorbeigegangen wäre, am liebsten vermeidet, wenn er sie ohne Schaden für das Verständnis vermeiden kann, muß sich wundern, warum er diese für die Charakterisierung der Ereignisse scheinbar ganz überflüssigen Zusätze hier eingefügt hat. Hierfür gibt es meines Erachtens eine sehr stichhältige Erklärung. Beide Plätze lagen unmittelbar an Flüssen, nämlich am Apsus respektive Genusus; in beiden Fällen handelt es sich um die einander gegenüberstehenden, durch den betreffenden Fluß getrennten Lager der beiden Heere. Da liegt nun die Annahme sehr nahe, daß Caesar mit jener Angabe das Ufer bezeichnen wollte, auf dem das jeweilig ersterwähnte Lager stand, so daß damit die ganze Situation eindeutig gegeben war; also: Caesar schlug

nahme von Byllis und Amantia und Caesars Festsetzung bei Kuči vom Anschluß ferngehalten hätte; sie war wohl unter den summarisch erwähnten *„reliquae finitimae civitates"* (12, 4) inbegriffen. Das ebenda genannte *„totaque Epirus"* war natürlich auch zu decken und durch Festhaltung der Apsuslinie bis Berat auch tatsächlich gedeckt; daß es wirklich caesarianisch war, beweist die Erwähnung von Buthrotum (Butrinto am Kanal von Korfu) (16, 1), dessen Namen wir eben auch nur deshalb erfahren, weil es bei Caesars dortiger Anwesenheit zu den im cap. 16—17 erwähnten Verhandlungen gekommen ist.

Ob und inwieweit sich die Stadtgebiete allenfalls mit den Gaugrenzen der autochthonen illyrischen Stämme deckten, läßt sich schwer feststellen; die *„barbari Amantes et Buliones"* der mehrerwähnten, offenbar auf die Stadtgrenzen bezugnehmenden Pliniusstelle scheint auf eine solche Übereinstimmung hinzudeuten. Interessanter ist das Verhältnis der herrschenden Stadt zur Landbevölkerung ihres Gebietes, und dieses scheint tatsächlich ein ziemlich straffes gewesen zu sein; wenigstens geht aus den Kriegsereignissen hervor, daß der Anschluß einer Stadt auch die Ausnützungsmöglichkeit ihres ganzen Gebietes zur selbstverständlichen Folge hatte.

3. Straßen und Wege.

Die Wichtigkeit der Festlegung des Straßennetzes, das zur Zeit des Feldzuges am Kriegsschauplatz zur Verfügung stand, wird umso größer, je ungangbarer und kommunikationsärmer das Land an sich ist. Durch zahlreiche Funde, unterstützt durch die Untersuchungen über die antiken Flußläufe, ist es möglich geworden, die

---

sein Lager am Apsus im Gebiete von Apollonia, also am südlichen, das ist linken Ufer; demgemäß Pompejus *„trans flumen"*, also am rechten. Ebenso schlug später Pompejus sein Lager bei dem zu Dyrrhachium gehörigen, also am nördlichen, das ist rechten Ufer des Genusus gelegenen Asparagium, während Caesars Lager nach c. 76 am linken lag. Die Sache wird umso einleuchtender, wenn man bedenkt, daß die Römer die heute üblichen Uferbezeichnungen nicht kannten; vgl. Stürenburg, Die Bezeichnungen der Flußufer bei den Griechen und Römern. Progr. heil. Kreuz. Dresden 1897. Kromayer, Antike Schlachtfelder, III/1, S. 305.

Voraussetzung dieser Annahme ist allerdings, daß sowohl der Apsus wie der Genusus wenigstens an den Stellen, die hier näher bezeichnet sind, die Grenzen der Gebiete von Apollonia beziehungsweise Dyrrhachium gebildet haben, woraus als sehr wahrscheinlich hervorgeht, daß das zwischen beiden Flüssen gelegene Land eigentlich zu gar keiner Stadt gehörte. Diese im ersten Augenblick befremdende Tatsache wird später in der Charakteristik dieser Landstriche ihre volle Erklärung finden.

Schwierigkeiten, die sich der Einpassung des Straßennetzes entgegenzustellen schienen, im wesentlichen zu überwinden.

In unser Gebiet fällt vor allem der Westteil der vielgenannten **Via Egnatia**, welcher die südliche Adria mit Thessalonike und weiter mit Byzanz verband. Strabo[69]) berichtet, daß diese Straße in zwei gleich langen Ästen von Dyrrhachium und Apollonia ausging, und die Itinerare ergeben, daß diese Äste sich in der Nähe des Ortes Clodiana, der schon an der gemeinsamen Strecke lag, vereinigten. Es fallen somit die beiden Äste zur Gänze, die vereinigte Strecke zum Teil in den Bereich unserer Untersuchungen. Die Via Egnatia.

Außer den Teilen der Via Egnatia gibt uns noch die Tabula Peutingeriana — und nur sie — eine direkte Straße Dyrrhachium—Apollonia, mit der wir uns in der Folge sehr eingehend werden auseinandersetzen müssen. Weniger von Belang sind für uns die übrigen in der Tabula und anderen Quellen angeführten Straßen, so die von Apollonia über Amatria (= Amantia) ins Landinnere führende und die famose *„via publica"* der Lollianusinschrift von Byllis; zur allgemeinen Charakteristik der altalbanischen Straßenverhältnisse werden wir sie allerdings heranziehen müssen. Andere Straßen.

Die ausführlichsten Angaben über die einzelnen Strecken bieten naturgemäß die Itinerarien; die Anpassung ihrer Daten an das genau untersuchte Terrain muß zur Kritik derselben und in der Folge zur endgültigen Festlegung führen.

a) Der nördliche Ast der Via Egnatia: Dyrrhachium—Clodiana.

Tab. Peut.	Itin. Anton. 317
Dyrratio	Dyrrhachium
XV XXVI	XXXIII
Clodiana	Clodiana

Die in der Tabula zuerst eingezeichnete Zahl XV bezeichnet, wie bereits früher erwähnt, zweifellos den gemeinsamen Teil dieser und der direkt nach Apollonia führenden Straße[70]). Folgerichtig müßte die zweite Zahl, zu 15 addiert, die 33 Meilen des It. Ant. ergeben. Das stimmt allerdings nicht. Da die Entfernung der It. Ant. jedoch der wirklichen Distanz Durazzo—Pekinj entspricht und die Identität

[69]) VII, 7, 4.
[70]) Vgl. S. 37.

des letzteren Ortes mit Clodiana durch das übereinstimmende Zeugnis aller Itinerarien, speziell auf der eindeutig gegebenen Straßenroute von Osten her gerechnet, feststeht, so muß der Fehler in der Tabula gesucht werden. Um Wiederholungen zu vermeiden, verweise ich hier auf die spätere Untersuchung über die direkte Straße.

Der Verlauf des Straßenstückes Dyrrhachium—Clodiana ist im Terrain in vollster Eindeutigkeit gegeben. Die Straße kann nie wesentlich anders geführt haben als der heutige Weg Durazzo—Pekinj, das heißt durch das Stranddefilee des Škam, weiter stets hart am Höhenfuße über Kavaja bis zum Austritt des Škumbi in die Ebene bei Rogožina, endlich im Tale dieses Flusses aufwärts bis Pekinj.

Die Trasse über den „Grabe-Balkan". Einzelne Forscher, wie Tafel, die die Quellen zwar gründlich studiert, vom Terrain jedoch keine blasse Ahnung gehabt haben, lassen diesen Straßenzweig schon vor Elbasan über den „Grabe-Balkan", das ist den Krabepaß, gegen Tirana und von dort über Bazar Šjak nach Durazzo verlaufen. Dies ist vollkommen unmöglich. Elbasan ist nach den übereinstimmenden Daten aller Itinerarien unbedingt mit Scampa zu identifizieren, da aber der Weg über den Krabepaß — der einzig mögliche über den „Grabe-Balkan" — schon wenige Kilometer unterhalb Elbasan abzweigt, so müßte das XX m. p. = 30 km davon entfernte Clodiana, das noch immer eine Station des gemeinsamen Stranges ist, schon nördlich dieses Gebirges, etwa bei Tirana, gelegen haben. Dann aber erscheint die bei oder westlich dieses Ortes zu suchende Abzweigung nach Apollonia gänzlich widersinnig; der von letzterer Stadt Kommende hätte dann, nach Passierung des unteren Škumbi, zuerst den Grabe-Balkan auf sehr schwierigem Wege von Süden nach Norden überschreiten müssen, um unmittelbar darauf dasselbe Gebirge im spitzen Winkel zu seiner bisherigen Marschrichtung neuerlich zu überqueren und nach dieser doppelten Bergpartie zum zweitenmale am Škumbi zu landen. Man sieht, wohin es führt, geographische Probleme ohne Kenntnis des Landes lösen zu wollen.

Reste. Tatsächlich ist der Verlauf der alten Straße, der fast genau der heutigen beziehungsweise unserer Feldbahntrasse folgt, an vielen Stellen noch deutlich zu erkennen, insbesondere im Raume bei Goasa; vor dem Kriege, ehe Straße und Feldbahn durch unsere Truppen hergerichtet wurden, war natürlich noch mehr zu sehen, besonders deutlich das Stück nahe Durazzo zwischen der Knetabrücke und dem Škam, welches damals in Aussehen und Dimension genau jenen Teilen des Südastes glich, welche heute noch zwischen Fjeri und Rozkovec so deutlich zu sehen sind. Dagegen steht der Damm, dessen Reste sich südlich der Knetabrücke am Meere hinziehen, wohl in keiner unmittelbaren Beziehung zur Straße.

b) Der südliche Ast der Via Egnatia: Apollonia—Clodiana.

It. Anton.	It. Hieros.
Apollonia	Civitas Apollonia
	XVIII
XXIV	Mutatio Stephanaphana
	XII
ad Novas	Mansio Absos
	XIV
XXV	Mansio Marusio
	XIII
Clodiana	Mansio Clodiana

Längenverhältnis der Äste.

Man wäre zunächst versucht, nach Strabos Angabe der Gleichheit beider Äste eine möglichst kurze, fast der Luftlinie entsprechende Verbindung anzunehmen, da nur auf diese Art eine annähernde Gleichheit zu erzielen ist. Während jedoch der nördliche Ast in voller Anpassung an das Gelände der kürzesten Linie wenigstens beiläufig folgen konnte und wirklich folgte, ist dies beim südlichen ganz unmöglich. Dieser müßte vielmehr, um auch nur annähernd auf gleiche Länge zu kommen, zum größten Teile die im Winter ungangbarsten Partien der Muzakja durchqueren, was nur auf einem hohen und fest gebauten Damm, von dem sich für ewige Zeiten Reste hätten erhalten müssen, möglich gewesen wäre[71]). Damit fällt auch mit manch anderen Ansetzungen jene Millers[72]), welcher diese Strecke von Pekinj über Fjeri mit 25 Milien zwischen beiden Orten verlaufen läßt. Jede vernünftige Anpassung der Straße an das Gelände ergibt aber bereits einen solchen Längenunterschied gegenüber dem Nordaste, daß von einer Gleichheit nicht mehr gesprochen werden kann. Strabos diesbezügliche Äußerung ist daher, wie viele andere ähnliche, nicht wört-

---

[71]) Unsere Heeresverwaltung hat tatsächlich die Muzakja zwischen Ljužna und Kolonja mittels eines 2 bis 3 m hohen, ca. 6 m breiten Dammes durchschnitten; aber selbst dieser gewaltige Bau durfte nur von der Feldbahn, welche infolge der durch die Geleise vermittelten gleichmäßigeren Druckverteilung den Unterbau weniger beansprucht, nicht aber von Fuhrwerken benützt werden; für solche, also für eine Straße im eigentlichen Sinne, wäre ein noch mächtigerer Bau nötig gewesen.

[72]) Itin. Romana 518, Fig. 161.

lich zu nehmen, umsoweniger, als er sich in der Folge selbst widerspricht, indem er für die Gesamtlänge der Straße zwei verschiedene Zahlen mit einem Unterschied von 178 Stadien angibt, je nachdem der Beginn von Apollonia oder Dyrrhachium gerechnet wird. Dazu kommt endlich noch, daß die Itinerarien, insbesondere das beide Äste gebende Itin. Antonini, diesen Längenunterschied mit konkreten Zahlen bezeugen.

Verlauf. Bei vernünftiger Anpassung an das Terrain ergibt sich für die Straße Pojani-Pekinj eigentlich nur folgende Möglichkeit: Von Pojani über Radostina nach Fjeri, dann im allgemeinen längs der die Muzakja im Süden und Südosten begrenzenden Höhenfüße der Malakastra über Rozkovec-Drenovica bis zum Austritt des Semeni in die Ebene nächst Kuči, dort über diesen Fluß und weiter längs der Höhenfüße über Karbunara, Ljužna, Golemi, Gramši bis an den Škumbiaustritt bei Rogožina, wo sie mit dem von Dyrrhachium kommenden Aste zusammentraf. Die Weggabel lag daher nicht, was übrigens auch keine Quelle direkt behauptet, bei Clodiana selbst, sondern einige Kilometer westlich davon; Clodiana war nur die erste Station auf der gemeinsamen Strecke.

Die oben festgelegte Straße ist auch in beiden Itinerarien gegeben. Das Itin. Hieros. zumal stimmt genau mit Gelände und Lokalbefund; auch die Stationen lassen sich an durchaus passenden Orten fixieren. Die *mutatio Stephanaphana* käme an die Stelle des Han Rozkovec, der heute noch der wichtigste Wegknotenpunkt und erste Marktort der südlichen Muzakja ist; die *mansio Absos* fällt genau an diesen Fluß; es ist mehr Gefühlssache, wenn man sie nicht mit dem am Südufer gelegenen Kuči, sondern lieber mit dem gegenüber auf isolierter Höhe thronenden uralten Kloster Boka identifiziert. *Marusio* endlich käme auf die vom Höhenrande vorspringende, gleichfalls von einer uralten Kirche gekrönte flache Höhe von *Golemi*[72a]). Bei der Anpassung der Angaben des Itin. Antonini an diese Strecke ergibt sich allerdings die Schwierigkeit, daß die Distanz um etwa 9 Meilen zu kurz ist. Da die Entfernung *Clodiana—ad Novas* mit der Wegstrecke von Pekinj bis an den Semeni stimmt, wird man gut tun, diesen Teil für richtig anzunehmen und *ad Novas* mit der *mansio Absos* des Itin. Hieros. zu gleichen; die Diskrepanz muß dann in der Strecke *Apollonia—ad Novas* gesucht werden. Hier wäre entweder XXIV in XXX zu ändern oder eine — allerdings nur

---

[72a]) Es ist bezeichnend, daß sowohl die für Stephanaphana, als die für Marusio in Anspruch genommene Örtlichkeit bei den Märschen dieses Feldzuges als Lagerplätze in Betracht kommen.

im Sommer benützbare — Abkürzung, etwa über Rers, anzunehmen[73]).

Reste.

Diese Straße, die im wesentlichen mit der Annahme Kieperts (Text zu Tafel XVI) übereinstimmt, hatte ich schon im Jahre 1914 an dieser Stelle vermutet; nun hat sie Praschniker im Jänner 1918 zunächst bei Fjeri tatsächlich aufgefunden und bis Rozkovec verfolgt, während es mir vergönnt war, im Tale zwischen Pojani und Radostina, sodann zwischen Kuči und Golemi sichere Spuren zu finden. An der Bestätigung der noch übrigen Teilstrecke zwischen Rozkovec und Kuči, deren Möglichkeit nach den gemachten Erfahrungen außer Zweifel steht, hinderte uns leider die überraschende Räumung des Landes im Herbst 1918. Die Einzelheiten über diese Straßenfunde wird Praschniker veröffentlichen.

Für den Kenner des Landes ist es ohneweiters klar, weshalb eine Straße, die von Apollonia aus das Škumbital erreichen wollte, diesen beim bloßen Anblick der Karte etwas auffälligen und deshalb dem landfremden Geographen wenig einleuchtenden Umweg machen mußte. Es galt eben der Muzakja auszuweichen, deren Durchquerung ohne größten technischen Aufwand nicht möglich war, sofern die sichere Passierbarkeit zu jeder Jahreszeit gewährleistet sein sollte. Daß jedoch — wenigstens zur Zeit der Republik — bei illyrischen Straßen von technischen Höchstleistungen keine Rede war, bezeugen nicht nur die Funde, sondern auch die direkten und indirekten Angaben der alten Schriftsteller, von denen später im Zusammenhange die Rede sein wird.

c) Die vereinigte Straße im Škumbital.

Die vereinigte Straße interessiert hier nur soweit, als sie in den Kriegsschauplatz fällt, also etwa bis in die Gegend Candavia, in der Pompejus sich befand, als er die Nachricht von Caesars Landung erhielt[74]), und die nach übereinstimmender und unwidersprochener

---

[73]) Der Versuch, die Straße des Itin. Ant. längs der Hügelkette von Ardenica festzulegen und *ad Novas* mit dem heutigen Nova am Škumbi zu identifizieren, scheitert an allen Distanzen sowie an der großen Unwahrscheinlichkeit, daß je eine Straße das breite Inundationsgebiet zwischen Nova und Rogožina durchquert hat. Aus gleichen Gründen halte ich nach der Vorstellung, die ich mir von der antiken Muzakja gemacht habe, auch eine Verbindung quer durch die Muzakja (Kolonja—Ljužna) für ausgeschlossen. Wenn man bedenkt, daß die Zahlen des Itin. Hieros. nach dem Terrain wie nach den Funden als absolut richtig erwiesen sind, erscheint die Annahme eines Überlieferungsfehlers im It. Anton. immer noch als die wahrscheinlichste.

[74]) Caesar b. c. III, 11, 2.

Ansicht aller Forscher mit dem Gebirgsland am Oberlauf des Skumbi zu gleichen ist. Über diese Strecke geben die Itinerarien:

Tab. Peut.	Itin. Anton.		Itin. Hieros.
Clodiana	318 Clodiana	329 Clodiana	mansio Clodiana
			XV
XX	XX	XXII	mutatio ad Quintum
			VI
Scampis	Scampis	Scampis	mansio Hiscampis
IX			IX
Genesis fl.			mut. Trajecto
VII	XXVIII	XXX	IX
ad Dianam			mansio Grandavia
IX			IX
In Candavia	Tres tabernae	Tribus tabernis	mut. in Tabernas

Doppelte Wiedergabe.

Die Identifikationen der verschieden benannten Örtlichkeiten östlich Scampa-Elbasan interessieren uns weiter nicht; was uns hingegen interessieren muß, ist die doppelte Wiedergabe der Straße im Itin. Antonini, und zwar mit Unterschieden der Distanzen an zwei Stellen. Diese als bloßen Irrtum irgend eines Abschreibers anzunehmen, geht nicht an; dagegen spricht schon die Tatsache der doppelten Anführung der Straße an sich, dann der zweimalige Distanzunterschied in unmittelbarer Aufeinanderfolge. Eher könnte man sich mit dem Gedanken befreunden, daß hier eine jedesmal nach einem anderen Schlüssel bewirkte Umrechnung von Stadien in Meilen zugrunde läge. Damit würde stimmen, daß diese Diskrepanz in der Folge — diese weitere, nicht mehr in den Kriegsschauplatz fallende Strecke ist in der obigen Tabelle nicht angeführt — zumeist an größeren Intervallen in einem annähernden Verhältnis zu deren Größe wiederkehrt. Diese Verteilung auf die ganze doppelt geführte Strecke spricht auch gegen die mir ursprünglich wahrscheinlich erschienene Annahme einer Doppelführung der Straße auf beiden Flußufern; denn sie findet sich auch an Stellen, wo von einem die Doppelführung ermöglichenden breiten Flußtale nicht die Rede ist, und bei anderen Straßen dieses Itinerars. Jedenfalls hat das Itinerar hier aus zwei verschiedenen Quellen geschöpft, wie schon die Unterschiede in der Bezeichnung der Stationen beweisen.

Nichtsdestoweniger ist die Möglichkeit, ja Wahrscheinlichkeit nicht von der Hand zu weisen, daß an Stellen, wo das Gelände es begünstigte, an beiden Ufern des Genusus durchlaufende Kommunikationen bestanden. Daß die eigentliche Straße im Abschnitt vom Talaustritt aufwärts bis über Elbasan-Scampa, wahrscheinlich bis zur heutigen Brücke Hadži Bekjar, am Nordufer verlief und an letzterer Stelle den Fluß übersetzte, ist nach dem Terrain, den Funden[75]) sowie der aus den Distanzen sich eindeutig ergebenden Gleichung jener Brücke mit dem „*Genesis fl.*" der Tabula und der „*mutatio trajecto*" des Itin. Hieros. nicht zu bezweifeln. Dagegen erwähnt Kaucky[76]) bei Pekinj die Reste einer alten Brücke über den Škumbi, und Praschniker hat 1916 in der Gegend von Murikjani eine antike Steinbrücke mit beiderseits anschließenden Straßenresten gefunden und überdies festgestellt, daß die Fundamente der mächtigen Steinbrücke, die etwa 2 km unterhalb Elbasan den Škumbi überquerte, höchstwahrscheinlich antiken Ursprunges sind[77]). Die beiden letzteren Brücken ließen sich zwar auch mit einer Straße in Übereinstimmung bringen, die aus der Gegend von Kuči am Semeni über Belš oder im Devolital nach Scampa geführt hätte. Doch erzählt uns kein einziges Itinerar noch sonst eine Quelle von dieser Straße, die doch unter anderem gerade der Verfasser des Itin. Hieros. mit Vorteil hätte benützen können, so daß wir die Reste mit immerhin bedeutender Wahrscheinlichkeit auf eine am linken Škumbiufer verlaufende Parallelkommunikation beziehen können. Woraus natürlich nicht folgt, daß wir uns diese Strecke der am Nordufer führenden Hauptstraße gleichwertig denken müssen; es genügt die Vorstellung eines durchlaufenden, zu jeder Jahreszeit leidlich benützbaren Reit- und Tragtierweges. Wir werden darauf zurückkommen, daß auch andere Strecken der Via Egnatia und sonstige albanische Straßen, zumal zur Zeit Caesars, nicht viel anders ausgesehen haben. Reste.

d) Die direkte Straße Dyrrhachium—Apollonia.

Die direkte, mit der Via Egnatia nicht identische Straße Dyrrhachium—Apollonia ist uns nur in der Tabula Peutingeriana wie folgt überliefert:

Dyrratio
XV
Genesis fl.
XX
Hapsum fl.
XVIII
Apollonia

[75]) Gelegentlich des Feldbahnbaues wurden bei der Brücke nächst Brodašešit Reste einer den Kušabach übersetzenden römischen Brücke gefunden.

[76]) Österr. Monatsschrift für den Orient 1916, XLII S. 46 Abb. 5.

[77]) Praschniker-Schober, S. 59 f.

Verlauf. Im Terrain ist auch ihr Verlauf ziemlich eindeutig vorgezeichnet. Sie zweigte dort, wo die Ebene von Kavaja am leichtesten zu überqueren war, das ist etwa beim heutigen Harizaj, vom Nordast der Via Egnatia ab, übersetzte bei Luza vogel den Fluß, durchquerte die Ebene nach Makareš am Ostrande der Hügelkette „Malizja", zog sich sodann längs deren Rand zur Senke von Baštova, wo sie, um die günstige Welle von Nova ausnützen zu können, auf die Westseite der nächsten Hügelkette „Čokut" übersetzen mußte; dort über Divjaka—Guri an den antiken Apsuslauf, der knapp südlich des letztgenannten Ortes übersetzt wurde. Nunmehr weiter am Westrande der dritten Hügelkette „Gurcza" über Libovca—Petova nach Brustar, von hier über die $3^1/_2$ km breite Senke von Fjeri zur Spitze der knapp an diesen Ort von Süden heranziehenden Hügelkette „Sekista", wo sie in den Südast der Via Egnatia mündete. Die ganze Straße stellt sich daher als eine Abkürzung der beiden Egnatiaäste dar, zum Zwecke einer kürzeren Landverbindung zwischen den beiden Hauptorten der Landschaft.

Korrektur der Tabula. Von den Distanzen stimmen die zweite und dritte, das ist *Genesis fl.—Hapsum fl.—Apollonia,* genau mit dem Terrain; dagegen ist die Entfernung *Dyrratio—Genesis fl.* um ca. 3 Meilen zu kurz angegeben. Bedenken wir, daß in dieser Stelle erwiesenermaßen überhaupt eine mehrfache Verderbnis steckt, indem vorerst die Zahl XV am falschen Straßenstück eingetragen ist, sodann die andere Zahl XXVI auch weder auf die Gesamtentfernung Dyrrhachium—Clodiana, noch auf die Teilstrecke von der Abzweigung bis zum letzteren Orte zutrifft, so legt diese Häufung von erwiesenen Fehlern auf engem Raume die Vermutung nahe, daß in der Vorlage des Zeichners unserer Tabulakopie (oder schon eines seiner Vorgänger) an eben dieser Stelle eine Beschädigung vorhanden war, welche die Anfänge dieser beiden Straßen nebst deren ersten Ziffern unkenntlich machte, und daß der Zeichner die Stelle willkürlich, beziehungsweise mit unrichtiger Wiedergabe der undeutlich gewordenen Einzelheiten rekonstruiert hat. Da nun die Fortsetzungen beider Strecken im Terrain genau gegeben sind, was durch das Stimmen aller folgenden Distanzziffern vollauf bestätigt erscheint, so können wir mit guter Berechtigung darangehen, auch die verderbte Stelle auf Grund des Lokalbefundes zu rekonstruieren. Auf diesem Wege gelangen wir zu folgendem Bilde der Tabula:

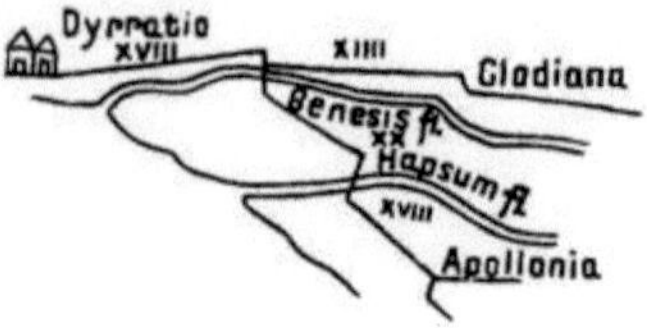

Wie erwähnt, findet sich diese Straße einzig in der Tabula. Kein anderes Itinerar enthält sie, in keiner anderen antiken Quelle finden wir auch nur den geringsten Hinweis auf sie. Dies rechtfertigt den Versuch, uns mit ihrer historischen Existenz etwas eingehender zu befassen.

Geschichte der Straße.

Existiert hat sie zweifellos zur Zeit des der Tabula zugrunde liegenden Originalwerkes, also in der zweiten Hälfte der Kaiserzeit. Die Frage ist nun, wie es in der Epoche vor diesem Zeitabschnitt, die uns vor allem interessiert, mit ihr ausgesehen hat.

Die älteste Begebenheit, die Schlüsse auf die Wegverhältnisse des Landes zwischen Dyrrhachium und Apollonia zuläßt, betrifft die Ereignisse des zweiten mazedonischen Krieges, die uns L i v i u s XXXI 27 erzählt.

Der römische Konsul Sulpicius war im Jahre 200 v. Chr. bei A p o l l o n i a gelandet und hatte den Legaten L. A p u s t i u s zunächst mit einem Teile der Streitkräfte daselbst zurückgelassen, während er selbst *„inter Apolloniam et Dyrrhachium ad flumen Apsum habebat castra"*. Existierte damals die erwähnte Tabulastraße, so kann über die Position des Lagers weiter kein Zweifel bestehen; es muß an der Kreuzung derselben mit dem alten Apsuslauf, also in der Senke von Gradišta gelegen haben[78]). Dieser Platz hatte aber für alle hier denkbaren Absichten des Konsuls nicht die geringste Eignung. Vor allem deckte er dort weder Apollonia noch Dyrrhachium, da er beide Äste der Via Egnatia[79]) unbesetzt ließ und der Feind unbehindert aus dem oberen Apsustal auf den Südast dieser Straße und auf diesem gegen Apollonia vorstoßen konnte, während der Konsul vor sich die, wenigstens im Winter, damals

[78]) Die schon aus physikalischen Gründen höchst unwahrscheinliche Annahme, daß der Apsus damals in seinem heutigen Lauf über Fjeri abgeflossen wäre, wird überdies durch die Bezeichnung *„inter Apolloniam et Dyrrhachium"* ad absurdum geführt, da eine Örtlichkeit, die von Apollonia kaum sechs, von Dyrrhachium fast 50 Meilen entfernt war, kaum in obiger Art, sondern logisch einfach als *„ad Apolloniam"* bezeichnet worden wäre. Auch hatte der Lagerschlag in so geringer Entfernung von der Stadt keinen Sinn, und die ganzen folgenden Ereignisse, die Heranziehung und Rücksendung des Legaten, lassen deutlich auf eine größere Distanz zwischen Stadt und Lager schließen.

[79]) Ob die Via Egnatia damals bereits als solche, das heißt als ausgebaute Militärstraße existiert hat, ist allerdings nicht sicher; doch ist ihr Lauf im Gelände gegeben und das Bedürfnis nach diesem Verkehrsweg war zur Diadochenzeit, schon mit Rücksicht auf die damalige Bedeutung der beiderseitigen Endstationen, zweifellos im höchsten Grade vorhanden (vgl. Oberhummer in RE², V, 1989). Übrigens kennt sie schon Polybius, auf den sich Strabo ausdrücklich beruft. Vgl. Heuzey S. 36, Anm. 1. — Dies gilt auch für alle folgenden Erwähnungen dieser Straße in vorstrabonischer Zeit.

wahrscheinlich überhaupt weglose Muzakja hatte und, wenn er vorrücken wollte, doch erst wieder auf die Via Egnatia hinüberrokieren mußte. Im selben Sinne war es zwecklos, den zu einer Expedition ins Innere bestimmten Legaten erst von Apollonia nach Gradišta heranzuziehen, da er doch von Apollonia aus den direkten Vorrückungsweg auf der Via Egnatia vor sich hatte, von dem man ihn durch jene Berufung erst abzog, um ihn dann doch wieder dorthin zurückschieben zu müssen. Für die ganzen Ereignisse, die im folgenden erwähnt werden, die Heranziehung des Apustius zum Hauptlager und seine Entsendung von da aus in das Landinnere zu einer großzügigen Brandschatzungsexpedition (*quo arcessitum legatum ... ad depopulandas hostium fines mittit*) gab es am Apsus nur einen einzigen praktisch möglichen Ausgangspunkt, und das war die Stelle, wo die ins Innere führende Hauptstraße des Landes, also die Via Egnatia, ihn überschritt, nämlich der Talausgang bei Kuči. Hier deckte der Konsul Apollonia direkt und Dyrrhachium wenigstens teilweise: hier mußte der Legat vorbei, wenn er, von Apollonia kommend, ins Landinnere vordringen sollte, sei es auf der Via Egnatia ins Škumbital, sei es ins Tal des Devoli oder des Osum: diese drei natürlichsten Hauptlinien gingen alle von jenem Punkte aus. Der Zug des Legaten läßt sich zwar, da außer dem wenn auch nicht sicher, so doch mit großer Wahrscheinlichkeit mit Berat zu identifizierenden Antipatrea kein anderer der vielen genannten Orte der Lage nach bekannt ist, nicht im einzelnen lokalisieren; doch legt die große Zahl von Städten auf engem Raume den Gedanken an die nordöstliche Malakastra und das Osum-Devoligebiet nahe, und die ganze Operation bekommt mit Kuči als Ausgangspunkt einen ebenso verständlichen Rahmen als sie auf Gradišta basiert unverständlich wird.

Nun aber ist die Bezeichnung eines Lagers am Apsus bei Kuči als „*inter Apolloniam et Dyrrhachium*“ nur dann gerechtfertigt, wenn tatsächlich die nächste, eventuell einzige praktikable Verbindung zwischen beiden Städten über Kuči ging, und wird in dem Augenblick widersinnig, wo gleichzeitig eine andere, kürzere und direktere Verbindung zwischen ihnen bestand; denn dann müßte jeder unbefangene Leser ausschließlich an die Gegend von Gradišta denken. So führt uns die Liviusstelle zu dem Schluß, daß sicher zur Zeit der dort geschilderten Ereignisse, also um 200 v. Chr., und wahrscheinlich auch noch zur Zeit des Livius selbst, eine kürzere Verbindung zwischen Apollonia und Dyrrhachium nicht bestand, vielmehr die Gabel der Via

Egnatia zugleich die kürzeste praktische, für Heeresbewegungen in Betracht kommende Landverbindung zwischen beiden Städten darstellte.

In den anderthalb Jahrhunderten von da bis zu Caesars Bürgerkrieg hat sich in Illyrien so wenig in kultureller Beziehung geändert, daß wir auch in den Wegverhältnissen kaum einen Wechsel annehmen dürfen. Indessen liefert uns Caesar selbst in seiner Schilderung der Ereignisse Anhaltspunkte zur Lösung dieser Frage.

Nach der Einnahme von Oricum und Apollonia wollte er so rasch als möglich nach Dyrrhachium, dem Hauptstützpunkt des Gegners an der Adria, vordringen; doch die Nachricht, daß Pompejus ihm zuvorgekommen sei, bewog ihn, den Vormarsch einzustellen und am Flusse Apsus stehen zu bleiben; eben dahin kam aus der Richtung von Dyrrhachium her Pompejus. Es unterliegt keinem Zweifel, daß diese Stelle an der damaligen strategischen Schwerlinie Apollonia—Dyrrhachium, also an der damals verfügbaren kürzesten Verbindungsstraße, gelegen hat. Stand die Straße der Tabula zur Verfügung, so kann der Ort der beiden Lager wieder nur in der Senke von Gradišta gesucht werden. Nun werden wir später bei Besprechung jener Apsuslager aus ganz anderen Gründen feststellen, daß diese Gegend den von den Quellen gegebenen Lokaldaten absolut nicht entspricht[80]), wohl aber jene von Kuči, und nur diese. Wenn nun Caesar auf seinem eiligen Vormarsche von Apollonia nach Dyrrhachium schließlich bei Kuči haltmachte, so beweist dies, daß der kürzeste Weg damals über Kuči führte, somit die Straße der Tabula nicht existierte.

In ganz ähnlicher Weise wie die Apsuslager bei Kuči gelegentlich des Vormarsches Caesars, beweist die Festlegung von Asparagium am Talaustritte des Škumbi in seiner Rolle bei Caesars eiligem Rückzug, daß der damals kürzeste Weg östlich um die Muzakja herumging; was die Existenz der Tabulastraße ausschließt.

Zu sehen ist heute von dieser Straße nichts Reste. mehr, wie denn auch die ganze von ihr durchschnittene Gegend, von dem anscheinend frühbyzantinischen Kastell von Baštova abgesehen, gänzlich frei von antiken Resten ist; womit es sehr gut stimmt, daß in ihrem ganzen Verlaufe kein einziger Ortsname, sondern nur Flußübergänge als Stationen angeführt werden. Abgesehen von den wichtigen Schlüssen, die sich daraus für den antiken Charakter der Gegend ergeben, legt dieser

[80]) Ebensowenig jene von Fjeri.

Umstand auch die Vermutung nahe, daß die Straße, die in keinem Itinerar und keiner sonstigen Quelle mehr erwähnt wird, es nie zu besonderer Bedeutung gebracht hat, nie ordentlich chaussiert war und möglicherweise bald nach ihrer Aufnahme in die Ur-Tabula wieder verfallen und schließlich ganz verschwunden ist (vgl. S. 38).

c) Andere Straßen und Wege.

Außer den bisher besprochenen Straßen haben wir noch dürftige Kunde von einigen anderen, die zum Teil in den Bereich des Kriegsschauplatzes fallen.

Apollonia-Amantia

Hierher zählt die Straße der Tabula *Apollonia—Amatria* (= Amantia; die Gleichsetzung ist nie bezweifelt worden). Je nachdem wir Amantia mit Pljoča oder Kljoš identifizieren, muß die Straße verschieden angenommen werden. Jedenfalls führte sie von Apollonia zunächst längs der Vojusa aufwärts, und zwar, da dieser Fluß erwiesenermaßen im Altertum knapp unter den nördlichen Begleithöhen floß, längs des Fußes derselben über Levani[81]), das Nymphaeum[82]) bis in die Gegend der Šusicamündung: dann im Falle Pljoča im Šusicatale aufwärts und durch eines der drei östlichen Seitentäler, der Vlajna, des Slap oder der Karmalja, gegen Pljoča: im Falle Kljoš fortgesetzt am rechten Vojusaufer, bis unter den Gradicaberg und dort hinauf nach Kljoš. Der Erforschung dieser Straße konnten Praschniker und ich uns nur in beschränktem Maße widmen, da die erste Route zum größten Teile in feindlichem Gebiet, die zweite immerhin durchwegs zwischen beiden Fronten lag. Doch konnten wir konstatieren, daß der von Pojani über Levani—Frakula paša nach Kafarani führende Fahrweg offenbar einer alten Straßentrasse folgt, sodann war das obere Stück des Aufstieges vom Vojusatale nach Kljoš noch mit großer Deutlichkeit zu erkennen; der untere Teil allerdings konnte, da im unmittelbaren feindlichen Maschingewehrbereich gelegen, bei Tage leider nicht begangen werden.

Straße des Lollianus.

Anschließend wäre die „*via publica*" der Lollianus-inschrift von Byllis[83]) zu erwähnen. Der Zeit dieser Inschrift nach ist es allerdings auch ungewiß, ob die Straße in Caesars Tagen existiert hat, und die nicht sehr schmeichelhafte Beschreibung, die ihr Wiederhersteller ihr widmet, läßt dies noch zweifelhafter er-

[81]) Hier der Meilenstein IV (Δ) nach Aristarch Ἑλλ. φιλ. σύλλ. XIII, 1830, S. 88, Taf. I; vgl. CIL III, 7365; Patsch, Sp. 195.

[82]) Vgl. oben S. 32 Anm. 16.

[83]) CIL III, 600; Patsch, S. 107 ff.

scheinen. An Ort und Stelle konnte Praschniker Reste des über adaptierte Felsbänder an der Inschrift vorbei in der Richtung gegen Kljoš hinlaufenden Straßenkörpers bestätigen. Der weitere Verlauf ist solange ungewiß, als über die Identität des Flusses Argyas und der Landschaft Astaciae nicht Klarheit gewonnen ist; mit Patsch an die Djanica und die nördliche Malakastra zu denken, verbietet wohl der in die entgegengesetzte Richtung weisende Anfang der Straße. Was allerdings nicht ausschließt, daß auch in jener Gegend eine von Byllis ausgehende Straße in irgend einer Zeit existiert hat; wenigstens fanden wir nördlich der Gradica, zwischen Karš und der Čafa Balšit, Spuren einer solchen und an der Djanica südlich der Ruinen von Marglić, gegenüber den Asphaltquellen von Patosa, Reste einer antiken Brücke.

Als nächste käme die in der Tabula und den Itinerarien überlieferte Straße Apollonia—Aulon—Oricum in Betracht, welche Route Caesar bei seinem ersten Vormarsch zweifellos benützt hat; doch ist es hier ganz besonders fraglich, ob sie damals schon als Straße existiert hat. Aulon wird von Strabo, der ganz ausdrücklich Apollonia als südlichen Endpunkt der Via Egnatia bezeichnet, überhaupt nicht erwähnt; es scheint erst später, nach Maßgabe der Verschlechterung des Hafens von Apollonia, zur Bedeutung und schließlich zur Nachfolge in jener Rolle gelangt zu sein; davon kann aber nach dem, was Dio XLI, 45, über Apollonia sagt, noch zur Zeit dieses Schriftstellers nicht gesprochen werden. Jedenfalls spielte Aulon in den Tagen Caesars keine Rolle, und ob der Südast der Via Egnatia damals schon bis dahin ausgebaut war, ist mehr als fraglich; irgend eine Kommunikation muß allerdings, schon zur Landverbindung mit Oricum, dort verlaufen haben. Über die vermutliche Trasse der späteren Straße vgl. Praschnikers jüngste Publikation. Apollonia-Oricum.

Endlich könnte man noch auf die vielfach in der Literatur herumspukenden Angaben über angebliche Reste der Via Egnatia in der Gegend von Tirana—Pertrejla sowie zwischen Tirana und Durazzo zurückkommen. Daß es sich um die Via Egnatia nicht handeln kann, wurde schon erwiesen und Funde sind mir nicht bekannt; immerhin ist die Möglichkeit nicht von der Hand zu weisen, daß es zu irgend einer älteren Zeit dort eine Straße gegeben hat, deren Reste vor etlichen Dezennien noch besser sichtbar waren als heute. Man könnte dabei in erster Linie an eine Straße über den Krabepaß denken. Heute führt dort ein bereits stark verfallener, in früheren Zeiten zweifellos sehr brauch- Reste bei Tirana.

barer und möglicherweise auf antike Anfänge zurückgehender türkischer Reit- und Saumweg, der aber bestimmt niemals fahrbar gewesen ist[84]). Jedenfalls aber ist der Weg Vorra—Tirana—Muleti (Pertrejla)—Krabepaß—Elbasan jederzeit ein Bedürfnis des Landes gewesen.

Wege. Selbstverständlich hat das Straßennetz zu keiner Zeit dem Kommunikationsbedürfnis des Landes vollkommen genügt, wurde vielmehr immer durch ein Netz landesüblicher Wege ergänzt und entlastet, wobei überdies zu bedenken ist, daß zur Zeit Caesars auch die meisten der späteren Straßen, wahrscheinlich sogar alle mit einziger Ausnahme der zur Via Egnatia zählenden Strecken, nur Landwege gewesen sind, deren Qualität und militärische Brauchbarkeit wir im allgemeinen nach jenen beurteilen dürfen, die wir heute im Lande vorfinden. Hierher zählt der Weg über den Logarapaß, den Caesar nach der Landung nächtlich passierte und von dem Appian eine wenig erbauliche Schilderung bietet[85]), die jedoch mit dem von Patsch noch 1900 vorgefundenen Zustand[86]) vollkommen übereinstimmt, wobei eine in der Zwischenzeit eingetretene Veränderung umsoweniger anzunehmen ist, als der Weg über Karstboden führt, welcher den Charakter besser bewahrt beziehungsweise eingetretene Veränderungen dauernd erkennen läßt. Heute allerdings führt über den Logarapaß eine von den Italienern während des Krieges gebaute Kunststraße. In die gleiche Kategorie gehört der Bergpfad, den Caesar benützte, um die Stellung des Pompejus bei Asparagium zu umgehen und ihn von Dyrrhachium abzuschneiden[87]); von seiner Beschaffenheit wird noch bei der Besprechung der Operationen die Rede sein. Von dem Wege über Tirana und den Krabepaß nach Elbasan, auf dem zweifellos Antonius heranmarschiert ist, wurde schon gesprochen: wir werden kaum fehlgehen, wenn wir ihn uns für jene Zeit als vielbegangenen Saumweg vorstellen, und das gleiche gilt von den Routen, die Pompejus und Caesar vom Apsus aus einschlugen, um Antonius abzufangen beziehungsweise sich mit ihm zu vereinigen[88]): auch diese werden noch bei Besprechung der Operationen näher erwähnt werden.

---

[84]) Mündliche Mitteilung Praschnikers, der die Strecke 1916 passiert hat.

[85]) b. c. II, 54.

[86]) Sp. 83 und 95 f.

[87]) b. c. III 44.

[88]) b. c. III 30.

f) Beschaffenheit und Zustand der Kommunikationen.

Die Reste des Südastes der Via Egnatia, die Praschniker und ich in der Gegend von Fjeri zum Teil noch in großer Deutlichkeit und auf weite Strecken kontrollieren konnten, geben das Bild einer ganz erstklassigen Chaussee, sowohl in der Trassierung wie im Bauprofil. Letzteres weist eine durchaus konstante Breite von 6·75 m, das ist $4^1/_2$ röm. Schritten auf, welche Dimension Praschniker auch in der Ebene von Skutari an der bereits von Evans[89]) entdeckten Straße Scodra—Drivastum festgestellt hat und die für antike Verhältnisse sehr bedeutend genannt werden muß. Dem entspricht auch die in der Regelmäßigkeit der heutigen Erhaltung sich zeigende fürsorgliche Aufdämmung sowie die Tiefe des Unterbaues, dessen Material jetzt stellenweise zur Steingewinnung dient. Auf gleicher Höhe steht die Führung der Trasse, welche, die inundationsgefährdeten Gebiete knapp aber sicher umgehend[90]), eine derart großzügige Linienführung aufweist, daß man oft glauben könnte, es mit einer Vollbahntrasse zu tun zu haben. Charakteristisch sind in dieser Hinsicht die Wendungen, welche in der Ebene nicht in scharfen Ecken, sondern in auffallend regelmäßigen Bogensegmenten mit konstantem Radius geführt sind[91]). Die zwischen diesen Wendungen gelegenen Straßenstücke sind meist vollkommen geradlinig geführt. Imposante Brückenreste an allen Flußübergängen vervollständigen das Bild in gleichem Sinne. Überkommener Zustand der Via Egnatia.

Indes hieße es sich einer großen Täuschung hingeben, wollte man diesen Straßentyp für die Zeit Caesars gelten lassen: dessen Schilderungen geben vielmehr ein wesentlich anderes Bild. Vor allem besaßen die Straßen seiner Zeit wenigstens im Muzakjagebiet, wahrscheinlich aber auch sonst, keine oder nur wenige B r ü c k e n; denn so oft Caesar an einen Fluß kommt, muß er ihn mühsam überschreiten. Dies gilt nicht nur vom Apsus, über den zwischen den Zustand zu Caesars Zeit. Brückenlosigkeit.

---

[89]) Archaeologia XLVIII. 1884.

[90]) Diese auffällige Anpassung der antiken Straße an die h e u t i g e n Inundationsverhältnisse ist ein sehr wichtiger Beweis für die Stabilität dieser Verhältnisse in historischer Zeit.

[91]) Eine besonders bemerkenswerte Stelle dieser Art war noch im Winter 1917/18 bei der ersten großen Biegung südöstlich Fjeri, ca. 2 km westlich Griza Godeleš, sehr deutlich zu erkennen und zu bewundern; leider wurde sie im folgenden Frühjahr durch eine Wegverlegung fast gänzlich zerstört.

beiden Lagern keine Brücke führte[92]); hier könnte man allenfalls an ein vorheriges Abbrechen derselben durch einen der beiden Gegner denken, obwohl anzunehmen wäre, daß eine militärisch so bedeutungsvolle Maßregel von Caesar hätte erwähnt werden müssen. Allerdings sagt Appian[93]), daß Pompejus schon bei seinem ersten Anmarsche gegen Dyrrhachium alle Brücken zerstört hätte. In dieser Form ist die Nachricht unmöglich richtig, da der Marsch ein ausgesprochener und sehr eiliger Vormarsch war; auf einem solchen kann man aber nur die Brücken hinter sich zerstören, und das tut kein Feldherr, weil er sie ja selber braucht. Brückenzerstörungen kommen logischerweise nur bei Rückzügen vor; als solcher kommt aber auf Seite des Pompejus höchstens dessen Ausweichen gegen Asparagium nach Caesars Vereinigung mit Antonius in Betracht; damals mag er allenfalls vorhandene Brücken über den Genusus und dessen Nebenbäche zwischen Elbasan und Rogožina zerstört haben. Irgend etwas Wahres wird, wie an allen Appianischen Konfusionen, an der Sache sein. Das gleiche gilt übrigens auch von den sonstigen an derselben Stelle erwähnten Maßregeln des Pompejus, von denen in anderem Zusammenhange die Rede sein wird.

Bei der von Dio XLI, 47, erwähnten Brücke, auf der Pompejus den Apsus zu überschreiten suchte und die hierbei zusammenbrach, kann es sich naturgemäß nur um eine ad hoc geschlagene Kriegsbrücke handeln.

Ganz dasselbe wie für den Apsus gilt auch für den Genusus, der, *„quod ripis erat impeditis"*, Caesars Übergang beim Rückzuge empfindlich verzögerte[94]) sowie nach c. 77, 2 *„altissimis fluminibus"* überhaupt von allen Flüssen der Muzakja, deren Tiefe und sonstige Beschaffenheit unmöglich eine Rolle hätte spielen können, wenn sie überbrückt gewesen wären. Hier ist es erst recht unzulässig, an eine allgemeine Brückenzerstörung in der ersten Feldzugsphase zu denken; denn während des mehrmonatlichen Stellungskrieges vor Dyrrhachium hätte Caesar, der ja in solchen Dingen Meister war und dem an einem intakten Kommunikationsnetz schon aus Gründen des Nachschubes unendlich viel gelegen sein mußte, den Schaden längst gutgemacht. Ja, es ist geradezu verwunderlich, daß er nicht überhaupt für die Überbrückung der Flüsse, auch wo vorher keine Brücken gewesen, gesorgt hat, und dies nur dadurch erklärlich, daß

[92]) Caesar III 30, 4.
[93]) b. c. II 55.
[94]) c. 75, 4.

in den allgemeinen Land- und Straßenverhältnissen die Bedingungen hierfür nicht gegeben waren.

Wir können daher aus den angeführten Stellen mit Sicherheit entnehmen, daß es zu Caesars Zeit zum mindesten über die großen Flüsse noch keine Brücken gab; kleinere Bäche mögen überbrückt gewesen sein, und darauf wäre die Notiz von den pompejanischen Brückenzerstörungen zu beziehen. Zum Übersetzen der Ströme genügten für den laufenden Reise- und Handelsverkehr die jedenfalls an allen Straßenübersetzungen vorhandenen Überfuhren; für den Übergang einer Armee war diese Methode natürlich im höchsten Grade zeitraubend[95]), und man entschloß sich daher lieber zum Durchfurten. Daß Caesar auf diesem Kriegsschauplatz tatsächlich immer auf solche Art übergegangen ist, geht aus den zitierten Stellen klar hervor; aus c. 77, 2 „*altissimis fluminibus atque impeditissimis itineribus*" außer der Brückenlosigkeit auch der desolate Zustand der Straßen überhaupt.

Sehr charakteristisch ist auch die Tatsache, daß Caesar, als beide Feldherren vom Apsus aufbrechend M. Antonius entgegenmarschieren, infolge der Unmöglichkeit, den Fluß an Ort und Stelle zu überschreiten, dem Gegner gegenüber einen ganzen Tag verliert. Die Sache erklärt sich daraus, daß der Semeni im Winter und ersten Frühjahr unterhalb der Vereinigung des Osum und Devoli überhaupt nicht durchfurtbar ist; Caesar mußte daher erst den Apsus hinauf bis oberhalb der Devolimündung marschieren, ihn und früher oder später auch noch den Devoli durchfurten, während Pompejus den direkten Weg durch die Dumbrea ohne jedes Flußhindernis vor sich hatte.

Auf die allgemeinen Wegverhältnisse des Landes wirft übrigens Caesar c. 11, 1 ein sehr charakteristisches Licht. Der von Caesar zu Pompejus entsandte Vibullius beschleunigt seinen Ritt nach Tunlichkeit „*continuato nocte ac die itinere atque omnibus locis mutatis ad celeritatem iumentis*". Man merke: „*iumentis*", nicht „*equis*". Nicht auf Reitpferden, auf denen er, mit entsprechendem Wechsel, 120 bis 150 km täglich hätte zurücklegen können, ist Vibullius trotz seiner Eile geritten, sondern auf Tragtieren, wahrschein-

Der Ritt des Vibullius.

[95]) Die heutigen landesüblichen Überfuhren der großen Muzakjaflüsse fassen ungefähr 40 Mann oder 10 Pferde und brauchen zur einmaligen Überführung samt Ein- und Ausbarkieren und Rückfahrt ungefähr 6 bis 10 Minuten. Das gibt für eine Armee wie die Caesars von rund 20.000 Mann, 1400 Reitern und etwa 2000 Tragtieren über 100 Stunden, also volle vier Tage. Durch Heranziehung von Kähnen oder den Bau von Flößen konnte diese Frist allerdings etwas abgekürzt werden.

lich auf den im antiken Reiseverkehr allgemein gebräuchlichen Maultieren, auf denen er unter gleichen Modalitäten bestenfalls 50 bis 70 km täglich bewältigen konnte. Dies kann einzig darin seinen Grund haben, daß die Wegverhältnisse damals ebenso wie heute und zumal im Winter, für Reitpferde großen Schlages äußerst ungünstige waren, während man mit Tragtieren zwar lange nicht so schnell, aber weitaus sicherer vorwärtskam.

Daß, was von den Straßen in Caesars Tagen gilt, auch auf die übrigen Wege in noch höherem Maße anzuwenden ist, braucht nicht erst betont zu werden. Appians Schilderung des Überganges über den Logarapaß sowie Caesars Umgehungsmarsch Asparagium—Dyrrhachium bezeugen es erschöpfend: die Wege des Landes waren damals ebenso wie sie es noch heute sind.

Die Straße des Lollianus. Wir werden uns allerdings nicht allzusehr über diese Zustände wundern, wenn wir bedenken, wie wenig gefestigt die römische Herrschaft und Kultur in Caesars Tagen im illyrischen Lande war: und gar, wenn wir erfahren, daß noch zweihundert Jahre später, nach anderthalb Jahrhunderten Kaiserherrschaft und Friedenszeit, ein alter Ruhestandsgeneral in den eigenen Sack greifen muß, um eine „Landstraße“, die er ausdrücklich als „zu schmal, verfallen und lebensgefährlich“ bezeichnet, ordentlich herzurichten, sie überhaupt „für Fuhrwerke passierbar“ zu machen und die auch jetzt noch fehlenden Brücken zu erbauen[98])! Wenn dies schon in der, wie gesagt, relativ kultivierten und gut besiedelten Malakastra, in den Tagen der höchsten Blüte der Provinzialverwaltung nicht besser war, so kann man sich vorstellen, welche Zustände in den übrigen Teilen des Landes geherrscht haben zu einer Zeit, da die römische Kultur kaum noch im Lande Wurzel gefaßt hatte.

Resumé. All dies führt uns zu der Überzeugung, daß die mit diesen Zeugnissen so stark kontrastierenden Spuren der Via Egnatia, wie wir sie heute vorfinden, einerseits aus relativ später Zeit — frühestens der mittleren Kaiserzeit — stammen, anderseits aber auch diese Verbesserungen wahrscheinlich auf diese eine besonders wichtige Straße beschränkt blieben. Denn auf den übrigen durch die Quellen bezeugten und im Terrain eindeutig gegebenen Straßenlinien ist nirgends etwas Ähnliches zu konstatieren, obwohl die natürlichen Bedingungen für die Konservierung der Spuren dieselben, das heißt vorwiegend sehr günstige sind. Das gilt ganz besonders von der

[98]) *...viam publicam ... angustam fragosam periculosamque ita munit, ut vehiculis commeetur, item pontes in Argya flumine et rivis de suo posuit.* (Lollianusinschrift von Byllis, CIL III 600, Patsch Sp. 109.)

Tabulastraße Apollonia—Dyrrhachium, von der heute keine Spur mehr zu finden ist. Dieser Umstand legt die Vermutung nahe, daß auch zur Zeit der höchsten Kultur die Straßen dieser Landschaft, mit einziger Ausnahme der Via Egnatia, nicht über den Charakter notdürftig instand gehaltener Fahrwege hinausgekommen sind. Auf derselben Stufe aber dürfte auch die Via Egnatia selbst bis zu ihrem letzten großzügigen Ausbau, also vor allem noch zur Zeit Caesars, gestanden sein.

4. Das Klima.

Der Charakter Albaniens als Kriegsschauplatz ist, wie an anderer Stelle gezeigt wurde, in den klimatischen Verhältnissen des Landes begründet. Diese aber gipfeln einerseits in der scharfen Scheidung von Trocken- und Regenzeit, anderseits in der weitgehenden Begünstigung der Malaria.

Die Frage der Klimaänderung.

Wir stehen hier vor der in der Literatur bereits vielfach ventilierten Frage der Klimaänderung in historischer Zeit. Alles hierher Gehörige einzeln durchzugehen, erscheint umso überflüssiger, als über diesen Kriegsschauplatz im besonderen meines Wissens nichts geschrieben wurde. Dagegen ist es wohl am Platze, auf die ausführlichen und geistvollen Ausführungen Nissens[97]) näher einzugehen, welche Albaniens westliches Nachbarland Italien betreffen.

Nissen steht auf dem Standpunkte, daß eine Veränderung immerhin in dem Sinne eingetreten sei, daß „die Periode der Dürre früher aufhörte und später anfing als gegenwärtig“, und zwar schätzt er den Gesamtunterschied ihrer Dauer auf 1 bis $1^1/_2$ Monate (S. 397). Den Grund sieht er in der weitgehenden Entwaldung des Landes, dessen antiker Waldreichtum, wenn auch nicht eine Vermehrung der Gesamtniederschlagsmenge, so doch eine gleichmäßigere Verteilung derselben bedingt hätte[98]).

Die Beweisführung Nissens läßt sich auf Albanien nicht ohneweiters übertragen. Vor allem deshalb nicht, weil hier das Hauptmoment, die radikale Entwaldung, nicht zutrifft. Gewiß kann man annehmen, und auch wir werden noch darauf zurückkommen, daß auch in Albanien die Bewaldung im Altertum stärker war als heute, aber der Unterschied ist ein ungleich geringerer als in Italien, das heute buchstäblich waldlos und in den Bergpartien vollkommen kahl

---

[97]) Italische Landeskunde I 396—402.
[98]) S. 398 bzw. 402.

ist, während hier noch große Teile des Landes, insbesondere aber die Gebirge, von ansehnlichen Wäldern bedeckt werden. Trotzdem nun auf Grund dieser Tatsache die Veränderung in der Verteilung von Trocken- und Regenzeit in Albanien wesentlich geringer sein müßte als in Italien, mit anderen Worten der heutige Zustand jenem des Altertums viel näher stehen müßte, kann ich sowohl auf Grund persönlicher Erfahrung wie aller mir zugänglichen Daten feststellen, daß der Kontrast der Jahreszeiten in Albanien heute eher schroffer ist als in Italien, sowohl was die sommerliche Dürre als was die winterliche Regenmenge anbelangt. Es wäre jedoch meines Erachtens verfehlt, diese Tatsache als Widerlegung der Nissenschen Beweisführung heranziehen zu wollen; ihre Begründung liegt vielmehr in dem auch von Nissen S. 376 ausdrücklich betonten Umstande, daß Italiens Klima maritim, jenes Griechenlands — und noch mehr der übrigen Balkanhalbinsel — kontinental ist; damit ist schon der Begriff größerer Kontraste gegeben.

Der einzige Schluß, den aus diesen Ausführungen zu ziehen erlaubt ist, besagt somit nur, daß die für eine Veränderung des Klimas seit dem Altertum sprechenden Gründe für Albanien weit weniger in die Wagschale fallen als für Italien, daß wir demnach in ersterem Lande mit einem wesentlich geringeren Wechsel zu rechnen haben, vielmehr uns das Klima im Altertum nahezu gleich dem heutigen vorstellen müssen.

Eine direkte Bestätigung dieser Tatsache aus den Quellen ist bei der spärlichen antiken Literatur über dieses auch damals wenig erforschte Land kaum zu erlangen; immerhin scheinen Feldzugsepisoden, nicht zuletzt der lange Operationsstillstand am Apsus im caesarianischen Feldzuge, auf die den Bewegungskrieg behindernde Regenzeit hinzudeuten; es war derselbe Zustand, wie er sich in den beiden Wintern, die wir in Albanien durchkämpften, von selbst ergab.

Die Malaria.

In gleicher Weise wie in betreff der Niederschlagsverteilung dürfen wir auch für die Malaria im Altertum annähernd gleiche Verhältnisse voraussetzen wie heute und es ist sicher, daß sie auch damals die kulturellen Zustände des Landes ebenso beeinflußt hat wie sie es derzeit tut. Mehr noch als im vorhergehenden Abschnitt müssen wir hier die Verlockung zurückweisen, das überreiche Material, das uns für die Verbreitung und Wirksamkeit dieser Krankheit aus dem Altertum vorliegt, auch nur annähernd erschöpfend durchzuarbeiten; umsomehr als auch hier wiederum gerade für unsere Landschaft die Daten am spärlichsten sind. Im folgenden sollen nur die wesentlichsten Grundlinien dieser Überlieferung angedeutet und in ihren Beziehungen zum albanischen Kriegsschauplatz gewürdigt werden.

Daß die Malaria in den antiken Mittelmeerländern vielfach grassierte, ist durch zahllose Belege bezeugt. In Rom hatte die Göttin „*Febris*" seit Urzeiten ihr Heiligtum auf dem Palatin[99]). Zu Ciceros Zeiten wurden auch ihre verschiedenen, noch heute gültigen Arten, die *febris tertiana* und *quartana*, schon genau unterschieden[100]): bei Plinius begegnet uns überdies die *cotidiana*[101]), die teils mit der heutigen „tropica", teils mit kombinierten Infektionen zu gleichen sein dürfte. Dieselben Unterscheidungen geben uns spätere Dedikationen und Amulette[102]). Über ihre nicht hoch genug einzuschätzende Einwirkung auf das Kulturleben des Altertums liegen gleichfalls zahlreiche Belege vor. Ich erwähne nur kurz, daß die aus hygienischen Gründen, das ist zweifellos mit Rücksicht auf die durch Versumpfung der Flußmündungen und dergleichen geförderte Malaria, erfolgten kleinasiatischen Städteverlegungen bis auf Alexander den Großen zurückreichen und in der Diadochenzeit lebhaft fortgesetzt wurden; hervorheben möchte ich den Fall der Auflassung von Myus, weil hier zum erstenmal eine wenn auch nur unbewußte Andeutung des Zusammenhanges zwischen den Sumpfmücken und der Malaria uns entgegentritt[103]). Daß man schon lange vor Caesar bei der Anlage von Städten auf allenfalls vorhandene Malariaherde Rücksicht nahm, wird uns von Vitruvius ausführlich bezeugt[104]).

Wir haben uns das historische Bild der Malaria derart zu denken, daß sie von Haus aus in allen flachen Küstengegenden endemisch, stellen- und zeitweise durch hohe Kultur und damit verbundene Einschränkung der Sümpfe zurückgedrängt, bei kulturellem Rückschritt infolge vordringender Versumpfung wieder gefördert wird[105]). Daß Naturvorgänge, wie Änderungen von Flußläufen und Küsten-

---

[99]) Cicero de leg. II 11; de natura deorum III 25. Vgl. Wissowa in RE² VI 2095, s. v. Febris.

[100]) Cicero de nat. deor. III 10, 24, 63; ad fam. XVI 11.

[101]) Plinius n. h. XXVIII 86, 90; auch das „*genus febrium quod amphemerinon vocant*" (XXVIII 22) gehört wohl hierher sowie Vitruvius' Unterscheidung von *loca pestilea* und *pestilentissima* (I 4, 4). Vitruv (I 4, 10) kennt auch schon die in Wirklichkeit mit der Malaria zusammenhängende Milzerweiterung, freilich ohne den Zusammenhang klar zu erkennen.

[102]) CIL VII 999, XII 3129. U. Wilcken, Arch. f. Papyrusforschung, I, 1901, S. 425 ff.

[103]) Pausanias VII 2, 11.

[104]) I, 2, 7; 4, 1; 4, 4; 4, 11.

[105]) Vgl. Nissen, Ital. Landeskunde I 325 u. a. a. O.

linien, auch eine große Rolle spielten, ist selbstverständlich. In der griechischen Welt war die Seuche offenbar zur Zeit der höchsten Kulturblüte am schwächsten, um, nachdem deren Höhepunkt überschritten war, unaufhaltsam vorzudringen. Wenn Plutarch[106]) die Tatsache, daß ganz Griechenland zu seiner Zeit nicht so viel Schwerbewaffnete aufstellen konnte wie einst die Stadt Megara allein in die Schlacht von Platää entsandt hatte, auf Kriege und Unruhen zurückführt, so dürfte doch, wenn man die relative Friedensära der letzten zwei Jahrhunderte in Betracht zieht, eher die Malaria diesen katastrophalen Bevölkerungsrückgang verschuldet haben. Volksabnahme und Malaria fördern und steigern sich gegenseitig: erstere lähmt durch zunehmenden Mangel an Arbeitskräften und Abnahme der Agrikultur die Schutzmaßregeln gegen die Versumpfung und schafft damit der Malaria günstige Existenzbedingungen, und diese dezimiert dann erst recht das Volk und drückt durch Herabminderung seiner physischen und geistigen Arbeitskraft schwer auf das Kulturniveau desselben.

Albanien, wenigstens das offene Land, war niemals sonderlich kultiviert. Da die Gegend in ihrer natürlichen Beschaffenheit — weite Küstenebenen mit großen, ihren Lauf oft ändernden Flüssen, Neigung zu Sumpf- und Lagunenbildung — an und für sich der Malaria die glänzendsten Existenzbedingungen bot, so kann kein Zweifel bestehen, daß sie hier jederzeit grimmig gehaust hat, zumal in der Muzakja, deren Öde und Menschenleere durch Itinerarien und Funde zur Genüge bezeugt ist. Die Städte mögen sich lange Zeit dank ihrer hohen Kultur mit größerem oder geringerem Erfolge gegen den furchtbaren Feind gewehrt haben; Apollonia wenigstens war zu Anfang der Kaiserzeit eine kleine Großstadt, und betreffs Dyrrhachiums, das noch unter Byzanz eine neue Blütezeit erlebte, geht es schon gar nicht an, es uns so vorzustellen wie das heutige Durazzo. Aber die Wohlfahrt dieser Städte beruhte vor allem auf ihrer Bedeutung als Handelsplätze, nicht auf ihrer Herrschaft über das vielfach verödete flache Land: ohne Brundisium und die Via Egnatia wären sie nie das geworden, als was wir sie kennen.

Im Feldzuge Caesars spielte die Malaria, die übrigens seine Soldaten im vorhergehenden Herbst in Süditalien empfindlich kennen gelernt hatten[107]), anfangs keine Rolle, da es eben Winter war[108]):

---

[106]) De def. orac. 8.

[107]) b. c. III 2, 3.

[108]) Daß auch die geringere Infektionsgefahr des Winters den Alten bekannt war, erhellt unter anderm aus Cicero ad Quint. frat. II 3, 7.

sobald die bessere Jahreszeit anbrach, machte sie sich jedoch bemerkbar, und zwar ganz wie heute zunächst an der Küstenebene und an sumpfigen Plätzen, während die auf hochgelegenen Partien lagernden Truppen weniger zu leiden hatten[109]). Daß auch Caesars Heer trotz dieser günstigen Bedingungen nicht ganz von der Seuche verschont blieb, scheint der in c. 75, 1 neben dem Verwundetenstand erwähnte Krankenstand anzudeuten: sein Südflügel befand sich damals auch tatsächlich in der Ebene, und wohl nur dem Umstand, daß die Heere knapp vor Beginn der eigentlichen Malariasaison den Kriegsschauplatz verließen, ist es zu danken, daß ihnen das Schicksal unserer Albanientruppen erspart geblieben ist.

Die Geschichte der Malaria im Altertum ist noch nicht geschrieben. So mühsam dies wäre, so lohnend müßte es sein; denn sie bildet einen sehr wesentlichen Teil der alten Geschichte überhaupt, und ist in allererster Linie geeignet, in die großen Wandlungen und Schwankungen derselben Licht zu bringen.

5. Das Gesamtbild des Kriegsschauplatzes im Altertum.

Die Schilderung Caesars sowohl als der übrigen Quellen, besonders des auf die Eigentümlichkeiten des Landes vielfach anspielenden Lucanus, setzt die Vorstellung eines dem heutigen Albanien durchaus ähnlichen Kriegstheaters voraus. Die Unterschiede, die gelegentlich sich geltend machen, fallen eher zum Nachteil der Antike aus. Zum mindesten gilt dies für das wichtigste Problem eines Kriegsschauplatzes an sich, die Ressourcenfrage; denn Die Ressourcen. wir hören, daß dieses Land, das heute trotz aller kulturellen Rückständigkeit nicht nur sich selbst ernährt, sondern auch noch etwas Getreide exportiert, und das den natürlichen Bedingungen nach bei nur einigermaßen rationeller Bewirtschaftung eine Kornkammer allerersten Ranges werden könnte, im Altertum nicht einmal sich selbst zu ernähren vermochte: *„plerumque frumento importato utuntur"* sagt Caesar in dem für die Charakteristik des Landes so wichtigen Kapitel 42; und 47, 7 erfahren wir, daß er sogar das Schlachtvieh aus Epirus mußte kommen lassen. Es ist also Tatsache, daß das Land nicht einmal eine relativ kleine Armee von etwa 20.000 Mann

[109]) Caesar b. c. III 49; vgl. Lucan. VI 80—105.

aus eigenem dauernd zu ernähren vermochte, was es derzeit ohneweiters vermag; und dies trotz einer gegen heute viel fortgeschritteneren städtischen Entwicklung. Die Rückständigkeit ist daher einzig in den Verhältnissen des offenen Landes zu suchen, das zu den herrschenden Städten wohl im Verhältnisse politischer und wirtschaftlicher Abhängigkeit stand, an ihrer Kultur jedoch wenig partizipierte; bezeichnet doch noch Plinius die Bewohner der Landgebiete von Byllis und Amantia, wenn auch nicht gerade die Städter selbst, als *„barbari"*[110]).

Dieser Kulturgrad der albanischen Landbevölkerung hat sich im wesentlichen bis heute unverändert erhalten; die geringere Produktionsfähigkeit des Altertums muß daher noch andere, in der Beschaffenheit des Landes selbst gelegene Ursachen gehabt haben. Hierher zählt zweifellos das bedeutend geringere Gesamtausmaß der anbaufähigen Flächen überhaupt, bedingt durch wesentlich größere Ausbreitung von Wald und Sumpf.

Wälder. Albanien ist heute noch, wie im vorigen Abschnitt ausdrücklich hervorgehoben wurde, ein Waldland und steht in dieser Hinsicht in schroffem Gegensatze nicht nur zu Italien, sondern auch zu den nördlichen Adrialändern Montenegro, Dalmatien und Herzegowina: ebenso sicher ist jedoch, daß es in früheren Zeiten noch intensiver bewaldet war. Heute beschränken sich größere Wälder fast ganz auf das Bergland; im flacheren Hügelland und in der Ebene finden sich nur einzelne begrenzte Komplexe, die jedoch für den Kenner unzweifelhaft den Charakter von Relikten einer früheren allgemeinen Bewaldung tragen. Eine solche ist für das antike Illyrien genugsam bezeugt[111]). Speziell bezugnehmend auf den caesarianischen Kriegsschauplatz erwähnt dessen starke Bewaldung Lucanus VI 40 f. Diese Angabe bezieht sich allerdings in erster Linie auf das heute noch größtenteils bewaldete Hügelland südöstlich Durazzo; schwerer wiegt daher die Schilderung Caesars von der zweiten Durchbruchsschlacht, aus der, wie bei der Besprechung dieses Ereignisses dargetan werden wird, klar hervorgeht, daß auch die heute vollkommen kahle Küstenebene von Kavaja damals stark bewaldet war. Schließlich erwähnt Appian II 55, daß Pompejus auf seinem Eilmarsch gegen Dyrrhachium Wälder habe fällen lassen, um dadurch den Vormarsch Caesars zu verzögern. Wenn auch in dieser Notiz eine unleugbare Konfusion steckt, so liegt doch auch ihr irgend eine konkrete

[110]) n. h. III 145.

[111]) Vgl. Jireček, Gesch. d. Serben, I, 148; Patsch, Die Lika in röm. Zeit, Sp. 20; Ders., Bosnien und die Herzegowina in röm. Zeit, S. 6ff. u. a.

Angabe einer guten Quelle zugrunde, und wir dürfen ihr als sicheres Resultat die Tatsache entnehmen, daß zu jener Zeit die Hauptstraßen des Landes, die, wie im vorigen Kapitel gezeigt, durchwegs am Fuße der Höhenausläufer hinführten, beträchtliche Walddefileen zu passieren hatten.

Neben den Wäldern müssen es hauptsächlich *Sümpfe* gewesen sein, welche die anbaufähige Fläche einschränkten. Für sie kommt naturgemäß nur die Ebene in Betracht und hier in erster Linie jener Landstrich, der heute trotz aller Rückständigkeit doch das eigentliche Produktionsgebiet darstellt und vor allem die landwirtschaftliche Aktivbilanz des Landes sicherstellt: die *Muzakja*. Wir kennen, wie bereits mehrfach erwähnt, im Gegensatze zur Malakastra und anderen angrenzenden Landstrichen keinen einzigen antiken Namen aus dem gesamten Muzakjagebiet; die Forschung konnte daselbst bisher nicht die geringste Spur einer antiken Niederlassung, keinen Ziegel, keine Scherbe zutage fördern. Die einzige Kunststraße, die im Altertum das Gebiet durchquerte und bezeichnenderweise keine einzige Ortschaft, nur Flußübergänge als Stationen aufweist, entsteht erst in der Zeit des Höhepunktes der römischen Provinzialverwaltung, während die schon früher vorhanden gewesenen Straßen das Gebiet in weitem Bogen umgehen. Auch Ptolemaeus erwähnt in dieser ganzen Küstengegend zwischen Dyrrhachium und Apollonia keine einzige Ortschaft, nur Flußmündungen[112]).

Sümpfe.

Die Muzakja.

All dies läßt uns von der Muzakja des Altertums eine Vorstellung gewinnen, nach der sie damals lange nicht einmal das war, was sie heute ist; vielmehr *ein wüstes Ödland, bedeckt von ausgedehnten Wasserflächen und unpassierbaren Sumpfwäldern, der allenfalls vorhandene kleine Rest im Winter inundiert, im Sommer verdorrt, mit spärlichsten und primitivsten Niederlassungen einer auf niedrigster Kulturstufe stehenden malariaverseuchten Bevölkerung, und ebenso spärlichen und primitiven, für Operationen größerer Heereskörper gänzlich ungeeigneten Kommunikationen; das Ganze durchströmt von gewaltigen Flüssen, die damals wahrscheinlich ihr Bett noch lange nicht gezähmt hatten, das Land weithin verwüsteten und vermuhrten, und bei*

---

112) III 12, 2.

den nicht allzu seltenen Verlegungen ihres Laufes große Vegetationsgebiete dauernd vernichteten. Diese Vorstellung müssen wir festhalten, wollen wir die kriegerischen Ereignisse des Altertums in diesem Lande in jeder Hinsicht verstehen[113]).

Die Malakastra. War nun im Altertum die Muzakja unvergleichlich öder und unkultivierter als heute, so muß folgerichtig der Kontrast gegenüber der benachbarten Malakastra umso schroffer gewesen sein, als diese, wie zahllose Funde erkennen lassen, damals mindestens ebenso kultiviert war als sie es derzeit ist. Den fast auf Schritt und Tritt begegnenden Resten offener Dörfer gesellen sich eine Anzahl noch wenig erforschter, jedoch allem Anscheine nach bis in die illyrische Urzeit zurückreichender Fluchtburgen: das große Plus jedoch, das die Malakastra des Altertums der heutigen gegenüber aufzuweisen hat, sind die jetzt gänzlich fehlenden Städte. Schon diese allein, und umsomehr im Verein mit den vorgenannten Resten, lassen die Malakastra als das kultivierteste Gebiet des antiken Albanien erscheinen, und zwar in noch viel höherem Grade als sie es heute ist. Der Gedanke ist nicht abzuweisen, daß diese wenn auch in bedeutender Abschwächung noch immer vorhandene Sonderstellung des Gebietes, die aus den natürlichen Bedingungen des Geländes nicht recht zu erklären ist, von jenem antiken Zustande sich herleitet. Wir erkennen daher bei der Malakastra das umgekehrte Schicksal wie bei der Muzakja: dort Abnahme, hier Zunahme der Kultur. Noch sind die Gegensätze nicht ausgeglichen, noch ist die Malakastra der Ebene weit voraus: aber sie sind stark gemildert und der Grund ist, neben dem Untergang der landfremden Stadtkultur der Antike, hauptsächlich in dem durch die Geländeänderungen, das teilweise Einschrumpfen der Sümpfe und die allmähliche Zähmung der großen Flußläufe gegebenen allmählichen Aufblühen des Ackerbaues zu suchen. Zu Caesars Zeit basierte die Landwirtschaft Albaniens und besonders des angrenzenden Epirus in weit überwiegendem Ausmaße auf der Viehzucht[114]); begreiflich bei einem Lande, in dem sie aus geographischen Ursachen fast ganz auf das Hügel- und Bergland

[113]) Wäre die Muzakja im Altertum überhaupt nur so kultivierbar gewesen wie sie es heute ist, so wäre sie schon mit Rücksicht auf ihre Lage zu Italien und Rom wenigstens in der Kaiserzeit auch wirklich kultiviert und zu einer Kornkammer geworden, wie Sizilien, Sardinien und Afrika. Daß die Malaria hierfür kein Hindernis war, lehrt das Beispiel Sardiniens (vgl. Nissen, Italische Landeskunde I 357).

[114]) b. c. III 47, 7.

beschränkt war; auch heute steht in der Malakastra der Ackerbau hinter der Viehzucht und Ölkultur weit zurück. Erst mit der Möglichkeit, die Ebene landwirtschaftlich auszunützen, wurde der Ackerbau einigermaßen konkurrenzfähig und instand gesetzt, den Bedürfnissen des Landes zu genügen. Von der vollen Ausnützung aller Chancen ist das Gebiet derzeit noch himmelweit entfernt; aber die Entwicklung in dieser Richtung ist gegeben, und es ist wohl nur eine Frage der Zeit sowie äußerer Kultureinflüsse, daß diese Entwicklung dem Ziele zugeführt wird, welches in den natürlichen Bedingungen heute schon vorgezeichnet ist: Albanien zur Kornkammer des westlichen Balkan zu machen.

* * *

Nun sind wir endlich so weit, uns von Caesars albanischem Kriegsschauplatz ein anschauliches Gesamtbild entwerfen zu können. Resumé.

Wir sehen Caesars Armee auf ödem Strande landen und über die schwer verkarsteten Höhen des akrokeraunischen Vorgebirges auf elendem Ziegenpfade nächtlich dem Hauptorte des blauen Golfes, der kleinen, aber festen Inselstadt Oricum zustreben, und nach deren Einnahme auf winterlich inundierten Lehmwegen weitereilen jenem Abschnitte zu, der, für jeden Kampf um Albanien von entscheidender Wichtigkeit, in seinen Kontrasten den ganzen Charakter des Landes enthüllt. Wir erblicken auf dem flachen letzten Bergausläufer, über dem limanartig erweiterten Unterlauf des Aous, die reiche Handelsstadt Apollonia mit ihrer doppelhügeligen Oberstadt, ihren Mauern und Tempeln und ihrem blühenden Hafen; ostwärts in Stufen ansteigend ein gut besiedeltes Hügel- und Bergland mit burggekrönten Gipfeln, kleinen Städten und zahlreichen Dörfern, und im Hintergrunde in herrlicher Lage, auf hochragendem Tafelberge das Stromtal des Aous bis zur Mündung beherrschend und noch weithin auf das Meer hinaus sichtbar, die Königin der Malakastra, das stolze Byllis. Und dieser lachenden Landschaft unmittelbar vorgelagert die weite Sumpfwildnis der Muzakja mit ausgedehnten Urwäldern und glitzernden Wasserflächen, quer durchschnitten von dem mäandrisch gewundenen Stromlauf des Apsus, still und menschenleer, bevölkert von ungezählten Flügen Wasserwild, und eine furchtbare Brutstätte der völkervergiftenden Malaria.

In weitem Bogen längs des Höhenrandes umgeht die von Apollonia nordwärts führende Straße diese Sumpfwüste, von mäßiger Bauart und wechselnder Erhaltung, auf großen, plumpen Fähren die Ströme übersetzend. Jenseits des Apsus begleitet sie, vielfach durch

Wälder gebahnt, ein schwächer bewohntes Hügelland, das ostwärts in eine freundliche, von einer hochragenden Bergstadt überragte Seenplatte übergeht. Der Straße folgend erreichen wir den Ausgang des gut kultivierten Genusustales, wo der Weg aus dem Osten einmündet. Immer weiter geht es längs der Höhenfüße, zur Linken eine mit Weiden und ausgedehnten Auwäldern bedeckte Ebene, dann durch einen langen schmalen Strandpaß zwischen sandiger Meeresküste und einem vielgegliederten, von steilen Schluchten zerklüfteten, stark bewaldeten Hügelland, vorbei an der weithin ins Meer hinausleuchtenden Felsenwand der Petra; endlich über eine schmale Landzunge der mauerumgürtet an den Fuß einer inselartigen Hügelkette geschmiegten Hafenstadt Dyrrhachium zu.

Wir sehen in den Städten wohlhabende, handeltreibende, den Künsten und Wissenschaften ergebene Griechen neben oberflächlich gräcisierten Illyriern, und auf dem offenen Lande eine barbarische, faule und verschmitzte Bevölkerung, die rasch und gern zu den Waffen greift, aber jederzeit dem Sieger zu Willen ist, stets bereit, ihn im selben Augenblick zu verlassen, wo ihn das Glück verläßt; wir sehen sie einen höchst primitiven Ackerbau und einigermaßen reichere Viehzucht treiben und unter der Malaria hinsiechen.

In dieses Land marschieren nun klirrenden Schrittes von Süden und Osten her zwei römische Heere ein, um den Kampf um die Weltherrschaft auszukämpfen.

Die Ereignisse.

IV. Von Palaeste bis an den Apsus.

(Hierzu Karte I *a*.)

Es kann kein Zweifel bestehen, daß wir in Caesars Landung bei Palaeste und den ihr folgenden Ereignissen keine improvisierte, vom Zufall beeinflußte Kriegshandlung zu erblicken haben, sondern eine nach großzügigem, auf weitgehende Erkundungen basiertem Plane durchgeführte Operation. Dieser Plan bestand darin, durch überraschende Landung an einer vom Gegner nicht erwarteten Stelle die Hafenplätze von der Landseite anzugreifen, die feindliche Küstenstellung aufzurollen, und so durch Besitznahme der ganzen adriatischen Küste das feindliche Landheer vom Meer und der Flotte, diese wieder vom Lande abzuschneiden und dadurch beide lahmzulegen[1]). Nach anfangs programmäßigem Verlaufe scheiterte der Plan schließlich daran, daß der von Caesar unvorsichtigerweise mit Friedensvorschlägen an Pompejus abgesandte Vibullius es diesem ermöglichte, rechtzeitig seinen adriatischen Hauptstützpunkt Dyrrhachium zu degagieren. Die so in ihrem Endziel mißglückte Offensive Caesars schloß nun mit einem dem Gebote der Jahreszeit angemessenen Operationsstillstand, während dessen die beiderseitigen Hauptkräfte sich an den Ufern des Apsus gegenüberstanden.

1. Landung und Märsche Caesars.

Am 5. Jänner 48 a. St. war Caesar bei Palaeste *„inter Cerauniorum saxa et alia periculosa loca"*[2]) gelandet. Die Identität dieser Landungsstelle mit dem heutigen Paljassa beziehungs- Palaeste.

---

[1]) Vgl. Patsch Sp. 95.

[2]) Caesar b. c. III 6, 3. Die in den Handschriften vorkommende Schreibart *„Pharsalia"* ist ebenso wie *„Germiniorum"* ein Irrtum irgend eines Abschreibers.

weise dem nächst dieses Ortes gelegenen Flachküstenstück Strada bianca ist nie bezweifelt worden. Nach Heuzey S. 18 ist der zum Landen in Betracht kommende Küstenstrich derzeit 1800 m lang; da jedoch gerade solche angeschwemmte Flachufer an Steilküsten manchen Änderungen unterliegen, so darf die Ziffer nicht als für antike Verhältnisse unbedingt gültig hingenommen werden.

Die Gegend oberhalb der Landungsstelle, die „*Cerauniorum saxa*", ist — im Gegensatz zum mittelalbanischen Teil des Kriegsschauplatzes — schwer verkarstet, von steiler Felsenformation und sehr schlechten Wegverhältnissen. Es führt überhaupt nur ein einziger für Truppenbewegungen in Betracht kommender Saumweg von Paljassa in die Bucht von Valona, und zwar über den Logarapaß (bei Heuzey und Stoffel „Diapori"), ein schwieriger, nur in Einzelkolonne passierbarer Gebirgspfad[3]). Der aus der kleinen Bucht Orso (Prišan) direkt nach Pašaliman führende Saumweg, sowie die von Patsch Sp. 87 und 95 beschriebenen Ziegenpfade kommen für eine bei Paljassa gelandete Truppe nicht in Betracht, da zwischen den Ausgangspunkten dieser Wege und der Landungsstelle überhaupt keine praktikable Landverbindung besteht[4]).

Der Logarapaß.

Für die Märsche Caesars von Palaeste bis an den Apsus haben wir drei Etappen zu unterscheiden: Palaeste—Oricum, Oricum—Apollonia, Apollonia—Apsus. Über alle drei existieren in der Literatur Irrtümer, die einer Richtigstellung bedürfen.

Palaeste-Oricum.

Betreffs der ersten Etappe erwähnt Caesar nur, daß er noch am Tage der Landung nach Oricum abmarschierte (*expositis militibus eodem die Oricum proficiscitur,* 11, 3); ergänzend berichtet Appian II 55, daß dieser Marsch bei Nacht auf einem rauhen und schmalen Fußsteige erfolgte, wodurch das Heer in einzelne Abteilungen zerrissen wurde, deren Wiedervereinigung am nächsten Tage Mühe machte.

Letzterer Umstand wurde von manchen Auslegern — auch von mir in der „Geschichte der Feldzüge Caesars" S. 307 — dahin gedeutet, daß der Marsch, um die Kolonnenlänge zu verkürzen, in mehreren Kolonnen durchgeführt worden sei. Diese Auffassung läßt nebst dem genauen Wortlaut auch das Terrain nicht zu. Abseits des

---

[3]) Vgl. Patsch Sp. 79ff. Erst während des Krieges haben die Italiener über den Logarapaß eine Straße gebaut.

[4]) Vgl. Patsch Sp. 89 über seinen Marsch längs der Küste von Šen Dre nach Grammata.

einzigen, vollkommen der Charakteristik Appians entsprechenden Saumweges über den Logarapaß ist ein Fortkommen anderer Kolonnen von Paljassa aus, zumal bei Nacht, ausgeschlossen. Die Notiz Appians kann sich daher nur auf ein unbeabsichtigtes Zerreißen der langen dünnen Marschkolonne auf dem schwierigen nächtlichen Wege beziehen, eine bei Nachtmärschen in schwerem Karst auch bei den besten Truppen unvermeidliche Erscheinung; dann hat auch die Bemerkung desselben Schriftstellers einen Sinn, daß die so zerrissene Kolonne in große Gefahr gekommen wäre, wenn ihr beim Debouchieren aus dem Paßdefilee ein starker Gegner hätte entgegentreten können. Hätte es sich um mehrere Kolonnen nebeneinander gehandelt, so wäre die Situation gerade umgekehrt gewesen. So aber war die Kolonne viele Stunden lang und brauchte, ganz abgesehen von den entstandenen Lücken, dementsprechend sehr viel Zeit zum Aufschließen. Da der Marsch nur in Einzelreihe möglich war, Caesar über ca. 15.000 Mann und 600 Reiter mit wenn auch äußerst restringiertem Train verfügte (III 2, 1), so muß die Kolonne o h n e die systemisierten Distanzen und unbeabsichtigten Trennungen wenigstens 20.000 Schritte, das ist etwa 15 km, m i t jenen Lücken sicher 20 bis 25 km lang gewesen sein, somit zum Aufschließen, da das Vorwärtskommen auf dem Karstpfade an und für sich viel langsamer ging als auf gutem ebenen Wege, m i n d e s t e n s 6—8 Stunden gebraucht haben.

Die Entfernung vom Landungsplatz über den Logarapaß bis zum Ausgang des Paßdefilees in die Ebene von Pašaliman beträgt, auf der Generalkarte abgezirkelt, etwa 23, daher praktisch mit Berücksichtigung der Gelände- und Wegbeschaffenheit sowie der Steigungsverhältnisse wohl gegen 30 km; von dort bis Oricum weitere 8—10 km. Nimmt man die Nacht und die zweifellose Abspannung der Mannschaft infolge der eben überstandenen winterlichen Seefahrt dazu, so kann man annehmen, daß die Tete nicht vor Morgengrauen in der Ebene anlangte, das Aufschließen der Armee sich aber bis in den Nachmittag hinzog. Freilich ist es nicht nötig anzunehmen, daß mit dem Vormarsche gegen die Stadt gewartet wurde, bis die ganze Armee aufgeschlossen war; die Übergabe kann vielmehr unter dem Eindruck des Erscheinens der Vorhut schon in den Vormittagsstunden erfolgt sein, und Caesars Gros hatte es gar nicht nötig nach Oricum zu marschieren, sondern konnte bis zum Weitermarsch in die Ebene vor dem Paßausgang stehen bleiben. Immerhin hatte es auch dann noch einen Gewaltmarsch von mehr als zwölf Stunden über schwierigstes Terrain, unter Verzicht auf jede Nachtruhe, und im unmittelbaren Anschluß an die gefürchteten Strapazen einer winterlichen Seefahrt hinter sich[5]).

Ich betone mit Absicht diese Tatsachen, um meine Stellungnahme zu der bisher vorwiegenden Auffassung der nun folgenden zweiten Marschetappe Oricum—Apollonia zu begründen.

Oricum-Apollonia. Caesar sagt III 12, 1, daß er nach der Übergabe Oricums *„nulla interposita mora“* nach Apollonia weitermarschierte. Dies haben die meisten Forscher — den praktischen Soldaten Oberst Stoffel nicht ausgenommen — dahin ausgelegt, daß Caesar tatsächlich noch am Tage seines Eintreffens vor Oricum wieder aufbrach und schon am nächsten vor dem 55 km entfernten Apollonia anlangte. Ich habe gewiß die höchste Meinung von der Marschleistungsfähigkeit caesarianischer Legionen; aber was ihnen hier zugemutet wird, geht denn doch über jede Möglichkeit. Wir haben gesehen, daß Caesar am Tage von Oricum seine Armee nach einer an sich schon exzeptionellen Marschleistung, nach wahrscheinlich zweimaligem Verzicht auf die Nachtruhe, nicht vor den ersten Nachmittagsstunden des kurzen Wintertages vollständig zusammenbekam. Unter diesen Umständen sofort, nicht nur ohne den so gut wie selbstverständlichen Rasttag, sondern sogar unter nochmaligem Verzicht auf die Nachtruhe einen neuerlichen, räumlich noch viel bedeutenderen, mit einem schweren Flußübergang verbundenen Gewaltmarsch durch das winterlich inundierte Gelände anzuschließen: das ginge unbedingt weit über das Äußerste, was man auch den besten Truppen zumuten kann; und wir dürfen nicht vergessen, daß Caesar mit Apollonia sein Endziel noch lange nicht erreicht hatte, vielmehr der Marsch nach Dyrrhachium noch bevorstand. Man kann daher die Worte *„nulla interposita mora“* nur dahin auffassen, daß Caesar auf den wohlverdienten und selbstverständlichen Rasttag verzichtete und schon am folgenden Morgen den Weitermarsch antrat[6]), den wir bis Apollonia jedenfalls auch auf zwei Tage — immer noch ohne Rasttag und bei täglich großer Marschleistung auf aufgeweichten Wegen und Einschluß eines Flußüber-

---

[5]) Auch während der Überfahrt selbst, also in der dem Marsche vorhergehenden Nacht, dürfte die Mannschaft kaum genügend geschlafen haben. Während der Ausbarkierung, die sich bei den primitiven Verhältnissen des Landungsplatzes viele Stunden, vielleicht den ganzen Tag, hingezogen haben dürfte, mag sich allerdings wenigstens für die zuerst gelandeten Abteilungen Gelegenheit zu kurzer Ruhe ergeben haben.

[6]) Wir finden die Phrase *„nulla interposita mora“* in gleichem Sinne auch c. 75, wo sie ausdrücklich nur besagt, daß eben keine Zeit verloren wurde und der Zeitpunkt des Weitermarsches selbst noch ganz besonders präzisiert wird.

ganges — veranschlagen müssen. Es bleibt auch so eine sehr bedeutende, nur erstklassigen Truppen mögliche, aber eben doch m ö g l i c h e Leistung übrig: unmittelbar nach einer schweren Seefahrt in einer Nacht und drei Tagen insgesamt gegen 90 km, davon ein Drittel auf schwerem Gebirgspfade, die übrigen zwei Drittel über aufgeweichten Lehmboden[7]), und mit Übersetzung eines gewaltigen Flusses, die sowohl im Falle der Überschiffung wie der Durchfurtung einen großen Zeitverlust in sich schloß.

Wir können daher annehmen, daß Caesar am Tage der Kapitulation von Oricum mit dem Gros der Armee in der Ebene von Pašaliman stehen blieb, am folgenden von da bis etwa an das heutige Arta vorging, am nächsten über Mifoli vormarschierend den Aous beim heutigen Kafarani übersetzte und demnach erst am Spätnachmittage vor Apollonia eintraf[8]). Jedenfalls ist dies die in diesem Falle b e s t m ö g l i c h e Leistung, eine bessere ganz ausgeschlossen; viel eher könnte man einen noch längeren Marsch annehmen.

Bei Apollonia muß Caesar seinen Truppen unbedingt den längst verdienten Rasttag endlich bewilligt haben. Vielleicht sogar mehrere, denn hier trat zugleich die Pflicht an ihn heran, für den Nachschub Vorsorge zu treffen. Von Italien hatte er so gut wie gar nichts mitgebracht; es war höchste Zeit, die Basierung auf den gewonnenen Teil des Kriegsschauplatzes durchzuführen, sollte der weitere Vormarsch nicht Gefahr laufen aus Nachschubmangel zusammenzubrechen. In erster Linie konnte Caesar wohl auf die in Apollonia magazinierten Vorräte des Pompejus[9]) greifen; aber auch deren Ausgabe und Fassung brauchte Zeit, und wir dürfen nicht vergessen, daß die Armee höchstwahrscheinlich erst in sehr vorgerückter Tagesstunde und todmüde vor Apollonia eingetroffen ist, die Fassungen daher kaum mehr an demselben Tage hätte bewirken können. Dann aber erzählt Caesar, daß nach dem Fall Apollonias noch Byllis, Amantia und andere Städte zu ihm übertraten, Gesandte schickten und zu Lieferungen sich bereit Apollonia-Apsus.

[7]) Nach meinen im April 1914 gesammelten Erfahrungen zählt die Gegend nördlich Valona, insbesondere die Strecke längs der Lagune von Arta, zu den inundationsempfindlichsten Teilen des Landes.

[8]) Auch die c. 12, 2, erwähnten Verteidigungsmaßnahmen des Kommandanten von Apollonia L. Staberius deuten darauf hin, daß er nicht nur Caesars Anmarsch rechtzeitig erfuhr, sondern auch Zeit fand, Vorkehrungen zu treffen, die, wie der Wortlaut erkennen läßt, nicht durch Caesars zu rasche Ankunft, sondern durch den Widerstand der Stadtbewohner durchkreuzt wurden, was auf ein mehrtägiges Intervall schließen läßt.

[9]) Die in Oricum befindlichen waren von den Pompejanern mit den als Depots dienenden Schiffen rechtzeitig versenkt worden. Appian b. c. II 54.

erklärten. Caesar erwähnt dies noch vor Antritt des weiteren Marsches, und die Stelle macht offenbar den Eindruck, daß diese Ereignisse sich während seines Aufenthaltes in Apollonia abgespielt hätten. Da nun die beiden namentlich genannten Städte schon zwei normale Märsche von Apollonia entfernt sind, so dürfen wir das Eintreffen der Bevollmächtigten, größte Beschleunigung vorausgesetzt, und den Abschluß der wichtigsten Abmachungen frühestens auf den zweiten Tag nach Caesars Eintreffen vor Apollonia ansetzen. Ein zweitägiger Aufenthalt in dieser Stadt war daher nicht nur keine leichtsinnige Verzögerung, sondern vielmehr eine gebotene militärische Notwendigkeit. Überdies mochte Caesar hoffen, auch so noch rechtzeitig Dyrrhachium zu erreichen: denn er scheint keine Kenntnis davon gehabt zu haben, daß Pompejus bereits diesseits des Ochridasees im Anmarsche war, sonst wäre die verhängnisvolle Entsendung des Vibullius wohl unterblieben. Das Überraschungsmoment, das bei Oricum und zum Teil auch noch bei Apollonia mitgespielt und die exzeptionellen Marschleistungen gerechtfertigt hatte, kam für die Folge, also für Dyrrhachium, ohnehin nicht mehr in Betracht: denn mehr als 2 bis 3 Tage kann auch die marschfähigste Armee mit Frau Fama nicht um die Wette laufen.

Wir können demnach annehmen, daß Caesar etwa zwei Tage bei Apollonia stehen blieb, und dann den Marsch auf dem südlichen Aste der Via Egnatia gegen die Gabel zu antrat. Während dieses Marsches mag er das Eintreffen des Pompejus zwischen sich und Dyrrhachium erfahren und die Aussichtslosigkeit des weiteren Vormarsches erkannt haben. Er machte daher an der nächsten für eine längere Defensive geeigneten Stelle, dem Apsusübergange, halt, um hier, auf die übergetretenen Städte und Epirus basiert, das Eintreffen der zweiten Staffel der Operationsarmee abzuwarten, das ihm die Wiederaufnahme der Offensive ermöglichen sollte[10]).

---

[10]) Meusel, S. 180, läßt Caesar bis in die Nähe des Genusus kommen und dann auf die Nachricht, daß Pompejus ihm bei Dyrrhachium zuvorgekommen, wieder hinter den Apsus zurückgehen. Diese mit dem Quellbericht nur gezwungen vereinbarliche Auffassung beruht offenbar auf der Ansetzung der Apsuslager bei Fjeri, nur 6 km von Apollonia, über welche Stelle Caesar natürlich schon hinaus sein mußte (S. 181 Anm. 6, „auf dem Höhenzug Peštan, auf dessen Ausläufer Apollonia lag, 3 bis 4 km südlich vom Apsus", wobei natürlich der heutige Apsuslauf gemeint ist und damit der Hügel von Fjeri). Überhaupt sind an dieser Stelle Meusels ausführliche und sonst verdienstvolle Orts- und Zeitansätze infolge seiner beziehungsweise seiner Gewährsmänner mangelhaften Terrainkenntnis mit Vorsicht aufzunehmen, während er später bei Dyrrhachium, wo auch Stoffel und Heuzey viel gründlicher gearbeitet haben, auf ihnen fußend, aber selbständig weiterbauend, fast durchwegs zu überraschend treffenden Resultaten gelangt.

2. Der Ritt des Vibullius.

Gewissermaßen das Bindeglied zwischen den Märschen der beiden Feldherren bildet der Ritt des L. Vibullius Rufus, den Caesar unmittelbar nach der Landung mit Vergleichsvorschlägen an Pompejus abgesendet hatte. In der Absicht, nicht sowohl Caesar, als vielmehr Pompejus zu dienen, beschleunigte Vibullius seinen Ritt aufs äußerste: *„continuato nocte ac die itinere atque omnibus locis mutatis ad celeritatem iumentis ad Pompeium contendit"* (11, 1). Die in diesen Angaben — *„iumentis"* statt *„equis"* — liegende Charakteristik der Wegverhältnisse wurde schon besprochen; hier wäre noch zu betonen, daß es sich nicht um einen Ritt nach Distanzreiterbegriffen, sondern um eine Reise auf Tragtieren handelt, für die wohl 6 km per Stunde als Maximum, auf große Strecken und auf albanischen Winterwegen 4 bis 5 km als zulässiger Durchschnitt angenommen werden dürfen. Da nun auch das *„continuato nocte ac die itinere"* unmöglich so genommen werden kann, daß Vibullius auf der ganzen mehrtägigen Reise weder aß noch schlief, und auch die Beschaffung der Wechseltragtiere, zumal er bei der Schnelligkeit seines Rittes nirgends avisiert werden konnte, Zeit gebraucht haben wird, so werden wir mit 16 bis 18 Stunden täglicher Reise bei durchschnittlich 60 bis 75 km pro Tag wohl eine Maximalleistung festgelegt haben. Natürlich verteilt sich die Gesamtstrecke nicht gleichmäßig auf die einzelnen Tagesreisen, sondern diese variieren bedeutend nach den Wegverhältnissen. So dürfte Vibullius über den Logarapaß nicht viel schneller vorwärts gekommen sein als die Truppe, umso rascher dann auf den besseren Teilen der Via Egnatia.

Als Reiseroute kommt für ihn, da er auf alle Fälle — ob er nun um den von Pompejus bereits begonnenen Anmarsch wußte oder nicht — die obere Via Egnatia anstreben mußte, in Betracht: Der Weg über den Logarapaß bis in die Ebene von Pašaliman, dann, ohne Oricum zu berühren, über Arta—Mifoli bis Kafarani, dann, Apollonia ebenso links liegen lassend, durch die Senke von Peštjani—Driza auf den Südast der Via Egnatia nächst Fjeri; auf dieser Straße dann fort über die Weggabel bis ins obere Škumbital, oder von Kuči aus mit Benützung der für Einzelreisende empfehlenswerten Abkürzung durch die Dumbrea, deren antike Benützbarkeit durch die Existenz der alten Stadt bei Belš erwiesen ist, über Murikjani nach Elbasan und weiter wieder auf der Straße bis zum Zusammentreffen mit Pompejus. Die Verteilung auf die einzelnen Tage, wie sie sich aus den Wegverhältnissen ergibt, zeigt die Tabelle auf Seite 92, wobei die Abkürzung über Belš zugrunde gelegt ist.

Im einzelnen wäre noch zu bemerken, daß Vibullius, der seine Instruktionen jedenfalls noch auf dem Schiffe erhalten hatte, wohl gleich nach seiner zugleich mit Caesars Stab erfolgten Ausschiffung aufbrach[11]), und die Truppe, welche erst nach voller Ausbarkierung gegen Abend abmarschiert sein dürfte, nicht abwartete: unter diesen Umständen konnte er spät abends in der Ebene von Pašaliman eintreffen und hier zum erstenmal Pferde wechseln, wohl auch gleichzeitig — das entspricht seinen Intentionen — durch Landesbewohner Oricum und ebenso am folgenden Tage von Kafarani aus Apollonia von Caesars Landung und Anmarsch verständigen.

Plutarch Pomp. 65. 3, läßt Vibullius erst nach der Besetzung Oricums von da aufbrechen. Diese an und für sich mögliche, wenn auch nicht wahrscheinliche Annahme würde das Zeitkalkül der Tabelle um einen Tag verrücken. Die Notiz Plutarchs wird aber sehr verdächtig durch die folgende Erwähnung des Vorschlages einer Zusammenkunft beider Feldherren bereits am d r i t t e n Tage[12]), was eine absolute physische Unmöglichkeit selbst dann gewesen wäre, wenn Caesar gewußt hätte, wo Pompejus sich schon befand: es ist jedoch höchst unwahrscheinlich, daß er darüber orientiert war, vielmehr muß er ihn noch viel weiter vermutet haben als er war, sonst hätte er Vibullius wohl nicht abgeschickt (vgl. S. 86). Plutarch muß hier eine im Detail schlecht orientierte Quelle excerpiert haben.

3. Der Marsch des Pompejus.

Als Vibullius ritt — *„eo tempore"* — hatte Pompejus im An-
Candavia. marsche aus Macedonien gegen die Adria C a n d a v i a erreicht (11, 2). Unter diesem Namen ist hier offenbar nicht die in den Itinerarien genannte Poststation (*mutatio*), sondern die Gegend, das ist das Gebirgsland am oberen Škumbi gemeint (*„i n Candavia"*). Es ist nun allerdings nicht sicher, ob sich das *„eo tempore"* auf das Abgehen des Vibullius von Caesar oder auf sein Eintreffen bei Pompejus bezieht; überdies ist der Ortsbegriff von Candavia recht dehnbar, und die Schilderungen des folgenden Gewaltmarsches scheinen darauf hinzudeuten, daß dieser, der ja erst nach dem Eintreffen des Vibullius

---

[11]) Das in den Hss. überlieferte Wort „Corcyra", c. 11, 1, ist offenbar ein sinnstörender Irrtum eines Abschreibers. Vgl. Meusel S. 323.

[12]) ἡμέρᾳ τρίτῃ, das bedeutet nach dem bekannten Sprachgebrauch der Antike nicht „drei Tage später", was übrigens auch nicht möglich gewesen wäre, sondern „übermorgen". Vgl. die *„febris* (Malaria) *tertiana"* oder Christi Auferstehung „am dritten Tage" (Freitag—Sonntag).

begann, zum guten Teil noch in das Felsendefilee des oberen Škumbi fiel. Desgleichen sind die verschiedenen Phasen des Vormarsches, die auch mit verschieden gesteigerter Beschleunigung verbunden waren (13, 1, 2), in der von Meusel S. 180, angenommenen kurzen Strecke ab Scampa nicht recht unterzubringen. Wir müssen daher wohl das Zusammentreffen mit Vibullius in die Candavia, etwa in die Gegend von D a r z a, verlegen.

Pompejus beschleunigte also seinen Marsch („*maioris itineribus Apolloniam ire contendit*" 13, 1). Da er durchwegs die Straße zur Verfügung hatte, konnten trotz der geringeren Qualität des Großteils seiner Truppen die Marschleistungen sogar größer ausfallen als jene Caesars zwischen Palaeste und Apollonia, inbesondere nachdem er den Fall von Apollonia erfahren hatte und nunmehr mit äußerster Beschleunigung zur Rettung Dyrrhachiums vorwärtsstrebte. Der Unterschied zeigte sich allerdings darin, daß die Gewaltmärsche für Caesars Veteranen ohne üble Folgen blieben, während sie bei Pompejus Truppen eine gefährliche Deroute hervorriefen (13, 2). Eilmärsche.

Was den von Pompejus eingeschlagenen Weg anbelangt, so sind die Stellen 11, 2 und 13, 1 meines Erachtens nicht dahin aufzufassen, daß er schon im Anmarsch auf Apollonia, also am Südast der Via Egnatia gewesen wäre, als er die Nachricht vom Falle der Stadt erhielt, und jetzt umkehrte, um auf Dyrrhachium zu gehen: sondern er hatte offenbar zuerst die A b s i c h t, wohl in der Hoffnung auf einen längeren Widerstand Oricums, wenn möglich noch Apollonia zu retten, erfuhr aber rechtzeitig, das heißt vor Passieren der Straßengabel, daß dies nicht mehr möglich sei, und tat nun was er konnte, um wenigstens noch Dyrrhachium zu decken. Auch das „*prope Dyrrhachium constitisset*" (13, 3) ist nicht so zu verstehen, daß er bis vor die Stadt marschierte: es genügte für seinen Zweck, wenn er die von Apollonia dahin führende Straße sperrte, das heißt die Weggabel vor Caesar erreichte. Demnach dürften sich die c. 13, 3—4, geschilderten Ereignisse ebendort, also wohl bei Asparagium, abgespielt haben, und dieser Ort hat hier zum erstenmal im Feldzuge, diesmal ohne von Caesar mit Namen genannt zu werden, eine Rolle gespielt. Und als Pompejus nach Caesars Vereinigung mit Antonius zum zweiten Male in die Lage kam, Dyrrhachium gegen eine Offensive des Gegners decken zu müssen, brauchte er nur sein früheres Lager neuerdings zu beziehen: wie er es schließlich auf der Verfolgung des südlich Dyrrhachium geschlagenen Feindes zum drittenmal getan hat. Weg.

Appian erwähnt c. 55, daß Pompejus auf seinem Marsche Wälder hätte schlagen lassen, um dadurch für Caesar die Wege zu sperren, sowie alle Brücken abgebrochen hätte. Wie schon an anderer Stelle betont, ist die Nachricht in dieser Form mit Skepsis aufzunehmen. Solche Zerstörungen haben nur Sinn und Zweck bei einem Rückzuge, bestenfalls bei einem Flankenmarsch. Als solcher kommt aber bei Pompejus einzig jener Marschabschnitt in Betracht, da er nach Erhalt der Nachricht vom Falle Apollonias auf Dyrrhachium marschierte: in allen übrigen Teilen, als er noch Apollonia zu erreichen strebte, dann als er dem Gegner an den Apsus entgegenging, befand er sich ausgesprochen im Vormarsche, und dabei ist es ihm sicher nicht eingefallen, h i n t e r sich — denn nur das ist durchführbar — derartige Hindernisse zu schaffen.

Wegzerstörungen

Als Raum für diese Zerstörungen kommt praktisch wohl nur die Gegend um Asparagium in Betracht: hier mag Pompejus wirklich jene Vorkehrungen getroffen haben, die in aufgebauschter und mißverstandener Form der Erzählung Appians zugrunde liegen. Zweck war die Deckung der wichtigen Weggabel. Hier mögen einzelne Straßenobjekte des nördlichsten Teiles des Südastes zerstört worden sein. Sollte bei Asparagium auch eine Brücke über den Genusus existiert haben, so ist wohl auch sie zum Opfer gefallen: doch ist, wie früher erwähnt, ihre Existenz zu jener Zeit durchaus unwahrscheinlich.

Die zweite Maßregel können wir nur dahin deuten, daß Pompejus an den durch Wälder führenden Stellen des feindlichen Anmarschweges die Bäume fällen und quer über die Straße als Verhaue zusammenschlichten ließ. Auch hier kommt wieder nur das nördlichste Stück des Südastes zwischen Golemi und dem Škumbi in Betracht. Es führt heute noch teilweise durch ein Defilee zwischen den Ausläufern des Trbufsumpfes und den steilen Bergfüßen: wenn dieses Defilee obendrein, was durchaus glaubhaft ist, damals bewaldet war, so konnte es durch jene Maßregel tatsächlich sehr wirksam gesperrt werden.

Die Wahrscheinlichkeit dieser Auffassung erhellt auch daraus, daß solche Zerstörungsarbeiten zeitraubend, daher während eines aufs äußerste beschleunigten Eilmarsches, wie der des Pompejus war, schwer durchzuführen sind. Wir haben uns vielmehr ihre Durchführung in den Tagen zu denken, da Pompejus bei Asparagium stand und seine arg erschütterten Truppen retablierte. Gerade der überlieferte Zustand der Armee mochte es ihm dringend wünschenswert erscheinen lassen, den jeden Augenblick zu gewärtigenden Anmarsch des Gegners wenigstens zu verzögern.

Als er dann nach durchgeführter Retablierung gegen den Apsus vorging, mußte er das verrammelte Defilee selbst wieder frei machen: auch die zerstörten Objekte, die er jetzt hinter sich hatte, dürfte er während der folgenden Operationspause wiederhergestellt haben.

* * *

Der dem folgenden Abschnitt vorbehaltenen endgültigen Festlegung der Apsuslager in der Gegend von Kuči vorgreifend, lasse ich auf S. 92 im Anschluß an die Erörterungen über die Märsche eine Tabelle folgen, welche das Ineinanderspielen der Bewegungen des Caesar, Vibullius und Pompejus veranschaulichen soll. Auf die Bedeutung einer einzig möglichen Lösung macht sie keinen Anspruch, und manche Einzelheiten, insbesondere minderwichtige Zwischenstationen, sind nur als beiläufige Ortsangaben zu nehmen. Ich betone hier nochmals, daß ich eine zeitliche Verkürzung dieses Abschnittes durch vergrößerte Marschleistungen für gänzlich ausgeschlossen, wohl aber das Gegenteil für durchaus möglich halte. Zeittabelle.

4. Die Stellungen am Apsus.

(Hierzu Karte I *b*.)

Die Örtlichkeit, wo Caesar und Pompejus am Apsus einander gegenüberstanden, wurde bereits im Kapitel über den Kriegsschauplatz anläßlich der Festlegung der antiken Flußläufe und Straßenzüge wiederholt erörtert, Einzelheiten auch zum Beweise verschiedener Ableitungen herangezogen. Hier liegt die Gefahr eines Circulus vitiosus tatsächlich nahe: um sie zu vermeiden, ist es unbedingt geboten, die Stelle der Apsuslager einwandfrei nach Gründen festzustellen, die mit den Fluß- und Straßenläufen nichts zu tun haben, für diese vielmehr alle nach dem Terrain überhaupt vorhandenen Möglichkeiten offen lassen. Auch unter dieser Voraussetzung ist die Zahl der in Betracht kommenden Örtlichkeiten eingeschränkt genug. Da mehrmonatliche Winterlager in der flachen Muzakja gänzlich ausgeschlossen sind, können nur solche Stellen in Erwägung gezogen werden, wo Erhebungen beiderseits nahe an den Fluß herantreten; deren gibt es aber insgesamt nur drei, und zwar:

1. Unter Voraussetzung des jetzigen Semenilaufes und der direkten Straße Apollonia—Dyrrhachium: Raum bei Fjeri;

2. Unter Voraussetzung Apsus = Del, und der direkten Straße: Raum bei Gradišta;

Tag	Caesar	Vibullius	Pompejus
1.	Abfahrt von Brundisium		
2.	Früh Landung bei Palaeste Ausschiffung Abends Abmarsch	Ritt bis in die Ebene von Pašaliman (ca. 25 *km*) Ankunft spät nachts Pferdewechsel	
3.	Vormittags Eintreffen der Vorhut bei Oricum (ca 32 *km*) Haupttruppe schließt indessen in der Ebene vor dem Paßausgang auf Übergabe der Stadt Oricum	Früh morgens weiter bis in die Gegend von Kafarani (ca. 41 *km*) Ankunft spät Nachmittag Pferdewechsel Mitternacht weiter	
4.	Marsch bis Arta (25 *km*)	Vormittag Ankunft am Apsus bei Kuči (ca. 50 *km*) Pferdewechsel Nachmittag weiter nach Scampa (ca. 45 *km*) Ankunft nach Mitternacht Pferdewechsel	
5.	Marsch bis Apollonia (ca. 28 *km*, mit Übergang über den Aous) Ankunft Nachmittag Übergabe der Stadt Apollonia	Früh weiter bis in die Gegend von Darza (ca. 26 *km*) Hier Zusammentreffen mit Pompejus	Zusammentreffen mit Vibullius in der Gegend von Darza
6.	Rasttag bei Apollonia		Marsch bis Scampa (ca. 26 *km*)
7.	Rasttag bei Apollonia		Marsch bis Clodiana (30 *km*) Hier Nachricht vom Falle Apollonias *) In der Nacht Weitermarsch **)
8.	Marsch bis Rozkovec (Stephanaphana) ca. 27 *km*		Früh Halt bei Asparagium (ca. 10 *km*)
9.	Marsch bis an den Apsus bei Kuči (ca. 18 *km*) Nachricht vom Eintreffen des Pompejus bei Clodiana Definitiver Halt		Rasttag bei Asparagium
10.			Rasttag bei Asparagium
11.			Rasttag bei Asparagium Abends Nachricht, daß Caesar vom Apsus nicht mehr weitermarschiert sei
12.			Marsch bis Golemi (15 *km*)
13.			Marsch bis an den Apsus bei Boka (18 *km*

*) Wohl durch den von dort entflohenen Staberius (c. 12, 3).

**) Pompejus erfuhr wohl den Fall von Apollonia, nicht aber ob Caesar dort stehengeblieben oder wiederum gleich weitermarschiert sei; letzteres war, wenn auch unwahrscheinlich, so doch immer möglich, daher die weitere Eile.

3. Unter Voraussetzung der Via Egnatia als kürzester Verbindung zwischen Apollonia und Dyrrhachium, Flußlauf in diesem Falle belanglos: Raum bei K u č i.

Andere geeignete Örtlichkeiten als diese drei gibt es auf dem ganzen in Betracht kommenden Raume n i c h t, also auch nicht in der Gegend w e s t l i c h A r d e n i c a, an die Heuzey gedacht zu haben scheint[13]); hier ist jedes Winterlager am linken Flußufer gänzlich ausgeschlossen.

Bezüglich der drei möglichen Varianten ergibt die Untersuchung folgende Resultate:

a) F j e r i.

In der Gegend von Fjeri treten die lagerfähigen Höhen auf $3^1/_2$ km gegeneinander heran. Sie endigen beiderseits mit je einem halbisolierten Hügel, der für römische Lagerzwecke durchaus geeignet scheint. Der südliche, knapp an der Ortschaft Fjeri gelegene Hügel ⊙ 45 hat wohl eine etwas zu geringe Breite für die schematische Lagerform, doch läßt sich dieser Mangel durch erhöhte Tiefenausdehnung leicht wettmachen, und wir wissen, daß Caesar in solchen Fällen nicht am Schema klebte. Der nördliche Hügel △ 58, unmittelbar am heutigen Semeni bei der Häusergruppe Brustar Mah. (Metali) gelegen, entspricht selbst für ein schematisches Lager vollkommen. Die dazwischen liegende, von der Djanica durchschnittene Ebene zählt zwar zu den weniger inundationsempfindlichen Teilen der Muzakja, von winterlicher Lagerfähigkeit kann jedoch auch hier keine Rede sein. Die Örtlichkeit.

Was die Örtlichkeit bei Fjeri ausschließt, ist vor allem die Beschreibung bei Caesar 19, 1: „*Inter bina castra Pompei et Caesaris u n u m f l u m e n t a n t u m i n t e r e r a t A p s u s, crebraque inter se colloquia milites habebant.*" Diese sehr bestimmte und durchaus unverdächtige Angabe ist mit der tatsächlichen Entfernung der Lagerhöhen von $3^1/_2$ km schlechterdings unvereinbar[14]).

[13]) S. 39. Meusel S. 181, setzt das Lager des Pompejus „auf dem Höhenzug Petova—Ardenica", jenes Caesars „auf dem Höhenzug Peštjan, an dessen Ausläufern Apollonia lag, 3 bis 4 km südlich vom Apsus", an. Diese wohl auf die österr.-ungarische Generalkarte aufgebaute Festlegung deckt sich im wesentlichen mit der sofort zu besprechenden Fjeri-Variante.

[14]) Allerdings gibt Appian II 56, die Entfernung des Lagers Caesars vom Flusse mit 12 Stadien, das ist ca. 2 km, an. Indessen abgesehen davon, was später über die dort behandelte Episode der nächtlichen Bootfahrt Caesars gesagt werden wird, wodurch die Sache ein ganz anderes Gesicht bekommt, könnte auch unter Voraussetzung der Richtigkeit der wörtlichen Auffassung

Reste. Zu allem Überflusse sind wir endlich in der Lage, gerade in diesem Falle das negative Ergebnis durch Grabungen zu bestätigen. Beide Hügel sind im Laufe des letzten Krieges von Schützen- und Laufgräben, Straßen- und Feldbahntrassen etc. in allen Richtungen durchschnitten worden, und ich hatte während meines neunmonatlichen Aufenthaltes in Fjeri reichlich Gelegenheit, die noch ganz frischen Gräben, die sich kein Archäologe schöner hätte wünschen können, gründlichst zu untersuchen. Obwohl durch dieselben jede nur irgendwie mögliche Trasse einer antiken Lagerumfassung wiederholt hätte geschnitten und aufgedeckt werden müssen, fand sich doch von einer solchen nirgends eine Spur. Und noch schwerer wiegt, daß bei all diesen Grabungen auch nicht das geringste von Resten, wie sie auf den Stätten alter Lager regelmäßig zu finden sind, zutage kam, als Münzen, Waffen- und Gefäßstücke, Küchenabfälle u. dgl.[15]). Auch die sonst in diesen Dingen sehr gut unterrichtete Bevölkerung, bei der ich eingehende Nachforschungen pflog, weiß nichts von derartigen Funden. Damit scheint wohl jede Möglichkeit, die Apsuslager bei Fjeri anzusetzen, endgültig beseitigt.

Die Deckung des Ressourcengebietes. Schwer in die Wagschale fällt schließlich die Absicht, die Caesar mit der Wahl des Platzes verband: *„castra ad flumen Apsum ponit in finibus Apollinatium, ut [castellis vigiliisque]*[16]) *bene meritae civitates tutae essent"* (13, 5). Was der Ausdruck *„in finibus Apollinatium"* hier besagen will, wurde bereits untersucht[17]): hier interessiert uns hauptsächlich die Frage nach den zu schützenden *„civitates"*. In erster Linie war zweifellos Apollonia selbst gemeint, und dieses war durch eine Stellung bei Fjeri, die entsprechenden Fluß- und Straßenverhältnisse vorausgesetzt, wirklich gut gedeckt, ebenso das hinter ihm liegende Oricum. Allein Caesar erwähnt knapp vorher (12, 4) — so knapp, daß unbedingt angenommen werden muß, diese Erwähnung habe ihn beim Niederschreiben der fraglichen Stelle noch

Appians niemals die nächste Entfernung vom Lager zum Flusse gemeint sein, da Caesar seine streng geheim gehaltene Bootfahrt unmöglich von einer zwischen beiden Lagern gelegenen, somit zweifellos auch vom Gegner scharf kontrollierten Stelle aus angetreten haben kann; an diesem Platze dürfte wohl auch keiner der beiden Feldherren den Aufenthalt von Zivilfahrzeugen geduldet haben.

[15]) Dagegen fanden sich auf dem Hügel bei Fjeri zahlreiche Gräber, die Skelette in Särgen verwahrt; ferner Spuren einiger antiker Ziegelhäuser. Beides hat mit einem römischen Feldlager nichts zu tun.

[16]) Diese beiden in der Hs. überlieferten Worte werden von den meisten Herausgebern als nachträgliche Interpolation ausgeschieden. Eine Bedeutung kommt ihnen nicht zu.

[17]) S. 51 Anm. 68.

vorgeschwebt —, die *„Bullidenses, Amantini et reliquae finitimae civitates"*. Mag man nun Amantia mit Pljoča oder mit Kljoš identifizieren, auf jeden Fall liegen b e i d e namentlich erwähnten Städte so weit östlich, daß ihre Deckung, solange Pompejus alle Anmarschlinien aus Macedonien beherrschte, durch eine Stellung bei Fjeri nicht bewirkt werden konnte. Hierzu war es vielmehr notwendig sich so aufzustellen, daß man auch das Devoli- und Osumtal, sowie die aus der Berater Gegend nach Süden und Westen führenden Pässe aus greifbarer Nähe beherrschte.

b) G r a d i š t a.

Die Senke von Gradišta ist an ihrer schmälsten Stelle etwa 2 km breit; sie wird von dem im Winter wasserführenden D e l durchflossen (vgl. S. 33), ist einer der inundationsempfindlichsten Teile der gesamten Muzakja und in der Regenzeit fast unpassierbar. Die Örtlichkeit.

Auch hier läßt sich die Beschreibung Caesars c. 19, 1. nicht anpassen; doch auch in noch anderer Hinsicht erregt die Terrainbeschaffenheit Bedenken.

Der für das Lager des Pompejus in Betracht kommende Höhenfuß beim Dorfe Gradišta selbst könnte zur Not diesem Zwecke entsprechen; er besteht aus drei schmalen, durch inundierte Tiefen getrennten Ausläufern, deren untere Teile in ihrer Gesamtheit eine leidliche, allerdings durch die genannten Tiefen zerschnittene Lagerfläche bieten. Ganz unmöglich aber erscheint für das Lager Caesars der letzte Ausläufer der südlichen Höhen, der auf seiner Nordspitze die Kirche Šin Jerč trägt. Es ist dies ein schmaler, steilrandiger Grat, der so gut wie keine Lagerfläche bietet, überdies heute von dichtem Urwald bedeckt ist. Schaltet man ihn aus und verlegt das Lager auf die nächste flachere Höhe, so erhöht sich die Distanz zwischen den beiden Lagern noch um einen guten Kilometer.

Von sichtbaren Wallspuren u. dgl. ist auf beiden Seiten nichts zu sehen, ebensowenig von Münz- und anderen Funden etwas bekannt.

Zweifel erregt einzig noch der Ortsname „G r a d i š t a", der erfahrungsgemäß mit Sicherheit auf das Vorhandensein irgendwelcher alter Befestigungen hindeutet. Der Ortsname.

Zu sehen ist wie gesagt nichts mehr; auch die ältesten Leute können nicht Auskunft geben, auf was für Spuren der Name sich bezieht. Es wäre demnach der Hinweis auf ehemals sichtbare, heute verschwundene Reste einer antiken Feldbefestigung nicht von der Hand zu weisen. Aber abgesehen von den bereits angeführten, gegen die Annahme des pompejanischen Lagers an dieser Stelle sprechenden

Gründen, läßt sich überdies eine andere, viel näher liegende Erklärung dieses Ortsnamens geben.

Der Turm Pyrgos.

Im Mittelalter stand unweit der Semenimündung ein „Turm" namens Pyrgos oder Pirag, allem Anschein nach eine sehr starke Befestigung, da sie in manchen Quellen sogar „πόλις" genannt wird und in den Kriegen jener Zeit eine sehr bedeutende Rolle gespielt hat[18]). Näheres über seine Lage ist bisher nicht bekannt. Nun geht es aber kaum an, dieses wichtige Sperrfort hart an die Mündung des Flusses ins Meer zu verlegen; in dieser öden, unfruchtbaren und ungangbaren Lagunengegend hätte es wenig Sinn gehabt. Sein natürlicher Platz war vielmehr in der strategisch wichtigen Enge von Gradišta, welche der Semeni, damals Devol genannt, der heutige Del. in jener Zeit durchströmte[19]): eine Analogie bietet das offenbar gleichen Zwecken dienende, wenn auch wohl ältere Sperrfort bei Baštova am unteren Škumbi; auch stimmt damit die Beschreibung *„turris distans a marina super quadam flumaria"*, und widerspricht nicht der Charakteristik des Metropoliten Meletios „Πύργος, πόλις ποτὲ παραθαλασσία"[20]).

In der erwähnten Senke kommen nun, wie das Terrain zeigt, für dieses Fort zwei Plätze in Betracht: das auf einer flachen, aber steilrandigen Hügelzunge gelegene Dorf Gradišta am rechten, und die schmale scharfkantige Rippe von Sinjerč am linken Ufer. Die Entscheidung gibt die Karte des Benincasa von Ancona (1476), der den Turm nördlich des Flusses, also am rechten Ufer einzeichnet. Dort mögen seine Reste noch lange sichtbar gewesen sein und der Örtlichkeit den Namen „Gradišta" verschafft haben, bis auf dem Platze das Dorf entstand, das die Spuren überdeckte, die allenfalls noch vorhandenen Steine und Ziegel verbaute und den Namen des Platzes übernahm. Die in der unmittelbaren Umgebung der sehr geschlossen gebauten Ortschaft massenhaft herumliegenden, bestimmt nicht antiken Ziegelsteine mögen mit dieser Entstehungsgeschichte vielleicht im Zusammenhange stehen: zumal es durchaus wahrscheinlich ist, daß dieses Sperrwerk nicht nach antikem, sondern nach venetianischem Muster, daher vorwiegend aus Ziegeln erbaut war[21]).

Für die Deckung des Ressourcengebietes war die Stellung bei

---

[18]) Jireček bei Thallóczy I 170.

[19]) Daher auch der Name *„turris de Dievali"*. Jireček, a. a. O.

[20]) Jireček, a. a. O.

[21]) Am Südwestausgang der Senke, also am linken Delufer, steht beim kleinen Weiler Kamenica ein isolierter Hügel, dessen auffallende Form offenbar auf künstliche Adaptierung zurückzuführen ist. Er besteht aus einem flachen, sehr regelmäßigen Stumpfkegel, der in der Mitte eine aufgesetzte steile, warzen-

Gradišta noch ungünstiger als jene von Fjeri, da die Bewegungsfreiheit in der rechten Flanke durch die Muzakja behindert und der Weg gegen die östliche Malakastra noch weiter und exponierter war, wie aus der erstbesprochenen Stellung.

Schließlich möchte ich in diesem Zusammenhange nochmals darauf hinweisen, daß Caesar, wenn er bei Šinjerč gestanden wäre, es nie nötig gehabt hätte, die Flottenbewegungen von Apollonia aus beobachten und verfolgen zu lassen (c. 30). Er hatte unmittelbar hinter sich Aussichtspunkte gegen das Meer, welche die Akropolis von Apollonia weitaus übertrafen, und es wäre unter diesen Verhältnissen widersinnig gewesen, wenn die Flottenbewegungen nur von Apollonia aus, nicht aber vor allem aus der Gegend des Lagers selbst, und zwar von dem unvergleichlichen Aussichtspunkte des heutigen Klosters Ardenica aus beobachtet worden wären. Der Ausbau dieses Platzes als Observatorium wäre bei der Wichtigkeit der Seebeobachtung und mit Rücksicht auf die vorauszusehende Dauer des Aufenthaltes eine Selbstverständlichkeit gewesen. Aus dem Wortlaut des Textes konnte man allerdings auch herauslesen, daß nicht die Beobachtung von Apollonia aus erfolgte, sondern daß man die Flotten nur von irgend einem anderen Punkte aus an Apollonia vorbeifahren sah (*„praetervectas Apolloniam Dyrrhachiumque naves viderant"*): dieser Auffassung widerspricht jedoch die sofort folgende Erwähnung der Verfolgung zu Lande *(iter secundum eas terra direxerant)*; diese war nur von Apollonia aus möglich, denn bei Gradišta hatte man den Apsus knapp vor sich, und jenseits desselben, wo es erst wieder Beobachtungspunkte gab, welche diese Verfolgung hätten zweckmäßig erscheinen lassen, stand der Feind. Die Verfolgung von Apollonia aus jedoch, die ja doch nur auf die Höhen von Ardenica führen konnte (vgl. S. 35)[22], hatte absolut keinen Sinn, wenn die

Die Beobachtung und Verfolgung der Flotten.

förmige Spitze trägt. Auf dieser Spitze sind Spuren vorgenommener Grabungen sichtbar. Der Name „Kamenica" würde auf das Vorhandensein von Stein deuten, wovon allerdings nichts mehr zu finden ist. Immerhin ist der Gedanke an einen vor Zeiten hier gestandenen alten Turm, dessen letzte Reste zu jenem Namen Anlaß gegeben hatten und durch die Grabungen beseitigt worden waren, nicht abzuweisen. Die Identifizierung mit dem Pyrgos ist jedoch unmöglich, einerseits weil der Platz am linken Ufer liegt, anderseits weil hier den räumlichen Verhältnissen nach wirklich nur ein einzelner Turm gestanden haben kann, auf den die Bezeichnung „πόλις" nicht anwendbar war. Dagegen kann derselbe sehr wohl eine Ergänzung der am Norduf er gelegenen Hauptbefestigung gebildet haben.

[22]) Auch von Ardenica aus hätte eine Verfolgung bis an den immerhin etliche 10 km entfernten Apsus keinen Sinn gehabt, da die Aussichtsverhältnisse mit jedem Schritt nach Norden sich eher verschlechtern als verbessern, und schließlich wären die Patrouillen doch nur zum Lager gekommen, wo ja ohnehin Truppen und Beobachter waren.

Hauptkraft selbst bei Šinjerč stand; denn diese Patrouillen konnten ja doch nur dorthin reiten, wo ohnehin schon Beobachter sein mußten.

Diese ganze Beobachtung und Verfolgung der Flottenbewegungen von Apollonia beziehungsweise Dyrrhachium aus wird nur dann verständlich, wenn wir die Lager der Hauptkräfte weit im Landinneren, in großer Entfernung von jedem zur Beobachtung des Meeres geeigneten Aussichtspunkte annehmen. Dies führt uns aber bereits auf den dritten, einzig noch in Betracht kommenden Raum: die Talöffnung bei Kuči.

c) Kuči.

Die entscheidende Probe auf die Richtigkeit der bisherigen negativen Schlüsse muß uns nunmehr die Tatsache liefern, daß der einzig noch erübrigende dritte Platz, das ist der Raum von Kuči, den Bedingungen der Quellberichte wirklich vollkommen entspricht.

Die Örtlichkeit.

Bei Kuči tritt der Semeni, nachdem er schon ab Berat in einem breiten Tale geflossen, in die offene Ebene der Muzakja. Die rechten Talhänge treten in nordwestlicher, die linken in direkt südlicher Richtung zurück. Nahe oberhalb dieser Stelle verengt sich das Tal zwischen zwei vorspringenden Bergnasen auf ca. 2 km. Etwa ebensoweit unterhalb dieser Enge treten die beiden geschlossenen Berghänge auf 5 km auseinander, sind jedoch hier durch eine gerade fortlaufende Reihe isolierter, inselartiger Hügel quer über das Tal hinüber verbunden, die so knapp vor dessen Ausmündung in die Ebene eine Art Übergang herstellen, der auch jetzt von Straße und Feldbahn mit Vorteil ausgenützt wird (Abb. 7). Es ist kein Zweifel möglich, daß, wann immer eine Straße das Semenital in diesem Raume übersetzte, sie ebenso dem Laufe dieser Hügelreihe sich anschmiegen mußte, die gewissermaßen eine Folge natürlicher Brückenpfeiler bildet, im Gegensatze zu den erwähnten beiden Bergnasen, die zwar das Tal auf die halbe Breite einengen, aber zwischen sich keinen brauchbaren Zwischenpunkt in dem schwer inundationsempfindlichen Terrain aufweisen; insbesondere gilt dies für eine aus Westen kommende Straße, für welche das Anschmiegen an jene Bergnasen überdies einen gewaltigen Umweg bedeuten würde.

Die Hügelkette bei Kuči.

Die Hügelkette beginnt, von Süden nach Norden gerechnet, schon südlich des Semeni, wo wir etwas über 1 km unterhalb des Dorfes Kuči einen Hügel finden, der an seinem Südende nur ganz lose mittels eines schmalen Sattels mit dem Bergmassiv zusammenhängt und dessen Nordfuß vom Semeni bespült wird; auf seinem westlichen rideauartigen Ausläufer liegt das Dorf S i n a. Er ist der Einfachheit halber auf Karte I *b* mit *A* bezeichnet. Ihm unmittelbar gegenüber, stellenweise nur durch die Breite des Flusses getrennt, erhebt sich als zweiter ein in der Mitte stark eingeschnürter Doppelhügel, auf dessen südöstlichem plateauartigen Teile das Dorf Č u k a š liegt, während die nordwestliche kegelförmige Spitze das von alten Zypressen umgebene Kloster B o k a trägt (Hügel *B*). Diesem weiter auf etwa $^1/_4$ km vorgelagert, in der Höhe des Dorfes B e k a t, liegt der dritte, sehr flache, aus drei aneinandergereihten Wellen bestehende Hügel *C*; seinem Ostende ist ein kleiner Tumulus vorgelagert.

Nun folgt nach einer Lücke von fast 1 km südwestlich des Dorfes K o č a j der vierte Hügel (*D*): er trägt zwei Kuppen, ist von geringerem Umfang, aber steileren Formen, und vor seiner Nordwestecke liegt wieder ein Tumulus. Endlich auf nochmals 1 km Entfernung beim Dorfe B a r b u l i n a der letzte und größte Hügel (*E*), mit nordsüdlich streichendem Grat und sehr steilen Hängen: sein durch einen tief eingeschnittenen Sattel abgetrenntes Südende fällt mit fast senkrechtem Bruch zur Ebene ab. Von seinem flach auslaufenden Nordende ist der Fuß des geschlossenen Bergmassivs abermals etwa 1 km entfernt.

Es ist klar, daß diese Hügel die höchsten Teile einer zusammenhängenden Kette vorstellen, deren niedriger Grat heute unter der Oberfläche des hoch angeschwemmten Talbodens begraben liegt, aus dem die Gipfel Inseln gleich hervorragen: eine Formation, die man zum Beispiel auch im Laibacher Moor vorfindet. Ebenso sicher ist es auch, daß vor Zeiten, als die Ablagerung noch nicht so weit gediehen war, größere Teile der Kette über das Niveau der Ebene sich erhoben, somit der Umfang der Hügel größer, ihre Distanzen kleiner waren und damit die Eignung der Hügelbarriere als Talübergang noch wesentlich größer war. Nach dem, was wir über das Schicksal des Klosters Šenkosma (Kolkondasi) wissen[23]), dürfen wir die Anschwemmungstätigkeit des Semeni so hoch einschätzen, daß wir eine

[23]) Nach Anthimos, S. 81, wurde das Kloster im Jahre 1813 gegründet; 1868 floß der Semeni noch eine Viertelstunde von ihm entfernt. Als Patsch es im Jahre 1900 besuchte, war die Verschwemmungstätigkeit seit zehn Jahren am Werke (Patsch Sp. 147), und schon war das Erdgeschoß zum größten Teile unter der Erde. Heute ist es vollkommen darunter begraben. Man kann daher die jährliche Anschwemmungstätigkeit hier mit etwa 14 cm berechnen. Inwieweit sich diese Ziffer auf die Gegend von Kuči anwenden läßt, entzieht sich meiner Beurteilung; die Wassermasse des Flusses ist jedenfalls so ziemlich die gleiche, ebenso die Menge der Sinkstoffe.

sehr merkliche Veränderung dieser Art auch an der Hügelkette von Kuči in historischer Zeit annehmen, uns daher die Dimensionen der Hügel und ihren Zusammenhang für das Altertum viel größer vorstellen müssen. Auch heute findet man noch besonders in dem kleinen Intervall zwischen *B* und *C* die ursprüngliche Verbindung durch ganz flache Wellen angedeutet, welche insbesondere zur Regenzeit durch ihre relativ feste und trockene Oberfläche hervortreten.

Der Semenilauf bei Kuči. Durch diese Hügelbarriere bricht der heutige Lauf des Semeni, wie erwähnt, zwischen den beiden südlichsten Hügeln durch. Aber auch weiter nördlich finden sich Spuren, die auf einen vielfachen Wechsel des Flußlaufes hindeuten. So zieht sich zwischen den beiden nördlichsten Hügeln ein mäandrisch gewundenes Flußbett durch, das bei Hochwasser noch heute aktiv wird, jedoch, da es bei bester Erhaltung (deutliche, steile, stellenweise senkrechte Ufer und bedeutende gleichmäßige Tiefe) überall nur 25 bis 30 m breit ist, nicht als verlassenes Hauptbett des 80 bis 100 m breiten Stromes, sondern nur als periodischer Seitenarm desselben aufgefaßt werden kann. Eher gilt ersteres von andern, jedoch viel älteren und daher schwerer bestimmbaren Spuren, welche sich südlich und östlich des Hügels *E* verfolgen lassen: die erwähnte fast senkrechte Abspülung der Südspitze dieses Hügels, sowie eine ähnliche an dem schmalen Hügel westlich des Dorfes S e m e n i — schon der Name dieses Dorfes spricht dafür — lassen es sicher erscheinen, daß hier im Nordteile des Tales einmal ein mächtiger Stromstrich tätig war, der nur mit dem Hauptstrome des Semeni identisch sein kann.

Wann nun der Semeni hier geflossen ist, und wann er in sein heutiges Bett geriet, läßt sich aus den Spuren allein nicht ableiten. Wir haben seinerzeit gesehen, daß die Flußläufe des Landes im allgemeinen von Norden nach Süden wandern. Hier aber mußte nun bei der Schmalheit des Raumes der wandernde Fluß die Südgrenze seiner Bewegungsfreiheit viel früher erreichen als in der offenen Muzakja. In diesem Falle beginnt der Fluß zu „pendeln", das heißt wenn seine eigene Anschwemmungstätigkeit ihn wieder einmal aus seinem übermäßig aufgetürmten Bett hinauswirft, er aber in der ursprünglichen Wanderrichtung nicht mehr weiterrücken kann, so schlägt er eben in die entgegengesetzte Richtung zurück. Auf diese Art kann ein Fluß an solchen schmalen Talstellen in derselben Zeit, innerhalb welcher er in der offenen Ebene immer in derselben Richtung fortschreitet, wiederholt in entgegengesetzter Richtung sich verschieben und daher mehrmals abwechselnd an denselben Stellen vorbeifließen. Daraus erhellt, daß wir an solchen Stellen die Theorie von der Verschiebung der Flußläufe der Lokalisierung historischer Ereignisse solange nicht zugrunde legen dürfen, als uns nicht anderweitig konkrete historisch-topographische Daten zur Verfügung stehen. Da dies für den Raum von Kuči nicht der Fall ist, müssen wir uns hier beschränken zu sagen, daß jeder an sich mögliche Lauf des Flusses zu Caesars Zeit der aktuelle gewesen sein kann, und daß wir jenen dafür werden ansehen müssen, auf den andere auf die Lagerposition bezughabende Quellenangaben oder Spuren führen; wobei nicht ausgeschlossen ist, daß sich dieser Lauf in der seither verflossenen Zeit wiederholt geändert und selbst wiederhergestellt hat.

Die nächste Aufgabe wird demnach sein, die einzelnen Hügel — denn daß die Lager, wenn überhaupt bei Kuči, so nur in der Hügelreihe zu suchen sind, ist zweifellos — zunächst auf ihre Lagerfähigkeit, dann auf die Übereinstimmung mit den Quellenangaben, endlich nach vorhandenen Spuren zu untersuchen.

Hier scheiden zunächst die beiden nördlichen Hügel *D* und *E*, so verlockend diese Lokalisierung mit Rücksicht auf den dort konstatierten alten Flußlauf wäre, zum mindesten als sehr unwahrscheinlich aus, da ihre steilen, schmalrückigen Formen keine geeignete Lagerfläche bieten. Daran vermag auch der voraussichtlich größere Umfang ihrer Basis in antiker Zeit nicht viel zu ändern. Und da der Hügel *E* an sich nichts taugt, so entfällt auch die Möglichkeit, das Lager des Pompejus am Fuße der nördlichen Bergkette zu suchen, da dies nur unter gleichzeitiger Annahme des Lagers Caesars auf Hügel *E* möglich ist, und aus gleichem Grunde die Kombination *D—C*. Lagerfähigkeit.

Verbleiben die südlichen drei Hügel, die vorwiegend flachere Formen mit genügender Lagerfläche aufweisen. Hier ergibt die Lokaluntersuchung zunächst, daß zwischen *C* und *B* kaum je der Semeni hindurchgeflossen ist, da man hier die verbindende feste Erdwelle noch deutlich erkennen kann; es ist vielmehr sehr wahrscheinlich, daß diese beiden Hügel noch in historischer Zeit durch einen breiten festen Sattel verbunden waren und so einen einzigen Hügelkomplex mit mehreren Kuppen bildeten.

Mit diesen Konstatierungen ist das Problem tatsächlich auf eine eindeutige Lösung zurückgeführt; wir erkennen das Lager des Pompejus auf dem Doppelhügel *B*, eventuell unter Einbeziehung des Hügels *C*, jenes Caesars aber auf *A*; und der Apsus floß demnach dort, wo der Semeni noch heute fließt; womit natürlich nicht gesagt sein soll, daß er in den dazwischenliegenden zwanzig Jahrhunderten ununterbrochen dort geflossen ist.

Auch die Quellenbeschreibung stimmt hier restlos: beide Lager sind, wie erwähnt, fast nur durch das Bett des Flusses getrennt. Am ganzen Kriegsschauplatze gibt es an sämtlichen nur irgendwie möglichen Apsusläufen keinen zweiten Punkt, wo die eindeutige Charakteristik nach Caes. III, 19, 1, auch nur annähernd so glatt stimmen würde wie hier. Die an gleicher Stelle von Caesar erwähnten *colloquia* fanden demnach ebendort statt, vor dem östlichen Abschnitt der Hügelfronten, wo sie am nächsten gegeneinander herantreten.

Im einzelnen betrachtet, bieten beide Hügel wohl die Möglichkeit zum Lagerschlag, aber nicht den Grundriß für die schematische Lagerform. Beide Feldherren mußten sich zu erheblichen Kompromissen mit dem Gelände verstehen, und es ist kein Zweifel, daß sie, sobald einmal die strategische Lage sie an diesen Punkt wies, vor denselben nicht zurückschreckten. Man denke nur an die so verschieden geformten Lager Caesars vor Alesia, an die *„castra lunata"* vor Thapsus; ja schon 80 Jahre früher finden wir in den von A. Schulten aufgedeckten scipionischen Lagern vor Numantia dieselbe Schablonenfreiheit und weitestgehende Anpassung an das Gelände.

raum.

Was den Fassungsraum betrifft, so genügte der Hügel *A* mit seinen ca. 35 ha nutzbarer Lagerfläche vollkommen für die etwa 12.000 Mann, welche Caesar nach Abzug der in Oricum, Apollonia etc. zurückgelassenen Detachements, sowie der jederzeit ins Hinterland abdetachierten Requisitionskommanden im Lager vereinigt hielt. Dagegen wäre es wohl Pompejus schwer gefallen, seine ganze Armee von über 40.000 Mann auf dem heute nur ca. 15 ha Lagerfläche bietenden Hügel *B* unterzubringen, auch wenn man annimmt, daß bei niedrigerem Niveau des Anschwemmungsgebietes die ganze von Südwesten in den Hügel einschneidende Mulde bis nahe an den Fluß benützt werden konnte und damit die Lagerfläche auf etwa 30 ha stieg. Viel eher kann man annehmen, daß Pompejus den wie erwähnt höchstwahrscheinlich damals mit *B* verbundenen Hügel *C* einbezogen hatte, der bei besonders günstiger Bodenformation fast 20 ha vorzüglicher Lagerfläche bot. Selbst eine eventuelle Trennung beider Lagerteile war hier bei dem starken Stromhindernis vor der Front und dem sehr ausgiebigen Flankenschutz durch die winterliche Inundation, durchaus nicht bedenklich. Überdies war die Verbindung beider Teile durch die Via Egnatia gewährleistet, und dieselbe konnte noch durch eine Anzahl Prügelwege ergänzt und entlastet werden.

Die Frage nach Spuren läßt sich nur mit Vorsicht beantworten. Das ganze Terrain ist Lehmboden, der natürlich großen Oberflächenänderungen unterliegt und Spuren schlecht bewahrt, zumal wenn Feldbau hinzutritt; anderseits entstehen hier durch verschiedene Ursachen, wie aufgelassene Feldraine, verfallene Wege u. dgl. vielfach Formen, die sehr jenen gleichen, die wir als Reste von Wällen und Gräben anzusprechen gewohnt sind. Spuren.

Im vorliegenden Falle finden wir zunächst beim vermutlichen Lager Caesars eine vom Südende, wo der Hügel an den Bergfuß stößt, längs der Ostseite bis zur Nordkuppe fortlaufende Stufe, besonders stark ausgesprochen an der ersterwähnten Stelle. Sie verläuft ziemlich geschlossen genau in der Linie, die wir als Ostrand des Lagers uns denken müßten, nämlich da, wo der flachere Rückenteil in den steileren Hang übergeht; im Westen, wo der Hang überhaupt flacher ist und bis zum Fuße für Lagerzwecke ausgenützt werden konnte, ist auch keine Stufe sichtbar. Man darf aber nicht vergessen, daß so ziemlich dieselben Gesichtspunkte wie für das Lager auch für ein Ackerfeld gelten, und in jener Stufe ebensogut der Rain eines aufgelassenen Felderkomplexes — heute ist der ganze Hügel mit Hutweide bedeckt — angedeutet sein kann. Hier vermöchte nur eine Grabung, zu der ich leider nicht mehr Gelegenheit fand, Sicherheit zu verschaffen.

Eindeutiger sind die Spuren beim Lager des Pompejus, und zwar an dessen südöstlichem Teile, der Platte von Čukaš. Die Hänge dieses Plateaus sind oben flacher, nach unten zu immer steiler geböscht; in der Mitte dieses konvexen Abfalles zieht sich eine sehr deutliche Welle hin, die bezeichnenderweise durchaus nicht mit den Grenzen der hier vorhandenen Felder übereinstimmt, sondern alle Kulturen ohne Rücksicht in gerader Linie durchschneidet. Es fällt hier wirklich schwer, eine andere Erklärung als die des pompejanischen Lagerwalles für diese Erscheinung zu finden. Hierzu kommt, daß wir uns gerade diesen hart am Flusse dem Feinde zunächst befindlichen, durch seine vorspringende Lage besonders exponierten Teil am stärksten befestigt denken müssen. Im Gegensatz hierzu konnte ich auf der Kuppe von Boka, sowie auf dem Hügel *C* keine deutlichen Spuren wahrnehmen.

Anderseits aber ist mit den auf den beiden voraussichtlichen Lagerhügeln konstatierten Spuren die Zahl der überhaupt in der Gegend auffindbaren nicht erschöpft. Auf caesarianischer Seite ist da vor allem der knapp südwestlich des Lagerhügels am Berghang vorspringende kleine Hügel *F* zu nennen, dessen trapezförmige Platte offenbar künstlich planiert ist und dessen steile Ränder deutliche Spuren ehemaliger Befestigungen tragen. Da der Hügel den Straßenzugang beherrscht, kann er als wirksame Ergänzung der Gesamtanlage aufgefaßt werden. Ferner fand ich auf zwei sehr markanten Rasten des südlich ansteigenden Hanges, bei *G* und *H*, deutliche Spuren von Planierung und Umwallung; es ist freilich nicht ausgeschlossen, daß wir es hier mit kleinen prähistorischen Fluchtstätten zu tun haben; man kann aber auch an verteidigungsfähige Beobachtungsstellen Caesars denken.

Auf pompejanischer Seite finden wir vor allem auf dem breiten, flachen, für ein römisches Lager wie geschaffenen Hügel ⊙93 (*I*) südlich Kosova e vogel tatsächlich eine vollkommen geschlossene, in jeder Hinsicht einem Lagergrundriß entsprechende sehr deutliche Wallspur. Läge ihm ein anderer lagerfähiger Hügel auf nahe Distanz gegenüber, so müßte man ohneweiters das Lager des Pompejus darin erblicken. So bleibt nur die Hypothese, daß Pompejus vielleicht in einem vorgerückten Stadium des dortigen Operationsstillstandes, durch irgendwelche Umstände, vielleicht durch die zunehmende Inundation belästigt oder durch den vorzüglichen Einblick, den Caesars hochgelegene Beobachtungspunkte in sein Lager gewährten, die Hauptkraft des Heeres dorthin verlegte und sich mit der Festhaltung der vorderen Hügel durch stark befestigte Stützpunkte begnügte. Caesar erwähnt nichts davon: aber es wäre schließlich nicht das einzige Ereignis, das er gerade in diesem Teile seines Konzeptes zu erwähnen unterlassen hat: davon später.

Eine Ergänzung findet übrigens das Lager bei *I* auf dem schmalen scharfgratigen Hügel *K* westlich des Dorfes Semeni. Hier fällt, wie bereits erwähnt, der vordere (südliche) Hang in steilstem Absturze gegen das daselbst vermutete alte Semenibett ab; der flache Nordhang aber zeigt eine sehr deutliche, breite, künstliche Stufe, einen offenbar alten Wallgang, der beiderseits an den vorderen, keiner künstlichen Ausgestaltung bedürftigen Steilhang anschließt. Auch diese kleine, aber sehr feste Schanze können wir als prähistorische „Gradina" auffassen; ebenso möglich aber ist ein Kastell des Pompejus, von dem wir ja wissen, daß er auch bei Pharsalus die Umgebung seines Hauptlagers durch solche Kastelle gedeckt hat[24]). Der Hügel von Semeni aber sperrt den wichtigen Weg über Belš nach Elbasan.

---

[24]) b. c. III 88, 4.

Mit F u n d e n ist man insofern schlecht daran, als Grabungen nicht vorgenommen wurden und man auf das angewiesen bleibt, was die seicht gehende albanische Pflugschar gelegentlich zutage fördert. Immerhin fand ich auf beiden Lagerhügeln Tonscherben, deren Einreihung in jene Zeit nach dem Urteil Dr. Praschnikers möglich ist. Daß sie nur in geringer Zahl zu finden waren, spricht eher für die Annahme eines vorübergehenden Kriegslagers als einer Niederlassung, zumal Bau- und Dachziegel antiken Ursprunges durchaus fehlen. Endlich sollen an beiden Orten, speziell bei Čukaš, Münzen gefunden worden sein; doch war es mir nicht möglich, trotz vieler Nachforschungen solche zu Gesicht zu bekommen[25]). Funde.

Alles in allem stehen wir vor dem Resultat, daß der Raum bei Kuči den Anforderungen, die der Quellenbericht an die Apsuslager stellt, vollauf entspricht. Halten wir dem entgegen, daß die anderen überhaupt noch diskutierbaren Örtlichkeiten diesen Bedingungen n i c h t entsprochen haben, so können wir die Beweisführung als abgeschlossen betrachten. Sie ist an dieser Stelle, wie ausdrücklich betont werden muß, ohne Rücksicht auf die früher betreffs des Fluß- und Straßennetzes erzielten Resultate durchgeführt worden — diese wurden nur zur Vervollständigung des Bildes gelegentlich erwähnt — und darf daher als vollwertiges Argument genommen werden.

Jetzt können wir auch nochmals auf die Frage des Schutzes der *„bene meritae civitates"* zurückkommen. Wenn Caesar bei Kuči stand und gleichzeitig Apollonia in der Hand hatte, so war damit tatsächlich die ganze Malakastra und was südlich davon lag, gedeckt. Der Knotenpunkt bei Kuči beherrschte die Ausgänge des Devoli- und Osumtales, ebenso wie den von Kuči über Balši nach Byllis führenden Bergweg, ebenso ferner indirekt die wichtige Paßhöhe von Sinja; und hatte sich, wie anzunehmen, mit den *„reliquae finitimae civitates"* auch das nahe Antipatrea-Berat an Caesar angeschlossen, so war auch die Čafa Glavs und damit die Ostflanke der in Betracht kommenden Gebiete gesichert. Der Raum von Kuči aber war, wie schon ein Blick auf die Karte lehrt, der durch die natürlichen Verhältnisse gegebene Schlüsselpunkt dieses ganzen Machtbereiches. Inwiefern der Schutz dieses Gebietes weiter ausgestaltet war, ob der von der Textkritik beanständete Ausdruck *„castellis vigiliisque"* nicht vielleicht doch seine Richtigkeit hat, entzieht sich unserer Beurteilung. Die Deckung des Ressourcengebietes.

[25]) Ich habe einen angeblichen Besitzer dieser Münzen durch halb Albanien verfolgt und endlich in Kolonja bei Ardenica glücklich ausfindig gemacht; die Münzen aber hatte er schon abgegeben (oder er wollte sie nicht zeigen), und aus seinen Beschreibungen war nichts Brauchbares zu entnehmen.

d) Die Ereignisse während der Zeit der Apsusstellung.

In dieser Stellung standen sich nun die beiden Heere mehrere Monate gegenüber[26]). Wenn man Caesars Darstellung dieses Zeitabschnittes liest, so gewinnt man den Eindruck, als sei derselbe wenigstens zu Lande gänzlich ereignislos verlaufen: wir erfahren von nichts als von verschiedenen gescheiterten Friedensverhandlungen[27]).

Übergangsversuche des Pompejus.

Dem gegenüber steht der durchaus sachliche und unverdächtige Bericht Dios[28]), nach dem Pompejus einen Versuch gemacht hätte den Apsus zu forcieren; er hätte eine Brücke geschlagen, doch diese sei unter der Last der Soldaten zusammengebrochen und die bereits übergegangenen Truppen seien in Caesars Hände gefallen. Kaum auf dieselbe Begebenheit zurückzuführen ist die Notiz Appians[29]), nach welcher Pompejus Furten im Flusse rekognoszieren ließ: offenbar mit negativem Resultat. Es scheint, daß dieser Rekognoszierung die Absicht zugrunde lag, den erstmalig mißglückten Übergangsversuch mit anderen Mitteln zu wiederholen. Dagegen dürften die bei Appian c. 56, erwähnten Reitergefechte eher mit dem ersten Übergangsversuch zusammenhängen.

Die ersterwähnte Begebenheit führt neuerdings darauf, daß Brücken über den Apsus damals wahrscheinlich nicht existierten. hätte eine bestanden, so hätte sie der Sachlage nach nur von Caesar abgebrochen werden können, und das hätte er doch wohl erwähnt: denn wenn er auch, wie wir gleich sehen werden, in diesem Operationsabschnitt manches, insbesondere betreffs der gegnerischen Maßnahmen übergeht, eine eigene Maßnahme von solcher Bedeutung hätte er im Zusammenhang mit dem ausführlich erwähnten Beziehen der Stellung nicht gut übergehen können. Daß die von Pompejus geschlagene Kriegsbrücke nur unter der Last der Truppen zusammenbrach, ist bei einem so erfahrenen Feldherrn nicht anzunehmen. Hier dürften die tückischen Geister des Apsus mitgespielt haben; daß der winterliche Semeni mit Kriegsbrücken sehr unsanft umzugehen versteht, haben unsere Truppen insbesondere im ersten albanischen Kriegswinter bitter zu fühlen bekommen.

---

[26]) Caesar III 25, 1: *„multi iam menses erant"*. Nach Stoffel I, 427 und Meusel S. 372, waren es ca. 2½ Monate; sicher ist die Chronologie dieses Zeitabschnittes nicht. Vgl. darüber S. 223 Anm. 19.

[27]) III 15—19.

[28]) XLI 47.

[29]) b. c. II 58.

Daß Caesar diese für ihn günstige Episode gänzlich übergeht, ist an sich unverständlich und nur aus dem Konzeptcharakter des Bellum civile zu erklären: die Darstellung der Friedensverhandlungen, an der ihm begreiflicherweise sehr viel lag, hat hier alles andere überwuchert. Bei einer Revision des Textes wäre die Sache vielleicht nachgetragen worden.

Über den Ort des versuchten Brückenschlages, der jedenfalls außer Sicht des feindlichen Lagers an irgend einem Mäander des Apsus stattfand, können wir umsoweniger Näheres ermitteln, als wir über die damaligen Details des Flußlaufes vollends im Unklaren sind.

Immerhin erhellt aus den angeführten Tatsachen, daß Pompejus nach seinem Eintreffen am Apsus durchaus nicht ohneweiters zur Defensive entschlossen war, vielmehr sehr wohl daran dachte, seine mehr als doppelte Überlegenheit auszunützen und den Gegner, über dessen Stärke er ja durch Vibullius orientiert sein mußte, vor Ankunft seiner anderen Heereshälfte zu erdrücken; erst nach Mißglücken des Brückenschlages und der erkannten Unmöglichkeit, den Fluß auf andere Art zu übersetzen, fügte auch er sich in die passive Rolle.

Jedenfalls haben wir die Übergangsversuche des Pompejus in den Anfang der Apsuszeit zu verlegen.

Operationsstillstand; Abwesenheit der Feldherren.

Dann aber trat tatsächlich ein Operationsstillstand ein, der durch nichts besser charakterisiert wird als durch die Tatsache, daß die Feldherren zumeist überall zu finden sind, nur nicht im Lager. So finden wir Caesar nach c. 16, 1, in B u t h r o t u m, volle 8 Märsche von Kuči, und es ist ganz offenbar, daß wir von diesem aus Verpflegsrücksichten unternommenen Ausflug nur deshalb erfahren, weil sich die sorgfältig registrierten Friedensverhandlungen daran knüpfen. Und dem klaren Wortlaut des Kap. 30 entnehmen wir, daß zur Zeit der Überfahrt des M. Antonius Caesar in Apollonia, Pompejus in Dyrrhachium das Ereignis erwarteten. Die Sache ist auch ganz erklärlich. Wer in Albanien zur Winterszeit gekämpft hat, wird es ohneweiters selbstverständlich finden, daß die Lage sich entscheidungslos stabilisierte. Die Gefahr der Situation am Apsus lag für Caesar auch nicht in der Möglichkeit, daß Pompejus jeden Augenblick die Offensive wieder ergreifen könnte, sondern in der täglich wachsenden Ungewißheit, ob bis zu jenem Zeitpunkt, wo er sie ergreifen konnte, das heißt bis zum Frühjahr, die Heranziehung der in Italien zurückgebliebenen Streitkräfte bewirkt sein würde.

Dagegen gewann, insbesondere für Caesar, der Küstenabschnitt, wo die ersehnten Verstärkungen landen sollten, täglich an Wichtigkeit. Schon die erwünschte Raschheit der Korrespondenz mit Antonius mußte es dem Feldherrn ratsam erscheinen lassen, seinen persönlichen Aufenthalt näher der Küste, womöglich an einem Hafenplatz zu nehmen. Pompejus aber mögen teils gleichfalls Rücksichten auf die mögliche Überfahrt des Antonius, teils administrative Geschäfte in denselben Tagen nach Dyrrhachium gerufen haben.

Caesars Überfahrtsversuch.

In diese Zeit der Erwartung fällt auch eine Episode, die zu übergehen umsoweniger gerechtfertigt wäre, als sie in die Lokalfragen einzuspielen geeignet ist: Caesars phantastischer Versuch, persönlich nach Italien überzusetzen, um die säumigen Truppen selbst herüberzubringen. Die Geschichte ist in der Form, die uns vorliegt, stark anekdotenhaft zugeschnitten; sie mit Berufung auf diesen Umstand überhaupt abzulehnen wäre aber eine allzu billige Methode, sich mit den Schwierigkeiten, die sie bereitet, auseinanderzusetzen; zumal sie von ziemlich allen Quellen mit einziger Ausnahme Caesars selbst überliefert ist, und zwar mit starker Übereinstimmung wichtiger Einzelheiten und so viel unverdächtigen realen Angaben, daß die Annahme eines historischen Kernes nicht von der Hand zu weisen ist.

Die erwähnten Schwierigkeiten liegen darin, daß der ganze Vorgang in der von den ausführlicheren Quellen übereinstimmend angegebenen Zeit von einer Nacht mit der Festhaltung des Lagers von Kuči als Ausgangspunkt der Fahrt unvereinbar ist. Dieser Umstand scheint also auf ein näher der Flußmündung gelegenes Lager zu deuten.

Zunächst kurz die Darstellung der Quellen, wobei wir vor allem trachten müssen klar zu werden, welcher Ort jedem Autor als Ausgangspunkt vorgeschwebt hat.

Die ausführlichste Darstellung gibt Appian II 56: Caesar bestellt in dem 12 Stadien entfernten Fluß ein Boot für einen Kurier, begibt sich, nachdem er sich unter dem Vorwande der Unpäßlichkeit von der Abendtafel entfernt, in der Dunkelheit verkleidet und zu Wagen dahin. Die Bedenken des Steuermannes wegen des herrschenden Sturmes werden durch den Hinweis zerstreut, so würde die Fahrt am ehesten den Feinden verborgen bleiben. Das Boot gelangt bis an die Flußmündung; hier starker Gegenwind, der Steuermann verzagt, Caesar gibt sich mit den Worten: „Fürchte nichts, du führst Caesar und sein Glück" zu erkennen. Darauf neuerlicher Versuch vorwärts zu kommen; man bringt das Boot auch ins offene Meer, hier wird es jedoch vom Sturme gegen die Küste getrieben; da es zu tagen beginnt, fürchtet man vom Feinde entdeckt zu werden: Caesar gibt die Erlaubnis zur Rückfahrt, die, mit dem Winde im Rücken, rasch und glatt von statten geht.

Appian denkt sich dem ganzen Zusammenhang nach als Ausgangspunkt offenbar das Lager, das er kurz vorher erwähnt hat und durch den Fluß „Alor“ vom feindlichen getrennt sein läßt: man sollte glauben, daß er unter diesem Namen den Apsus versteht, somit auch die Fahrt in diesen verlegt.

Ausführlich, aber mit viel poetischer Ausschmückung berichtet Lucanus V 497 ff.: Caesar besteigt zur Zeit der dritten Nachtwache (also um Mitternacht) den an einer öden felsigen Uferstelle vertäuten Kahn. Die ganzen geschilderten Fahrtereignisse spielen am Meer, von einem Flusse ist nie die Rede. Der Schiffer, der nicht im vorhinein bestellt ist, wird erst geweckt und zur Fahrt überredet. Man fährt: Sturm; Caesar erzwingt die Weiterfahrt. Endlich wird das Schiff an einer felsenfreien Uferstelle ans Land geworfen. Bei Morgengrauen kehrt Caesar zu Lande („*remeans*“) ins Lager zurück.

Dieser Autor denkt offenbar auch an das Lager, das er ganz allgemein in das Gelände zwischen Apsus und Genusus verlegt[30]). Die Schiffahrt geht nur im Meer längs einer Steilküste vor sich, der Ausgangspunkt ist jedenfalls in unmittelbarer Seenähe gedacht.

Plutarch Caes. 38: Caesar ist in Apollonia; er besteigt zur Nachtzeit als Sklave verkleidet ein Boot mit 12 Ruderern. Zunächst Fahrt am Flusse Anios mit Landwind, der die Seewellen mildert, dieser wird jedoch bald durch den Seewind verdrängt: an der Flußmündung starker Seegang. Erkennen der Gefahr und Demaskierung Caesars noch im Flusse: dann mit aller Anstrengung Fahrt bis zur Mündung, dort Umkehr.

Plutarch also nennt ganz unzweideutig Apollonia als Ausgangspunkt. Den Fluß nennt er „Anios“, was mit der von Plinius n. h. III 26, erwähnten Bezeichnung „Aias“ für „Aous“ zu stimmen scheint. Die ganze Schilderung ist eindeutig auf die Verhältnisse von Apollonia und die Aousmündung festgelegt[31]): ihr liegt eine konkrete Vorstellung zugrunde.

Dio XLI 46, erwähnt die Tatsache unmittelbar nach der Besetzung von Apollonia, noch vor dem erst c. 47 erzählten Beziehen der Apsuslager. Es wird kein Fluß erwähnt, die Szene spielt nur im Meer.

---

[30]) Oricum und Apollonia werden von Lucan überhaupt nicht erwähnt, das Gegenüberlagern der Heere erfolgt gleich nach Caesars Landung.

[31]) Die bereits am Ausgangspunkt der Fahrt in Betracht kommenden Seewellen sind nur bei einer mehr weniger limanartigen Flußmündung möglich, wie sie, im Gegensatz zum Semeni und Škumbi, die Vojusa noch heute besitzt und jedenfalls auch im Altertum besaß, und worin auch die Schiffbarkeit ihres Unterlaufes und die Existenzmöglichkeit des Hafens von Apollonia begründet war.

Auch hier ist offenbar an Apollonia als Ausgangspunkt gedacht. Der Fluß wird nicht erwähnt: im vorhergehenden Kapitel hat Dio den bei Apollonia vorbeifließenden Fluß „Anas" genannt, welche Namensform die Brücke vom Plutarch'schen „Anios" zum „Aias" des Plinius schlägt und die Identität mit dem Aous bestätigt. Der Darstellung liegt zweifellos dieselbe Vorstellung wie bei Plutarch zugrunde.

Florus II 13, 37 läßt die Fahrt von Oricum aus, wo auch das Lager steht, im Meere antreten; ein Fluß wird nicht genannt: das benützte Schiff ist ein Aufklärer (*„speculatorio navigio"*).

Sueton Div. Jul. 58, erwähnt nur kurz die Tatsachen ohne nähere Zeit- und Ortsangaben.

Das ganze Problem löst sich glatt, wenn wir bei der Bestimmung des Ausgangspunktes jener Quelle folgen, die ihn am klarsten und bestimmtesten nennt: das ist Plutarch, und der Ausgangspunkt ist Apollonia[32]); die Sache wird bestätigt durch die restlose Einpassungsmöglichkeit der ausführlichen Schilderung in die tatsächlichen Verhältnisse der Örtlichkeit. Mit Plutarch stimmt auch vollkommen Dio, und von kleinen poetischen Lizenzen abgesehen auch Lucanus, die beide die ganze Handlung ins Meer verlegen, weil ihnen Apollonia als Seestadt, die sie ja in gewissem Sinne war, vorschwebt, und sie die kurze Flußfahrt vernachlässigen. Damit stimmt aber auch Appians Angabe von den 12 Stadien Distanz zum Flusse: sie entsprechen den 10 Stadien, welche nach Strabo VII 5, 8, die Entfernung zwischen der Stadt Apollonia und ihrem Hafen betrug: der kleine Unterschied von 2 Stadien kann hinlänglich damit erklärt werden, daß man nicht weiß, von welchem Punkte der Stadt jeder Autor gemessen hat, und daß möglicherweise auch verschiedene Stadien vorliegen.

Es muß demnach in irgend einer guten Vorlage dieser Autoren die Tatsache, daß Caesar von Apollonia aus abfuhr, klar gestanden haben. Wenn trotzdem einzelne Quellen diese Tatsache verwischen, so ist dies damit zu erklären, daß ihnen die Anwesenheit Caesars in Apollonia, während die Armee am Apsus stand, nicht recht einleuchtete: sie konnten sich den Feldherrn nur im Lager vorstellen und legten dann entweder das Lager ans Meer, oder die Fahrt in den Apsus. Zumal Dio, der gewohnt war sich von allem was er schrieb eine klare Vorstellung zu bilden, hat den scheinbaren Widerspruch damit lösen zu können geglaubt, daß er — wahrscheinlich in bewußtem Gegensatz zu seiner Vorlage — die ganze Episode vordatierte. Florus' Lokalisierung ist ein offenbarer Irrtum, deutet aber auch auf

[32]) Diese Ansicht schon bei Hirschfeld in RE[2] I 2658, s. v. Aoos; ebenso Drumann-Groebe III 439.

die Abfahrt aus einem wirklichen Hafen hin, worauf auch das Aufklärungsschiff weist[33]).

Uns ist nach dem, was wir früher festgestellt haben, der Aufenthalt Caesars in Apollonia durchaus nicht rätselhaft; er dürfte sich vielmehr in dieser ganzen Zeit vorwiegend dortselbst aufgehalten haben, und die Bestellung eines Kurierschiffes nach Brundisium, wie Appian sie schildert, dürfte in jenen Tagen sehr häufig vorgekommen sein; denn anders konnte Caesar auch seine zahlreichen Briefe an Antonius[34]) nicht befördern. Zu dieser Aufgabe, das heißt zum Durchschleichen durch die feindliche Blockade, eigneten sich allerdings am besten die kleinen schnellen Aufklärungsschiffe, die etwa unseren heutigen „Zerstörern" entsprechen mögen; und die ganze Affäre bestand dann einfach darin, daß diesmal Caesar selbst an Stelle des sonst reisenden Kuriers an Bord ging. Da Caesars Versuch mißglückte, reiste auch wirklich bald darauf „ἀνθ' ἑαυτοῦ" Postumius als Kurier, jedenfalls auf die gleiche Art, nach Brundisium[35]).

Mit dieser Auffassung lösen sich alle Schwierigkeiten restlos. Vor allem das Zeitkalkül, das auf Apollonia sehr gut anwendbar ist, nicht aber auf die bei dem Mäanderlauf des Semeni auf mindestens 30 bis 40 km zu schätzende Strecke von Kuči bis zum Meere: dann die berechtigten Bedenken gegen die Möglichkeit der Verwendung seetüchtiger Fahrzeuge auf dem Apsus. Wir wenigstens haben mit der Verwendung von größeren Motorbooten auf dem Semeni sehr üble Erfahrungen gemacht. Der Aous verdankte seine Schiffbarkeit der heute trotz der Laufverlegung noch vorhandenen limanartigen Erweiterung seines letzten Unterlaufes; beim Semeni ist gerade dieser Teil infolge der starken Versandung am schwierigsten zu befahren. Dazu kommt noch die aus anderen Gründen erwiesene, auch bei Lucanus V 464, bestätigte Öde der Landschaft am Unterlauf dieses Flusses, die einen Schiffsverkehr noch unwahrscheinlicher macht. Man vergesse nicht, daß, wer am Apsus lagern wollte, bei Apollonia oder Oricum landen mußte[36]).

Ein Bedenken gilt es noch zu zerstreuen: die bei Appian an zwei

---

[33]) Die von Lucan erwähnte Felsküste paßt allerdings auch besser zu Oricum als zu Apollonia; dennoch möchte ich hier lieber eine willkürliche Ausmalung des Dichters als eine gemeinsame Fehlerquelle mit Florus annehmen.

[34]) c. 25, 4.

[35]) Appian II 58.

[36]) Heute stehen auf den albanischen Flüssen seitens der einheimischen Landbevölkerung nur E i n b ä u m e in Verwendung; es ist kein Grund anzunehmen, daß dies im Altertum anders gewesen ist.

Stellen erwähnte Befürchtung, die Fahrt könnte vom Feinde bemerkt werden. Dies scheint auf die Benützung eines Flusses zu deuten, dessen jenseitiges Ufer vom Feinde besetzt war, was nur auf den Apsus, nicht aber auf den Aous anwendbar ist. Auch diese Schwierigkeit löst sich leicht. An der ersten Stelle beschwichtigen Caesars Leute die Bedenken, die der Schiffer wegen des S t u r m e s hegt, mit dem Hinweis auf die eben hierdurch erschwerte Entdeckung durch den Feind. Nun ist es zunächst ganz undenkbar, daß ein Schiff, das im stande sein soll im Winter die Adria zu überqueren, den auch bei heftigstem Sirocco minimalen Wellengang auf dem Flusse nur im geringsten zu fürchten hatte: die Bedenken des Schiffers konnten sich daher nur auf die M e e r fahrt beziehen. Dann aber hieße es auch sehr schlecht von dem Dienstbetrieb im Heere eines Feldherrn wie Pompejus denken, wollte man annehmen, daß ein Sturm ihre am Ufer postierten Feldwachen hätte hindern können die Schiffahrt auf dem durchschnittlich 100 m breiten Flusse zu kontrollieren. Der Hinweis konnte sich somit in jeder Beziehung nur auf das Meer, die Entdeckungsgefahr daher nur auf die vor der Flußmündung kreuzenden feindlichen Blockadeschiffe beziehen, denen unbemerkt zu entkommen die nächste Aufgabe des Kurierbootes war, und die allerdings durch starken Sturm in ihrer Tätigkeit sehr behindert werden konnten. Dasselbe gilt von der zweiten Stelle: die Caesarianer hatten gehofft, die Blockadelinie unter dem Schutze der Dunkelheit zu durchschleichen, und sehen sich jetzt infolge der Verzögerung durch den Gegenwind im Morgengrauen der Gefahr der Entdeckung preisgegeben. Auch hier hätte die Stelle unter Beziehung auf den Apsus, auf dem ja doch die Rückfahrt bei Tageslicht angesichts der feindlichen Posten hätte erfolgen müssen, keinen Sinn.

Bei der Auflösung all dieser Schwierigkeiten stellt sich schließlich klar heraus, daß in der scheinbar so anekdotenhaften Erzählung eine ganze Menge äußerst reeller Daten steckt, wodurch es immer wahrscheinlicher wird, daß ihr tatsächlich eine wirkliche Begebenheit zugrunde liegt[37]). Daß Caesar selbst sie nicht erwähnt, darf uns nicht wundernehmen; erstens hat er an dieser Stelle auch noch ganz andere Dinge übergangen, und zweitens ist es überhaupt nicht seine Art, rein persönliche Handlungen, sofern sie nicht von tatsächlichem Einfluß auf die Ereignisse geworden sind, zu erzählen.

[37]) Anekdotenhaft bleibt neben mancher Ausschmückung der Unterhaltung mit dem Schiffer vor allem die bei Appian erzählte Art der Entfernung Caesars von seiner Tischgesellschaft, die etwas gar zu auffallend mit den Vorgängen vor dem Übergang über den Rubicon übereinstimmt. Vgl. Appian II 32; Plut. Caes. 32; Suet. Div. Jul. 31.

V. Vom Apsus bis Dyrrhachium.

(Hierzu Karte I*a*.)

1. Die Überfahrt des M. Antonius.

Der Operationsstillstand am Apsus erfuhr ein jähes Ende durch die Landung der von M. Antonius geführten zweiten Staffel der caesarianischen Armee.

Nach langer, durch die feindliche Küstenblockade bewirkter Verzögerung war es Antonius endlich gelungen, mit Südwind („*nacti austrum*“, 26, 1) auszufahren. Die Direktiven, die er von Caesar erhalten hatte, lauteten dahin, entweder an der Küste des Gebietes von Apollonia, oder an jener der Labeaten, das ist im Gebiete von Lissus—Scodra, zu landen. Oricum war von Libo blockiert (c. 32, 1), Dyrrhachium in Feindeshand; an der sandigen Flachküste des Gebietes von Apollonia, wo die feindliche Flotte keinen Schutz vor Stürmen und keine Gelegenheit zur Wasserversorgung fand, war die Blockade am schwersten aufrecht zu erhalten und am leichtesten zu durchbrechen; die Küste des Muzakjaabschnittes wieder war wegen der absoluten Ungangbarkeit ihres unmittelbaren Hinterlandes ausgeschlossen. Lissus aber lag wieder weit vom Schusse, auch befand sich dort, wie aus den folgenden Ereignissen hervorgeht, keine feindliche Flotte, und bot günstige Verbindungen für den Anmarsch. Die Direktiven für die Überfahrt.

Das Kommando des Transportes führte M. Antonius; außer ihm befand sich noch Fufius Calenus an Bord, während A. Gabinius vorläufig mit dem diesmal nicht unterzubringenden Reste in Brundisium zurückblieb, um später den Landweg nach Illyrien einzuschlagen[38]). Auf den Schiffen befanden sich 4 Legionen und 800 Reiter[39]). Der Transport.

Trotz des Südwindes trachtete M. Antonius wenn möglich die apolloniatische Küste zu gewinnen, wo die Vereinigung mit Caesar naturgemäß am leichtesten zu bewirken war; es scheint jedoch, daß der während der Fahrt zunehmende Wind ihn so weit nach Norden abtrieb, daß es ihm nicht mehr möglich war südlich der Apsusmündung zu landen, so daß er nun instruktionsgemäß trachten mußte über Dyrrhachium hinaus die labeatische Küste zu erreichen; nur so Die Fahrt.

---

[38]) Über die Kommandoverhältnisse siehe unten S. 220.

[39]) Caesar III 29. Plutarch Ant. 7. 2. schätzt die vier Legionen auf 20.000 Mann; es ist dies die gleiche unangebrachte Schematisierung, die seiner Angabe über die Stärke der XIII. Legion vor dem Übergang über den Rubicon zugrunde liegt (Caes. 32). Zu Caesars Zeit gab es überhaupt keine Legionen von 5000 Mann, auch nicht neu aufgestellte.

erklärt es sich, daß die Flotte zwar an Apollonia vorbeifuhr (26, 1), aber dann doch bis Nymphaeum kam. Diese im letzten Moment erzwungene Änderung des Kurses war zweifellos ein äußerst kritischer Umstand. War es schon an und für sich die ungünstigere Variante, die labeatische Küste anzufahren, da dann selbst im Falle unbemerkter und ungestörter Landung immer noch die ganze feindliche Hauptmacht zwischen den beiden zu vereinigenden Gruppen stand, so wurde die Sache in diesem Falle noch weit peinlicher, da man bei dem gegnerischen Flottenstützpunkt Dyrrhachium in Sicht vorbei mußte, ein Unbemerktbleiben daher ausgeschlossen und ein feindlicher Angriff zur See zu gewärtigen war. Es kam auch so. Die vor Dyrrhachium liegende rhodische Eskader unter C. Coponius lief sofort aus; zunächst offenbar dem caesarianischen Transport schräg entgegen, was aus deren erst später erwähnter Vorbeifahrt an Dyrrhachium hervorgeht (26, 3). Die Lage verschlimmerte sich für Antonius durch das Abflauen des Windes, der einzigen Triebkraft der nur mit Segeln ausgerüsteten Transportschiffe. Da, im letzten Moment frischte der Wind wieder auf; mit seiner Hilfe gelang es Antonius am Gegner vorbeizukommen und freie Fahrt nach Norden zu gewinnen. Coponius aber nahm die Verfolgung auf, um den Gegner womöglich noch auf offener See zu erreichen und zu ungleichem Kampfe zu zwingen.

Die Landung. (Hierzu Karte Ic.) Für Antonius Landung kam einzig der Hafen von Nymphaeum (San Giovanni di Medua) in Betracht, der, wie Caesar berichtet, gegen den „*auster*", mit dem die Flotten fuhren, ungeschützt war, gegen den „*africus*" hingegen deckte. Antonius mußte darauf gefaßt sein, vom Winde ans Land geworfen zu werden, was ihn wohl die Mehrzahl der Schiffe gekostet und das Ausbarkieren der Kavallerie schwer behindert, aber doch vor der feindlichen Flotte, die bei Annäherung an das Land ebenso gefährdet war, gerettet hätte („*laevius tempestatis quam classis periculum aestimaverunt*", 24, 6). Das Glück, auf das Caesar wie alle großen Feldherren so zuversichtlich baute, blieb auch seinem Legaten treu; als die Flotte sich dem Hafen näherte, schlug der „*auster*" in den „*africus*" um, so daß Antonius glatt landen konnte, während die Verfolger ans Land geworfen und übel zugerichtet wurden.

Über die Art dieser Winde und ihre speziellen Einwirkungen auf den Hafen von Medua erhielt ich auf meine Bitte vom Hydrographischen Amt der k. und k. Kriegsmarine in Pola folgende Auskunft:

„Der ‚*auster*' ist der Südwind, heute noch ‚Ostro' genannt, nicht zu verwechseln mit dem häufigeren Südostwind ‚Sirocco';

der *,africus'* ist ein WSW-Wind, der bei den Italienern noch heute stellenweise ,Affricco' genannt wird; er ist identisch mit dem ,Ghiberno' oder ,Garbin'.

Im Hafen von San Giovanni di Medua treten die Seewinde selten stark auf: nur Bora (NO) und Tramontana (N) wehen sehr heftig. Der Hafen ist wohl gegen den SW-Wind selbst, nicht aber gegen dessen Seegang gedeckt."

Antonius muß sich im Momente des Windumschlages jedenfalls schon in unmittelbarer Nähe des Hafens befunden haben, sonst hätte sein Transport das Schicksal der feindlichen Flotte geteilt; dies bestätigt auch Caesar 26, 5 *„quo simulatque intro est itum"*. Allzu wörtlich ist auch dies nicht zu nehmen, denn der geschützte Raum beträgt nur wenige hundert Meter; auch hatten sich tatsächlich zwei Schiffe verspätet und fielen in Feindeshand (28, 1).

Als Antonius in den Hafen einfuhr, war die feindliche Flotte noch ein gutes Stück zurück, wurde somit noch auf offener See vom *„africus"* erfaßt, gegen ONO an die Küste geworfen und dort zertrümmert. Die Stelle ihres Unterganges ist zweifellos an der Steilküste (*„ad scopulos adlisa"*, 27, 2) zwischen Nymphaeum und Lissus zu suchen. Heute beginnt schon wenig über 1 km südwestlich Medua die durch den Drin angeschwemmte Flachküste; es ist ganz selbstverständlich, daß diese im Altertum, da der Drin noch durch die Bojana abfloß und bei Lissus nur das kleine Flüßchen Anapos (Diod. XV 13, 5) ins Meer lief[40]), lange nicht so weit vorgebaut war, vielmehr der steile Karstrücken zwischen beiden Orten fast in seiner ganzen Ausdehnung direkt ins Meer abfiel. Erst knapp um Lissus dürfen wir uns eine kleine, den Dimensionen des Anapos entsprechende Flachküstenanschwemmung denken, durchschnitten von der wahrscheinlich limanartig erweiterten Mündung des Flüßchens, welche einen wenigstens für kleinere Seeschiffe benützbaren Hafen gewährte (Caes. III 29, 3; 40, 5), wobei es ebensowenig wie bei Apollonia notwendig ist, sich denselben hart vor der Stadtmauer vorzustellen. Im Bereiche dieses Hafens, vielleicht noch vor der Flußmündung im Meer, ist die Stelle zu suchen, wo die beiden verirrten Transportschiffe Caesars in der Nacht Anker warfen (28, 1). (Vgl. hierzu Karte I *c*.)

Plutarch, Ant. 7, gibt über die Landung des Antonius und ihre Begleitumstände ein ausführliches, aber einigermaßen konfuses Bild, das sich weder mit der Schilderung Caesars, noch mit dem Terrain

[40]) Livius XLIV 31; vgl. Praschniker-Schober S. 10, 14 ff.

vereinigen läßt. Da Caesar mit dem Terrain vollkommen vereinbar ist, kann kein Zweifel bestehen, welche Darstellung den Vorzug verdient. Die Irrtümer Plutarchs scheinen auf gewaltsamer Anpassung eines an sich richtigen Quellenberichtes an ein falsch vorgestelltes Gelände zu beruhen. Er stellt den entscheidenden Witterungsumschlag so dar, daß ein L a n d wind einsetzt, der die Wogen vom Lande ins Meer treibt[41]) und dadurch Antonius davor rettet, an den Strand geworfen zu werden; dieser fährt rasch vom Ufer weg (wohin??) und findet das ganze Meer von Trümmern der feindlichen Flotte bedeckt. Es ist klar, daß ein Wind, der die Wellen vom Land ins Meer treibt, vielleicht die Flotte des Antonius retten, nie aber jene der Gegner an den Strand werfen konnte. Immerhin bestätigt auch diese Schilderung das Vorhandensein der Steilküste.

Nach geglückter Landung nahm Antonius ohne Schwertstreich Lissus in Besitz; die großen Schiffe seiner Flotte sandte er nach Brundisium zurück; die kleineren („*pontones*") brachte er nach Lissus in Sicherheit[41a]).

Ereignisse nach der Landung.

Nach seiner Landung hatte Antonius selbstverständlich sofort Meldung an Caesar abgeschickt. Indessen hatten aber sowohl Caesar als Pompejus die Flotten „*praetervectas Apolloniam Dyrrhachiumque*" selbst gesehen (30, 1). Daß dies wörtlich zu nehmen ist, läßt der Text („*ipsi*") nicht bezweifeln; wie wir uns diese Tatsache erklären können und die anschließende beobachtende Verfolgung („*iter secundum eos terra direxerant*") vorstellen müssen, ist oben S. 97 ausführlich dargelegt worden. Stoffel S. 355 und Meusel S. 327, haben den letzten Satz streichen wollen mit der Begründung, daß beide Feldherren den Marsch erst mehrere Tage später, als sie vom Orte der Landung Kenntnis erhalten hatten, antraten, und dieser Marsch überdies ganz bestimmt nicht längs der Küste geführt hat. Dieser Marsch ist aber natürlich auch gar nicht gemeint. Subjekt des Satzes ist das vorhergehende „*ipsi*", das sich nur auf die beiden Feldherren ad personam bezieht. Es ist durchaus einleuchtend, daß beide, als die Flotte gemeldet wurde, sofort in Begleitung von Patrouillen zu Pferde stiegen und durch rasche Gewinnung von in der Fahrtrichtung gelegenen Aussichtspunkten die Vorgänge am Meere zu beobachten und womöglich den Landungsplatz, an dessen Kenntnis beide in gleicher

---

41) ἄφνω δὲ τοῦ κόλπου πολὺν ἐκπνεύσαντος λίβα, καὶ τοῦ κλύδωνος ἀπὸ τῆς γῆς εἰς τὸ πέλαγος διαχεομένου.

41a) Ob diese „*pontones*" mit den 30 „*naves onerariae*" (40, 5) identisch sind, ist nicht mit Sicherheit zu entscheiden, aber sehr wahrscheinlich.

Weise interessiert waren, gleich selbst zu erkunden trachteten. So mag Caesar von Apollonia auf die Höhe von Ardenica, Pompejus von Dyrrhachium auf das Kap Pali vorgeritten sein. Freilich umsonst, denn die vom „*auster*" getriebenen Flotten kamen beiden bald aus dem Gesichtskreis. Nun blieb ihnen, um einen Luftstoß zu vermeiden, nichts übrig, als eine Meldung abzuwarten, die denn auch in wenigen Tagen eintraf: es kann angenommen werden, daß beide Feldherren in Erwartung dieser Meldung und um nach deren Eintreffen sofort disponieren und aufbrechen zu können, in die Hauptlager am Apsus zurückgekehrt sind.

2. Die Vereinigung Antonius' mit Caesar.

(Hierzu Karte I *d.*)

Die folgende Untersuchung wird einen augenfälligen Beweis dafür erbringen, was das Studium kriegerischer Ereignisse an Ort und Stelle jenem am grünen Tische gegenüber zu leisten im stande ist. Obwohl die Quelle in der Schilderung dieser Vorgänge nicht einen einzigen Ortsnamen, ja nicht einmal eine Ortsbeschreibung bietet, lassen sich dennoch bei entsprechend auf Autopsie gestützter Kenntnis des Landes die Ereignisse mit überwältigender Wahrscheinlichkeit bis in alle Einzelheiten festlegen. Karte und Autopsie.

Meine Vorgänger Heuzey und Stoffel haben hier versagt. Beide betonen ausdrücklich ihre persönliche Anwesenheit im Lande[42]: in den Landstrichen, die für diese Operationen allein in Betracht kommen, das heißt in dem Berg- und Hügelland östlich der Muzakja, sind sie offenbar beide nicht gewesen, sonst hätte Stoffel nicht auf Karte 14 die Gegend so grundfalsch darstellen können — er läßt unter anderm die offene Küstenebene gleich unterhalb Elbasan, über 20 km oberhalb Pekinj, beginnen! — und Heuzey stünde dem Problem nicht gar so verzagt und resigniert gegenüber[43]. Es ist bequem zu sagen, daß die Frage „nur nach den Texten zu lösen" ist[44], wenn man auf die Lokalforschung stillschweigend verzichtet hat. Ich bin durch den Besuch der Gegend um Elbasan zu ganz anderer Anschauung und vor allem zu viel positiveren Resultaten gelangt.

---

[42]) Stoffel I, 354: „Celui que nous présentons est le résultat des recherches que nous avons faites dans le pays même." — Heuzey S. 39: „J'ai pu seulement constater, en visitant le pays..."

[43]) S. 39, erster Absatz.

[44]) Ebenda S. 38.

Der Raum der Vereinigung im großen.

Daß die Vereinigung irgendwo in jener Gegend — im weitesten Sinne genommen — stattgefunden haben muß, läßt sich allerdings auch ohne Autopsie, an der Hand einer guten Karte, ableiten. Wenn Antonius der gegnerischen Hauptmacht nicht direkt in den Rachen laufen wollte, mußte er eine weiter östlich liegende Marschlinie wählen; da gibt es aber nur die eine über Tirana, den Krabepaß, Elbasan, die Wasserscheide Pušok und das Devolital zum Apsusknie bei Kuči[45]). Diese Linie ist so klar vorgezeichnet, daß sie mit an Sicherheit grenzender Wahrscheinlichkeit allem Folgenden zugrunde gelegt werden kann. Es läßt sich aber auch der Raum an diesen Linien, wo die Verteidigung stattfand, mit großer Wahrscheinlichkeit noch weiter einengen. Gar zu weit südlich kann sie nicht stattgefunden haben, weil Caesar einen Tag später als Pompejus hinkam, letzterer daher mindestens einen, ersterer zwei Tage dem Antonius entgegenmarschiert ist; anderseits aber auch nicht nördlich der Škumbilinie, denn sonst hätte Pompejus nicht durch die Stellung bei Asparagium, das nach c. 75 am Genusus lag, Dyrrhachium decken können[46]); vielmehr hätte dann Caesar, falls die Vereinigung, wie Stoffel will, bei Tirana stattfand, von dort direkt auf Dyrrhachium vorstoßen können, ohne daß Pompejus von Asparagium aus es zu hindern vermochte; überhaupt wird dessen Ausweichen gerade nach diesem Platz unter jener Voraussetzung gänzlich unverständlich, noch unverständlicher aber das Verhalten Caesars, der zuerst, ohne die unglaublich günstige Gelegenheit zum längst geplanten Vorstoße auf das jetzt ganz ungedeckte Dyrrhachium auszunützen, dem Gegner nach Asparagium folgt, um dann unverrichteter Dinge umzukehren und auf schwierigem Gebirgswege in beispiellosem Gewaltmarsch das durchzuführen, was er wenige Tage vorher auf bequemste Art hätte erreichen können.

Stoffel hat übrigens immerhin seine speziellen Gründe dafür, warum er die Vereinigung so weit nördlich annimmt. Er meint, daß Antonius nicht früher von Lissus abmarschieren konnte, ehe er von Caesar neue Instruktionen erhalten hätte, daß somit Caesar wie Pompejus mehrere Tage früher als Antonius aufgebrochen seien, was allerdings zu einer weiter nördlich erfolgenden Vereinigung führen

---

[45]) Die nähere Variante der letzten Wegstrecke über Belš hätte gleichfalls direkt in die Hände des Feindes geführt; Antonius mußte gerade auf der letzten Strecke des Weges möglichst gegen Osten ausbiegen und das Flußhindernis des Devoli zwischen sich und den Feind zu bringen trachten. Dies wurde jedoch durch den Entgegenmarsch der beiden Hauptarmeen gegenstandslos.

[46]) Richtig Heuzey S. 42.

mußte. Der französische Oberst setzt sich bei dieser Gelegenheit sehr nachdrücklich auf das hohe militärische Roß und kanzelt den General v. Goeler wegen seiner gegenteiligen Meinung gehörig ab: „Ce n'est point ainsi que les choses se passent à la guerre." Es ist ja ganz richtig, daß Antonius nicht ins Blaue hineinmarschieren konnte, ohne zu wissen, wo Caesar ihn erwarte, beziehungsweise ihm entgegenkam: ebenso sicher aber kann man annehmen, daß Caesar, der in den langen Wochen der Erwartung Zeit genug gehabt hatte, alle wünschenswerten Erkundigungen über die Verhältnisse des Landes einzuziehen und sicher nichts unterlassen hatte, was geeignet schien der Vereinigung mit dem sehnlichst erwarteten Korps die Wege zu ebnen, gelegentlich der c. 25, 4 erwähnten Instruktionen an Antonius, in denen die verschiedenen Landungsplätze bestimmt waren, auch die Wege angeführt hat, auf denen von jedem dieser Plätze aus der Vormarsch anzutreten war. Antonius brauchte also bloß Caesar von seiner Landung und dem Orte derselben zu verständigen und dann sofort den für den betreffenden Fall angegebenen Weg einzuschlagen, um sicher zu sein, auf diesem Wege seinem Feldherrn zu begegnen.

Der Hinterhalt des Pompejus. (Hierzu Karte Id.)

Bis hierher, das heißt zur Festlegung des Raumes um Elbasan, konnte man an der Hand einer halbwegs brauchbaren Übersichtskarte gelangen; von da ab muß die Arbeit nach der Detailkarte im Verein mit dem Lokalaugenschein einsetzen. Als Richtlinie dient das Verhalten des zuerst eintreffenden Pompejus. Dieser hat die Absicht, Antonius vor Caesars Ankunft zu vernichten. Was tut er nun? *„Idoneum locum nactus ibi copias conlocavit suosque omnes castris continuit, ignesque fieri prohibuit, quo occultior esset eius adventus"* (30, 5). Also kein „Hinterhalt" im wörtlichen Sinne, keine versteckten Detachierungen gegen Flanke und Rücken des anmarschierenden Gegners, wie etwa am Prion, an der Trebia und am Trasimenus: mit der ganzen, geschlossenen Hauptkraft wollte er ihm plötzlich unerwartet entgegentreten. Die Übermacht allein sollte wirken, das Versteckenspiel hatte nur den Zweck, den ahnungslosen Gegner so nahe herankommen zu lassen, daß er im Augenblick der Demaskierung sich dem vernichtenden Schlage nicht mehr entziehen konnte. Zu dieser brutalen Entfaltung der Übermacht als solcher aber gehörte ein offenes, ebenes Gelände. Kupiertes Terrain hätte da eher dem Schwächeren geholfen, hätte ihm Gelegenheit geboten, durch rasche Terrainausnützung das Mißverhältnis der Kraft wettzumachen; hier wäre allenfalls der Ort gewesen für Hinterhalte der ersterwähnten Art, die an sich durchaus nicht Überlegenheit, sondern vielmehr intensive Geländeausnützung und genaueste Übereinstimmung in den Aktionen der einzelnen Gruppen voraussetzen.

Pompejus' Hinterhalt aber war von der anderen Art, und das weist, wie erwähnt, auf die jede Terrainausnützung ausschließende offene Ebene als gewähltes Schlachtfeld.

Eine solche Ebene finden wir jedoch in dem fraglichen Raume nur im Kessel von Elbasan und der südwestlich anschließenden flachen Wasserscheide „Pušok".

Ersterer ist durch das vielverzweigte Torrentenbett des Škumbi vielfach zerschnitten und zu ungehinderter Entfaltung der Massen weniger geeignet: anders jedoch die Senke Pušok. Diese ist an ihrer schmälsten Stelle bei Belik $2^3/_4$ km breit, erweitert sich aber gegen die Škumbiebene bedeutend. Die Abdachung der Wasserscheide gegen die beiden Flußtäler ist derart flach, daß sie taktisch nicht in Betracht kommt, aber immer noch bedeutend genug, um dem in der Tiefe des Škumbitales Marschierenden den Einblick in die südliche Abdachung zu verwehren.

Am Westrande der Wasserscheide, bei Ciberak, springt eine niedrige Hügelgruppe vor, deren zangenförmig gegeneinandergebogene Ausläufer einen vertieften Raum von ca. 600 bis 800 m im Geviert einschließen; ein vorzüglicher Platz für gedeckte Bereitstellung einer Armee von der Stärke der pompejanischen (vergleiche Karte I *d*). Einen besseren Platz konnte sich Pompejus für seinen Plan nicht wünschen, und auch in der ganzen Gegend keinen finden. Zwischen den Höhenausläufern vor Ciberak konnte er die Armee gegen jede Einsicht, auch von den Höhen nördlich Elbasan aus gedeckt, bereithalten[47]). War die Kolonne des Antonius einmal über den Škumbi, so konnte er die Legionen schleunigst und unbemerkt auf der südlichen Abdachung, knapp hinter der wasserscheidenden Linie, aufmarschieren lassen. Ging Antonius dann, den Fluß im Rücken, gegen die Wasserscheide vor, so konnte die ganze feindliche Übermacht plötzlich und gleichzeitig auf deren Höhe auftauchen und den so gut wie wehrlosen Gegner umklammern oder in den Fluß werfen.

Freilich gehörte eines dazu, wie überhaupt zu jedem Hinterhalt: mangelhafte Aufklärung beim Gegner. Dies traf bei Caesars

---

[47]) Es ist kaum anzunehmen, daß Pompejus hier ein regelrechtes Lager geschlagen hat, welches die Stellung nur verraten hätte; die Truppen dürften vielmehr in der unbefestigten Mulde dicht gedrängt bereitgestanden sein. Daher auch die Besorgnis vor dem doppelten Angriff bei Caesars Anmarsch, c. 30, 7.

bestem Legaten allerdings nicht zu. Er erfuhr — nach Caesar durch Landesbewohner, also Konfidenten[48]) — rechtzeitig von der Anwesenheit des Gegners, durchschaute sofort dessen Absicht und tat das Einfachste und beste: er blieb in fester Stellung stehen und ließ Pompejus in seinem Versteck ruhig sitzen.

Der Platz, wo er Stellung genommen hatte, ist gleichfalls mit großer Wahrscheinlichkeit zu ermitteln. Es ist die für das Lager eines derartigen Korps ganz gut geeignete Höhe südöstlich des Klosters Šinjon, der letzte Ausläufer der vom Krabepaß längs des Weges gegen Elbasan herabziehenden Hänge. Von da hatte er eine sehr gute Übersicht über die Škumbiebene nebst leidlichem Einblick in die Senke von Pušok, den Genususübergang aber gerade vor sich[49]). Die Stellung des Antonius.

In dieser Situation verging ein Tag; dann erschien Caesar. Er hatte Pompejus gegenüber einen Tag verloren. Während dieser vom Lager am Nordufer des Apsus einen sehr guten hindernislosen Weg quer durch die Dumbrea gegen die Senke von Pušok zur Verfügung hatte, der in einem starken Marschtage zu bewältigen war, hatte Caesar zunächst den unpassierbaren Fluß vor sich. Wollte er sich durch die zeitraubende Arbeit eines Brückenschlages nicht aufhalten lassen, so mußte er stromaufwärts marschieren, bis er eine Furt erreichte. Eine solche war aber zu jener Jahreszeit erst oberhalb der Devolimündung zu finden; von da konnte er dann das Devolital aufwärts gegen die Wasserscheide marschieren. Immerhin gab das insgesamt zwei Märsche, und so kam er um einen gegen Pompejus in Nachteil. Indessen des Antonius kluge Vorsichtsmaßregel hatte diesen Nachteil wettgemacht. Als Pompejus, immer noch in seinem Versteck bei Ciberak lauernd, statt des von Norden her erwarteten Antonius in seinem Rücken am Devoliknie die Kolonne Caesars auftauchen sah, erkannte er seinen Plan als durchkreuzt und zugleich die Gefahr, zwischen zwei Feuer zu geraten; er räumte die Stellung und ging den Genusus abwärts nach Asparagium, jenem wichtigen Knotenpunkt, von dem aus er sowohl nach allen Seiten vorbrechen, als auch den jetzt Caesars Anmarsch und Eintreffen. Pompejus' Ausweichen

[48]) Es ist sehr gut denkbar, daß Caesar in Voraussicht der Möglichkeit dieses Marsches im vorhinein einen Konfidentendienst auf der Marschlinie organisiert hat; wodurch die Wahrscheinlichkeit, daß diese Marschlinie schon in die nach Brundisium geschickten Instruktionen aufgenommen war, noch gewinnt. Für diese Auffassung spricht auch die Tatsache, daß kaum irgend ein zweites Volk für den Konfidentendienst derartiges Talent besitzt wie die Albaner; die Parthiner Caesars dürften auch in diesem Punkte nicht anders gewesen sein.

[49]) Dieser Übergang ist hier an Stelle der wohl erst in späterer Zeit entstandenen antiken Brücke, deren Pfeiler noch heute zu sehen sind, gedacht. Siehe Praschniker-Schober S. 59.

neuerdings zu befürchtenden Vormarsch Caesars auf Dyrrhachium sperren konnte; die Vereinigung der feindlichen Heeresgruppen vermochte er nicht mehr zu hindern.

Die Vereinigung

Nach dem Wortlaut der Quelle scheint es, als wäre Pompejus erst abgezogen, nachdem Caesar, gewissermaßen um ihn herummarschierend, sich effektiv mit Antonius vereinigt hatte (*„altero die ad eum [i. e. Antonium] pervenit Caesar"*, 30, 6). Ich möchte dies nicht so wörtlich nehmen: wichtiger scheint mir der folgende Satz: *„ne duobus circumcluderetur exercitibus"*, der die Vorstellung erweckt, daß Pompejus bereits früher abzog, in der Befürchtung, daß die feindlichen Gruppen sonst die Vereinigung in gemeinsamem doppelseitigen Angriff auf seine Stellung suchen könnten.

An welcher Stelle schließlich die Vereinigung selbst erfolgte, ist belanglos. Der oben ersterwähnte Satz spricht für das Lager des Antonius, also Šinjon, desgleichen die unmittelbare Nähe der Stadt Scampa sowie der Straße, zumal jetzt ein gewiß mehrtägiger Aufenthalt folgte, währenddessen eine durchgreifende Umgruppierung und Umbasierung der Armee verfügt wurde (cap. 34).

Der Meldedienst.

Zum Zweck der Zusammenstellung einer Zeittabelle über die zur Vereinigung führenden Märsche erst einiges über die Leistungsmöglichkeiten des Meldedienstes in jenen Tagen.

Sowohl Caesar als Pompejus wurden von der Landung des Antonius durch Meldungen verständigt: ersterer durch Antonius selbst, letzterer jedenfalls durch den Kommandanten von Lissus, Otacilius. Stoffel billigt diesen Meldereitern für die von ihm auf 160 km veranschlagte Distanz 36 bis 48 Stunden zu, das wären etwa 80 bis 100 km täglich. Das ist nun viel zu viel, obwohl die Entfernung je nach dem eingeschlagenen Wege nur 130 bis 140 km beträgt. Eine solche Tagesgeschwindigkeit ist nur auf guter Straße oder einem sonst das Reiten begünstigenden Terrain, etwa in einer Steppengegend möglich, nicht aber auf albanischen Landwegen, auf denen der Reiter, zumal im Winter, von ganz kurzen Strecken abgesehen, nicht traben kann und somit nicht viel rascher vorwärtskommt wie der Fußgänger; nur durch wiederholten Pferdewechsel und die dadurch bewirkte gründliche Zeitauswertung kann er jenen wesentlich, aber auch lange nicht gleich um ein so hohes Maß überbieten.

Und noch eines ist gerade in diesem Falle sehr zu berücksichtigen: Die pompejanischen Boten hatten es weitaus leichter als die caesarianischen: sie hatten nicht nur die Straße über Dyrrhachium zur Verfügung, sondern sie brauchten auch keine Rücksicht auf Gefährdung durch den Feind zu nehmen. Des Antonius Reiter hingegen konnten unmöglich diese Straße benützen, sondern waren gleich Antonius selbst auf den Weg über den Krabepaß angewiesen; vor allem aber ging der Ritt durch vom Feinde beherrschtes Gebiet, es hieß immer alle Vorsicht gegen Entdeckung und Abfangen beobachten; möglicherweise mußten sie sich überhaupt bei Tage verborgen halten und konnten nur die Nacht über reiten, wobei natürlich das rasche Vorwärtskommen noch mehr erschwert war[49a]).

Es ist unter diesen Umständen kaum anzunehmen, daß die beiderseitigen Boten, auch wenn sie ziemlich gleichzeitig abritten, auch ebenso gleichzeitig am Apsus eingetroffen sind. Und tatsächlich scheint Pompejus die Meldung früher erhalten zu haben. Caesar erwähnt c. 30, 3, daß jener *„clam et noctu"* aufbrach, er selbst hingegen *„palam et interdiu"*. Der beabsichtigte Sinn ist, die Sache so darzustellen, als wäre Pompejus aus ängstlicher Vorsicht geheim zur Nachtzeit abmarschiert; denn ein Abmarsch ohne *„conclamatio"* galt bekanntlich als Eingeständnis der Schwäche. Mir aber will es scheinen, als hätte Pompejus damit einen viel plausibleren Zweck verfolgt: nämlich einen möglichst großen Vorsprung zwischen sich und Caesar zu legen, um dadurch umso sicherer Antonius in seiner Isolierung erdrücken zu können. Wenn aber Pompejus in der Nacht aufbrach, so hatte er die Meldung jedenfalls schon am Abend erhalten. Hätte Caesar sie gleichzeitig bekommen, so wäre er ganz bestimmt auch abmarschiert, wenn nicht *„clam"*, so doch *„noctu"*; denn nächtliche Abmärsche sind bei ihm nichts seltenes, sobald der taktische Zweck sie erfordert, und ein solcher lag hier im höchsten Grade vor, schon mit Rücksicht auf den auch bei gleichzeitigem Abmarsch durch das Terrain gewährleisteten Vorsprung des Pompejus. Wenn nun Caesar trotzdem *„interdiu"* abmarschierte, so dürfte er eben seine Meldung erst frühestens in den Morgenstunden erhalten haben. Es ergibt sich daher zwischen den Zeiten der Meldereiter ein Unterschied von etwa 12 Stunden, was den obigen Erwägungen entspricht.

Nach all dem resultiert etwa die folgende Zeittabelle: Zeittabelle.

[49a]) Anderseits ist auch die Überbringung der Meldung durch eine Konfidentenkette nicht ausgeschlossen.

Tag	M Antonius	Meldereiter des Otacilius	Meldereiter des Antonius*)	Pompejus	Caesar
1.	Abfahrt von Brundisium				
2.	Nachmittag Landung bei Nymphaeum Ausbarkierung	Abends Abreiten von Lissus	Abends Abreiten von Nymphaeum		
3.	Früh Besetzung von Lissus Absendung der Meldung Nachmittag Marsch bis an den Mati (20 km)	Ritt bis Vorra (43 km)	Ritt bis Mamuraš (33 km) Abends weiter		
4.	Marsch bis östl. Preza (30 km)	Ritt bis Kavaja (45 km)	Ritt bis Tirana (30 km) Abends weiter		
5.	Marsch bis Muleti (25 km)	Ritt bis an den Apsus (47 km) Abends Ankunft	Ritt bis Šinjon (34 km) Abends weiter		
6.	Marsch bis Šinjon (27 km), dort Halt		Früh Ankunft am Apsus (34 km)	Mitternacht Abmarsch bis Ciberak (30 km) dort Halt	Vormittag Abmarsch bis oberhalb der Devolimündung (12 km) Übergang über den Apsus
7.	Bleibt im Lager bei Šinjon stehen *(unum diem se in castris continuit)*			Liegt im Hinterhalt, nach Meldung von Caesars Anmarsch Nachmittag Abmarsch gegen Asparagium	Marsch am linken Devoliufer bis zum Knie des Flusses (16 km) Dort Ankunft in den ersten Nachmittagsstunden
8.	Caesar trifft bei ihm ein *(altero die ad eum pervenit Caesar)*				Marsch bis Šinjon (20 km) Vereinigung mit Antonius

*) Im Falle der Überbringung durch Konfidenten ergeben sich längere Marschzeiten mit kleineren Intervallen.

3. Asparagium.

(Hierzu Karte I *e*.)

Wo Asparagium zu suchen ist, wurde bereits abgeleitet: es lag am Austritt des Škumbi in die Ebene. Die genaue Stelle des an sich unbedeutenden Ortes interessiert weniger, wiewohl auch diese beim heutigen Rogožina als wahrscheinlich erwiesen wurde; wichtiger ist die Bestimmung der beiden L a g e r, in denen die Gegner diesmal, und dann nochmals gelegentlich des Rückzuges Caesars einander gegenüberstanden.

Die meisten Forscher nahmen beide Lager am l i n k e n Ufer des Flusses an. Der Gedankengang war jedenfalls der, daß Caesars Lager nach c. 76, 1 unbedingt am Südufer des Flusses zu suchen ist, anderseits aber jenes des Pompejus, da Caesar ihm nach 41, 1 die Schlacht anbietet, ebenda gelegen zu haben scheint: ganz besonders aber spricht das „*i u x t a q u e e u m castra posuit*" (40, 1) für diese Auffassung. Und doch gibt es andere, nach meiner Meinung schwerer wiegende Gründe für das Gegenteil. Fluß und Lager.

Vor allem die taktische Situation.

Pompejus sperrte durch seine Stellung tatsächlich dem Gegner den Weg nach Dyrrhachium; und Caesar mußte auch wirklich, um dorthin zu gelangen, erst ein Stück umkehren und dann einen Umweg über unwirtliche Bergpfade einschlagen. Wäre Pompejus am Südufer gestanden, so hätte er ganz unglaublicherweise die Straße freigegeben: Caesar hätte auf dieser, also am Nordufer, anmarschieren und, durch den zu jener Jahreszeit mächtigen Fluß gegen den Feind gedeckt, auf Dyrrhachium vorrücken können. Dem an sich schwierigen Flankenangriff des Pompejus über den Fluß hinüber hätte er, der ja die Schlacht suchte, unter den günstigsten Bedingungen entgegenzutreten vermocht.

Aber auch dem „*iuxta eum*" läßt sich eine andere Textstelle entgegenhalten, die mit mindestens derselben Klarheit auf das Gegenteil hinweist. Nach c. 76, 1, lag Caesars Lager „*c o n t r a Asparagium*", jenes des Pompejus „*a d Asparagium*". Dieser betonte Gegensatz findet seine Erklärung am besten, wenn man die Lager auf verschiedenen Flußufern, jenes des Pompejus auf demselben wie die Ortschaft, jenes Caesars am entgegengesetzten annimmt. Da aber dieses letztere zweifellos am linken Ufer lag — denn Caesar mußte um es zu erreichen den Fluß überschreiten — so muß das pompejanische am rechten gelegen haben, was mit den taktischen Forderungen übereinstimmt.

Aus c. 76, 2, erfahren wir, daß des Pompejus Leute nach Eintreffen im alten Lager *„invitati propinquitate superiorum castrorum"* sofort dahin zurückgingen. Diese Verlockung wäre sehr abgeschwächt worden, wenn sie mit einem neuerlichen zweimaligen Durchwaten des Flusses verbunden gewesen wäre. Vor allem aber hätte Pompejus, der ja ein erfahrener Feldherr war und den Aufklärungsdienst zu handhaben verstand, auch über eine weit überlegene Kavallerie verfügte, Caesars nach c. 76, 1, im Interesse der Marschbereitschaft verfügte Maßnahmen, insbesondere das Einziehen der zur Requisition ausgesandten Reiter, rechtzeitig entdecken müssen, wenn nicht eben der zwischen den Lagern befindliche Fluß die Nahaufklärung beeinträchtigt hätte.

Aus all dem resultiert ein klares Bild: Ortschaft und Lager des Pompejus am nördlichen, Lager Caesars am südlichen Flußufer[50]).

Örtlichkeit der Lager.

Die Örtlichkeit der beiden Lager selbst ergibt sich hier aus dem Terrain mit so überwältigender Eindeutigkeit wie selten in derartigen Fällen: schon ein Blick auf die Karte drängt die Lösung auf, und die Autopsie bestätigt sie vollinhaltlich. Demnach stand das

Das Lager des Pompejus.

Lager des Pompejus auf der hierfür wie geschaffenen quadratischen Hügelwelle, die durch den Trigonometer △ 86 gekennzeichnet ist (Abb. 8). Mit gerade ausreichendem Raum und leidlicher Lagerfläche verbindet sie einen ganz vorzüglichen Überblick über das Vorterrain nach allen Seiten hin; insbesondere das Škumbital, aus dem der Feind zu erwarten war, ist in seiner ganzen Breite bis Pekinj hinauf vollkommen eingesehen.

Das Lager Caesars.

Noch sicherer womöglich ist der Platz des Lagers Caesars auf den gegenüberliegenden letzten Ausläufern der den Škumbi links begleitenden Höhen (Kodra Šomma) bei Thenasaj gegeben (Abb. 9). Dieselben enden in zwei schmalen Riegeln, einem höheren und steileren nordöstlichen (⊙ 164—117), und einem flacheren südwestlichen; dazwischen liegt eine breite Mulde mit vorzüglicher Lagerfläche. In der Front schützen Ebene und Fluß: im Rücken findet das Lager in der schmalen Rippe, die von ⊙ 164 gegen den anderen Riegel hinüberzieht, einen vortrefflichen Abschluß. Der Ausblick von ⊙ 164 ist womöglich noch besser als jener vom pompejanischen Lager. Die für die damalige Stärke Caesars vielleicht etwas zu große Lagerfläche wurde durch die vorzügliche Verteidigungsfähigkeit und die sonstigen Vorteile mehr als aufgewogen.

---

[50]) Der erste, der die Trennung der Lager durch den Fluß richtig erkannt hat, ist meines Wissens Meusel S. 254.

Besondere Bestimmung erfordert noch die *porta decumana* des Lagers, durch die nach c. 76, 1, die caesarianischen Reiter g e d e c k t ins Lager zurückkehrten. Bei dem sehr guten Einblick, den die Höhe △ 86 dem Feinde in das caesarianische Lager gewährte, kann dieses Tor nur in dem Sattel gesucht werden, der etwa 500 m südwestlich der ⊙ 164 bei dem dort eingezeichneten Olivenwäldchen liegt und durch die nordwestlich anschließende Kuppe gegen Sicht gedeckt ist.

Auf dem mehrerwähnten von ⊙ 164 herabziehenden Riegel sind übrigens noch sehr deutliche Spuren des alten Lagerwalles sichtbar.

Nun stehen wir aber vor der wichtigen Frage: Wie kam Caesar dazu sein Lager auf dem linken Flußufer zu schlagen, wo doch die Hauptstraße auf dem rechten führte? Caesars Anmarsch.

Daß er es tat, deutet zweifellos darauf hin, daß er auch an diesem Ufer anmarschiert ist. Nun haben wir zwar oben S. 58 mit Wahrscheinlichkeit abgeleitet, daß in diesem Teile des Tales beiderseits des Flusses Wege führten, doch kann kein Zweifel darüber obwalten, daß jener am Nordufer der bessere, das heißt die eigentliche Straße war und insbesondere für einen, der nach Dyrrhachium gravitierte, in erster Linie in Betracht kam.

Daß Caesar außerstande gewesen wäre den Fluß früher zu überschreiten, um die bessere Straße zu gewinnen, ist ganz ausgeschlossen: nach Pompejus' Abzug von Ciberak stand einem Übergang nichts im Wege: auch setzt schon die vollzogene Vereinigung mit Antonius den Übergang der einen Heeresgruppe über den Fluß voraus. Schließlich hat Caesar, als er vor Asparagium umkehrte und den Gebirgsweg nach Dyrrhachium einschlug, den Fluß ja doch überschreiten müssen.

Es scheint daher, daß Pompejus' Stellung bei Asparagium, über die Caesar während seines mehrtägigen Aufenthaltes am Vereinigungsorte durch seine Aufklärer genau unterrichtet wurde (41, 1), diesen veranlaßt hat die südliche Route zu wählen. Möglicherweise hatte Pompejus die bessere nördliche auch noch an anderen Stellen gesperrt oder durch Zerstörungen von Objekten unpassierbar gemacht; und es ist gar nicht von der Hand zu weisen, daß die bei Appian II 55, erwähnten Brückenzerstörungen und Verhaue sich statt auf Pompejus ersten Marsch auf Dyrrhachium, auf diesen beziehen, wo sie tatsächlich Sinn hatten.

Ob endlich das *„oppidum Parthinorum"*, das Caesar während des Anmarsches wegnahm, mit Clodiana-Pekinj identisch ist, läßt sich nicht entscheiden, aber es hat viel für sich. In diesem Falle müßte er bis dahin nördlich des Flusses vorgegangen sein und dann erst das Das *„oppidum Parthinorum"*.

Ufer gewechselt haben; sei es wegen der Straßenzerstörung, sei es weil er infolge der Stellung des Pompejus nur am linken Ufer die Möglichkeit sah die Ebene und damit den Raum zum Schlachtaufmarsch zu gewinnen. Für den Uferwechsel bei Pekinj spricht auch, daß Caesar, wie wir später sehen werden, auf seinem Umgehungsmarsch gegen Dyrrhachium den Genusus zweifellos bei eben diesem Orte, und zwar wahrscheinlich noch in Sicht des feindlichen Lagers überschritt, ohne dadurch den Verdacht des Gegners zu erregen, der ihn im Abmarsche nach der Gegend von Elbasan vermutete; dies erklärt sich am besten dadurch, daß dieser ihn auch an derselben Stelle hatte über den Fluß herankommen sehen.

Auf jeden Fall ist das *oppidum Parthinorum* auf dem Wege aus dem Kessel von Elbasan gegen Asparagium, also im Škumbital, und niemals in dem Bergland nördlich davon bei Tirana, Pertrejla u. dgl. zu suchen. Wäre Caesar einmal dort gewesen, so hätte des Pompejus Stellung bei Asparagium ihren Zweck nicht mehr erfüllt, und Caesar selbst hätte es am wenigsten nötig gehabt nochmals ins Škumbital zurückzukehren, nur um dann vor Pompejus' Lager neuerdings umkehren zu müssen.

Marschtableau. Die dreitägige Dauer des Marsches aus der Ebene von Elbasan bis Asparagium (ca. 40 km) erklärt sich eben aus der durch die Wegnahme der Feste bedingten Verzögerung. Dieselbe wurde auch nicht einfach während des Vorbeimarsches so nebenbei weggenommen („*e x itinere*"); sondern das überlieferte „*i n itinere*" ist ganz gut mit einem mehrstündigen, vielleicht eintägigen Aufenthalt vereinbar. Jedenfalls dürfte der Marsch d i e s e s Tages damit, ohne Rücksicht auf die bis dahin zurückgelegte Strecke, ihr Ende gefunden haben. Ebenso kann der dritte und letzte Marsch durch das frühzeitige Eintreffen vor der Stellung des Pompejus auf eine kleinere Distanz reduziert worden sein. Unter der Annahme des Oppidum = Pekinj ergäbe sich demnach für den Marsch Caesars folgende Tabelle:

1. Tag: Šinjon—Han Biškejmi (20 km).
2. Tag: Han Biškejmi—Pekinj (10 km): Erstürmung der Stadt.
3. Tag: Pekinj—Thenasaj (ca. 10 km).

Das Schlachtanbot. Was nun das c. 41, 1 erwähnte S c h l a c h t a n b o t betrifft, so ist es sicher, daß dasselbe, mit dem Fluß zwischen den Lagern, ein bedeutendes Risiko für die eine oder andere Partei in sich schloß. Für welche ist nicht zu entscheiden, da wir nicht wissen, wie das Flußbett damals beschaffen war, und welche Armee es hätte überschreiten müssen. Für Caesar ist ein solches Wagnis in diesem Augenblicke, unter dem unmittelbaren Eindruck der glücklich erzwungenen Vereinigung und des gegnerischen Rückzuges durchaus annehmbar; anderseits spricht die Tatsache, daß Pompejus trotz seiner sehr bedeutenden Überlegenheit die Schlacht ablehnte, dafür, daß jenes Risiko ihm zugemutet war; dieselbe Annahme legt auch der damals höchstwahrscheinlich von Rogožina ab nordwärts geschwenkte Flußlauf nahe. Diese Alternative ist denn auch auf Karte I *e* zur Darstellung gebracht. Allerdings ist nicht zu übersehen, daß Pompejus auch sehr gewichtige Gründe anderer Art hatte, die Schlacht zu verweigern, wovon im letzten Kapitel die Rede sein wird.

4. Caesars Marsch von Asparagium auf Dyrrhachium.

Als Caesar sah, daß er weder Pompejus zur Schlacht verleiten, noch den Weg auf Dyrrhachium erzwingen könne, beschloß er sein Ziel auf andere Art zu erreichen. Er trat scheinbar den Rückzug an, wandte sich jedoch, außer Sicht des Feindes gelangt, nordwärts in die Berge, die er in schwierigem Tag- und Nachtmarsch überstieg, und gelangte so vor Dyrrhachium, ohne daß Pompejus, der seine Absicht zu spät erkannt hatte, trotz des kürzeren und besseren Weges und möglichster Marschbeschleunigung es hätte hindern können; als Caesar vor Dyrrhachium sein Lager schlug, ward eben erst des Pompejus Vorhut von ferne sichtbar[51]).

Pompejus war zu Lande von Dyrrhachium abgeschnitten.

Bezüglich dieses Umgehungsmarsches haben die bisherigen Forscher, soweit es sich aus ihren Beschreibungen entnehmen läßt, das Richtige vermutet, wenn auch auf Grund mangelhafter Karten ungenau ausgedrückt[52]). Festzuhalten ist ihnen gegenüber nur die Unmöglichkeit, den Weg durch die B a c h t ä l e r (Saranika, Peza) anzunehmen. Diese schmalen, schluchtartigen Talgräben sind fast ganz weglos, während die viel gangbareren Kämme der dazwischenliegenden Rücken die durchlaufenden Kommunikationen tragen, die allerdings auch da noch der Schilderung Caesars („*difficili angustoque itinere*", 41, 3) vollauf entsprechen. Auf diese Tatsachen aufbauend

Die Marschlinie.

[51]) Schon im spanischen Feldzug des vorhergehenden Jahres hat Caesar ganz dasselbe Manöver mit gleichem Erfolge durchgeführt (b. c. I 68 ff.). Man sieht, daß auch ein ganz großer Feldherr gelegentlich einmal ohne Schaden sich selbst kopieren kann.

[52]) Heuzey S. 60. Stoffel S. 161 bzw. 356. Letzterer ist allerdings durch seine Ansetzung von Asparagium bei Baštova im Kalkül falsch beeinflußt. Die Marschzeiten zumal — Heuzey rechnet für die Strecke Pekinj—Peza vogel 6 Stunden! — sind gänzlich ohne jede Berücksichtigung der gerade hier so wichtigen und von Caesar ausdrücklich betonten Wegbeschaffenheit berechnet.

will ich im folgenden den Marsch Caesars unabhängig von den für uns vielfach unklaren Lösungen der Vorgänger festzulegen versuchen.

Ausgehen muß man von der Tatsache, daß Caesar nicht im geheimen abmarschierte, sondern unter den Augen des Feindes, dem er damit einen wegen Verpflegsschwierigkeiten angetretenen Rückzug vortäuschte (41, 4). Er kann daher von dieser Rückzugslinie erst abgebogen sein, als seine Tete bereits außer Sicht des Gegners war. Nun wird der Blick vom Lager des Pompejus in das Škumbital erst durch den niedrigen Riegel von Pekinj abgeschlossen; frühestens knapp hinter diesem konnte also Caesar aus dem Tale abbiegen. Und in der Tat zweigt ebenda ein durchlaufender Saumweg aus dem Škumbital nach jenem des Arsen ab, der in jeder Hinsicht den Quellenangaben entspricht. Derselbe führt von Pekinj über Progot—Konaj—Hüssejnej—Vrap—Grur—Dorez—Megnare nach Peza vogel im Tale des Arsen. Von da ging es weiter auf relativ gutem Talwege am Südufer des Flusses bis in die Gegend von Pjeza, dort über einen niedrigen Sattel auf die gegen das Meer streichende Hügelkette südwestlich A r a p a j ; mit der Besitznahme dieser Höhen hatte Caesar den Gegner von Dyrrhachium abgeschnitten.

Die Wegstrecke von Pekinj bis Peza vogel verdient natürlich, wie alle albanischen Bergpfade, in vollem Ausmaße die ihr von Caesar gegebene Charakteristik. Auch hier war zum größten Teile nur Einzelmarsch möglich, was bei einer Armee von fast 20.000 Mann eine äußerst empfindliche Verlängerung der Kolonne bedeutete und, wenn man überflüssige Stockungen und die damit untrennbar verbundene Übermüdung der Mannschaft vermeiden wollte, neben eiserner Marschdisziplin auch eine minutiöse, auf genauester Wegrekognoszierung beruhende Marschdisposition erforderte, umsomehr, wenn es sich, wie hier, um eine unbedingt zu forcierende abnormal große Marschleistung handelte. Diese betrug ca. 55 km bei etwa 500 m Steigung und wurde in 26 bis 30 Stunden mit ganz geringen Rasten zurückgelegt.

Das Marschkalkül.

Das nicht uninteressante Marschkalkül wäre etwa folgendes:

4^h vm.: Abmarsch der Tete aus dem Lager.

$6^h\ 30^I$ vm.: Die Tete trifft gegenüber Pekinj am Genusus ein; die Queue verläßt etwa um dieselbe Zeit das Lager.

Zum Flußübergang fällt die Tete in Einzelreihen ab, welche Formation sie für den sofort anschließenden, übrigens vom Flusse ab durch die Welle von Pekinj gegen feindliche Sicht gedeckten Anstieg gleich beibehält. Die Notwendigkeit dieses Abfallens gelegentlich des Flußüberganges verschleiert die Absicht des Gebirgsüberganges dem Gegner. Die in Doppelreihen anmarschierenden rückwärtigen Abteilungen gehen am Flusse in Rastformation über, bis sie selbst zum Übergange drankommen.

12^h Mittag: Die Tete erreicht die Paßhöhe bei Vrap und geht in Rastformation über. Jede Legion rastet selbständig — abseits des Weges — 2 Stunden.

2^h nm.: Die Tete setzt den Marsch in Einzelreihen fort.

8^h nm.: Die Tete trifft am Arsen ein und geht in Rastformation über; die Marschkolonne schließt auf; die aufgeschlossenen Abteilungen rasten.

2^h vm.: Die Tete marschiert — im Arsental wahrscheinlich in Doppelreihen — ab. Etwas später trifft die Queue am Rastplatz ein.

8^h vm.: Die Tete trifft auf den Höhen südwestlich Arapaj ein. Die Queue mußte, wenn der Abmarsch vom Nachtrastplatz wirklich in Doppelreihen erfolgte, spätestens um 4^h 30^I vm., wenn in Reihen, etwa um 7^h vm. aufbrechen, hatte also eine wesentlich kürzere Nachtrast als die Tete[53]); allerdings hatte sie gelegentlich der ersten Formationsänderung vor dem Škumbiübergang entsprechend länger rasten dürfen.

Zur selben Zeit, als Caesars Vorhut am Ziele eintraf, konnte man von ferne die Tete der pompejanischen Kolonne im Anmarsch erblicken (41, 5). Pompejus hatte die wahre Richtung von Caesars Marsch erst durch seine jedenfalls der feindlichen Queue nachgesendeten Patrouillen („*per exploratores*", 41, 4), also wohl erst am Abend erfahren. Wenn er am folgenden Morgen („*postero die*") etwa 3^h Früh aufbrach, so konnte seine Tete, auf der guten Straße marschierend, etwa um 8^h vm. um den gegen das Meer vorspringenden Hügel Mali Robit biegen, wo sie den auf den Höhen von Arapaj stehenden Caesarianern sichtbar wurde („*cum . . . procul cerneretur*" 41, 5). Der Marsch des Pompejus.

Wäre Pompejus noch am Abend abmarschiert — und es scheint daß er dies hätte tun können — so wäre er noch vor Caesar bei Dyrrhachium eingetroffen. Daß er dies nicht getan hat, erklärt sich wohl daraus, daß er die Bewältigung des ganzen Weges durch Caesar in e i n e m zusammenhängenden Marsche nicht für möglich hielt.

[53]) Überhaupt sind bei anstrengenden Märschen in der Regel die rückwärtigen Abteilungen schlechter dran wie die vorderen.

VI. Dyrrhachium.

(Hierzu Karte II. *a—d.*)

1. Das Gelände.

Das nun folgende gigantische Ringen um Dyrrhachium hat sich, wie v. Goeler nachgewiesen und seitdem niemand bezweifelt hat, in dem Hügellande abgespielt, das sich südöstlich der Stadt längs der Bai von Durazzo zwischen dieser, dem Tale des Arsen und der Ebene von Kavaja ausbreitet. Dieses Hügelland bildet die Wasserscheide zwischen dem Arsen einerseits, der Gešnike[54]) und einigen kleinen zum Meere abfließenden Bächen anderseits. Der wasserscheidende Kamm verläuft durchwegs hart am Arsentale, während er der Küste zu eine große Zahl vielfach verzweigter Nebenrücken aussendet.

Charakter des Terrains. Das ganze System nimmt von Süden gegen Norden merklich an Höhe ab; seinen letzten Ausläufer bildet dort die schmale und niedrige Welle von Režbul oder Raštbul, die sich längs der Ostseite der Lagune von Durazzo hinzieht und sowohl in den Kämpfen des Fürsten von Wied, als bei unserem Angriff auf Durazzo 1916 eine bemerkenswerte Rolle gespielt hat.

Das Hügelland. Das Hügelland zerfällt in zwei nach Größe und Beschaffenheit sehr ungleiche Abschnitte, die durch ein tief eingeschnittenes, etwa 300 bis 500 m breites und gut gangbares Tal, bei Heuzey „Vallon de Kroïmzet", bei Stoffel „Vallon de Chimhil" genannt[55]), voneinander getrennt sind. Der nördliche, viel kleinere Teil besteht durchwegs aus Lehm und hat breite, flache, mäßig gegliederte Formen. Der südliche, größere Abschnitt besteht aus einem stellenweise mit Lehm gemischten lichtgelben, überaus weichen und erosionsfähigen Sandstein und weist steile brüchige Formen bei sehr starker und differenzierter Gliederung auf[56]).

---

[54]) Bei Heuzey und Stoffel „Lesnikia", auf älteren Karten „Kavaja".

[55]) Unsere Neuaufnahme verzeichnet für die nördlich des Tales abfallenden Ausläufer der Höhen von Arapaj den Namen „Šumhil". Wir wollen im folgenden der Übereinstimmung mit der Karte zuliebe diese Schreibweise auch für das Tal beibehalten. Die offenbar richtige Schreibweise gibt Heuzey S. 61, als Bezeichnung eines am Talausgang liegenden Ortes „Shinmihl" (Šin Mihl = Sankt Michael). Der heute nicht mehr existierende Ort findet sich auch bei Stoffel Pl. 15 als „Chimhil" eingezeichnet.

[56]) Den eigentümlichen, für das Verständnis der Vorgänge sehr wichtigen Charakter dieses Geländes wird sich am besten vergegenwärtigen können, wer das beiderseits der Stadt Görz zwischen dem Karst und der Friaulischen Ebene eingebettete eozäne Sandsteingebiet des sogenannten „Coglio" kennt, besonders die Gegend von Quisca, Fleana, Bigliana etc.; nur ist hier die

Der Wasserreichtum ist ziemlich bedeutend. Die höheren Partien besitzen zahlreiche, meist in Gruppen beisammenstehende, gute Quellen, die stärksten in der Gegend von Sefere (Seferej). Außerdem fließen drei ausgesprochene Bäche von der Wasserscheide gegen das Meer. Der nördlichste[57]) entspringt aus einigen ganz kleinen Quellbächen nächst des Sattels, über den der Weg von der Küste nach Pjeza ins Arsental führt, und durchfließt ziemlich geradlinig das oben erwähnte Tal Šumhil; seine Mündung ist zur Flutzeit stark aufgestaut. Der zweite, der „Kreisia-Bach" der Neuaufnahme[58]), entsteht aus einer größeren Anzahl ziemlich bedeutender Quellbäche, die von dem gegen den Arsen halbkreisförmig ausgebogenen Mittelteil der Wasserscheide („Manëza", bei Heuzey und Stoffel nicht ganz richtig „Manz") konzentrisch herabfließen. Die Tälchen dieser Quellbäche haben im oberen Teil durchwegs eine mäßig breite, aber ausgesprochene flache Sohle (s. Abb. 10), verengen dieselbe jedoch im Mittellauf zu schluchtartigen, von steilen brüchigen Sandsteinwänden eingeschlossenen Engen (s. Abb. 11). Der vereinigte Unterlauf des Baches ist gleichfalls eng, wenn auch nicht mehr so steil eingeschnitten. Gewässer: Quellen und Bäche

Der dritte Bach entsteht aus zahlreichen Quellen am Hange unterhalb Sefere und durchfließt zunächst in südwestlicher Richtung ein ziemlich enges, dann in nordwestlicher ein breit zur Küste auslaufendes, vielfach versumpftes Tal.

Im Süden wird das Hügelland durch die Ebene von Kavaja begrenzt, welche von zwei Flüßchen, der Gešnike und dem Darči, durchflossen wird.

Die Gešnike entsteht durch Vereinigung einer Anzahl größerer Quellbäche, die von den wasserscheidenden Höhen nördlich und östlich der Stadt Kavaja herabfließen und zumeist im nächsten Bereiche derselben zusammenströmen; von da durchschneidet das Flüßchen die Ebene, um unterhalb Stanirij ins Meer zu münden. Die Gešnike hat bei Kavaja noch den Charakter eines mittelstarken Baches, nimmt aber dann infolge der Stauung durch die Flut an Wassermasse beständig zu (bei der Straßenbrücke 3 bis 6 m, bei Stanirij ca. 15 m breit). Ihr Bett ist in der Ebene 6 bis 8 m tief und Die Gešnike.

Kultur natürlich viel intensiver und der im übrigen ganz ähnliche Sandstein nicht lichtgelb, sondern dunkel braunrot; aber die Formation mit ihren steilen, brüchigen, engen und vielverzweigten, von zahlreichen kleinen, spitzen Kuppen besetzten Rücken und tiefeingeschnittenen Tälchen ist hier wie dort ganz gleich.

[57]) Nach Heuzey „Freunça"; ich konnte keinen Namen ermitteln.

[58]) Nach Stoffel S. 164 und Plan 15 „Cratcia".

meist steil, oft senkrecht eingeschnitten, das Wasser im gestauten Teil (bis oberhalb Stanirij) brackig und ungenießbar (Abb. 12).

Der Darči. Der D a r č i ist etwas wasserreicher als die Gesnike, und gleicht ihr im übrigen vollkommen.

Im Sommer sind beide bis auf die aufgestauten Teile nahezu trocken.

Die Ebene. Die Ebene ist mit Ausnahme des Küstenstreifens lehmig, stellenweise sumpfig, und neigt wie die Muzakja zu pluvialer Inundation.

Die Küste ist sandig. Sie hat sich seit dem Altertum um etliche hundert Meter vorgeschoben, was, außer aus der Analogie vieler anderer Orte hier speziell aus Caesars Angaben c. 42, 1 und 47, 4. hervorgeht, wonach die Höhe „Petra" im stande war Schiffe gegen verschiedene Winde zu decken, daher wenigstens etwas ins Meer vorgesprungen sein muß; heute ist sie, obwohl noch immer von allen Teilen des Hügellandes am meisten gegen die Küste vorgeschoben und an der seeseitigen Wand deutliche Spuren der Abspülung tragend, doch durch eine mehrere hundert Meter breite Düne vom Ufer getrennt[59]).

Bodenbedeckung. Die B o d e n b e d e c k u n g des Hügellandes besteht heute immerhin zum großen Teil aus Kulturflächen mit eingestreuten Waldparzellen. Große zusammenhängende Dickichtgebiete, wie sie von Heuzey und Stoffel geschildert werden und die tatsächlich fast undurchdringlich sind, dehnen sich heute noch in dem Teile zwischen Režbul—Arapaj und dem unteren Šumhiltale, dann auf dem von Sefere südwärts streichenden Rücken aus. Aber auch die kultivierten Teile sind abseits der Wege nicht leicht zu passieren, da alle Feldgrenzen etc. durch hohe und dichte Hecken des jedem Besucher der adriatischen Küste gewiß in schlechtestem Andenken verbliebenen Paliurusstrauches gesichert sind, wozu vielfach noch tiefe und breite Gräben kommen. Die Küstenebene westlich Kavaja ist heute kahl, zumeist mit Hutweiden bedeckt, zum geringeren Teil mit Feldern; nur bei den Ortschaften sieht man Bäume. Nächst des Strandes existieren Salinen.

Die vorwiegend recht primitiven landesüblichen W e g e sind meist tief ausgetreten und werden dadurch mit der Zeit zu natürlichen Wasserabflüssen und in der Folge zu tiefeingeschnittenen Hohlwegen.

---

[59]) Vgl. Heuzey S. 52, Anm. 1.

Ehe ich zur Lokalisierung der einzelnen Vorgänge übergehe, noch ein Wort über die Möglichkeit der Konstatierung von Schanzenresten aus dem in Rede stehenden Feldzuge. Spuren.

Heuzey[60]) behauptet, daß nichts mehr zu finden sei, erwähnt aber dann doch eine Schanze „Meterizi", die möglicherweise mit jenem Feldzuge in Verbindung stehen könnte. Stoffel[61]) wieder sagt, daß noch viele Reste zu finden seien, und zeichnet auch etliche davon in seinen Plan ein. Ich möchte mich im Prinzipe der letzteren Ansicht anschließen, obwohl ich gerade die von Stoffel deutlich eingezeichneten Reste trotz aller Suche nicht mehr finden konnte; aber ich habe manche andere, darunter auch eine Schanze „Meterizi" (aber nicht die von Heuzey erwähnte) gefunden, und vor allem teile ich Stoffels Ansicht, daß viele der heutigen Wege, Raine etc. durch den Verlauf der in früheren Zeiten noch deutlich sichtbar gewesenen Linien bestimmt sind. Zumeist gilt das von solchen Wegen und Rainen, welche heute um gewisse Kuppen, die dazumal zweifellos eine wichtige Rolle gespielt haben, herumführen und deren Verlauf ganz der Trasse entspricht, der eine Befestigungslinie auf jener Höhe folgen mußte. Auch die Linie so manchen Wasserlaufes mag durch den Verlauf der damaligen Gräben bestimmt worden sein, mancher ihnen überhaupt seine Entstehung verdanken.

Im allgemeinen sind die Spuren in den flacheren Teilen besser erhalten und leichter zu verfolgen als in den der Erosion mehr unterliegenden steilen Partien. Aus demselben Grunde ist es auch nicht mehr möglich, worauf ich vor meiner ersten Reise besonders gehofft hatte, an den Bächen die von Caesar c. 49, 4, beschriebenen Aufdämmungen noch vorzufinden, trotzdem die Stellen, wo sie gewesen sein müssen, sich mit großer Wahrscheinlichkeit bestimmen lassen. Dagegen war die ebenda erwähnte Ableitung in einem Falle noch deutlich zu konstatieren.

Doch ich will nicht vorgreifen. Was ich an sichtbaren Spuren gefunden, wird gelegentlich der einzelnen Lokalisierungen im Detail dargelegt werden.

2. Die Hauptlager.

Die Hauptlager der beiden Heere sind dort zu suchen, wo sie beim ersten Zusammentreffen vor Dyrrhachium nach c. 41, 5 und 42, 1 geschlagen wurden.

---

[60]) S. 56.
[61]) S. 360.

Über diese Örtlichkeiten gibt es, seit man das Terrain im allgemeinen kennt, keine Zweifel.

Das Lager Caesars.

Das Hauptlager Caesars lag auf dem Höhenkomplex zwischen der Mündung des Šumhiltales und Arapaj; es ist dies der letzte für ein Lager geeignete Platz gegen Dyrrhachium zu, der zugleich die Stadt bedroht und die Küstenstraße beherrscht. Caesar erreichte ihn, indem er den wegsamen Sattel südwestlich Pjeza überschritt und das Šumhiltal abwärts, vielleicht bei entsprechender Gangbarkeit auch direkt auf den Höhen, auf jene Platte zog.

Die Höhe erscheint tatsächlich als Platte; die auf allen detaillierten Karten wiedergegebene Gliederung erweist sich diesem Gesamtcharakter gegenüber nicht so stark, um den einheitlichen Eindruck zu beeinträchtigen. Die vertieften Partien bieten die besten Lagerplätze (vgl. Abb. 13).

Stoffel hat auf Plan 15 meines Erachtens das Lager zu klein gezeichnet und zu weit gegen die Küste herabgezogen. Von dieser Lagerfront übersieht man das Vorterrain, insbesondere das Šumhiltal, gar nicht, ebensowenig das Stranddefilee unterm Škam. Die „tracé de fossé", die Stoffel südwestlich und nordöstlich seines Lagers einzeichnet, habe ich trotz eifrigster Suche nicht finden können. An ersterer Stelle wurde gelegentlich meiner ersten Anwesenheit eben ein tiefer Steilgraben senkrecht auf die Stoffelsche Trasse ausgehoben, und ich gab mir alle Mühe, in dem frischen glatten Anstich Andeutungen alter Gräben zu finden, jedoch vergebens. An der Stelle nächst Stoffels nordöstlicher Lagerecke, die heute in schwer durchdringlichem Dickicht liegt, konnte ich gleichfalls nichts finden.

Zur genauen Bestimmung des Lagerplatzes muß man vor allem berücksichtigen, daß Caesar den Ort wählte, ehe er noch den Entschluß zur Einschließung des Pompejus gefaßt hatte; was er vom Platze verlangte, war, daß das dort geschlagene Lager die Straße sperrte und den Zugang zur Stadt beherrschte. Beides konnte er nur durch eine möglichst vollständige Besitznahme der Höhen von Arapaj erreichen, und es ist sehr unwahrscheinlich, daß er dabei, wie aus Stoffels Zeichnung hervorgeht, den höchsten Teil derselben freigegeben haben sollte.

Ebensowenig geht es aus demselben Grunde an, das Lager gegen das Šumhiltal bis auf die dortigen — hierfür allerdings sehr verlockenden — Ausläufer (⊙ 52 und beiderseits davon) vorzuschieben; in diesem Falle hätte Pompejus, dem ja Dyrrhachium auf dem Seewege immer zugänglich blieb, durch von dort aus erfolgte Besetzung der freigelassenen höheren Teile die ganze Stellung unhaltbar machen können. Ganz besonders aber widerspräche diese Lokalisierung den c. 56 geschilderten Schlachtanboten, die wir uns nur zwischen den Hauptlagern an den Hängen des Šumhiltales denken können, und bei denen die caesarianische Front so weit vom Lager entfernt war, *„uti ne telo tormentoque adiici posset"*, während Pompejus unter dem Schutze seiner Wallgeschütze aufmarschierte. Wäre Caesars Lagerfront über ⊙ 52 verlaufen, so hätte auch er es beim besten Willen nicht anders machen können als Pompejus, weil ihm einfach der Raum fehlte. Stand aber das Lager bei ⊙ 70—85—92, so konnten die Legionen tatsächlich auf jenen Ausläufern bei ⊙ 52 unter den geschilderten Bedingungen aufmarschieren.

Abb. 13 gibt die Ansicht des Lagerplatzes, vom gegnerischen Lager aus gesehen.

Die Wasserversorgung des caesarianischen Lagers erfolgte wohl am besten und sichersten, wie schon Heuzey S. 61 annimmt, von den Quellen südlich Arapaj; doch war auch eine Ausnützung des Baches im Šumhiltal, von dem noch die Rede sein wird, nicht ausgeschlossen.

Ebenso sicher wie das Hauptlager Caesars steht jenes des P o m p e j u s auf den gegenüberliegenden Höhen südlich des Šumhiltales fest. Caesar nennt den Ort **„Petra"**: heute heißt er noch bei den Italienern „S a s s o b i a n c o", bei den Albanern schlechtweg „Š k a m", das ist „Felsen". Es ist dies der markanteste Punkt des ganzen Hügellandes, gekennzeichnet durch seinen gegen West und Süd gerichteten Felsenabsturz, dessen lichtgelbes Gestein in der Nachmittags- und Abendsonne weithin auf das Meer hinaus leuchtet und den Schiffen als vornehmstes Peilobjekt im Bereiche der Bucht dient. (Abb. 14 und Titelbild.) Das Lager des Pompejus; die Petra.

Sowohl Heuzey S. 62, als Stoffel S. 165, weisen darauf hin, daß die eigentliche Gipfelplatte des Škam für das Lager der ganzen pompejanischen Armee viel zu klein ist. Daran ist nicht zu zweifeln. In welcher Richtung und wie weit sich das Lager tatsächlich ausgedehnt hat, ist mit voller Sicherheit nicht zu ermitteln, zumal sich in diesem Abschnitte keine sicheren Reste der Linien mehr nachweisen lassen[62]). Ausdehnung des Lagers.

---

[62]) Ein Schanzrest, der am Škamgipfel selbst noch 1914 sichtbar war, ist trotz der starken Verwachsung unbedingt rezent; die Stoffelschen Reste längs des Weges sind ganz unsicher und können durch Erdrutschungen infolge Auswaschung des Weges entstanden sein; eine Wallspur glaubte ich im Jahre 1914 in dem Dorfe Skalnjuri bei △ 121 gefunden zu haben, doch war auch diese nicht sicher anzusprechen. Heute ist das ganze Gelände durch Schützen-

Auch hier wird man am besten von der Entwicklungsgeschichte des Lagers ausgehen.

Als Pompejus den Weg nach Dyrrhachium gesperrt fand, nahm er sofort den Petrafelsen in die Hand, *„qui ... aditum habet navibus mediocrem atque eas a quibusdam protegit ventis“* (c. 42, 1). Es war ihm also in erster Linie um die Aufrechthaltung der Seeverbindung zu tun. An die Möglichkeit, daß Caesar versuchen werde ihn dort einzuschließen, dachte er in diesem Augenblick wohl auf keinen Fall. Und tatsächlich ist die darauf gerichtete Tätigkeit Caesars ihm zunächst verborgen geblieben. Dies erwähnt zwar direkt nur Lucan (VI 64), aber abgesehen davon, daß dieser Dichter nach guten Quellen arbeitet und seine taktischen Daten meist zutreffend sind, so ergibt sich dies auch indirekt aus der Darstellung Caesars: denn die Gegenwehr des Pompejus machte sich erst bemerkbar, als es nicht mehr um seine Front und Flanke, sondern schon um seinen Rücken ging. Dies wäre aber unerklärlich, wenn er damals schon das Lager in großer Ausdehnung auf den Höhen hätte ausstecken und damit auch die sehr aussichtsreiche Höhe △ 121 einbeziehen lassen. Vielmehr scheint es, daß er sich zunächst begnügte den Škam zu besetzen, der die Straße sperrte, einen guten Ausblick auf die gegnerische Stellung und einen vorzüglichen auf Dyrrhachium und das Meer gewährte, und die Seeverbindung ermöglichte; daß der Blick in das ungangbare, zerklüftete, mit Wald und Dickicht bedeckte Hügelland sehr beschränkt war, irritierte ihn zunächst nicht.

Daß auf dem Škam selbst nur ein kleiner Teil der Armee Platz hatte, ist richtig: das Gros mag unterdessen südlich davon, beiderseits der Mündung des Kreisiabaches, geblieben sein; noch cap. 49, 5 erfahren wir, daß große Teile der Truppen in der Ebene lagerten.

Als die Einschließung sich aussprach und die Lage sich stabilisierte, ergab sich nun allerdings die Notwendigkeit eines Hauptlagers, dessen Lage durch die der feindlichen und die eigenen Beziehungen zu Dyrrhachium erst recht in die Škamgegend festgelegt schien. Die ganze Armee war aber auch jetzt nicht dort vereinigt, denn es waren 22 km Linien und 24 Kastelle mit Besatzungen zu dotieren und auch Abschnittsreserven auszuscheiden: hierher dürften die 49, 5 erwähnten, in der Ebene lagernden Truppen zu zählen sein. Immerhin

---

und Laufgräben, Batteriestellungen etc. gänzlich zerschnitten und durchwühlt. Leider konnte ich, da die Gegend zur Zeit meiner albanischen Kriegsdienstleistung bereits weit hinter der Front lag, diese Gräben nicht mehr untersuchen; auch betreffs irgendwelcher dabei gemachter Funde ist mir nichts bekannt geworden.

mag die Hauptkraft, also vielleicht ein Drittel oder die Hälfte der Armee, im Hauptlager gelegen haben, worauf schon die mehrerwähnten Schlachtanbote hindeuten; denn denen zuliebe konnten doch unmöglich die Linien entblößt werden.

Nach all dem müssen wir uns im Raume Škam—Skalnjuri ein mittelgroßes Lager denken, keineswegs ein so ausgedehntes, wie Stoffel es auf Plan 15 darstellt und auch Heuzey, der S. 63 noch das Tälchen nördlich dieses Ortes einbezogen haben will, es sich gedacht hat. Ich möchte es auf den Hang, der von der Rückenlinie Škam—△ 121 gegen das Šumhiltal streicht, einschränken. Daß es vom Kamm gegen Norden lag, ergibt sich aus dem Terrain, das hier eine weit bessere Lagerfläche bietet wie auf der Südseite; ebensogut, ja ganz vorzüglich war die Defensivkraft: links die Felswand des Škam und anschließend ein scharfer Steilhang, in der Front eine sehr deutlich abgesetzte, von einer Rückfallkuppe beherrschte Stufe, rechts ein tiefeingeschnittenes schmales Tälchen. Jedenfalls blieben die untersten Ausläufer am Šumhiltal frei; hier erfolgte dann der Aufmarsch gelegentlich der Schlachtanbote, und es blieb auch tatsächlich soviel Raum, daß Pompejus, ohne auf die Talsohle hinabzusteigen, in der nach c. 55 geschilderten Art aufmarschieren konnte.

Die Wallreste, die Stoffel längs des Weges nordöstlich des Škam gefunden haben will, und die ihn hauptsächlich zu seiner Annahme eines so ausgedehnten Lagers verleitet haben, sind, wie schon erwähnt, durchaus dubios; und selbst wenn sie wirklich aus jener Zeit stammen sollten, so brauchen sie nicht der Lagerumfassung, sondern können ebensogut den später aufgeworfenen Verbindungslinien zwischen den Stützpunkten angehört haben[63]).

3. Das Gefecht der IX. Legion.

(Ad Caesar, b. c. III 45—46.)

(Hierzu Karte II *a*.)

Als Caesar mit der Durchführung seines Planes, Pompejus wie einst Afranius bei Ilerda[64]), durch Besetzung und Befestigung der

[63]) Ebenso unzutreffend erachte ich Stoffels S. 361 geäußerte Ansicht, das Lager des Pompejus sei nur auf der Šumhilseite befestigt gewesen, da es auf der anderen Seite von Natur fest war. Wirklich unangreifbar war nur der Škamfelsen; an sich steile, aber doch erklimmbare Hänge schutzlos zu lassen, widersprach aber den Grundsätzen der römischen Lagertaktik durchaus; vgl. das Lager Caesars auf dem Hügel St. Pierre im Bellovaker-Feldzuge des Jahres 51, das trotz ganz vorzüglicher Lage mit doppeltem Wall und Graben befestigt war (b. g. VIII 9, 3; Napoléon III, Hist. d. J. C., Atlas Plan 30).

[64]) b. c. I 81 ff.

sein Lager umgebenden Höhen einzuschließen, begann, blieb dies zunächst dem Gegner verborgen. Sobald dieser jedoch die Sache gemerkt, traf er sofort seine Gegenmaßnahmen, indem er seinerseits die noch freien Kuppen in möglichst weitem Umkreis besetzte und so Caesar zwang, sich, wenn er seine Absicht aufrechterhalten wollte, über Gebühr auszudehnen.

Im allgemeinen hat Pompejus sich damit begnügt, in der Besetzung der strittigen Höhen auf den ihm zur Verfügung stehenden näheren Wegen zuvorzukommen; einmal jedoch ging er zu einem energischen Angriff gegen einen bereits in Caesars Hand befindlichen Hügel über und behauptete ihn auch. Schon aus dieser Tatsache erhellt die Wichtigkeit, die der Ausgang dieses Kampfes beziehungsweise der Besitz des betreffenden Hügels für ihn haben mußte. Bei Caesar ist dies nur zwischen den Zeilen angedeutet; Heuzey[65]) und besonders Stoffel[66]) aber haben es ausdrücklich und mit Recht hervorgehoben. Hätte Caesar den strittigen Hügel behauptet, so hätte er den Kreis ungleich enger ziehen können, hätte sich nicht über seine Kräfte auszudehnen gebraucht, hätte einen natürlichen, das heißt Höhenabschluß auch für seine südlichen Linien gewonnen, und Pompejus wäre, was besonders für seine zahlreiche Reiterei katastrophal werden mußte, auf ganz engen Raum eingeengt gewesen.

Bisherige Lokalisierungen.

Trotz dieser identischen Grundlage der Beurteilung stimmen beide Forscher in der Festlegung des Hügels nicht überein, und zu ihren beiden Lokalisierungen tritt noch eine dritte in meiner „Geschichte der Feldzüge Caesars", die ich, obwohl sie ohne persönliche Kenntnis des Terrains aufgestellt wurde, hier dennoch diskutieren will, da sie mir erwünschte Gelegenheit bietet einiges über das Gelände zu sagen.

Es lokalisieren den Vorgang:

Heuzey S. 70 f. am Hügel von Paljemoh (Paljama, Paljamaj).

Stoffel S. 361 am Hügel von Tile (Tilaj).

Veith S. 511 f. am Hügel Mali Robit[67]).

Ich will mit der Besprechung der letzten Ansicht beginnen, nicht aus Eitelkeit, sondern aus beweistechnischen Gründen.

---

[65]) S. 70.

[66]) S. 361.

[67]) Dort nicht mit Namen genannt, aber nach der Stoffelschen Karte eingezeichnet. Hier sind, wie im folgenden überall, die Nomenklaturen der Neuaufnahme angenommen und die älteren, wo es darauf ankommt, in Klammer beigefügt; in Wirklichkeit ist wohl die Schreibweise „Paljamaj" und „Tilai" die richtige.

Der Mali Robit (bei Heuzey „Colline de la Plage") ist der letzte Ausläufer eines der vielen der Küste zustrebenden schmalen Seitenrücken, und hängt mit den nächsten Höhen durch eine niedrige und schmale, oben flache, beiderseits steilrandige, also gewissermaßen dammartige Welle zusammen. Der Hügel selbst erhebt sich ziemlich unvermittelt zu einer Höhe von 60 m über die Küstenebene, ist steilrandig, seine Kuppe nur wenig abgeflacht, und entsendet gegen Norden einen etwa 300 m langen, scharfkantigen, mit einer klobigen Nase endenden Grat (s. Abb. 15). Ich beschreibe ihn absichtlich so genau, weil Heuzey, der ihn gleichfalls ins Kalkül zieht, ihn deshalb fallen läßt, weil er angeblich weder hoch noch steil genug sei. Beides ist gänzlich unzutreffend: die relative Höhe gegenüber dem Vorfeld, auf die es ja allein ankommt, und damit die Beherrschung derselben, ist weitaus genügend, größer als bei manchen weit höheren Gipfeln der rückwärtigen Hügelketten; für das Auge sieht der Berg überdies infolge seiner fast isolierten Lage noch höher aus als er ist, und er ist auch nächst des Škam der markanteste Orientierungspunkt an der ganzen Bai von Durazzo[68]). Auch die Steilheit läßt nichts zu wünschen übrig, wie ja die Photographien zeigen, steht zum mindesten jener des Hügels vom Paljemoh, den Heuzey akzeptiert hat, nicht im geringsten nach. Ich möchte sagen: Caesar hätte sich zum Schlusse gratulieren dürfen, wenn es ihm gelungen wäre den Mali Robit zu besetzen und dort seine Linien abzuschließen. Er hätte einen vorzüglichen Stützpunkt hart am Meere, das damals jedenfalls viel näher an seinen Fuß heranreichte, mit absoluter Sperrung der Küstenstraße gewonnen, und die erwähnte dammartige Welle hätte den denkbar besten Anschluß an die Nachbarhöhen ermöglicht. Der Mali Robit.

Wenn ich nun trotzdem mich entschlossen habe den Mali Robit fallen zu lassen, so hat dies andere Gründe.

Ich habe an jener Stelle meines Buches den Hügel, um welchen nach c. 45 f. gekämpft wurde, mit dem im c. 66 erwähnten, von der IX. Legion erst besetzten und dann wieder verlassenen Lager identifiziert. Dieser Vorgang erscheint im ersten Augenblick sehr verlockend, hält aber einer genaueren Prüfung — auch ohne Autopsie — nicht stand.

Caesar erwähnt c. 66, 4, daß dieses letztere Lager von ihm *„quibusdam de causis"*, also auf Grund von Erwägungen, freiwillig, nicht

---

68) „Mali" heißt im Albanischen nicht wie im Slavischen „klein", sondern „Berg"; „Mali Robit" heißt also nicht „Kleiner Robit", sondern „Eichenberg". Schon der Umstand, daß er als „Mali" und nicht als „Kodra" (Hügel) bezeichnet wird, kennzeichnet seine orographische Bedeutung.

durch Kampf gezwungen, geräumt, und von Pompejus *„paucis intermissis diebus"*, also erst nach einigen Tagen, besetzt wurde. Beides stimmt nicht auf den Hügel des c. 45. Auch wäre die freiwillige Räumung eines so wichtigen Punktes wie des Mali Robit für beide Teile, insbesondere für Caesar, gänzlich unverständlich. Mit dieser Identifikation ist es also nichts.

Aber auch nicht mit der Lokalisierung des Gefechtes allein auf dem Mali Robit. Der Hügel ist viel zu klein, um von einer ganzen Legion besetzt und verteidigt zu werden: sein Südhang zu steil, zu kurz und zu gleichmäßig geböscht, um während des Rückzuges am halben Hang kehrt machen und zum Gegenangriff übergehen zu können. Endlich fehlt hier der *„huic loco propinquus atque contrarius collis"* (45, 2), den Pompejus besetzt hatte und von dem aus er *„prope aequum aditum habebat"*. Die erwähnte Verbindungswelle eignet sich hierfür wegen des sehr bedeutenden Höhenunterschiedes nicht, und der nördliche Auslaufgrat noch weniger, da er zu schmal und zu scharfkantig ist, und die erwähnte Nase eben nur eine solche, aber kein für die Besetzung durch eine nennenswerte, für den Angriff auf eine ganze caesarianische Veteranenlegion in Betracht kommende Truppenmacht geeigneter Hügel ist; auch steigt dieser Grat durchaus nicht *„aequo aditu"*, sondern recht steil gegen den Hauptgipfel auf.

Paljemoh und Tile.

Wir dürfen daher den Mali Robit füglich aus unserem Kalkül ausschalten, und behalten, soferne wir nicht eine ganz neue Hypothese aufstellen wollen, die Wahl zwischen dem Hügel von Paljemoh und jenem von Tile.

Nach meinen Untersuchungen stimmen nun sowohl theoretische Erwägungen wie der Lokalaugenschein unbedingt zu gunsten des Hügels von P a l j e m o h, und ich füge gleich bei, daß ich auch keinen anderen, bisher nicht in Erwägung gezogenen Platz gefunden habe, der besser entsprechen würde.

Die IX. Legion.

Die theoretischen Erwägungen basieren vor allem auf der t r a d i t i o n e l l e n S t e l l u n g d e r IX. L e g i o n in Caesars Heer. Sie war die l i n k e F l ü g e l l e g i o n, so bei Pharsalus, wo Caesar diesen ihren Platz ausdrücklich als *„superius institutum"* bezeichnet[69]), so bei Thapsus[70]); aber auch bei den hier besprochenen Ereignissen finden wir sie zum Schlusse auf dem äußersten linken Flügel[71]). Heuzey hat a. a. O. auf diese Tatsache auch entsprechend

[69]) b. c. III 89, 1.

[70]) b. Afr. 81, 1.

[71]) III 63, 6; auch die Okkupation und Räumung des Zwischenlagers ad c. 66, 2, gehört hierher.

hingewiesen. Es ist daher mit größter Wahrscheinlichkeit anzunehmen, daß sie auch in dem c. 45 f. erwähnten Kampfe diese Rolle innegehabt, das heißt jenen Abschnitt zu besetzen hatte, der als definitiver linker Flügel der Linien ausersehen war; mit anderen Worten die Partie hart am Meere. Daß die IX. Legion einen Punkt erst nehmen und ihn dann einer andern übergeben sollte, um selbst weiter zu rokieren, wäre eine überflüssige Komplikation gewesen; es war vielmehr natürlich, daß jede Legion gleich den Raum besetzte, der ihr endgültig als Abschnitt bestimmt war.

Mit dieser traditionellen Bestimmung der IX. Legion, die ja gerade auch für diese Kämpfe als zu Recht bestehend erwiesen ist, erscheint ihre Dirigierung auf die Höhen von Tile unvereinbar. Sicher hätte die Besetzung dieser Höhe — es handelt sich da weniger um die Kuppe, auf der der Ort Tile liegt, als vielmehr um die nördlich davon gelegene Höhe ⊙ 172 — alle die von Stoffel a. a. O. aufgezählten enormen Vorteile für Caesar im Gefolge gehabt; aber sie hätte doch niemals den linken Flügel seiner Linien, sondern nur das linke Ende des Zentrums gebildet. Für den eigentlichen Flügelabschnitt, ob er nun über die Höhe von Paljemoh oder von Gezdaraj geführt wurde, hätte es doch unbedingt noch einer weiteren Legion bedurft, schon wegen der Wichtigkeit des Flügelabschlusses an sich. Dorthin, und nicht nach Tile, hätte die IX. Legion dirigiert werden müssen.

Aber auch der Lokalaugenschein spricht gegen Stoffel. Der Lokalaugenschein

Caesar erwähnt, daß Pompejus einen nahe gegenüberliegenden Hügel besetzte und eine fast ebene Annäherung gegen den Standort der Legion hatte. Beides stimmt nicht für die Höhe von Tile; es liegt ihr kein der Situation entsprechender Hügel nahe gegenüber, und ein halbwegs ebener Zugang existiert höchstens von der Höhe 256 her, also der Seite, von der Caesar selbst gekommen sein müßte, nicht aber Pompejus angreifen konnte. Auch ist der Abhang der Höhen von Tile gegen das vorliegende Tal so steil und gleichmäßig abgedacht, daß der in c. 46, 5 beschriebene Gegenstoß vom halben Hange her äußerst unwahrscheinlich erscheint.

Bei Paljemoh hingegen stimmt alles restlos. Dieser Hügel bildet tatsächlich einen Flügelabschluß; denn der Streifen Küstenebene, der ihn noch vom Meere trennt und der damals zweifellos schmäler war als heute, wird von ihm so vollständig beherrscht, daß hier die Bildung eines weiteren Legionsabschnittes ganz überflüssig war: hier genügten wenige von der oben stehenden Legion detachierte Kohorten, um, entsprechend eingegraben, jeden Durchbruchsversuch so lange aufzuhalten, bis der Flankenstoß der Abschnittsreserve von der Höhe her ihn brach; wie es schließlich auch beim endgültigen Flügelabschluß in der Ebene von Kavaja unter weit weniger günstigen Umständen gedacht war.

Der Hügel entspricht aber auch seiner Gestalt nach den überlieferten Vorgängen. Er bildet einen auf die bisherige Streichrichtung des von Tile her ziehenden Rückens hammerartig quergestellten Abschlußriegel mit ziemlich breiter Kammfläche und zwei etwa 600 m voneinander entfernten Kuppen (Abb. 16). Die südöstliche, ⊙ 135 der Spezialkarte, ist der eigentliche Hauptgipfel, um den es sich bei diesem Kampfe handelte; die nur wenige Meter niedrigere, auf dem nach Nordwest auslaufenden Querrücken gelegene, ist dann der von Pompejus besetzte *„propinquus et contrarius collis"*. Sowohl von diesem, als auch von Tile her führt der Zugang zum Hauptgipfel über einen breiten und bequemen, fast ebenen Sattel. Endlich ist der Hang gegen das auf Caesars Seite gelegene Tal in halber Höhe durch eine breit auslaufende sehr flache Stufe unterbrochen, welche den Gegenstoß während des Rückzuges in der geschilderten Art durchaus möglich erscheinen läßt.

Die taktische Lage und die Vorgänge.

Ehe wir daran gehen, die Einzelheiten der überlieferten Vorgänge auf diese durchaus entsprechende Lokalität festzulegen, müssen wir erst über eine sehr wichtige Frage klar werden: Unter welchen Umständen beziehungsweise in welchem taktischen Zusammenhange kam die IX. Legion dazu den Hügel von Paljemoh zu besetzen? Und ganz speziell: befanden sich zur Zeit dieser Okkupation die Höhen von Tile in Caesars Besitz oder nicht?

Die letztere Frage muß unbedingt verneint werden. Hätte Caesar die Höhen von Tile gehabt, so wäre die Besetzung von Paljemoh ohne jede Schwierigkeit möglich gewesen, und einem eventuellen Gegenangriffe des Pompejus hätte unter den günstigsten Bedingungen umfassend entgegengewirkt werden können. Ja in diesem Falle hätte es Caesar gar nicht nötig gehabt auf Paljemoh zu reflektieren, sondern er hätte, wie Stoffel sehr richtig andeutet, seine Linien noch weiter nördlich, auf den Höhen von Gezdaraj, abschließen können. Tile muß also zur Zeit des Angriffes für ihn nicht mehr zu haben, somit in der Hand des Pompejus gewesen sein. Wie kam aber die IX. Legion dann überhaupt dazu, Paljemoh zu besetzen?

Ich denke mir die Sache folgend: Die Legion war von Haus aus auf den linken Flügel dirigiert, und zwar unter der vorläufigen Voraussetzung, daß die Besetzung aller in Aussicht genommenen Höhen gelingen würde, ehe Pompejus es merkte. Der Weg war ihr etwa über

Sefere—Kodra Kočelt auf Paljemoh, eventuell darüber hinaus bis Gezdaraj vorgeschrieben, während gleichzeitig eine Nachbarkolonne — vielleicht die VIII. Legion — über ⊙ 256 auf die Höhen von Tile vorzugehen hatte. Letztere fand die Höhe ⊙ 172 bereits von den inzwischen alarmierten Pompejanern besetzt und verschanzt; sie mußte sich daher mit der Festhaltung der Kuppe 256 begnügen. Die IX. Legion gelangte indessen ohne Kenntnis dieser Vorgänge und unangefochten auf die Höhe von Paljemoh ⊙ 135. Da sie die knapp gegenüberliegende Kuppe vom Feinde besetzt fand, begann sie die ihre zu verschanzen. Jetzt aber ging der Feind von seiner Stellung aus zum Angriff über, während gleichzeitig seine Leichtbewaffneten, möglicherweise von Tile herdirigiert, über den vom letzteren Orte gegen Paljemoh laufenden Sattelrücken gegen die rechte Flanke der Caesarianer vorbrachen und schließlich auch Geschütze in Tätigkeit traten. Der Angriff erfolgte jedenfalls mit bedeutender Übermacht, sonst hätte die bewährte Legion sich leicht halten können. Pompejus konnte sich die Übermacht leisten: erstens war er überhaupt numerisch stärker, dann hatte er auf der inneren Linie eine viel geringere Ausdehnung, hatte es überallhin näher und brauchte sich nicht annähernd so zu zersplittern wie Caesar.

Der Kampf wogte wohl hauptsächlich auf den beiden Sätteln, da die Legion sich kaum auf dem engen Raum der eigentlichen Kuppe zusammengedrängt haben wird: dabei ging aber wieder die an und für sich geringe Überhöhung, die sie dort gewonnen hätte, auch noch verloren.

Als Caesar, der allem Anschein nach erst während des Gefechtes herbeikam, die Situation überblickte, erkannte er das Prekäre der Lage, insbesondere mit Rücksicht auf den ihm bekannten Umstand, daß die dominierenden Höhen von Tile in feindlichem Besitz waren; er befahl der sich noch, wenn auch schwer haltenden Legion den Rückzug. Dieser konnte, solange man mit dem Gegner handgemein war, nur auf dem einfachsten Wege den Hang hinab erfolgen. Um das gefährliche Nachdrängen des Feindes abzuschwächen, ließ Caesar zuerst am oberen Rande der Höhe, hart hinter der kämpfenden Legion, Gräben ziehen und die bei solchen Gelegenheiten, wo Schanzarbeiten geplant waren, schon fertig mitgebrachten Hürden, auf Stangen gestützt, davor aufstellen. Durch Leichtbewaffnete gedeckt, ging nun die Legion durch die ihr gewiesenen Zwischenräume dieses Hindernisses in Ordnung zurück, während der Gegner mit dessen Wegräumung immerhin etwas aufgehalten wurde. So erreichte man in guter Ordnung die flache Stufe am Hang. Hier raillierte Caesar die

Legion, und als der Feind seinerseits die Stufe erreichte, ließ er sie überraschend zum Gegenstoß vorgehen. Der Feind wurde geworfen, und kam in dem eben durchschrittenen Hindernis arg in Unordnung; die Kuppe jedoch hat er zweifellos behauptet, auch führte der Gegenstoß der Caesarianer nicht so weit; sie begnügten sich, die Verfolgung abgewiesen und Raum zwischen sich und den Feind gelegt zu haben, und gingen unbehelligt über das Tal auf die jenseitigen Höhen, also auf ⊙ 162 Mali Ksulzes zurück, die sie nun ungestört befestigten.

Es frägt sich nun: warum ging die Legion, da sie doch die feindliche Verfolgung gebrochen und damit volle Freiheit in der Direktion des Rückzuges gewonnen hatte, nicht statt auf Mali Ksulzes, gegen den Mali Robit zurück, um wenigstens diesen vorzüglichen Flügelabschluß zu gewinnen? Die Antwort gibt Caesar nicht, sie liegt aber sehr nahe. Pompejus hat jedenfalls, sobald er Caesars Absicht erkannte, sofort nach a l l e n ihm noch freien Richtungen starke Kolonnen ausgesandt, um möglichst weit Raum zu gewinnen; seine numerische Überlegenheit und die innere Linie erlaubten ihm das. Eine dieser Kolonnen hatte die wichtigen Höhen von Tile tatsächlich vor den Caesarianern in Besitz genommen; die nächste, über Paljemoh dirigierte, kam immerhin noch zurecht, um diese Höhe im Kampf zurückzugewinnen. Die Dauer dieses Gefechtes gab einer längs der Küste vorrückenden dritten Kolonne Zeit, nicht nur den Mali Robit, sondern wahrscheinlich auch die Höhen von Aganas in Besitz zu nehmen und dadurch den ganzen Raum bis an die Gešnike zu sichern. Das Vorgehen dieser Kolonne mag den auf Paljemoh eingetroffenen Feldherrn, der ihr beim besten Willen momentan keine Kräfte entgegenstellen konnte, hauptsächlich bewogen haben, der IX. Legion die Räumung des nun unhaltbar gewordenen Abschnittes anzubefehlen. Schließlich blieb ihm in dieser Lage nichts übrig, als seine Linien vom Mali Ksulzes direkt gegen Süden, Front gegen den Querriegel von Aganas, zu führen und den Anschluß ans Meer erst jenseits der Gešnike zu suchen; denn daß das Südende tatsächlich dort verlaufen ist, wird aus der Untersuchung späterer Ereignisse klar hervorgehen.

Durch den erzwungenen Rückzug auf den Mali Ksulzes verlor die IX. Legion vorübergehend ihre Position auf dem linken Flügel; und in der Tat finden wir sie später nicht mehr auf jener Höhe, sondern auf dem endgültigen linken Flügel am Meere[72]), während der Ab-

---

[72]) b. c. III 63 ff.

schnitt ⧋ 121 bis ⊙ 162 einer anderen Legion überlassen worden war. Ein neuerlicher Beweis, daß die Bestimmung der IX. als Flügellegion zu Recht bestand, und wir sie daher niemals vor Tile vermuten dürfen.

4. Der Verlauf der Linien.

(Hierzu Karte II *b*.)

Über den Verlauf der endlich beiderseits fertiggestellten Linien gibt uns Caesar nur wenige Anhaltspunkte. Die wichtigste Angabe, aus der wenigstens ein approximatives Bild resultiert, ist die der beiderseitigen Längenausdehnung, und zwar wird c. 44, 3 die Gesamtlänge der Linien des Pompejus mit 15 m. p. = $22^1/_2$ km, jener Caesars c. 63, 4 mit 17 m. p. = $25^1/_2$ km[73]) angegeben. Schon aus diesem verhältnismäßig geringen Unterschied der Ausdehnung erhellt das eine, daß die Linien einander durchwegs sehr nahe gegenüberlagen, also in erster Linie auf möglichst weite beziehungsweise enge Ausdehnung, und erst in zweiter auf Terrainanpassung gesehen wurde. Länge der Linien.

Ich habe in meiner „Geschichte der Feldzüge Caesars" S. 512 gegenüber Stoffel darauf hingewiesen, daß die von Caesar gegebenen Maße niemals auf die kartographische Projektion der Linien, sondern nur auf ihre tatsächliche, durch Abschreiten (und wohl auch Abschätzen) der Einzelstrecken und Addieren dieser Teilzahlen ermittelte Dimension sich beziehen können, daher in einem so kupierten Terrain von ersterer wesentlich abweichen müssen, das heißt die kartographische Projektion, welche die tatsächlichen Maße — mit Ausnahme der Ebene — in Verkürzung wiedergibt, muß abgezirkelt ein geringeres Maß ergeben als das überlieferte. Diese meine These bleibt vollinhaltlich aufrecht und Stoffels Linien, welche k a r t o g r a p h i s c h gemessen die überlieferten Zahlen ergeben, müssen als zu ausgedehnt verworfen werden. Wo in jedem einzelnen Fall der Fehler steckt, wird sich durch eingehende, abschnittsweise Untersuchung der Linien herauszustellen haben. Festzuhalten ist, daß dieser Unterschied umso größer ist, je bedeutender die relativen Höhendifferenzen innerhalb der Linien sind; er muß also bei den Linien des Pompejus, die bei Festhaltung bedeutender Höhen zugleich eine große Anzahl sehr tiefer Tallinien durchschneiden, relativ bedeutender sein als bei denen Caesars, die zum großen Teil auf Kammlinien verlaufen, nur Wirkliche und kartographische Dimension.

[73]) Nach Florus II 13, 39 waren es 16, nach Orosius 15 m. p., nach Appian II 61 120 Stadien = 14 m. p. (nach korrigierter Lesart). Es ist schon mit Rücksicht auf das Verhältnis zu den Linien des Pompejus selbstverständlich, daß hier die Angabe Caesars die maßgebende bleibt.

wenige Täler und diese selbst in ihrem hochgelegenen Oberlaufe durchschneiden, endlich eine merklich längere Strecke in die Ebene fallen[74]).

a) Die Linien Caesars: nördlicher Abschnitt.

Verlauf. Unter dem nördlichen Abschnitt verstehe ich hier das Gelände nördlich des Šumhiltales. Dasselbe ist wenig gegliedert, und seine feindwärtige Front von der Stellung bei Skalnjuri aus vollkommen eingesehen. Hier konnte Caesar, wollte er seinen Plan nicht verraten, mit den Kastellen und Linien nicht über die Kammlinie vorgehen. Eine Besetzung dieser Kammlinie selbst bis zum Sattel von Pjeza konnte, wie Heuzey S. 65 richtig andeutet, noch nicht verdächtig erscheinen, da sie viel eher den Anschein erweckte, Caesar wolle damit das Terrain in seinem Rücken gegen die pompejanische Kavallerie sichern. Ein Vorgehen über das Šumhiltal hinüber, etwa auf ⊙ 136, hätte schon Verdacht erwecken, und, da es nicht unbemerkt bleiben konnte, den Plan vorzeitig verraten müssen. Wir müssen daher diesen Teil der Linien, gleich Heuzey und Stoffel, auf der wasserscheidenden Kammlinie verlaufend annehmen.

Spuren. Zu allem Überfluß finden wir hier auch noch recht sichere Spuren, und zwar vor allem eine im Volksmunde „Meterizi" (vom türkischen „meteres" = Schanze) genannte Befestigung (Abb. 17). Sie liegt nördlich des oberen Šumhiltales, auf der Kuppe zwischen ⊙ 80 und ⊙ 97, und stellt sich als ein unregelmäßiges Oval von etwa 200 m Länge und 100 m Tiefe dar. Die Umfassung erscheint als eine auf der Südseite sehr deutliche, auf der Nordseite viel undeutlichere Stufe. Schon dieser letztere Umstand weist darauf hin, daß wir es mit einer caesarianischen Schanze zu tun haben, da es bei einer solchen durchaus einleuchtend ist, daß die feindwärtige Front stärker gehalten war als die durch die Intervallbefestigung ohnehin geschützte Kehle: bei einer prähistorischen Ringburg, an welche die Reste beim ersten Anblick erinnern, hätte die Umwallung überall gleich stark sein müssen[75]).

Die Schanze »Meterizi«.

---

[74]) Die durch Napoleon III. ausgegrabenen caesarianischen Belagerungswerke vor Alesia, deren Dimensionen ziemlich genau den von Caesar überlieferten Zahlen entsprechen, ergeben folgendes Verhältnis:

Innere Linie: tatsächliche Länge 16 km, kartograph. Projektion 12½ km
Äußere Linie: „ „ 21 km, „ „ 17 km.

[75]) Dieses „Meterizi" ist nicht identisch mit dem von Heuzey S. 64 erwähnten gleichnamigen Schanzenrest aus der Zeit Sultan Solimans; dieser ist vielmehr nach seinen Angaben in der Gegend von Skalnjuri zu suchen. Ob er mit der von mir auf S. 137 Anm. 62 erwähnten alten Schanze (anscheinend einer Batteriestellung) identisch ist, die ich 1914 auf dem Škamgipfel sah, mag dahingestellt bleiben.

Mit der Schanze „Meterizi" sind jedoch die Spuren dieses Abschnittes nicht erschöpft: man findet vielmehr solche sowohl östlich wie westlich derselben, meist als fortlaufende Linien: am deutlichsten dort, wo sie um die Kuppen herumführen. Im Zusammenhang ergeben sie vollkommen jene Linie, in der wir uns die Verschanzungen Caesars auch ohne sie hätten denken müssen. Dieser Umstand im Verein mit der Tatsache, daß das flachere, der Erosion weniger ausgesetzte Terrain die Spuren besser hat bewahren müssen, erhebt die Identifizierung zu höchster Wahrscheinlichkeit.

b) Die Linien Caesars: mittlerer (östlicher) Abschnitt.

Hierunter ist der Abschnitt vom Sattel bei Pjeza bis an die Ebene von Kavaja verstanden.

Um die Lokalisierung hier eindeutig zu erledigen, bin ich gezwungen, zuvor auf zwei andere Probleme zurückzugreifen, die mit der Frage der Linienführung derart eng verknüpft sind, daß es unvermeidlich ist sie in diesem Zusammenhange zu diskutieren. Sie betreffen die Gürtelstraße und die von Caesar c. 49, 4. 5 erwähnte Absperrung des Wassers.

Auf das Vorhandensein einer Gürtelstraße haben sowohl Heuzey (S. 68) wie Stoffel (S. 361) hingewiesen: beide haben betont, daß für eine solche einzig die alle Rücken verbindende wasserscheidende Höhenlinie in Betracht gekommen sein kann, und im großen ganzen haben sie damit Recht. Womit sie jedoch nicht Recht haben, ist die durchgehende Zusammenlegung der Gürtelstraße mit der Trasse der Schanzenlinien. Wäre dies der Fall gewesen, so wäre — wenigstens nach dem Verluste von Tile und Paljemoh — der Verlauf der Linien für Caesar ganz eindeutig vorgeschrieben und alle weiteren Versuche, den Gegner auch jetzt noch so eng als möglich zu umklammern, zwecklos gewesen. Überdies war das Zusammenfallen der Schanze mit der Straße absolut kein Vorteil. Die Schanzen bildeten die Kampflinie; die Gürtelstraße diente dem gesicherten Verkehr hinter der Front, und es war entschieden anzustreben, diesen durch eine entsprechende Distanz den Einwirkungen des Kampfes zu entziehen: und daß die Pompejaner sich darauf verstanden die Fernwirkung ihrer Waffen über die feindlichen Schanzen hinaus zu verlegen, geht aus c. 50 klar hervor. Es war daher ein taktisches Gebot, wo es anging die Stützpunkte und ihre Verbindungslinien von der Gürtelstraße zu trennen, also feindwärts vorzuschieben, welche Anforderung sich überdies mit der nach möglichster Einengung des Raumes deckte. Wo dies nicht ging, wo der Hauptrücken keine feindwärts abzweigenden

Die Gürtelstraße.

Nebenrücken mit brauchbaren Kuppen aufwies, mußte man eben die Gürtelstraße nach rückwärts verlegen.

Im nördlichen Abschnitte lagen die Verhältnisse, wie früher erwähnt, so, daß ein Vorschieben der Stützpunkte feindwärts der Wasserscheide nicht möglich war. Hier konnte die Straße in angemessener Entfernung hinter den Linien über den flachen Hang geführt werden. Ganz anders jedoch im zunächstliegenden, also nördlichen Teile des Ostabschnittes, etwa vom Pjezasattel bis zur höchsten Erhebung des Ganzen, der Höhe ⊙ 256 nördlich Sefere. Hier gab es ein ganzes System schmaler, mit vielen Kuppen versehener, selbst wieder vielfach verzweigter Rücken, die von der weit nach Osten ausbiegenden Wasserscheide gegen die gegnerische Stellung vorsprangen und zum Vortreiben der Linie geradezu herausforderten; so der Rücken ⊙ 145—136, der von Muharemaj, von Djus u. a. Während die Kampflinie über diese Kuppen lief, konnte der weit dahinterliegende bequeme Kamm der Wasserscheide zur Führung der Gürtelstraße ausgenützt werden, von der dann kurze Radialen auf den abzweigenden Rücken zu den Stützpunkten führten.

Wieder anders wird die Sache in der nunmehr folgenden südlichen Hälfte des Ostabschnittes. Hier stand dem horizontal fast ungegliederten Hauptrücken, nur durch das Tal des von Sefere herabfließenden Baches getrennt, der vom Feind besetzte Höhenzug von Tile—Paljemoh gegenüber. Da war ein Vortreiben nicht möglich. Einzig der Seitenrücken, der von ⊙ 159 gegen Tile vorspringt und mit einer quergestellten breiten Kuppe abschließt, wäre hierfür in Betracht gekommen; jedoch an dieser einen Stelle allein die Linien vorzutreiben hätte mehr Nachteile als Vorteile geboten. Der gewissermaßen an einem Stiel hängende Stützpunkt wäre einem Angriff von drei Seiten ausgesetzt gewesen und hätte die Gesamtausdehnung der Linien, statt sie einzuschränken, noch erhöht. So blieb nichts übrig, als in diesem Abschnitte die Schanzenlinie auf dem Rücken zu führen und die Gürtelstraße, da der rückwärtige Steilhang ihrer Anlage nicht günstig war, in die dahinter verlaufende Tiefenlinie des Baches von Berberej zu verlegen.

Das Vorhandensein der Gürtelstraße ist auch heute noch stellenweise, vorzüglich in dem Abschnitte vom Pjezasattel bis ⊙ 256, zu erkennen. Dort ist nämlich der fortlaufende Höhenweg nicht nur von auffallend guter und gleichmäßiger Beschaffenheit, sondern auch so geschickt in das Terrain hineintrassiert, wie dies bei albanischen Landeswegen sonst niemals der Fall zu sein pflegt. Besonders auffallend tritt dies an Stellen hervor, wo der ursprüngliche Weg durch die hier häufigen Abrutschungen unbrauchbar geworden ist; der neuangelegte landesübliche Ersatzweg steht dann jedesmal, sowohl was die Qualität als auch die Trassenführung betrifft, in solch krassem Kontrast zu den erhaltenen Teilen, daß der Unterschied zwischen den Resten eines nach minutiösen taktischen Gesichtspunkten angelegten Kolonnenweges und einem gewöhnlichen Bauernweg drastisch in die Augen springt. Bei Sefere gewinnt dann dieser Weg, ganz in Übereinstimmung mit dem, was oben über den Verlauf der Gürtelstraße gesagt wurde, in meisterhafter Trassenführung die Sohle des Tales von Berberej, dem er bis in die Ebene folgt.

Die Wasserabsperrung.

Das zweite Problem, das hier mitspielt, betrifft die Wasserabsperrung. Caesar erzählt c. 49, 4, daß er alle von den Höhen meerwärts herabfließenden Gewässer teils abgeleitet, teils aufgedämmt habe. Letzteres beschreibt er ausführlich: in den schluchtartigen Verengungen ihres Laufes („*angustiae vallium*") wurden Pfosten in den Boden getrieben und gegen diese Erde aufgeschüttet, und so ein Staudamm aufgerichtet.

Wir müssen hier etwas weiter ausholen und untersuchen, welche Gewässer für diese Maßregel überhaupt in Betracht kommen.

Die Gešnike.

Für die Ableitung haben die früheren Forscher die Gešnike in Vorschlag gebracht. Das war einerseits unmöglich, anderseits überflüssig. Die Gešnike fließt in der Ebene in einem 6 bis 8 m tief eingeschnittenen Bett; ein solches Gewässer mehrere Kilometer weit, bis zum Nachbarfluß Darči[76]), abzuleiten, wäre ein technisches Riesenwerk gewesen, das deutlichere Spuren hätte hinterlassen müssen als alle Schanz- und sonstigen Arbeiten. Es war aber auch überflüssig; denn die Gešnike führt in der Ebene auch bei klarem Wetter schmutziges, lehmiges, für Menschen nicht trinkbares Wasser, und etwa bis zur heutigen Straßenbrücke ist dasselbe überdies brackig und ganz ungenießbar. Die Leute trinken in dieser Gegend nur Brunnenwasser, dessen Gewinnung infolge des reichlichen Grundwassers keinen Schwierigkeiten begegnet; dieses aber konnte Caesar nicht ableiten.

Ein weiterer Grund, der gegen die Ableitung der Gešnike spricht, ist der Umstand, daß diese Ableitung die Linien Caesars in der Ebene hätte kreuzen müssen, woraus sich die Möglichkeit ergeben hätte, das Wasser in die Gräben hineinzuleiten und die Widerstandskraft der

[76]) So Heuzey S. 77. Es geht auch nicht an, den Fluß im Altertum wesentlich weniger tief eingeschnitten zu denken, sonst hätte er nicht die in c. 71, 2 angedeutete Rolle spielen können.

Linien dadurch wesentlich zu verstärken. Ein so charakteristisches Moment hätte aber in der ausführlichen Beschreibung dieser Linien c. 63, 1—2 erwähnt werden müssen, ebenso wie dies bei Alesia, b. g. VII 72, 3, geschehen ist. Daß dies weder an dieser Stelle, noch gelegentlich der Erstürmung der Linien durch die Pompejaner auch nur angedeutet wird, spricht absolut gegen diese Annahme.

Die Nachricht Caesars kann sich daher nur auf die kleinen Bäche des Hügellandes, den Šumhil-, Kreisia- und den bei Sefere entspringenden Bach, beziehen. Von diesen fließt der Šumhilbach nicht eigentlich in die pompejanischen Linien hinein, sondern zwischen den Fronten; aus ihm konnten die Pompejaner nur Wasser holen, indem sie aus ihren Linien vorbrachen, was schließlich zu verhindern war. Immerhin scheint Caesar auch hier Vorkehrungen getroffen zu haben, die letzteres erleichtern sollten. Der Šumhilbach hat heute zwei Mündungen; die Gabel, die übrigens variabel zu sein scheint, liegt etwa 2 km von der Küste[77]). Der südliche Lauf, der durchaus dem natürlichen Gefälle entspricht, führt nur zur Zeit höheren Wasserstandes durchwegs fließendes Wasser; der nördliche, knapp am Fuße der Šumhilausläufer vorbeifließende[78]), führt heute die eigentliche konstante Wassermenge und macht in seiner großzügigen Linienführung den Eindruck künstlicher Regulierung, etwa eines verfallenen Mühlganges. Da er nun weder Mühlen treibt, noch zur Feldbewässerung oder dergleichen ausgenützt wird, so ist es nicht ganz unmöglich — mehr soll nicht behauptet werden — daß er in dieser Form auf die seinerzeitige Ableitung durch Caesar zurückzuführen ist. Caesar hätte ihn dann in jenem Abschnitt, wo er für die Wasserversorgung des Gegners in Betracht gekommen wäre, also vor der Šumhilfront des Pompejus, abgraben und knapp vor seinen Höhen vorbeileiten lassen, wo er von oben herab die Wasserentnahme durch den Gegner leicht behindern konnte.

Der Šumhilbach.

Der Kreisiabach.

Der nun folgende Kreisiabach, die nach Lage und Wasserreichtum für die Versorgung der Pompejaner wichtigste Ader, entsteht aus einer größeren Zahl von Quellbächen, die sich zum Teile erst ziemlich spät, nicht mehr weit vom Škam, vereinigen. Es ist möglich, daß Caesar, der von seinen Linien aus diese Vereinigung nicht deutlich übersehen konnte, glaubte, es mit mehreren Bächen zu tun zu haben.

---

[77]) Auf der Karte kommen diese Verhältnisse nicht klar zum Ausdruck.

[78]) Dieser ist auf der Karte eingezeichnet, doch kommt mangels Schraffierung die Tatsache, daß er knapp am Höhenrande fließt, nicht recht zur Geltung.

Dieser Bach sammelt die gesamten Wasserspenden des ganzen halbkreisförmigen Abschnittes von ⊙ 136 bis ⊙ 256, also eines Sektors von 7 km Bogenlänge, und führt sie konzentrisch dem Zentrum der pompejanischen Stellung zu. Hier war die Abdämmung am wichtigsten, aber auch am dankbarsten.

Caesar erwähnt ausdrücklich, daß diese Abdämmungen an den schluchtartigen Verengungen angelegt wurden, was auch ganz selbstverständlich ist. Nun durchfließen fast alle diese Quellbäche in ihrem obersten Laufe eine wenn auch nicht allzu, so doch ausgesprochene, 20 bis 50 m breite und sehr flach geneigte Talsohle, wie auf Abb. 10, die das Tälchen bei Manskarii darstellt, ersichtlich ist. Erst im mittleren Teile, etwa in der Linie ⊙ 136—Muharemaj—Tile, verengen sie sich durchwegs zu ganz engen, sohlenlosen Schluchten, zweifellos den von Caesar erwähnten *„angustiae"* (Abb. 11), die durch etliche Piloten mit Erdanwurf gesperrt werden konnten. Anderseits darf aber nicht übersehen werden, daß ebenda die Schmalheit des Raumes im Verein mit dem hier schon recht starken Gefälle nur eine relativ geringe Wassermenge aufzustauen gestattete: diese kleinen Reservoirs waren bald gefüllt und mußten dann überlaufen; Caesar aber war dadurch gezwungen, mehrere solcher Sperren hinter- beziehungsweise übereinander anzulegen.

Am zweckmäßigsten war es wohl, die oberste Sperre dort anzulegen, wo die breite und flache Quellmulde sich zur Schlucht verengte, so daß einerseits die Breite des Dammes bereits geringer gehalten, anderseits die ganze Quellmulde als Reservoir ausgenützt werden konnte. Dieses konnte dann sehr viel Wasser fassen und brauchte, bis es voll war, wohl viele Wochen, sofern nicht starke Regengüsse eintraten. Inzwischen hatte man Zeit genug weiter vorne in den Schluchten ein System kleiner Stauwehren zu errichten, um das eventuell überlaufende Wasser wieder einzufangen.

Dies alles gilt aber nur für den Fall, daß Caesar mit diesen Arbeiten gleich zu Beginn der Einschließung, also noch im albanischen Spätwinter einsetzte, wo der Wasserreichtum der Bäche noch ein großer und jeden Augenblick Regen zu erwarten war. Anders war die Sache, wenn Caesar diese Maßregeln erst ergriff, nachdem die c. 49, 5 erwähnte Hitzeperiode begonnen hatte; dann konnte alles wesentlich vereinfacht werden, unter Umständen auch an jedem Quellbach eine einzige Sperre in der Enge der Schluchten genügen; und ich möchte glauben, daß diese Auffassung die wahrscheinlichere ist, da zur Regenzeit, wo überall an den Bergfüßen zahlreiche Quellen entspringen, die ganze Mühe überhaupt zwecklos sein konnte.

Sicher aber ist das eine: Diese Stauwerke konnten niemals angelegt werden, wenn sie 2 bis 3 km vor der eigenen Front lagen[79]). Selbst wenn es gelungen wäre sie unter dem Schutze vorgeschobener starker Abteilungen zu errichten, so konnte sie der Gegner nach deren Rücknahme, zumal des Nachts, ohneweiters demolieren. Wollte man sie wirksam schützen, mußte man die Detachements draußen belassen, diese wieder, um sie gegen übermächtige Angriffe zu sichern, neuerdings verschanzen, mit einem Wort die Schanzenlinie bis an jene Sperren oder darüber hinaus vorschieben. War dies aber überhaupt möglich, so ist nicht einzusehen, warum es nicht im Sinne der Hauptabsicht, den Gegner auf möglichst engen Raum einzuschließen, von Hause aus erfolgt ist. Kleine Stellungskorrekturen können dabei immerhin Platz gegriffen haben, so vielleicht in der Gegend von Djus, wo die beste Verteidigungslinie über ⊙ 156—218 geht, während die Wassersperrung die Besitznahme der dort vorgelagerten Rückfallkuppen erforderte (siehe Karte II*b*). Daß Stellungskorrekturen tatsächlich vorkamen, lehrt das in c. 66 erwähnte Zwischenlager im Südabschnitt, von dessen Existenz wir auch nur darum erfahren, weil es in der letzten Schlacht eine so verhängnisvolle Rolle gespielt hat. Jedenfalls muß aber zur Zeit, als die Sperren aktiviert waren, die Linie zum mindesten über sie, wenn nicht vor ihnen, also quer über die Schluchten und nicht auf der Wasserscheide, geführt haben.

Wenn wir nun nach dem Ergebnis der an Ort und Stelle durchgeführten Rekognoszierung die Zone der Stauwerke in der Linie, die in der Karte eingezeichnet ist, annehmen, so folgt daraus, daß die Kampffront etwa von ⊙ 136 über ⊙ 145 nordöstlich Muharemaj, die Vorkuppen westlich ⊙ 156 und 218 nach ⊙ 256 verlaufen mußte. Nur in diesem Falle war es möglich, wenigstens den größten Teil der den Kreisiabach speisenden Quellen abzufangen. Einige konnten auch jetzt nicht einbezogen werden, doch reichte deren Wassermenge für die starke pompejanische Armee kaum aus, zumal wenn einmal die dürre Zeit anbrach[80]). Eine Zurücknahme der Schanzenlinie auf den wasserscheidenden Kamm jedoch, wie Stoffel und Heuzey wollen, hätte das ganze Quellsystem des Kreisiabaches freigegeben und damit Caesars Maßregel vollends illusorisch gemacht.

---

[79]) Vgl. darüber v. Goeler II S. 108.

[80]) Bei der Unübersichtlichkeit des schluchtenreichen Terrains konnte Caesar überhaupt nicht mit Sicherheit beurteilen, ob er tatsächlich alle Quellbäche erfaßt hatte.

Als letzte Wasserspende erübrigt noch der Bach von Sefere. Dieser entspringt aus einer großen Zahl eng beisammenliegender Quellen in der steilen Mulde südlich des genannten Ortes. Die meisten derselben liegen so hoch, daß Caesar sie durch die in den Schanzen aufgestellten Geschütze beherrschen konnte. Dies war allerdings an sich illusorisch: den Pompejanern würde es nicht eingefallen sein das Wasser, das ja zu ihnen hinunterfloß, oben an den Quellen im feindlichen Geschützertrag aufzusuchen: blieb also auch hier nur Aufdämmung oder Ableitung. An erstere ist bei der Steilheit der Mulde, die übrigens auch keinen schluchtartigen Charakter hat, gar nicht zu denken; die Ableitung dagegen konnte recht gut in der Weise erfolgen, in welcher heute noch die albanischen Mühl- und Bewässerungsgräben in den Gebirgen längs der Hänge geführt werden: die Quellen, wenigstens die höher gelegenen, wurden in einem horizontal gezogenen Kanal aufgefangen und etwa in der 110 Meter-Schichte über den Sattel nordöstlich ⊙ 159 hinter die eigene Linie geleitet. Einzelne tiefere Quellen konnten wohl auch hier nicht einbezogen werden, doch fiel dies zur Zeit der Dürre nicht sehr ins Gewicht; dazu kam, daß der Bach noch ein gutes Stück zwischen den beiderseitigen Linien floß, daher die gegnerische *aquatio* jederzeit gestört werden konnte, und sein ganz in den pompejanischen Bereich fallender Unterlauf stark versumpft ist, so daß die sehr reduzierte Wassermenge sich dort ganz verloren haben dürfte. Der Bach von Sefere.

In diesem südlichen Teile des Ostabschnittes, der Linie ⊙ 256 bis Sefere—Kodra Kočelt—Mali Ksulzes—⊙ 44, dürften also auch die Linien längs des Rücken verlaufen sein.

Hier sind auch noch Spuren zu finden, und zwar sowohl auf ⊙ 44, als auf der dahinterliegenden Dreikuppenhöhe bei Spie e Hoxhe Koles (das heißt Haus des Hodscha Koles) der Spezialkarte. Letztere zeigen ein rings geschlossenes Lager von der Form eines dem Terrain entsprechend in der Mitte eingeschnürten Viereckes. Der Wall ist fast ringsum mit großer Deutlichkeit zu erkennen, am deutlichsten in dem Walde an der Westseite, wo er eine durchlaufende, von Bäumen freie, teilweise noch aufgeworfene Stufe bildet (Abb. 18). Ich vermute hier das Lager einer größeren Abschnittsreserve, wozu der Platz sowohl seiner Lage am Übergang des Hügellandes in die Ebene, als seiner vorzüglichen Übersicht nach hervorragend geeignet ist. Spuren.

c) Die Linien Caesars: südlicher Abschnitt.

Die Festlegung des zuletzt besprochenen Abschnittes erfolgte allerdings unter der Voraussetzung, daß die Höhen von Aganas und in der Folge das rechte Ufer der untersten Gešnike in pompejanischem Besitze waren, Caesars südlicher Abschnitt daher in der Ebene südlich des Flusses verlaufen mußte.

Über diesen Teil der Linien gibt uns Caesar in c. 63 ff. verhältnismäßig sehr genaue Daten.

Die Quellenangaben. Wir erfahren zunächst, daß das Südende seiner Linien doppelt, als Circum- und Kontravallationslinie, gezogen war. Die Entfernung der beiden parallelen Linien betrug 600 römische Fuß = 234 Schritte = 178 m. Das Profil der inneren Linie war besonders stark: Breite des Grabens 15 Fuß, Höhe und Breite des Walles 10 Fuß; die der äußeren Linie etwas schwächer. Das seeseitige Ende sollte durch einen Querwall abgeschlossen werden, der jedoch zur Zeit der zweiten Schlacht noch nicht vollendet war.

Weiteres erfahren wir aus c. 66. Demnach befand sich zwischen diesen Linien Caesars und jenen des Pompejus ein verlassenes Lager, das seinerzeit von der IX. Legion daselbst errichtet, dann aber freiwillig geräumt worden war, worauf Pompejus es besetzte und, da er eine größere Macht hineinzulegen beabsichtigte, erweiterte, so daß das ursprüngliche Lager gewissermaßen ein Reduit im Innern des vergrößerten bildete; von der linken Ecke dieses Lagers zog er einen Wall und Graben gegen den 400 römische Schritte = 600 m entfernten Fluß, um die Wasserversorgung zu sichern. Das Lager selbst war vom Meere 300 römische Schritte = 450 m entfernt. Später aber räumte auch Pompejus freiwillig dieses Lager samt dem Verbindungswall, so daß es leer zwischen den beiderseitigen Linien zurückblieb.

Lage in der Ebene. Aus diesen Details geht zunächst hervor, daß alle hier geschilderten Werke in der Ebene lagen. Hierfür spricht der besonders starke Ausbau der caesarianischen Front; hierfür spricht die parallele Führung der Kontra- und Circumvallationslinie; hierfür spricht vor allem die freiwillige Räumung des Zwischenlagers durch beide Parteien. Wäre dieser Punkt eine Höhe gewesen — und nach der Distanz von der Küste und der überlieferten Gesamtausdehnung der Linien konnte es sich da nur um den Mali Robit handeln — so hätte jede Partei sich glücklich schätzen müssen, ihn in der Hand zu haben, die freiwillige Räumung wäre gänzlich unverständlich, und noch mehr, daß der Platz dann wochenlang zwischen den beiden Linien leer blieb, ohne daß der eine oder der andere Führer auf ihn zurückgriff[81]).

Es handelt sich jetzt noch darum, festzustellen, ob diese Linien und Lager nördlich oder südlich der Gešnike lagen. Den Aufschluß gibt uns der von Caesar erwähnte Fluß („*flumen*", 66, 6; 71, 2). Diese Bezeichnung allein entscheidet nicht; es ist genugsam bekannt, daß Caesar die Ausdrücke „*flumen*" und „*rivus*" sehr willkürlich gebraucht und insbesondere oft ganz kleine Bäche als „*flumina*" bezeichnet[82]). Insoweit könnte hier ganz gut einer der nördlich der Gešnike fließenden Bäche gemeint sein. Die Entscheidung gibt c. 71, 2, wo gesagt wird, daß auf der Flucht nach der verlorenen Schlacht die Mehrzahl der Soldaten „*in fossis munitionibusque e t f l u m i n i s r i p i s opressa*" zugrunde ging. Das paßt nun allerdings auf keinen der kleinen Bäche, am allerwenigsten in der damals schon eingetretenen heißen Jahreszeit (49, 6), sondern einzig auf die tief eingeschnittene und an dieser Stelle durch die mehrerwähnte Rückstauung auch jederzeit wasserreiche Gešnike (vgl. Abb. 12).

Auf Grund dieser Konstatierung und der überlieferten Daten wird es uns möglich den Verlauf der Linien fast genau in die Karte einzuzeichnen; die einzige kleine Ungenauigkeit ergibt sich aus der Ungewißheit, wie weit die Küste und der Lauf des Flusses sich seither geändert haben. Veränderungen der Küste.

Bezüglich des letzteren wurde bereits S. 39 betont, daß eine nennenswerte Laufänderung eines bei so geringer eigener Wassermenge so tief eingeschnittenen Flusses an sich unwahrscheinlich ist. Daß an der Küste seit jenen Tagen eine merkliche Anschwemmung stattgefunden hat, ist wohl sicher; anderseits muß die Flachküste nächst Kavaja, wo in Urzeiten die ganze Wasser- und Sinkstoffmenge Mittelalbaniens und noch in historischer Zeit der Genusus abfloß, schon damals gut vorgebaut gewesen sein, und wir dürfen sie uns kaum als Einbuchtung vorstellen. Die gerade Verbindungslinie vom Mali Robit zur Höhe Barbaut, wie sie auch Stoffel angenommen hat, dürfte der Wirklichkeit entsprechen. Daraus ergibt sich die Situation der Werke im allgemeinen auch so, wie Stoffel sie eingezeichnet hat.

Heuzey leistet sich an dieser Stelle eine schwere Konfusion. Er liest c. 63, 2 statt „*pedum*" — „*passuum*" (aber schreibt in der Anm. 3 Heuzey.

---

[81]) Damit erledigt sich auch, abgesehen von der mißglückten Identifizierung mit dem c. 45 erwähnten Hügel (s. S. 141), meine Festlegung dieses Lagers auf dem Mali Robit in „Geschichte der Feldzüge Caesars" S. 512.

[82]) So auch c. 49, 4.

zu Seite 85 richtig *„pedum"!*), dehnt daher das Intervall der beiden Parallelen Caesars auf 600 römische Schritte = 900 m und läßt die eine längs der Gešnike, die andere längs des Darči verlaufen: das Zwischenlager verlegt er folgerichtig in den Raum nördlich der Gešnike, und verbindet dann dessen rechte (nicht linke!) Ecke mit dem genannten Flusse, so daß es hart unter den Mali Robit zu liegen kommt. Das Ganze ist absolut unhaltbar; abgesehen von der erwiesen falschen Lesart wird es auch unerklärlich, wie dann in der Schlacht (c. 67 ff.) Caesars l i n k e r Flügel auf das Lager und sein r e c h t e r auf den Verbindungswall stoßen konnte.

Spuren. Stoffel erklärt S. 361, daß er an der von ihm angenommenen Stelle keinerlei Reste habe finden können. Ich glaube, v i e l l e i c h t glücklicher gewesen zu sein. Freilich war ich dabei sehr vom Zufall begünstigt.

Ich kam 1914 auf den Platz an einem Tage, der unmittelbar auf einen Regentag gefolgt war. Die Hutweiden zwischen Gešnike und Darči standen alle mehr oder weniger unter Wasser. Ich versuchte von der Gešnikebrücke schräg durch die inundierte Ebene gegen den unteren Darči vorzudringen in der Hoffnung, hierbei die caesarianischen Linien zu kreuzen und dabei irgend etwas zu finden, was auf sie hindeuten würde; auf halbem Wege zwang mich ein ziemlich eingeschnittener, unpassierbarer Sumpfgraben zur Umkehr. Ich nahm nun die Richtung auf Stanirij und stieß dabei auf einen mitten durch die noch ganz nassen Wiesen von dem genannten Dorfe aus senkrecht auf den Fluß verlaufenden trockenen Bodenstreifen von beiläufig 10 m Breite, der sich nach geradem, etwa 600 Schritte langem Laufe gegen die Saline zu verlor. Natürlich vermutete ich sofort, dieser Streifen, der seine Trockenheit nur einer ganz minimalen Bodenerhöhung verdankte und bei andauernd trockenem Wetter jedenfalls gar nicht von seiner Umgebung sich abhebt, könnte ein Rest des von Caesar erwähnten, von Stoffel nahezu an derselben Stelle eingezeichneten Verbindungswalles zwischen Lager und Fluß sein. Da es schon spät am Nachmittage war und ich noch bis Durazzo zurückzugehen hatte, stellte ich für diesen Tag die Suche ein und begab mich am nächsten nach Kavaja. Diesmal ging ich von dieser Stadt über das Dorf Šingjerc durch die immer noch sehr nassen Wiesen gegen die Salinen. Hierbei fand ich folgendes:

Der Sumpfgraben, der mich tags vorher zur Umkehr genötigt, verläuft f a s t g e r a d e vom Dorfe Rrakoll gegen Westen, und ist in dieser Form bis zu den Salinen, in deren künstlichen Gräben er sich verliert, zu verfolgen (Abb. 19). Parallel mit ihm auf der südlichen Seite und in nahezu gleicher Länge verläuft in der konstanten Entfernung von 230 bis 240 Schritten ein ziemlich kontinuierlicher Feldrain.

Ich halte es nun immerhin für möglich, daß dieser Graben und Rain Reste der caesarianischen Doppellinien sein könnten. Hierfür spricht ihr ganz gerader Verlauf[83]), welcher bei einem natürlichen Sumpfgraben in absoluter Ebene niemals sich findet; hierfür spricht die vollkommen parallele Trasse, genau in der von Caesar genannten Distanz; hierfür spricht endlich vor allem der Umstand, daß diese Spuren genau an dem Punkte sich finden, wo man sie nach theoretischen Erwägungen suchen muß, und wo Stoffel die Linien, ohne die Spuren gesehen zu haben, auch eingezeichnet hat.

Wieso aus diesen Doppellinien einerseits ein Sumpfgraben, anderseits der Rain entstehen konnte, läßt sich auch erklären. Ersterer entstand durch allmähliche Versumpfung des von Caesar als besonders mächtig bezeichneten Grabens der feindwärtigen Linie; letzterer dadurch, daß seine in früheren Tagen noch gut sichtbaren Reste als Feldbegrenzung dienten, die später, als der ursprüngliche römische Wall sich bis zur Unkenntlichkeit verflachte, nach Bedarf erneuert wurde und so die heutige Form annahm.

Die Spuren verlieren sich in den Salinen, wo natürlich nichts erhalten ist; ebendahin fällt dann auch das ganze Zwischenlager.

Daß man oberhalb Rrakoll nichts Sicheres mehr findet, ist wohl auf die intensivere Kultur dieses Teiles zurückzuführen. Immerhin weist die Biegung, die der Graben beim Dorfe Rrakoll genau in der Richtung gegen die Höhe ⊙ 44 macht, sowie die genau in diese Flucht fallende Mündung des von Berberej kommenden Baches in die Gešnike, dessen letztes Laufstück obendrein mit dieser Linie zusammenfällt, auf den weiteren Zusammenhang hin.

Ich wiederhole, daß ich alle diese Folgerungen nur für möglich, nicht aber für sicher halte, zumal die Anschwemmungstätigkeit in dieser Ebene sich in ihrem Umfang und ihren Folgen unserer Berechnung noch entzieht; ich hätte wohl auch diesen Dingen nie ein solches Gewicht beigelegt, wenn sie nicht gar so auffällig gerade mit jenem Ergebnis sich decken würden, das schon Stoffel theoretisch abgeleitet und eingezeichnet hat, und das wir auch ohne jene Funde hätten akzeptieren müssen.

---

[83]) Auf der Spezialkarte sind die geringfügigen, durch Ausschwemmung einzelner Uferstellen entstandenen Krümmungen des Grabens übertrieben gezeichnet; seine Achse ist tatsächlich fast mathematisch gerade.

Demgemäß habe ich die Situation in die Karte eingezeichnet. Der Unterschied gegen Stoffel ist minimal und beschränkt sich eigentlich darauf, daß auf seiner Zeichnung die Linien im flachen Bogen verlaufen, während ich sie den Spuren zufolge von Rrakoll an ganz geradlinig geführt habe, was übrigens auch eine Verkürzung und damit eine Verminderung der Arbeit in sich schließt.

Wenn das Zwischenlager auch in den Salinen verschwunden ist, so läßt sich aus der Richtung des sichtbaren Verbindungswalles und der von Caesar gegebenen Länge desselben seine Lage ziemlich genau fixieren; aus dieser und der überlieferten Distanz vom Meere ergibt sich aber auch annähernd der damalige Verlauf der Küste, welches Resultat mit den früher angestellten Erwägungen vollkommen übereinstimmt.

Die Räumung des Zwischenlagers. Bei dieser Gelegenheit müssen wir uns noch fragen, warum sowohl Caesar als Pompejus das ominöse Zwischenlager freiwillig geräumt haben.

Aus Caesars Darstellung scheint zwischen den Zeilen hervorzugehen, daß die IX. Legion aus eigener Initiative das Lager errichtet hat, das aber dem Feldherrn nicht recht gefiel, weshalb er seine Räumung und die Verlegung der Linien etwas weiter nach rückwärts anordnete. Was ihn dazu bewog, ist natürlich nur zu vermuten. Vielleicht war es der in c. 66 wiederholt erwähnte Wald, der die Übersicht ins Vorfeld und damit die Sicherheit beeinträchtigte, und dessen mühevolle Niederlegung in keinem Verhältnis stand zu dem geringen und in der Ebene wenig belangreichen Raumgewinn.

Leichter sind die Beweggründe des Pompejus zu durchschauen. Die Besetzung erfolgte zweifellos, um möglichst viel Raum zu gewinnen und die Weiden des linken Gešnikeufers auch zur Fouragierung ausnützen zu können. Gleichzeitig wurde zum Schutze der Wasserversorgung von der Gešnike her der Verbindungswall gezogen. Jedoch das brackige Wasser des Unterlaufes mochten die Soldaten nicht trinken; sie beklagten sich über diese unleidlichen Verhältnisse, und der Feldherr entschied endlich, sobald der kleine beherrschte Raum südlich des Flusses abgegrast war, daß das Lager überhaupt zu räumen sei; der Fluß wurde nunmehr nicht als Wasserspende, wozu er nicht taugte, sondern als natürliches Fronthindernis ausgenützt, wozu er allerdings hervorragend geeignet war.

Das Lager des Marcellinus. In diesen Abschnitt fällt auch das c. 65, 1 erwähnte Lager des Marcellinus. Dasselbe könnte vielleicht an der Bruchstelle der genannten Linien bei Rrakoll gelegen haben, worauf die zweimal rechtwinklige Biegung des Sumpfgrabens hinzuweisen scheint. Hier lag es gut in der Mitte des Abschnittes: seine Lage i n den Linien findet ihre Begründung in deren doppelten Führung, ähnlich wie vor Alesia. Anderseits scheinen die in c. 65, 1—2 geschilderten Vorgänge für eine Lage näher den Hügeln zu sprechen. In diesem Falle könnte man es in dem Winkel zwischen den Bachmündungen östlich der Straßenbrücke suchen. Näheres darüber bei Besprechung der Ereignisse.

Bedingtheit der Festlegung.

Alle diese Feststellungen beruhen, wie gesagt, auf der Annahme der bis zur Vernachlässigungsmöglichkeit geringen Veränderungen dieser Ebene, insbesondere des Flußlaufes der Gešnike: sollte der letztere allen Gegengründen zum Trotz sich dennoch stark geändert haben, so verschiebt sich auch das ganze Bild: das gegenseitige Verhältnis der diversen Werte und Linien bleibt aber bestehen, und dieses allein, nicht aber das Terrain ist es, das die hier abgespielten Ereignisse beeinflußt hat.

d) Die Linien des Pompejus.

Verlauf.

Aus den bisher abgeleiteten Daten über die caesarianischen Linien, insbesondere über die Art wie sie in dieser Form zu stande kamen, ergibt sich auch der Verlauf der pompejanischen Schanzen ziemlich lückenlos. Wir müssen festhalten, daß Pompejus in den ersten Anfängen Caesars Aktion noch nicht erkannte, daher im nächsten Bereich des Hauptlagers ziemlich eingeengt blieb: dagegen gelang es ihm in der Folge, Tile und Paljemoh zu besetzen und sich — offenbar über den Riegel von Aganas — bis an die Gešnike auszubreiten. Anderseits spricht die der ganzen taktischen Tätigkeit zugrunde liegende Idee für eine möglichste Annäherung der beiderseitigen Linien, und durch den geringen Unterschied in der Länge derselben wird sie bestätigt. Aus all dem ergibt sich nun mit ziemlicher Eindeutigkeit der Verlauf, so wie ich ihn auf Karte II*b* eingezeichnet habe: vom Škam über Skalnjuri in vorspringendem Winkel zu der sehr übersichtsreichen Kuppe ⊙ 115, die Caesar kaum unentdeckt hätte besetzen können, weiter über Vargaj—⊙ 132—⊙ 163 —⊙ 39—⊙ 172—Tile—Paljemoh—⊙ 135, dann quer über das Tal zum Querriegel von Aganas, von da über die Ebene an die Gešnike gegenüber Stanirij und längs derselben ans Meer.

Stützpunkte.

In der Stellung des Pompejus befanden sich nach c. 44, 3 24 Stützpunkte. Wo ich mir dieselben denke, zeigt die Karte. Im Hügelland ist ihre Lage durch die beherrschenden Kuppen gegeben;

bezüglich der Tieflagen ist der Standpunkt gewahrt, daß die von Natur schwächsten Stellen, also vor allem das auch wegen der Straße besonders wichtige Intervall zwischen Aganas und der Gešnike, am stärksten befestigt sein mußten.

c) Ausdehnung, Gliederung und Besetzung der Linien.

Ausdehnung. Die kartographisch abgezirkelte Länge der Linien ergibt nun für Caesar 21, für Pompejus 15 km, was nach dem über die verschiedenen Maßverhältnisse bei beiden Parteien auf S. 147 Gesagten, der überlieferten Ausdehnung von $25^1/_2$ beziehungsweise $22^1/_2$ km beiläufig entsprechen dürfte. Es wäre natürlich wünschenswert gewesen, durch Abschreiten der ganzen Linien das Resultat zu überprüfen; dies ist jedoch praktisch nicht durchführbar, da man auf kilometerlange Strecken im undurchdringlichen Gestrüpp kaum mühsam kriechend fortkommen, geschweige denn normale Schritte machen und abzählen kann. Auch zu Caesars Zeit mag manche Teilstrecke eher geschätzt als gemessen worden sein, so vor allem jene Stellen, an denen, wie schon Stoffel S. 362 vermutet[84]), infolge steiler, an und für sich für geschlossene Abeilungen ungangbarer Schluchten auch der Ausbau der Intervalle entfallen und durch bloße Beobachtung ersetzt werden konnte. Ich möchte deshalb auch die überlieferten Ziffern nicht allzu genau, und eine eventuell später einmal festzustellende kleine Differenz mit meinen Einzeichnungen nicht allzu tragisch nehmen.

Gliederung; die Stützpunkte. Die Gliederung der Stellungen ergibt sich natürlich in erster Linie aus dem Terrain, und findet in den gewählten Stützpunkten einen teilweisen Ausdruck; sie bilden gewissermaßen das Gerippe des ganzen Systems. Über die pompejanischen wurde bereits gesprochen; für seine eigenen Linien hat uns Caesar leider ihre Zahl nicht überliefert. Daß für ihre Anlage im Prinzip dieselben Richtlinien Geltung hatten wie beim Gegner, ist ja ohneweiters klar; doch darf man nicht vergessen, daß Caesar mit einer nicht viel mehr als halb so starken Truppenmacht eine merklich längere Front zu halten hatte, daher seine Stützpunkte kaum in gleicher Dichte wie Pompejus anlegen konnte; vielmehr mußte er in weit höherem Grade als dieser auf die Ausscheidung mehrerer starker Dispositionsreserven bedacht sein, da er

---

[84]) Vgl. auch Meusel S. 300. Ich glaube aber, daß speziell Meusel sich diesen Verzicht auf die Intervallausgestaltung zu weitgehend vorstellt; diese Stellen dürften eine Ausnahme gebildet haben, und auch dann nur als nicht so dringend aufgeschoben und für eine spätere Zeit, wenn die wichtigsten Arbeiten durchgeführt waren, in Aussicht genommen worden sein.

bei der Länge der Front und angewiesen auf die außen um diese herumführenden Verbindungen unmöglich mit einer einzigen Hauptreserve das Auslangen finden konnte. Bei Pompejus kam auf je 600 römische Schritte = 900 m durchschnittlich ein *„castellum“*; die gleiche Dichte hätte bei Caesar etwa 30 Stützpunkte erfordert, was bei einer Besetzung von durchschnittlich 2 Kohorten[85]) schon 6 Legionen, also fast die ganze Streitmacht erfordert und für sämtliche Reserven zusammen kaum eine Legion erübrigt hätte[86]), während bei Pompejus unter gleicher Voraussetzung mehr als 3 Legionen verfügbar blieben. Nun erfahren wir in c. 51, 1, daß in der ersten Schlacht, trotzdem zweifellos ein großer Teil der Reserven zur Unternehmung gegen die Stadt abgezogen worden war, P. Sulla zum Gegenstoß doch noch zwei Legionen zusammenraffen konnte: daß er dabei in größerem Maße auf die Frontbesatzungen gegriffen hat, ist nach der ganzen Lage kaum anzunehmen; wir werden daher nicht fehl gehen, wenn wir auch bei Caesar die Gesamtsumme aller Reserven auf mindestens drei Legionen oder besser 30 Kohorten veranschlagen. Das gibt aber für die eigentliche Frontbesatzung einen Rest von höchstens 40 Kohorten, welcher nach obigem Schlüssel für etwa 20 Kastelle ausreicht. Noch günstiger wird die Sache, wenn man annimmt, daß die oben errechnete Durchschnittsziffer der Frontdotierung zu hoch ist und die überwiegende Mehrzahl der Stützpunkte von nur je einer Kohorte besetzt war; hierbei möchte ich die erzielte Ersparnis nicht zu gunsten einer größeren Zahl von Stützpunkten, sondern einer höheren Reservendotierung in Rechnung stellen. 20 Stützpunkte ergeben eine Dichte von einem auf $1^1/_4$ km. Ihre voraussichtliche Lage — nach denselben Grundsätzen wie bei Pompejus ermittelt — ist in der Karte zum Ausdruck gebracht.

Abschnitte der Linien Caesars.

Mehr als über die Stützpunkte erfahren wir über Caesars A b s c h n i t t s e i n t e i l u n g im großen.

Am äußersten linken Flügel stand die IX. Legion (63, 1 und a. a. O.); ihr zunächst zweifellos die VIII., da diese in den unglücklichen Kämpfen der zweiten Schlacht nächst jener am meisten in Mitleidenschaft gezogen worden war (89, 1). Wir sehen hier die Übereinstimmung mit der Schlachtordnung von Pharsalus, das *„superius institutum“*, und können daraus auf die übrige Verteilung

[85]) Über die Besatzungsstärke vgl. c. 52, 2 (3 Kohorten), 53, 6 (1 Kohorte) und 63 (2 Kohorten); letztere Lesart ist allerdings nicht ganz sicher.

[86]) Caesars Streitmacht belief sich damals, nach Abzug der in c. 34 verfügten Detachierungen von $3^1/_2$ Legionen und der Besatzungen von Oricum, Apollonia und Lissus auf höchstens 7 Legionen.

schließen. Demnach stand am äußersten rechten Flügel die X. und neben ihr voraussichtlich ihre bevorzugte Schwesterlegion, die VII.[87]), jedenfalls im Hauptlager und im unmittelbaren Anschlusse daran. Eine davon, wohl die X., Caesars „alte Garde", müssen wir uns als die eigentliche Hauptreserve vorstellen. Sie und noch eine zweite war es wohl, mit denen P. Sulla der bedrängten Schanze des Minucius zu Hilfe kam (51, 1): daß Sulla hier, M. Antonius am linken Flügel befehligte (46, 4; 65, 2), stimmt wieder mit der Ordre de bataille von Pharsalus. In der Mitte irgendwo stand die VI. Legion, deren Kohorten in der ersten Schlacht den Durchbruch aufgehalten hatten[88]). im folgenden Kapitel wird es sich zeigen, daß wir sie im Abschnitt von Sefere anzusetzen haben. Bleibt, da die XI. und XII. Legion unter Domitius am Haliacmon stand[89]), die XXVII. unter Calenus in Achaja kämpfte[90]) und eine Legion teils unter Calvisius Sabinus nach Ätolien detachiert, teils jedenfalls zur Bestreitung der diversen Stadtbesatzungen verwendet worden war[91]), noch die XIII. und XIV., die wir in dem übrigen Raum, den Dimensionen entsprechend etwa zwischen der VI. und VII., annehmen müssen. Es kommen daher, wenn man eine Legion als Hauptreserve abzieht, auf je eine Frontlegion nicht ganz 3000 röm. Schritte = $4\frac{1}{2}$ km, und 3 bis 4 Stützpunkte. Auch da dürfen wir uns natürlich die Abschnitte nicht ganz gleich, sondern müssen sie uns dem Terrain angepaßt vorstellen, etwa in folgender Art:

I. Abschnitt:	VII.	Legion	von der Küste bis zum Pjezasattel,
II. „	XIII.	„	von da bis zum Bach südlich Muharemaj,
III. „	XIV.	„	von da bis zur Mulde nördlich ⊙ 256,
IV. „	VI.	„	von da bis inklusive Kodra Kočelt,
V. „	VIII.	„	von da bis ⊙ 44,
VI. „	IX.	„	in der Küstenebene.
Hauptreserve:	X.	„	im Hauptlager.

[87]) Bei Thapsus stand neben der X. Legion die XIII., aber wohl nur, weil die VII. nicht da war. Hier müssen wir umsomehr an der Einteilung der VII. am Nordabschnitt festhalten, als wir die X. als Hauptreserve werden betrachten müssen; dann aber oblag der anderen Legion die wichtige Aufgabe der Flügelanlehnung, für welche die beste Veteranenlegion nicht zu schlecht war. Auch die Analogie des linken Flügels, wo die IX. und VIII. beisammen waren, läßt auf die VII. und X. am Nordflügel schließen.

[88]) Sueton. Div. Iul. 68.

[89]) Caesar III 34, 3.

[90]) 56, 1.

[91]) 35, 2; 39, 1. Diese Legion war nach meiner Ansicht nicht, wie nach Groebe III 711, hervorgeht, die V., sondern wahrscheinlich die XV.; hierüber einmal in anderem Zusammenhang; vgl. auch S. 217f.

Taktisch waren offenbar mehrere Legionsabschnitte nach Bedarf einem einheitlichen Kommando unterstellt, und so Hauptabschnitte gebildet worden. So greift M. Antonius nach c. 65, 2 mit 12 Kohorten in das Gefecht der IX. Legion ein, was, da er doch nicht die Linien ganz von Besatzungen entblößen konnte, auf einen Befehlsbereich von mindestens 2 Legionen, hier wohl der VIII. und VI., schließen läßt. Ebenso dürften auch die XIII. und XIV. Legion einem gemeinsamen Befehlshaber unterstellt gewesen sein. Von der Kavallerie scheint, wie aus der Schilderung der zweiten Schlacht hervorgeht und auch den Terrainverhältnissen am besten entspricht, wenigstens das Gros im Südabschnitt disloziert gewesen zu sein. Von diesem Gesichtspunkte aus ergäbe sich demnach etwa folgende Gruppierung.

I. Abschnitt:	VII.	Legion: Kdt. P. Sulla.
II. „	XIII.	und XIV. Legion: Kdt. ?
III. „	VI.	und VIII. Legion: Kdt. M. Antonius.
IV. „	IX.	Legion und Kavallerie: Kdt. Marcellinus.
Hauptreserve:	X.	Legion: Zur unmittelbaren Disposition Caesars[92]).

Innerhalb der Abschnitte standen einzelne Kohorten (je 1 bis 3) in den Stützpunkten im Bereitschaftsdienst: der Rest lag als Abschnittsreserve in geschlossenen Lagern hinter der Front: in der Ebene des Südabschnittes, wo die Linien doppelt gezogen waren, jedenfalls zwischen denselben. Da jeder Legion etwa 3 bis 4 Stützpunkte zufielen, standen je nach Ansatz der Besatzungsstärke 4 bis 6 Kohorten in der Front, der Rest in Reserve.

Über die Abschnittseinteilung des Pompejus erfahren wir nichts Näheres. Nach Analogie der caesarianischen und den Anforderungen des Terrains können wir vielleicht folgende Abschnitte von links nach rechts annehmen: *Abschnitte des Pompejus.*

I. Abschnitt:	Front gegen das Šumhiltal (bis inklusive ⊙ 115).
II. „	von da bis zum Bach südlich ⊙ 132.
III. „	von da bis inklusive ⊙ 172.
IV. „	von da bis zum Tal südlich ⊙ 135.
V. „	von da bis Aganas.
VI. „	Küstenebene.

---

[92]) Daß die Hauptreserve in der ersten Schlacht von P. Sulla kommandiert wurde, erklärt sich dadurch, daß Caesar vor Dyrrhachium engagiert war und das Kommando in den Linien an Sulla übergeben hatte (c. 51, 1).

Die Hauptreserve stand im Hauptlager *(in maximis castris*, 62, 2) beim Škam, die Abschnittsreserven dürften zum Teil in der Ebene und an den Talmündungen gelagert haben (49, 5).

Besetzungsdichte. Insgesamt betrug die Dotierung der Stellung bei Pompejus rund 2, bei Caesar nicht ganz 1 Mann auf den Frontmeter.

Verwendungen der Reserve. Die Abschnittsreserven und nach Bedarf auch Teile der Frontbesatzung wurden gelegentlich zu größeren Unternehmungen herangezogen, so von Pompejus gelegentlich der zweiten Durchbruchsschlacht (62, 2: *„cohortes ex maximis castris praesidiisque deductas"*), desgleichen von Caesar nach c. 65, 3. Letzterer dürfte auch in der ersten Schlacht zum Handstreich gegen Dyrrhachium hauptsächlich Abschnittsreserven herangezogen, dagegen die Hauptreserve im Lager belassen haben. Nur so erklärt es sich, daß die angegriffene Kohorte der VI. Legion trotz der kritischesten Lage ohne Unterstützung blieb, bis endlich am späten Nachmittag die Hauptreserve eintraf.

Die Schlachtanbote. Eine Heranziehung von Abschnittsreserven mag auch wenigstens teilweise zum Zweck der schlachtmäßigen Aufmärsche zwischen den Hauptlagern, von denen in c. 56 die Rede ist, erfolgt sein: nur auf diese Art konnte dort eine solche Kraft vereinigt werden, daß ein Kampf die Entscheidung hätte bringen können. Pompejus hatte es hierbei viel leichter als Caesar, da ihm die kürzere Kommunikation der inneren Linie mit der die Sehne des Bogens bildenden ebenen Küstenstraße zur Verfügung stand, er somit seine entferntesten Truppen in 2 bis $2^1/_2$ Stunden heranziehen beziehungsweise zurückdirigieren konnte, während Caesars Truppen vom äußersten linken Flügel zum Hauptlager, um die Linien außen herum und auf bergigen Kolonnenwegen, über 25 km, das ist ohne Rast mindestens 6 Stunden, zu marschieren hatten. Pompejus konnte daher, ganz abgesehen von seiner absoluten numerischen Überlegenheit, schon aus obigen Gründen viel stärkere Kräfte vor dem Hauptlager vereinigen, da Caesar unmöglich täglich (*„omnibus deinceps diebus"* 56, 1) Truppen vom Südflügel heranziehen konnte, was beim Gegner keiner Schwierigkeit unterlag.

Wenn Pompejus trotzdem die Schlacht vermied, so geschah dies wohl, weil er sich auch von einem Erfolge angesichts der festen Linien, die dem Feinde als Rückhalt dienten, nicht viel versprechen konnte, und nebenbei mit ganz anderen Schlachtenplänen sich trug. Überhaupt scheint es mit diesen Schlachtanboten beiderseits nicht recht ernst gewesen zu sein. Das Šumhiltal mit seinen 300 bis 500 m Breite bietet gar nicht Raum für eine regelrechte Entwicklung beider

Schlachtreihen in der gewohnten *acies triplex,* ohne daß die eine oder andere wenigstens teilweise auf den Höhen stehen mußte, und Pompejus konnte sich, wenn Caesar bis in die Ebene vorgegangen war (*„ut paene castris Pompei legiones subiiceret“* 56, 1), überhaupt beim besten Willen nicht so weit von seinem Lagerwall vorschieben, daß die Front nicht mehr unter dem Schutze der Wallgeschütze gestanden wäre; es gewinnt den Anschein, als sei das ganze Manöver mehr zur Hebung des Selbstvertrauens der Soldaten als zum Zweck der Herbeiführung der Entscheidung von Caesar arrangiert worden, wie er dies ja des öfteren getan hat.

Zum Schluß soll noch erwähnt werden, daß Caesar außer den Linien im Hügellande auch Sperren auf den beiden schmalen Zugängen zur Stadt Dyrrhachium errichtet und besetzt hatte (58, 1). Die eine, südliche, lag zweifellos beim Abflusse der Lagune: der genaue Platz dieses Abflusses mag sich seither geändert haben[93]), für die militärischen Vorgänge ist dies belanglos. Die nördliche lag wahrscheinlich an der schmälsten Stelle des die Lagune im Norden begrenzenden Isthmus, also östlich des Kap Pali: sie auf die Enge zwischen diesem Kap und den Hügeln von Durazzo, etwa zur heutigen „Porta Romana“ (alb. „Portes“) zu verlegen, geht nicht an, da sie dort in Berücksichtigung der gegnerischen Seeherrschaft viel zu exponiert gewesen wäre[94]). Von Resten ist an beiden Orten nichts zu finden.

Die Sperren vor Dyrrhachium.

5. Die erste Schlacht bei Dyrrhachium.

(Hierzu Karte II *b*.)

Die schließlich doch geglückte Vollendung der Linien Caesars und die Wasserabsperrung brachten Pompejus mit der Zeit in eine üble Lage, und er entschloß sich zu einem Durchbruch größten Stiles. Ich habe mit Absicht für diese bisher noch nie so benannte Kampfhandlung die Bezeichnung „Schlacht“ gewählt: ist doch in Anlage und Verlauf die Analogie mit den großen Durchbruchsschlachten des Weltkrieges im höchsten Grade bemerkenswert[95]).

Leider sind wir über die komplizierten Ereignisse dieser Schlacht infolge der übereinstimmenden Lücke bei Caesar[96]) und Appian[97])

Die Quellen.

---

[93]) Praschniker-Schober S. 39.

[94]) Die an dieser Stelle noch sichtbare alte Mauer ist byzantinischer Herkunft (Praschniker-Schober S. 46) und hat natürlich mit Caesar nichts zu tun.

[95]) Siehe den ausführlichen Exkurs S. 234 ff.

[96]) b. c. III 51.

[97]) b. c. II 60.

mangelhaft unterrichtet. Lucan[98]) schweigt gerade über das, was hier ausgefallen ist, um das übrige, das wir ohnehin wissen, umso breiter auszuspinnen; nur Dio[99]) gibt eine äußerst kompendiöse Darstellung, eigentlich mehr Andeutung der Vorgänge, die uns immerhin als Grundlage der Rekonstruktion dienen muß und wohl auch dienen kann; denn diese Rekonstruktion mit allen nur denkbaren Mitteln zu versuchen und zu erzwingen ist angesichts des hohen Interesses dieser Schlacht von größter Bedeutung.

In großen Umrissen ist das Bild dieser Aktion das folgende:

Caesar wird durch Vorspiegelung von Verrat zu einem Handstreich auf Dyrrhachium verleitet. Während er dort auf starke und aktive Abwehr stößt, setzt Pompejus mit mächtigen Kräften auf breiter Front gegen die geschwächte Einschließungslinie zum Durchbruch an. Schließlich mißglückt sowohl Caesars Angriff auf die Stadt, als auch des Pompejus Durchbruch.

Die ganze, in einer für das Altertum beispiellosen Ausdehnung tobende Schlacht zerfällt somit in zwei taktisch getrennte Aktionen: den Angriff Caesars auf Dyrrhachium, und den Durchbruchsversuch des Pompejus. Jede dieser Aktionen gliedert sich wieder in eine Reihe von Einzelgefechten, und zwar entfallen nach c. 53, 1 je drei auf jede derselben.

a) Caesars Angriff auf Dyrrhachium.

Die Quellenangaben. Über diesen Angriff erfahren wir aus Dio, daß Caesar bis auf die beiden schmalen Isthmen vordrang. Caesar selbst spricht von drei Gefechten auf diesem Teile des Schlachtfeldes, und Dio erwähnt wieder, daß ein Rückenangriff gelandeter Truppen seinen Angriff zum Scheitern brachte. Da wir ferner c. 58, 2 die pompejanische Reiterei in Dyrrhachium finden, von ihrer Überführung dahin aber nirgends lesen, so scheint diese letzten Grundes aus Verpflegsrücksichten verfügte Maßregel gleichfalls in der verlorenen Textstelle erwähnt gewesen zu sein und somit die Kavallerie auch im Gefecht eine Rolle gespielt zu haben. Da Caesar drei Gefechte vor Dyrrhachium erwähnt, das Gelände aber nur zwei Gefechtsfelder bietet, nämlich die beiden von Dio a. a. O., sowie von Caesar selbst c. 58, 1 genannten und heute noch existierenden Landengen, auf die er nach Dio auch tatsächlich vorgedrungen war, so scheint der Rückenangriff der gelandeten

[98]) VI 118 ff.
[99]) XLI 50.

Truppen als eigenes Gefecht gerechnet und demnach räumlich und taktisch von dem Frontalgefecht auf demselben Defilee getrennt gewesen zu sein.

Weiter: Es lag unbedingt in Pompejus' Interesse, daß Caesar möglichst weit von den Schanzen weggelockt wurde, also wenn tunlich auf die nördliche Enge: denn von der südlichen hätte er gegebenenfalls zur geplanten Durchbruchsstelle nur um weniges, etwa 1 Stunde, weiter gehabt als die Besatzung des Hauptlagers, von der nördlichen jedoch 4 bis 5 Stunden. Es lag daher sicher in Pompejus' Absicht, durch das Scheinanbot des Verrates Caesars Hauptmacht und vor allem ihn selbst dorthin zu locken.

Gegen die Ansetzung des caesarianischen Hauptangriffes auf den Südisthmus spricht endlich auch der pompejanische Rückenangriff durch gelandete Truppen; diese hätten, wie ein Blick auf die Karte zeigt, auf diesem Isthmus sofort von Caesars Hauptlager her vernichtend im Rücken gefaßt werden müssen; auf der Nordenge jedoch waren sie vor dieser Gefahr sicher.

Dieser nördliche Isthmus nun besteht aus zwei vollkommen getrennten Terrainabschnitten. Vom Festlande her gelangt man zuerst über die ganz flache, heute etwas versumpfte Nehrung, welche die Lagune im Norden begrenzt, zu der isolierten Hügelgruppe des Kap Pali; von dessen Südende führt wiederum eine schmale und flache Düne gerade südlich bis zu der zweiten, mächtigeren Hügelkette, an deren Südende die Stadt liegt. Es gibt also auf diesem einen Zugange zwei räumlich ziemlich entfernte, durch die Hügel des Kap Pali getrennte Stranddefileen. Der Kampf auf dem Nord-isthmus.

Hier kann sich nun allerdings der Kampf sehr leicht in Form zweier getrennter Gefechtsakte abgespielt haben. Caesar passierte ungehindert das erste Defilee und drang bis auf das zweite vor: hier traf er überraschend auf starken Widerstand: dies sind die von Dio erwähnten „zahlreichen Feinde, die von vorne angriffen". Der Widerstand war umso schwerer zu brechen, als er jedenfalls der getroffenen Vereinbarung zufolge unerwartet kam.

Während Caesar hier kämpfte, landete plötzlich eine zweite feindliche Gruppe auf der nördlichen Düne und sperrte diese in seinem Rücken ab. Jetzt mußte ihm der ganze Plan des Gegners klar geworden sein; vielleicht kündeten ihm auch die Fanale in seinen Schanzen, was dort vorging. Es blieb ihm nichts übrig, als sich so rasch als möglich zu seinen Stellungen im Hügellande, wo weit mehr auf dem Spiele stand, durchzuschlagen. Die Sperre auf dem Nordisthmus — vielleicht hatten die Feinde auch die Hügel des Kap Pali besetzt[100]) — wurde in verzweifeltem Ansturm durchbrochen und der Rückmarsch angetreten.

Jetzt mochte die pompejanische Kavallerie in Aktion treten. Im Defilee selbst hatte sie nichts zu suchen, weder auf den schmalen Dünen, noch auf den steilrandigen Hügeln: aber außerhalb der Engen, in der weiten Ebene des unteren Arsen bereitgestellt, konnte sie durch fortgesetzte Beunruhigung und Belästigung den Rückmarsch der caesarianischen Kolonne bedeutend verzögern und damit für den Durchbruch des Pompejus Zeit gewinnen: eine Verwendung, die Caesar selbst, wo er an Reiterei überlegen war, mit Vorliebe und gutem Gelingen geübt[101]), und die auch sonst gelegentlich gegen ihn angewendet worden war[102]). So mochte es geschehen, daß Caesar, wie aus seiner Schilderung hervorzugehen scheint, tatsächlich erst am folgenden Morgen auf dem Kampfplatz in den Schanzen eintraf[103]).

Es frägt sich noch, wie weit Caesar vor Dyrrhachium überhaupt vorgedrungen war. Appian sagt dies genau: bis zu den Toren und dem Tempel der Artemis. Dies deutet bei unbefangener Lesung zweifellos auf die Peripherie der Stadt selbst. Wo im Bereiche ihrer Umfassung die „Tore" — Appian spricht in der Mehrzahl — und der Tempel zu suchen sind, bleibt bei unserer recht mangelhaften Kenntnis der alten Stadt ziemlich problematisch[104]). Daß, wie Schober a. a. O. als selbstverständlich annimmt, unter den „πῦλαι" das „Haupttor vor der Landenge, von dem aus die Via Egnatia ihren Anfang nahm", zu verstehen sei, halte ich für durchaus nicht so ausgemacht: im Gegenteil möchte ich bei der auf Verrat aufgebauten Überrumpelung viel lieber an eine „Hintertür" denken. Für eine solche würde auch sprechen, daß wir nach Caesars aus anderen Gründen erwiesener nördlicher Anmarschrichtung auch an ein im Norden der Stadt gelegenes Tor denken müssen, während das Tor der Via Egnatia gerade

---

[100]) Ich neige allerdings eher zu der Ansicht, daß Caesar vorsichtig genug gewesen war, diese Hügel zur Sicherung seines Rückweges rechtzeitig selbst in die Hand zu nehmen; andernfalls wäre bei den schroffen Formen derselben der Durchbruch mit so geringer Kraft (σὺν ὀλίγοις App. 60) überhaupt kaum mehr möglich gewesen.

[101]) So bei Ilerda, b. c. I 63 ff.

[102]) So in Afrika b. Afr. 69 f.

[103]) Daß auch die Kavallerie erst während des Gefechtes in Caesars Rücken gelandet wurde, halte ich nicht für möglich; ein Ausbarkieren von Pferden an der flachen Sandküste, an der selbst kleine Schiffe mehrere hundert Meter vom Ufer abbleiben müssen, war, wenn überhaupt, so doch nur mit solchem Zeitverlust denkbar, daß es hier wohl nicht in Betracht kam. Die Reiterei dürfte vielmehr schon in der Nacht vordirigiert und hinter irgend einem Auwald der Arsenebene bereitgestellt worden sein.

[104]) Vgl. Praschniker-Schober S. 37, 40.

bei Zugrundelegung der Schoberschen Topographie im Osten liegen mußte. Über die Lage des Artemistempels, der wohl vor den Toren angenommen werden müßte, fehlen nähere Anhaltspunkte[105]).

Der Kampf auf dem Südisthmus.

Während Caesar auf dem Nordisthmus kämpfte, schlug sich eine zweite kleine Abteilung auf der anderen Enge östlich der Stadt mit der dortigen Besatzung herum: auch diesem Gefechte bereiteten die Ereignisse im Hügelland ein erfolgloses Ende.

Caesars Kräfte vor Dyrrhachium.

Zu diesen Kämpfen scheint Caesar, da die Hauptreserve geschlossen im Hauptlager zurückblieb, vor allem Abschnittsreserven herangezogen zu haben, deren Fehlen sich denn auch bei der Abwehr des pompejanischen Durchbruches empfindlich bemerkbar gemacht hat. Auf diese Art kann er, wenn man durchschnittlich die Hälfte der Legionen, abzüglich der als Hauptreserve ausgeschiedenen X., als Abschnittsreserven rechnet, eventuell auch die linke Flügellegion, die es gar zu weit hatte, ganz ausschaltet, etwa 20 bis 25 Kohorten für den Angriff auf Dyrrhachium vereinigt haben.

b) Pompejus' Angriff auf die Einschließungslinie.

Während Caesar vor Durazzo kämpfte, setzte Pompejus im Hügellande zum Durchbruche der Schanzenlinie an.

Auch er griff an drei Stellen an (53, 1). Der Hauptschlag allerdings richtete sich gegen eine Schanze, die von einer Kohorte der VI. Legion unter Minucius[106]) besetzt war; außerdem wurde eine zweite Schanze, die Volcatius Tullus mit drei Kohorten hielt, von einer Legion angegriffen, endlich erfolgte noch ein Ausfall, den Caesars Germanen zurückschlugen (52, 2).

---

[105]) Eine andere und wohl etwas fernliegende Alternative möchte ich immerhin nicht unerwähnt lassen, schon um zu zeigen, daß auch daran gedacht wurde. Angenommen, die byzantinischen Mauern von Portes wären, was erst Grabungen erweisen könnten, Rekonstruktionen älterer Werke, hätten also in irgend einer Form schon zu Caesars Zeit bestanden und den Namen „πύλαι" geführt, der sich dann in „Porta Romana" und „Portes" erhalten hätte; wobei natürlich auch der Artemistempel dort irgendwo, vielleicht auf dem weitragenden Kap Pali, zu suchen wäre; dann hätte der Widerstand gegen Caesar schon dort, unter Anlehnung an diese Werke, eingesetzt. Dagegen spricht allerdings, daß es ja im Interesse des Pompejus lag, Caesar so weit als möglich gegen die Stadt zu locken; übrigens gilt der Ausdruck „Portes" in Albanien ganz allgemein für antike Ruinen jeder Art, und Inschriften, die auf den Dianatempel deuten, sind in der Stadt selbst gefunden worden.

[106]) Sueton. Div. Iul. 68.

Der Angriff gegen die ersterwähnte Schanze erfolgte nach Sueton mit ganzen 4 Legionen; auch waren nach allen Schilderungen zahlreiche Leichtbewaffnete in Verwendung. Stoffel S. 365 hält es für unwahrscheinlich, daß eine solche Kraft ein so kleines Objekt angegriffen hätte, und vermutet, es sei damit die ganze für den Ausfall an allen drei Punkten verwendete Macht gemeint. Das ist nicht unbedingt nötig. Man kann am entscheidenden Punkte nie stark und übermächtig genug sein, besonders beim Angriffe auf eine feste Stellung. Sicher konnten die vier Legionen die kleine Schanze nicht gleichzeitig unter voller Entfaltung der Übermacht berennen; der schmale Rücken bot höchstens für eine Legion in enger und tiefer Formation Platz, und beiderseits aus den Schluchten heraus anzugreifen war bei der Steilheit des Geländes und der zu erwartenden Flankierung aus den anschließenden Intervallen wenig verlockend. Aber hier handelte es sich um einen mit ungebrochener Zähigkeit, ohne jede Atempause eventuell stundenlang durchzuführenden Sturm, und für einen solchen konnte man nicht genug Reserven haben, das heißt nicht tief genug gruppiert sein, um ununterbrochen das Gefecht mit frischen Kräften nähren zu können, während die kleine Schar der Verteidiger, vom Beginne an zur Gänze im Gefecht stehend, sich weder auch nur einen Augenblick erholen, noch ihre Verluste ersetzen konnte. Dagegen können wir wohl annehmen, daß die beim Angriff verwendeten Leichten — in erster Linie Bogenschützen — wenigstens der Mehrzahl nach beiderseits in den Mulden placiert waren, von wo aus sie durch Weitfeuer die Einbruchsstelle wirkungsvollst enfilieren und, was die Hauptsache ist, das Schießen auch während des Angriffes selbst ununterbrochen fortsetzen konnten. Die Unterhöhung fiel für sie weniger ins Gewicht als für das Handgemenge der Legionare, und auch der Flankierung konnten sie sich durch angemessene Distanz und durch Deckungnahme größtenteils entziehen. In diesem Sinne, der auch in den Schilderungen zur Geltung kommt, kann ich mir sehr gut 4 Legionen nebst zahlreichen Bogenschützen beim Angriffe vorstellen[107]).

[107]) Überdies könnte im Sinne Stoffels doch nur die eine Legion, die nach Caes. 52, 2 die Schanze des Volcatius Tullus angegriffen hatte, in Abzug gebracht werden; denn bei dem dritten Gefechtsakt können keine Legionstruppen beteiligt gewesen sein, sonst wären auch von caesarianischer Seite solche und nicht Germanen zur Abwehr in Aktion getreten; und an mehr als diesen drei Stellen wurde nach Caesars ausdrücklicher Angabe in den Linien überhaupt nicht gekämpft. Es blieben also dann immer noch drei Legionen gegen Minucius, und für die gilt schließlich schon dasselbe wie für die von Stoffel bezweifelten vier.

Es war von Pompejus auch ganz richtig, alle nur eben verfügbaren Kräfte auf dem zur Herbeiführung der Entscheidung in Aussicht genommenen Punkte einzusetzen; und daß er gegen die caesarianische Hauptreserve, deren Gegenangriff schließlich seinen Plan durchkreuzte, keine frischen Truppen mehr zur Hand hatte, deutet auch darauf hin, daß er in obigem Sinne eher zu weit gegangen ist. Auch die von Caesar c. 51, 3 überlieferte Auffassung seiner Offiziere, Sulla hätte hier bei energischer Verfolgung die Entscheidung des Feldzuges herbeiführen können, deutet darauf hin, daß ein sehr bedeutender Teil der pompejanischen Macht in das Gefecht verwickelt war. Daß Sulla mit nur zwei Legionen die vier des Pompejus werfen konnte, spricht nicht gegen diese Auffassung. Sein Gegenangriff erfolgte unter günstigsten Terrainverhältnissen, von oben herab („*primisque deiectis*“ 51, 2) und wenigstens zum Teile flankierend, zudem durch die besten Veteranentruppen Caesars auf die wenigstens teilweise aus Rekruten bestehenden Pompejaner, und überdies durch frische Truppen auf in stundenlangem Kampfe ermüdete.

Die Örtlichkeit.

Die Örtlichkeit des Hauptangriffes haben sowohl Heuzey wie Stoffel auf die Höhe von Manëze („Manz“[108]) verlegt. Der Stützpunkt des Minucius lag nach ihrer Annahme auf einer Kuppe bei oder östlich des Dorfes Manskarii; die Stelle, wo Pompejus am Rückzuge sich verschanzte, war die Höhe östlich Djus (Gjusiaj).

Diese Annahme scheitert vor allem an der Tatsache, daß die Linien Caesars, wie früher erwiesen[109]), niemals über die Wasserscheide bei Manskarii geführt haben können. Aber selbst unter dieser Voraussetzung stimmt sie schon dem Terrain nach nicht. Denn um von dort beim Rückzug auf die Höhe von Djus zu gelangen, mußte Pompejus bereits die tief und steil eingeschnittene Tallinie zwischen der Wasserscheide und der Rippe von Manskarii passieren, und wenn er nicht einen komplizierten bogenförmigen Marsch antreten wollte, auch noch eine zweite zwischen Manskarii und Djus. Auf Stoffels Karte kommt dies sogar recht klar zum Ausdruck. Dieses Passieren von Tiefenlinien aber war ja nach Caesars Zeugnis gerade das, was Pompejus unbedingt vermeiden wollte, und weshalb er sich außerhalb seiner Linien festsetzte. Freilich hätte er, wie erwähnt, durch starkes Ausbiegen die Tiefenlinien umgehen können; dann aber hätte er auf diese Weise auch über Djus, das ja Stoffel schon in seine Linien fallen

[108]) Der Name fehlt zu Unrecht auf der neuen Karte. Er bezeichnet den Rücken etwa vom Pjezasattel bis vor Sefere.

[109]) S. 154.

läßt, bis in diese zurückgehen und sich die Zwischenstellung überhaupt ersparen können. Wir sehen, die Sache stimmt nicht einmal bei Annahme der Heuzey-Stoffelschen Linienführung. In der Linie aber, die wir in diesem Abschnitt als die richtige erkannt, paßt keine der möglichen Schanzen so recht zu den Ereignissen. Die auf ⊙ 136 und 145 gelegenen ermöglichen beiden einen so gut wie ebenen Rückzug in die Hauptstellung, machen also jede Zwischenstellung überflüssig. Von den Rückfallkuppen westlich Djus führt der Rückweg unmittelbar in die Schlucht des Kreisiabaches, von jener südwestlich ⊙ 218 gab es wieder den unbehinderten Rückzug; die Höhe nördlich ⊙ 256 endlich erlaubt keine Zwischenstellung im Sinne der Quelle. Damit ist der Manëzeabschnitt erledigt.

Indessen andere Umstände deuten darauf hin, daß die Stelle dieser Vorgänge überhaupt weiter südwärts zu suchen ist.

Es war im dringendsten Interesse des Pompejus gelegen, daß an die angegriffene Stelle Verstärkungen möglichst spät gelangen konnten; nicht umsonst hatte er Caesar selbst so weit als möglich abgezogen; auch die zurückgebliebene Hauptreserve des Gegners — und daß eine solche im Hauptlager verblieb, mußte er wohl annehmen — konnte in seinem Sinne nicht weit genug von der Durchbruchsstelle entfernt sein. Versuchte er nun den Durchbruch in der Gegend von Manskarii, so mußte die Besatzung des caesarianischen Hauptlagers auf der Gürtelstraße in längstens anderthalb Stunden zur Stelle sein. Statt dessen hören wir, daß sie erst am späten Nachmittag eintraf (51, 7), trotzdem der Kampf schon lange gedauert hatte; sie mußte also jedenfalls einen mehrstündigen Weg zurücklegen.

Daraus folgt, daß wir den Durchbruch weiter südlich, und zwar, da es sich um stark kupiertes Terrain handelt, noch innerhalb des Hügellandes, im südlichen Teil der Ostfront zu suchen haben.

Hier findet sich aber tatsächlich ein einziger Punkt, der den Angaben der Quelle voll entspricht. Es ist derselbe, den ich schon in meiner „Geschichte der Feldzüge Caesars“ für dieses Gefecht herangezogen hatte; diesmal hat also ausnahmsweise die „Forschung am grünen Tische“ recht behalten.

Ich habe oben auf S. 150 erwähnt, daß auf diesem Teile der Front keine vom Hauptrücken gegen die feindliche Stellung vorspringenden Seitenrücken existieren, mit einziger Ausnahme des von ⊙ 159 südlich Sefere abzweigenden, mit einer breiten, quergestellten Kuppe abschließenden, etwa 1 km langen Bergvorsprunges; ich habe an jener Stelle auch die Gründe dargelegt, warum dieser Vorsprung in die Linien nicht einbezogen worden war. Diese Gründe waren zweifellos ausschlaggebend; aber immerhin bedeutete diese vorgelegte Kuppe für die nächste Schanze auf dem Hauptrücken ein Schwächemoment; sie behinderte die Aussicht in die vorliegende Tiefenlinie[110]) und ermöglichte dem Gegner einen gedeckten Aufstieg aus dem Tal außerhalb der eigenen Waffenwirkung und in der Folge einen fast eben verlaufenden Angriff auf die Kuppe ⊙ 159.

Dies war zweifellos der günstigste Angriffspunkt für Pompejus. War einmal der Aufstieg von Tile her über das Tal auf die vordere Kuppe geglückt, so hatte der Angriff, mit entsprechender Übermacht geführt, alle Chancen für sich, umsomehr als die kleine, flache Kuppe 159 sich von dem breiten, fast ebenen Sattel kaum merklich abhebt (s. Abb. 20).

Der Angriff auf die Schanze des Volcatius Tullus.

Auch die voraussichtlichen Folgen des Gelingens waren überaus schwerwiegend. Von ⊙ 159 aus wäre der weitere Angriff gegen Flanke und Rücken der dominierenden Höhe ⊙ 256, dem vornehmsten Schlüsselpunkte der ganzen Stellung, der übrigens, wie wir gleich sehen werden, höchstwahrscheinlich gleichzeitig in der Front angegriffen worden war, relativ leicht durchzuführen und damit Caesars Linien an der empfindlichsten Stelle tatsächlich gesprengt gewesen; von ⊙ 256 aus konnte man sie nach jeder Richtung spielend aufrollen. Wir werden daher auch kaum fehlgehen, wenn wir die von Volcatius Tullus mit drei Kohorten verteidigte Schanze (52, 2) auf ⊙ 256 suchen. Sie war das eigentliche Ziel des Durchbruches (Abb. 21). Den Hauptangriff auf sie zu richten, war aus dem Grunde nicht ratsam, weil sie infolge ihrer überragenden Höhe und sonstiger Beschaffenheit rein frontal für wirklich sturmfrei gelten konnte: war aber die Linie seitwärts davon durchbrochen und konnte nunmehr der Angriff außer in der Front auch in Flanke und Rücken angesetzt werden, so konnte man immerhin auch hier auf einen Erfolg hoffen. Daß es sich auf diesem letzteren Platze um eine besonders wichtige Schanze gehandelt hat, erhellt aus der relativ starken Besatzung von drei Kohorten — möglicherweise war da allerdings der ganze zurückgebliebene Rest der Abschnittsreserven dabei — sowie aus der Tatsache, daß Volcatius Tullus, der im Range eines Legaten stand[111]), hier persönlich kommandierte. Er war wohl Kommandant des Abschnittes der VI. Legion, und der Angriff der einen pompejanischen Legion auf diese besonders wichtige wenn auch frontal nicht zu nehmende Höhe hatte immerhin den wohldurchdachten Zweck, den

---

[110]) Nach Lucan. VI 126 f. war das Vorterrain mit dichtem Gestrüpp bedeckt, was zum großen Teil noch heute der Fall ist; siehe die Abb. 20.

[111]) Drumann-Groebe III S. 701.

Kommandanten und die Abschnittsreserve hier zu binden und letztere nach Tunlichkeit zu ermüden, um dann, wenn der erste Durchbruch bei ⊙ 159 gelungen war, im kombinierten Angriff auf den Hauptstützpunkt leichteres Spiel zu haben. Da der Angriff auf ⊙ 159 nicht durchdrang, war es für Tullus allerdings leicht, in seiner vorzüglichen Stellung die dreifache Übermacht abzuweisen[112]).

Wir dürfen nach dem Vorgesagten den Angriff auf die Schanze des Tullus nicht als selbständige Unternehmung beziehungsweise bloße Demonstration auffassen, haben vielmehr in beiden Angriffen einen einheitlichen kombinierten Gefechtsakt zu erblicken, dessen Ziel die Eroberung der ganzen Höhenlinie von Sefere und damit der Durchbruch der caesarianischen Stellung an ihrer vitalsten Stelle war.

Sullas Gegenangriff. Als Sulla — jedenfalls durch die von Caesar 65, 3 erwähnten Fanale — von dem Angriff erfuhr, hatte er vom Hauptlager auf der Gürtelstraße gute drei Stunden bis auf das Gefechtsfeld zu marschieren; so kam es, daß er erst spät am Nachmittag zum Gegenangriff schreiten konnte (51, 7). Der feindliche Angriff auf ⊙ 256 scheint bei seinem Eingreifen schon abgeschlagen oder infolge der erkannten Aussichtslosigkeit, hier vor dem Fall von 159 durchzudringen, vorläufig eingestellt worden zu sein. Der nun gegen die den Stützpunkt des Minucius bedrängenden Pompejaner angesetzte Gegenangriff erfolgte, wie schon früher erwähnt, unter den günstigsten Umständen. Von der gedeckten Gürtelstraße aus konnte die ermattete Besatzung frontal verstärkt, und zugleich von der der Höhe ⊙ 159 unmittelbar nördlich vorgelagerten Kuppe 228 schräg von oben herab der entscheidende Flankenstoß geführt werden. **Rückzug des Pompejus; seine Zwischenstellung.** Es ist begreiflich, daß Pompejus unter diesen Umständen so rasch als möglich das Gefecht abbrach, um nicht vom Sattel gegen Süden in das Tal hinabgeworfen zu werden, und sich beeilte, auf die breite Querkuppe am Westende des Sattels zurückzugehen, wo er die in den Kommentaren ausführlich geschilderte Zwischenstellung bezog. Die Entfernung dieser Kuppe von den caesarianischen Linien — etwa 500 m — stimmt beiläufig zu der Erwähnung Caesars, daß sie knapp außerhalb des Geschoßertrages lag (51, 8); ebenso paßte ihre breite, hufeisenförmig ausgebogene Form zu dem angestrebten Zweck. Die

---

[112]) Die Schanze des Minucius selbst auf ⊙ 256 zu lokalisieren, wofür manches zu sprechen scheint, ist aus dem Grunde unmöglich, weil Pompejus von dort her nicht einen Rückzug *„per declive"* durchzuführen gehabt hätte, sondern über einen bequemen Sattel in seine Linien auf ⊙ 172 zurückgehen konnte.

c. 51, 8 und 54, 1 erwähnten Verschanzungen brauchten natürlich — wenigstens in dieser Stärke — nur auf der feindwärtigen Seite der Kuppe, in flach-hufeisenförmigem Bogen errichtet zu werden: die Truppen konnten hinter ihnen auf der Kuppe und in den Mulden des Hanges gesichert lagern. Da die Kuppe selbst fast so hoch ist wie jene von 159, so war Pompejus hier, sobald die Schanzen vollendet waren, tatsächlich unangreifbar. Anders war es, wenn Sulla unmittelbar unter dem Eindrucke des geglückten Gegenangriffes die Verfolgung weitergeführt und den erschöpften Gegner in das enge Tal zwischen Sefere und Tile hinabgeworfen hätte: dann konnte tatsächlich eintreten, was Caesars Offiziere sich von diesem Vorgehen nachträglich versprachen: die erschöpfte pompejanische Hauptmacht ward voraussichtlich zersprengt, die Höhen von Tile, die für Pompejus dieselbe Bedeutung hatten wie Sefere für Caesar, konnten in einem Zuge genommen werden; damit war zum wenigsten das ganze Terrain südlich der Linie Tile—Gezdaraj gewonnen, also alle die bösen Folgen des unglücklichen Gefechtes von Paljemoh mit einem Schlage wettgemacht; wenn es nicht ganz gelang, unter dem Eindrucke dieses Erfolges in Einem die feindliche Stellung bis zum Hauptlager aufzurollen und die ganze feindliche Armee zu fangen oder ins Meer zu werfen. So weitgehende Folgerungen mögen allzu optimistisch klingen: aber es ist nur begreiflich, wenn Caesars Offiziere, über Sullas Passivität ungehalten, sich die Sache so ausmalten; und Caesar selbst sagt ja in seiner Rechtfertigung des Legaten nur, daß diesem seine Handlungsweise nicht zum Vorwurf gemacht werden dürfe, nicht aber, daß jene Erfolge nicht wirklich zu erreichen gewesen wären.

Weiterer Rückzug des Pompejus.

Auch in seiner von Sullas Gnaden bezogenen und befestigten Zwischenstellung war Pompejus nicht auf Rosen gebettet. Er war zwar so ziemlich unangreifbar, konnte sich aber seinerseits nicht rühren: nicht nach vorwärts, da ein neuerlicher Angriff auf ⊙ 159 jetzt, wo das Moment der Überraschung wegfiel, aussichtsloser war denn je; aber auch der weitere Rückzug war höchst gefährlich, wenn er von dem jetzt sicher äußerst aufmerksamen Gegner entdeckt und während des Passierens der engen Talsohle durch einen beherzten Angriff gestört wurde, was so ziemlich dieselben Folgen haben mußte wie die zum Glück unterbliebene Verfolgung. Pompejus war also mit seinen 4 Legionen, fast der halben Armee, auf jener Höhe tatsächlich mattgesetzt, und es ist fraglich, wie die Sache schließlich ausgegangen wäre, wenn ihm nicht nach bangen fünf Tagen eine schwarze Nebelnacht die Möglichkeit geboten hätte, unter Anwendung weitgehender Vorsichtsmaßregeln unbemerkt über das Tal in seine Stellungen bei Tile zurückzugehen (54, 2).

Der Angriff und die Wassersperre.

Zur Beurteilung des Verhaltens des Pompejus möchte ich schließlich noch anführen, daß der Angriff gegen ⊕ 159 den linken Flügel der Angriffstruppen auch in die Mulde führte, in der, wie wir früher gesehen, die Quellen des südlich Sefere entspringenden Baches von Caesar abgefangen und wahrscheinlich in einem gemeinsamen Kanal abgeleitet worden waren. Es ist wohl nicht zu bezweifeln, daß die Pompejaner bei dieser Gelegenheit den Kanal zerstört und den Bach freigemacht haben; und wenn dann Pompejus auf seinem Rückzuge auf halbem Wege haltmachte, so mag ihn hierbei außer den bereits genannten und ausschlaggebenden Gründen vielleicht auch die Absicht geleitet haben, von der neuen Position aus die Wiederherstellung der Wassersperre zu hindern. Seine Stellung lag, wie Caesar ausdrücklich erwähnt, knapp außerhalb des feindlichen Geschützertrages; der Kanal aber lag tiefer als die caesarianischen Linien, konnte also vielleicht von den pompejanischen Turmgeschützen erreicht werden. In der Folge ist es den Caesarianern wahrscheinlich doch gelungen, die Wassersperre wiederherzustellen, womit für Pompejus der letzte Grund zum weiteren Ausharren in der exponierten Zwischenstellung entfiel.

Das Gefecht der Germanen.

Caesar erwähnt endlich noch ein drittes Gefecht im Bereiche der Schanzen, und zwar haben G e r m a n e n diese an einer nicht näher bezeichneten Stelle überschritten und dem Gegner Verluste beigebracht, worauf sie unbehelligt in ihre Stellungen zurückkehrten (52, 2).

Man hat früher diese Stelle allgemein so ausgelegt, als hätten irgendwelche im Dienste des Pompejus stehende Germanen einen geglückten, aber in seinen Folgen belanglosen Ausfall unternommen. Meines Wissens hat zuerst M e u s e l[113]) nachgewiesen, daß dort nicht pompejanische, sondern nur caesarianische Germanen gemeint sein können[114]). Ich begnüge mich, auf seine durchaus zutreffende und überzeugende Beweisführung zu verweisen.

Diese Germanen können nur R e i t e r gewesen sein, denn von germanischem Fußvolk in Caesars Heer ist nirgends die Rede. Dem-

---

[113]) Schon in einer früheren Auflage, vgl. Drumann-Groebe III 740; in der 11. Auflage auf S. 227.

[114]) Die pompejanische Kavallerie — denn auch hier gab es nur b e r i t t e n e Germanen — befand sich übrigens zu jener Zeit auf dem Isthmus von Dyrrhachium; vgl. S. 168 f.

nach dürfen wir annehmen, daß diese Episode sich im Südabschnitt, der Ebene an der Gešnike, abgespielt hat, denn in den steilen und gestrüppbedeckten Hängen von Manëze und Sefere gab es für Kavallerie absolut keine Verwendungsmöglichkeit[115]). Wahrscheinlich hatte Pompejus, hier wohl nur zu Demonstrationszwecken, um die gegenüberstehenden Truppen Caesars zu beschäftigen und festzuhalten, einen zurückbehaltenen Teil seiner Reiterei oder leichte Truppen irgendwo an der Gešnike vorbrechen lassen; ihnen hatten sich Caesars germanische Reiter entgegengeworfen, hatten sie nach Gewohnheit übel zugerichtet und bis in ihre Linien verfolgt, und waren dann stolz in ihr Lager zurückgekehrt.

6. Die zweite Schlacht bei Dyrrhachium.

(Hierzu Karte II *c* und *d*.)

Die erste, auf einer Front von 30 km ausgekämpfte Schlacht hatte insoferne unentschieden geendet, als es keinem der beiden Gegner gelang einen positiven Erfolg zu erringen. Da aber Pompejus es gewesen war, der zum Zwecke, die Einschließung zu sprengen, die Schlacht herbeigeführt hatte, so war er jetzt in gewissem Sinne der Geschlagene, und Caesar konnte sich trotz der vor Dyrrhachium geholten Schlappe als Sieger fühlen.

Und in der Tat war es auch Pompejus, der sich bald darauf gezwungen sah, das einmal mißglückte Unternehmen ein zweitesmal zu versuchen, wollte er nicht unter den Folgen der gegnerischen Umklammerung zusammenbrechen. Mit derselben gründlichen, weitausholenden Vorbereitung und minutiösen Genauigkeit wie der erste, wurde nun auch der zweite Durchbruchsversuch ins Werk gesetzt, allerdings diesmal auf ganz anderer taktischer Grundlage. War in der ersten Schlacht die denkbar größte Differenzierung der Vorgänge im Interesse der Zersplitterung der gegnerischen Kräfte von Hause aus angestrebt gewesen, so ward in der zweiten umgekehrt die äußerste Konzentrierung der ganzen Kampfhandlung auf einen Punkt zwecks Erzwingung des Durchbruches um jeden Preis zur leitenden Idee.

Demzufolge gliedert sich die zweite Schlacht nicht wie die erste in eine Anzahl räumlich getrennter gleichzeitiger Aktionen, wohl aber in mehrere zeitlich getrennte Akte auf demselben eng begrenzten Schlachtfelde. Die verblüffende Analogie der

---

[115]) Das Vorhandensein caesarianischer Kavallerie im Südabschnitt erhellt auch aus c. 64, 4.

Dyrrhachiumschlachten mit den modernsten Durchbruchschlachten des Weltkrieges aber kommt hier nicht minder zu vollster Geltung.

Die Schlacht zerfällt in zwei scharf getrennte Phasen: den Durchbruch des Pompejus, und den Gegenangriff Caesars. Ihr Schauplatz war das Südende der caesarianischen Linien in der Ebene zwischen Gešnike und Darči.

a) Der Durchbruch des Pompejus.

(Hierzu Karte II *c*.)

Anlage und Durchführung. Der Durchbruch des Pompejus erfolgte durch einen kombinierten dreifachen Angriff gegen das äußerste Ende der caesarianischen Linien am Meere. Die Hauptkraft, volle 60 Kohorten, zu der außer der Hauptreserve noch große Teile der Werkbesatzungen herangezogen worden waren[116]), ging von der Landseite her gegen die innere Linie vor. Gleichzeitig griff ein starkes Korps leichtbewaffneter Truppen, das zu Schiff in den Raum südlich der Linien gebracht worden war, die äußere Umwallung an. Eine dritte Abteilung endlich überrumpelte im richtigen Augenblick den unfertigen Querwall am Meere, gelangte so in den inneren Raum zwischen den Linien, und griff die beiderseitigen Verteidiger im Rücken an (c. 63).

Auch hier lassen sich Erwägungen über die Gruppierung des pompejanischen Angriffes anstellen. Ganz unwahrscheinlich ist es vor allem, daß die 6 Legionen nebeneinander gleichzeitig angesetzt worden seien. Das hätte selbst bei gedrängtester Formation eine Front ergeben, die nahe an den Standort der Abschnittsreserve herangereicht und damit die Abwehr beschleunigt und erleichtert hätte. Auch war es logisch, daß der Angriff gegen die innere Linie mit dem gegen die äußere gerichteten räumlich sich deckte, daß also die Legionen keinen breiteren Frontabschnitt angriffen als auf der anderen Seite die Leichten, von denen Pompejus insgesamt über 4000 Mann verfügte, jedoch einen Teil auf Seite der Legionen verwendete (c. 63, 6 *„ab utraque parte"*). Wenn dieselben auch in viel lockererer Formation kämpften als die Legionen, so ist doch die Gleichung 1 : 6 durchaus unwahrscheinlich: man wird eher auf das Verhältnis 1 : 2 greifen, also 8000 Legionäre oder 2 Legionen als eigentliche Angriffsstaffel ansetzen dürfen. Bestätigt wird dies durch

---

[116]) c. 62, 2. Pompejus hatte damals 9 Legionen und eine Anzahl uneingeteilter Kohorten zur Verfügung. Da zweifellos auch Dyrrhachium eine starke Besatzung hatte, so blieben während der Schlacht in den gesamten Linien kaum mehr als etwa 40 Kohorten zurück.

die Tatsache, daß der ganze Stoß (von beiden Fronten!) nur 2 Kohorten traf (63, 6), deren Stellung ausdrücklich als „*ad mare*" bezeichnet wird; es kann sich daher faktisch nur um das äußerste Ende der Linien am Meere, den letzten Subabschnitt der IX. Legion, gehandelt haben. Wir müssen uns daher die Gruppierung so vorstellen, daß an der Innenfront etwa 2 Legionen in dichter, tiefer Formation, von Bogenschützen und leichter Artillerie flankiert, mit dem rechten Flügel hart am Meere angriffen, während die übrigen vier dahinter bereitgestellt waren, um sofort, wenn der Einbruch gelungen, zur weiteren Ausnützung des Erfolges und zum Festsetzen im gewonnenen Gelände in die Bresche geworfen zu werden; für den Fall eines wider Erwarten hartnäckigen Widerstandes oder gar Rückschlages waren ihnen natürlich die normalen Aufgaben der Reserve zugedacht. Also auch hier ganz moderne Vorgänge. Die Sechszahl der Legionen dürfte Caesar übrigens erst durch die nach dem Durchbruch eingeleitete Erkundung erfahren und daraus auf ihre Beteiligung am Angriffe geschlossen haben.

Die ganze Aktion erfolgte im Morgengrauen, um welche Zeit erfahrungsgemäß die Wachsamkeit und Widerstandsfähigkeit der Verteidiger aus physischen Gründen am geringsten ist.

Das Gelingen des kombinierten Angriffes erforderte höchste Präzision in Anlage und Durchführung. Man muß bedenken, daß die Kolonnen auf ganz verschiedenen Wegen, zu Lande und zur See, und alle bei Nacht an den Feind gebracht werden mußten; dabei war die Verbindung durch akustische oder Lichtsignale nicht ratsam, da diese den Plan hätten verraten können. Anderseits war genaueste Übereinstimmung geboten. Die beiden Angriffe auf die innere und äußere Linie mußten tunlichst gleichzeitig erfolgen, um den Gegner vollends zu überraschen; jener auf den Querwall hingegen eine genau abgemessene Zeit später, das heißt nicht früher, als die Verteidiger nach beiden Seiten vollkommen engagiert waren, und auch nicht so spät, daß die inzwischen alarmierte feindliche Abschnittsreserve rechtzeitig hätte eintreffen können. Auch die Ruhe und Disziplin, die notwendig war, um die Annäherung in der Stille der Nacht nicht zu verraten, in welcher Hinsicht hauptsächlich die Ausbarkierung der Landungstruppen und der Übergang der Hauptkraft über die Gešnike gefährliche Momente bildeten, muß mustergültig gewesen sein.

Das Lager des Marcellinus.

Der Überfall war vom Lager der Abschnittsreserve aus, wie schon Stoffel S. 370 bemerkt, jedenfalls nicht sichtbar. Ursache war wohl die damals sehr starke Bedeckung der Ebene mit Wald und

Gestrüpp, welche die ganze Schlacht in allen ihren Phasen weitgehend beeinflußt hat, und auf die wir noch ausführlich zurückkommen werden. Daß dieses empfindliche Hindernis seitens der Caesarianer noch nicht beseitigt war, erklärt sich aus der Menge dringender Arbeiten bei verhältnismäßig großem Mangel an Arbeitskräften, weshalb ja auch der wichtige Querwall am Meere noch immer unvollendet war (63, 4). Anderseits glaube ich nicht, daß Stoffel Recht hat, dieses „Lager des Marcellinus" ganz außerhalb der Linien zu suchen. Bei einfachen Linien war seine Placierung hinter denselben jedenfalls richtig; bei doppelten hingegen, wo das Lager beiden Fronten als Rückhalt beziehungsweise Reduit zu dienen hatte und daher keinem der möglichen Angriffe in erster Linie und isoliert ausgesetzt sein durfte, gehörte es mindestens an die Linien angeschlossen, wenn nicht zwischen beide hinein, wie wir dies unter ganz analogen Verhältnissen bei Alesia sehen. Da dieses Lager nur für die Reserve eines Legionsabschnittes, also nur für einige Kohorten bestimmt war, hätte es wohl auch zwischen den 600 Fuß voneinander entfernten Linien Platz gehabt. Über die verschiedenen Möglichkeiten seiner Lage wurde schon gesprochen; ich möchte die Wahl zwischen der Bruchstelle der Linien bei Rrakoll und dem Zusammenfluß der Bäche östlich der Straßenbrücke offen lassen; auf Karte II ist die erstere Variante der Darstellung zugrunde gelegt.

Gegenstoß der Abschnittsreserve.

Die Flucht der geworfenen Kohorten, sowie die Verfolgung erfolgte naturgemäß zwischen den Linien. Ebenda setzte Marcellinus die Reserve ein, die in dem engen Raume ohneweiters in die Flucht mitgerissen wurde. Sie außen herum zu senden wäre schwer durchführbar gewesen, da sie dann zum Eingreifen die eigenen Linien erst wieder hätte überschreiten müssen, wo sie der übermächtige Feind leicht hätte abwehren können.

Die Flucht und Verfolgung kam noch vor dem Lager des Marcellinus zum Stehen, und zwar durch den bloßen Anblick der von M. Antonius von den Höhen herangeführten 12 Kohorten.

Eingreifen der Reserven des Nachbarabschnittes.

Es ist wohl nicht zu bezweifeln, daß diese 12 Kohorten die möglicherweise durch einen Teil der Werkbesatzungen verstärkte Reserve des nächsten, mit 2 Legionen dotierten Abschnittes bildeten; derselbe reichte, wie S. 164 abgeleitet, vom Fuße der Höhen bis etwa einschließlich ⊙ 256, hatte die Legionen VIII und VI zur Besatzung und Antonius zum Kommandanten. Die Reserven dieses Abschnittes lagen, seiner Länge entsprechend, wahrscheinlich legionsweise in zwei Lagern hinter den beiden Flügeln; das südliche dieser Lager habe ich auf der Höhe „Spie e Hoxhe Koles" nach besonders deutlichen

Spuren festgestellt[117]). Die aus diesem Lager kommenden Reserven dürften es vor allem gewesen sein, die beim Abstieg von ihrer Höhe vom Tale aus gesehen wurden (65, 2), außer ihnen vielleicht noch kleine Teile der auf ⊙ 44 und unmittelbar nördlich davon stehenden Werkbesatzungen, die jedenfalls auf dem kürzesten Weg über die genannte Kote herbeieilten. Die Reserve der VI. Legion, die wir uns irgendwo hinter Sefere denken müssen, dürfte wohl auf der Gürtelstraße im Tale von Berberej herbeigeeilt und nicht sichtbar geworden sein; die kleine Ungenauigkeit des Textes ist gegenstandslos.

Caesar am Gefechtsfelde.

Bald darauf kam auch Caesar, durch Fanale verständigt, mit einigen weiteren Kohorten — jedenfalls den Reserven eines nördlicheren Abschnittes — herbei. Die Zahl dieser Kohorten ist leicht zu errechnen. Marcellinus hatte die IX. Legion, macht 10 Kohorten; Antonius führte 12 herbei, macht 22. Caesar ließ zum späteren Gegenangriff 2 Kohorten in den Linien zurück und führte 33 gegen den Feind (67, 2—3), hatte also 35 zur Verfügung; er selbst muß daher 13 mitgebracht haben, eine mehr als Antonius, also allem Anschein nach gleichfalls die verfügbaren Truppen eines mit 2 Legionen dotierten Abschnittes.

Abriegeln der Stellung.

Als Caesar die Situation übersah, ließ er sofort *„iuxta Pompeium munire"* (65, 4). Stoffel hat auf S. 370 meines Erachtens mit Recht auf den prinzipiellen Unterschied zwischen diesem intransitiven *„munire"*, das durch das folgende *„qua perfecta munitione"* (66, 1) bestätigt wird, und dem gewöhnlichen *„castra munire"* hingewiesen[118]). Es handelte sich hier eben nicht um ein neues Lager, sondern nur um ein vorläufiges A b r i e g e l n der behaupteten Teile der Linien gegen die Durchbruchstelle. Wahrscheinlich wurde der Riegel noch vor dem Lager des Marcellinus, so weit vorne als man eben konnte, zunächst nur als Querwall zwischen den beiden Parallelen hergestellt; auf diese Beschränkung deutet auch die Raschheit der Vollendung[119]).

Pompejus' Festsetzen im gewonnenen Terrain.

Pompejus selbst begann sofort nach geglücktem Durchbruch mit dem Lagerschlag „am Meere" (65, 4). Das Bestreben, den errungenen Erfolg schleunigst durch diese Maßregel gegen jeden Rückschlag zu sichern, mag auch ein Hauptgrund der zeitig eingestellten Verfolgung gewesen sein. Stoffel verlegt dieses Lager gleichfalls zum Teile in die

[117]) Siehe S. 155 und Abb. 18.

[118]) Die Stelle hat auch den Philologen viel überflüssiges Kopfzerbrechen verursacht.

[119]) Vgl. Rüstows Übersetzung in der Langenscheidtschen Ausgabe S. 139, Anm. 1.

eroberten caesarianischen Linien (Pl. 15), wohl weil die c. 63, 2 gegebene Entfernung (500 röm. Schritte = 750 m) vom vielgenannten Zwischenlager ihn auf diese Lösung führt; möglicherweise hat ihn auch umgekehrt das Bestreben, diese ihm wahrscheinlich erscheinende Anlehnung ermöglicht zu sehen, dazu verleitet, die caesarianischen Linien im Bogen statt geradlinig verlaufen zu lassen. Die von mir vermutungsweise aufgedeckten Reste der caesarianischen Linien (siehe S. 158ff.) würden jedoch ergeben, daß das Strandlager des Pompejus, jener Distanz entsprechend, ganz außerhalb der Linien gelegen hat. Im Gegenfalle hätte wohl Caesar, der gerade hier das gegenseitige Verhältnis der verschiedenen neuen und alten Werke ganz auffallend betont, auch diese Beziehung nicht verschwiegen[120]).

Verbindung der neuen und alten Stellung. Zur gesicherten Verbindung seines neuen Lagers mit den alten Linien an der Gešnike detachierte Pompejus eine Legion unter T o r q u a t u s[121]) in das noch immer leerstehende Z w i s c h e n l a g e r, das von ersterem 500 röm. Schritte = 750 m, von letzteren 400 röm. Schritte = 600 m entfernt war. Wahrscheinlich bestand die naheliegende Absicht, dieses Zwischenlager, das mit der Gešnike und dadurch mit den alten Linien bereits durch einen Wall und Graben verbunden war, in gleicher Weise auch mit dem neuen Lager zu verbinden und so die neue Stellung zu schließen.

b) C a e s a r s G e g e n a n g r i f f.

(Hierzu Karte II *d*.)

Caesars Absichten. Gegen diese Zwischenstellung des Gegners richtete sich nun Caesars Gegenangriff.

Was er alles in der kaum sehr langen Zeit zwischen den beiden Gefechtsakten erwogen und geplant haben mag, entzieht sich heute der Beurteilung. Stoffel S. 370 meint, er hätte gleich nach dem Durchbruch des Gegners den Plan zur Aufhebung der Blockade und zum Rückzug gefaßt, und die rasch hergestellte Abriegelung hätte keinen anderen Zweck gehabt als die Verschleierung beziehungsweise Deckung dieses Rückzuges. Das möchte ich denn doch nicht annehmen. Für einen so folgenschweren Entschluß war die Situation wohl noch zu wenig geklärt. Und tatsächlich sehen wir Caesar zu-

---

[120]) Ob der an jener Stelle rechtwinklig gebogene Unterlauf des Muzabaches mit dem pompejanischen Lager irgendwie zusammenhängt, wage ich nicht zu entscheiden. Der Platz würde stimmen.

[121]) Der Name bei Lucan. VI 285; Torquatus war füher pompejanischer Kommandant in Oricum gewesen (11, 3).

nächst eine intensive Aufklärungstätigkeit entfalten[122]) und auf Grund ihrer Ergebnisse alsbald einen sehr energischen Versuch machen, das Blatt zu wenden.

Über den nun folgenden Gegenangriff hat Stoffel S. 373 bis 377 sehr schön geschrieben und alle Vorgänge sehr plastisch und anschaulich erklärt. Er weist darauf hin, daß Caesar die Existenz des Verbindungswalles offenbar ignoriert hatte und beabsichtigte, mit dem rechten Flügel das Lager zu umgehen und im Rücken angreifen zu lassen, während er selbst mit dem linken frontal eindrang; er meint ferner, daß der Feldherr sich außerhalb des Lagers aufgehalten hätte und, als am rechten Flügel die Panik ausbrach, sofort dorthin geeilt wäre, freilich ohne dem Debakel noch steuern zu können. Er rechtfertigt und erklärt schließlich einwandfrei die von zünftigen Philologen mit dem höchsten Aufwande militärischen Nichtwissens grimmig bekämpfte Lesart *„dimissis equis"* (69, 4)[123]), und macht überhaupt das Ganze äußerst anschaulich. Ich möchte diese vortrefflichen Ausführungen nur in wenigen Punkten etwas richtigstellen, vor allem aber eines hinzufügen, was Stoffel anscheinend übersehen oder doch zu wenig betont hat, das jedoch zum richtigen Verständnis der Schlacht ganz besonders wichtig ist: den Hinweis auf die durch zahlreiche Andeutungen der Quellen bezeugte starke Bewaldung und Unübersichtlichkeit des Gefechtsfeldes.

Die Bodenbedeckung des Schlachtfeldes.

Heute ist die Ebene zwischen Gešnike und Darči vollkommen frei von jeder die Aussicht behindernden Bedeckung. Zu Caesars Zeit muß sie mit einer großen Zahl von Waldparzellen, Buschreihen und dergleichen bedeckt gewesen sein, die jede Fernsicht in der Ebene selbst benahmen. Caesar erwähnt c. 66, 3, daß das Zwischenlager einen „Wald", also seiner Größe entsprechend eine kleinere Parzelle einschloß. Ebenso erfolgte die Verschiebung der Legion des Torquatus dahin *„post silvam"* (66, 1), also hinter einem Wald, der wohl eine zweite, zwischen den Lagern gelegene Parzelle darstellt. Diese Verschiebung war von Caesars Standpunkt bei der neuen Riegelstellung in der Ebene nicht sichtbar, sondern wurde durch Aufklärer (*„a speculatoribus"* 66, 1, wiederholt 67, 1), die also in das Waldterrain vorgetrieben waren, gemeldet, die Meldung alsbald

---

[122]) 66, 1; 67, 1. Also sowohl bis an den Feind vorgetriebene Patrouillen, als auch organisierte Beobachtung von den Höhen.

[123]) Es gehört zu den typischen Begleiterscheinungen einer durch räumliche Enge oder sonstige Hindernisse beeinträchtigten Flucht, daß Berittene absitzen und ihre Pferde im Stiche lassen.

durch die in den hochgelegenen Stützpunkten etablierten Beobachter („*ex superioribus quibusdam castellis*“ 67, 1) bestätigt. Diese Zusammenstellung charakterisiert schon einigermaßen die Art der Bodenbedeckung. An zusammenhängenden Hochwald ist nicht zu denken, in diesen hätten auch die hochplacierten Beobachter nicht Einblick gehabt. Die hier und in allem folgenden am besten entsprechende Vorstellung ist: sehr viel mittelhohes Buschwerk, einzelne geschlossene Hochwaldparzellen (Auwälder), dazwischen auch größere Wiesenflächen; auf letztere deutet schon die Verwendung von Kavallerie. Es ist dies dieselbe Bodenbedeckung, die wir heute zwar nicht mehr an der fraglichen Stelle, wohl aber an vielen anderen Orten der Ebene, so in der westlichen Muzakja und an der unteren Vojusa, in großer Ausdehnung finden.

Daraus erklärt sich nun auch so manches andere. Zu allererst die Tatsache, daß der unfertige Zustand des Querwalles am Meere den Pompejanern erst durch Überläufer bekannt wurde: bei offenem Terrain hätte dieser Teil der Linien vom Mali Robit aus eingesehen und überdies zu Schiff rekognosziert werden können: nur eine natürliche Maskierung macht die überlieferte Tatsache erklärlich. Ferner die schon erwähnte Unsichtbarkeit der Vorgänge am Ende der Schanzen vom Lager des Marcellinus aus, während umgekehrt die Fliehenden wie die Verfolger die von den Höhen herabsteigenden Kohorten des Antonius sehr gut sehen konnten. Dann aber gerade die wichtigsten Momente der letzten Schlachtphase: daß Caesar von der Existenz des Verbindungswalles vor dem Gegenangriff anscheinend gar keine Kenntnis hatte; daß der rechte Flügel, als er auf ihn stieß, zuerst meinte, es sei der Lagerwall, und gar nicht merkte, daß er die Verbindung verloren hatte; daß der Feldherr selbst die verlorene Fühlung mit diesem Flügel anscheinend gar nicht oder doch zu spät wahrnahm und sein Abirren nicht verhindern konnte; daß endlich Pompejus trotz der geringen Entfernung von nur 750 m den Gegenangriff Caesars relativ sehr spät, als das Zwischenlager schon beinahe genommen war, erfuhr, ebenso aber später die Größe seines Erfolges und die totale Deroute der Caesarianer nicht erkannte und „Hinterhalt fürchtend“ („*insidias timens*“ 70, 1) auf jede Verfolgung verzichtete.

Ich habe von den hier mitspielenden Momenten absichtlich eines in der Reihenfolge ausgelassen und trage es jetzt nach, aus dem Grunde, weil sich eine besondere Erwägung daran knüpft. Caesar berichtet c. 67, 3, daß er seine 33 Kohorten „*diverso itinere quam potuit occultissime*“ gegen das Zwischenlager vorführte. Das „*quam*

Caesars Anmarsch.

occultissime" findet seine Erklärung auch, und zwar ausschließlich in der erwähnten Bodenbedeckung; in der hindernislosen Ebene, wie sie heute sich darstellt, wäre dies ganz ausgeschlossen. Das „*diverso itinere*" übersetzt Meusel S. 243 „auf einem Wege, der anfangs nach der entgegengesetzten Richtung führte"; ähnlich fast alle anderen Übersetzer. Das kann nicht stimmen. Erstens war keine Zeit zu verlieren, wenn der Überfall gelingen sollte, solange Pompejus Hauptkraft noch mit der Schanzarbeit beschäftigt war; zweitens ist beim besten Willen nicht einzusehen, was das Einschlagen der entgegengesetzten Richtung hier bezweckt hätte; war dies sichtbar, so konnte in der offenen Ebene auch das Umkehren und Anmarschieren nicht verborgen bleiben; in der bedeckten jedoch war es von Hause aus überflüssig. Ich übersetze daher „*diverso itinere*" mit „auf verschiedenen Wegen", und damit den ganzen Satz: „er selbst führte auf verschiedenen Wegen unter Ausnützung jeder sich bietenden Deckung die übrigen Kohorten" u. s. w. Ja ich gehe noch weiter und übersetze — vielleicht zum Schrecken gerade der militärisch gebildeten Caesarkenner — das folgende „*duplici acie*" nicht mit „in zwei Treffen", sondern „in zwei Kolonnen", was übrigens schon Meusel a. a. O. gewagt hat. Sicher ist *duplex acies* der terminus technicus für die Schlachtordnung in zwei Treffen, und die Abweichung von einem militärischen Fachausdruck speziell bei Caesar bedenklich; aber Ähnliches läßt sich bei ihm auch sonst gelegentlich nachweisen, so wird „*anceps proelium*", das als Fachausdruck einen „unentschiedenen Kampf" bedeutet, in b. g. I 26, 1, VII 76, 5 und b. c. III 63, 3 offenkundig in der Bedeutung eines „Kampfes mit zwei Fronten" gebraucht. Endlich hätte hier die *acies duplex* im gewöhnlichen Sinne wirklich keinen Zweck gehabt; sie wäre für die Fortbewegung auf dem buschbedeckten Terrain zu schwerfällig und auch zu lang gewesen, und hätte vor allem die vorhandenen Deckungen nicht planmäßig ausnützen können; dem „*quam potuit occultissime*" wäre nicht Genüge geschehen. Wohl aber konnte dies geschehen beim Vormarsch in wenigen voneinander unabhängigen Kolonnen, deren jede ihren Weg wie ihre Formation nach Tunlichkeit den vorhandenen Deckungen anzupassen hatte.

Ich denke mir demnach den Vorgang wie folgt:

Die Durchführung des Gegenangriffes.

Caesars Plan war, das Zwischenlager mit einem Teile der Kraft in der Front, mit dem anderen in der nördlichen, dem neuen Hauptlager des Pompejus entgegengesetzten Flanke und im Rücken anzugreifen. Dazu bildete er zwei Gruppen, von denen die linke unter seiner persönlichen Führung — hier war die Gefahr am größten, weil die feindliche Hauptmacht am nächsten, daher der Feldherr wider die Schablone am l i n k e n Flügel — Direktion auf die Front des Lagers nahm, während die rechte Befehl hatte, das Lager durch das Intervall zwischen ihm und der Gešnike zu umgehen und in Flanke und Rücken anzugreifen. Den Verbindungswall hatte Caesar wie erwähnt übersehen und die Führer der rechten Gruppe diesbezüglich nicht instruiert[124]). Als nun diese Kolonne, zwischen den Waldparzellen vollkommen gedeckt, aber ebenso ohne jede eigene Übersicht, plötzlich den Wall vor sich sah, glaubte sie bereits an der — jedenfalls nördlichen — Lagerumfassung zu sein und suchte nach dem Tore, um dort einzudringen. Auf dieser Suche kam sie immer weiter nach rechts ab, und gelangte schließlich an die Gešnike. Hier konnte sie nicht mehr weiter: sie schlug also eine Bresche in den nicht verteidigten Wall — jedenfalls ganz nahe am Flusse — und ging hindurch. Ihr folgte die Reiterei, die wohl mit Rücksicht auf die bessere Deckung dieser Kolonne beigegeben war. Auch dieses suchende Verschieben längs des Walles bis an den Fluß und der schließliche Übergang durch eine einzige Bresche deutet mit Bestimmtheit auf die Formation in Kolonne; in der breiten *„acies duplex"* wäre dies nicht möglich gewesen.

Mit dem Übergang über den Wall war aber die Orientierung noch nicht gewonnen. Die Kolonne war sich anscheinend noch immer nicht im Klaren, wo das anzugreifende Lager eigentlich sei; wenn auch anzunehmen ist, daß der Gefechtslärm ihr schließlich den Weg weisen mußte, so scheint dies zu spät eingetreten zu sein, oder sie hat dann doch nicht genau die Direktion gehalten. Jedenfalls hat sie das Lager in zu weitem Bogen umgangen, und ist schließlich in seinem Rücken auf die zum Entsatz anrückende pompejanische Hauptkraft gestoßen. Nur so läßt es sich erklären, daß dieser Flügel zuerst zurückgeworfen und der ursprünglich dem Feinde nähere linke dessen Anmarsch zum mindesten nicht früher gewahr wurde als jener. An der Tete des letzteren befand sich jetzt die Kavallerie, die nach dem Übergang über die Bresche der Infanterie vorausgeeilt war. Sie traf auf die weit überlegene pompejanische, und in dem Bewußtsein, hinter sich für den Fall des Rückzuges kein offenes Terrain, sondern das böse Defilee der Bresche zu haben, wandte sie sich sofort. Die Infanterie, die durch die Desorientierung bereits deprimiert und ängstlich geworden sein mag, tat desgleichen. Alles drängte unwillkürlich in der Richtung, aus der man gekommen, in die Ecke zwischen Wall und Fluß zusammen. Nun kam die Katastrophe. Ein Teil wurde in der Bresche, die sich

---

[124]) Vgl. *„ignorantia loci"* 68, 2.

sofort verstopfte, erdrückt, ein Teil über die senkrechten Ufer des Flusses hinabgeworfen (71, 2) (siehe Abb. 12); einzelne Leute versuchten neben der Bresche vom Wall hinabzuspringen und kamen dabei um. Unter dem Eindrucke der Flucht dieses Flügels und des gleichzeitig sichtbar werdenden Anrückens der pompejanischen Hauptkraft trat nun auch der linke Flügel, der bereits die äußere Umfassung des Lagers erstürmt und die pompejanische Legion in das innere Reduit zurückgedrängt hatte, den Rückzug an, der schließlich auch in Panik ausartete. Zu einem wirklichen Kampf mit der feindlichen Hauptmacht scheint es an keiner Stelle gekommen zu sein[125]).

Schon erwähnt wurde Stoffels Ansicht, daß Caesar sich während des ganzen Kampfes außerhalb der Schanzen aufgehalten hätte, um das Schlachtfeld überblicken zu können. Ich halte das für unwahrscheinlich. Entweder der Überblick war vorhanden, dann ist es unverständlich, warum Caesar trotzdem das Irrgehen der rechten Kolonne nicht rechtzeitig verhindert hat; oder die Bodenbedeckung machte ihn unmöglich, dann war es erst recht sinnlos von der kämpfenden Truppe abzubleiben an einem Orte, wo er gar nichts sehen und demzufolge nirgends einwirken konnte: unter diesen Umständen war es entschieden gescheiter, er schloß sich der einen, in seinen Augen wichtigeren Gruppe an, um wenigstens hier den Kampf zu leiten, wie es auch geschehen zu sein scheint. Ob er dann, wie Stoffel anschließend meint, als er die Flucht des rechten Flügels wahrnahm, persönlich dorthin eilte, und den linken seinem Schicksale überließ, ist zum mindesten nicht erwiesen. Die Szenen, die c. 69, 4 und ähnlich bei anderen Schriftstellern erwähnt werden, können sich auch auf dem linken Flügel, dessen Rückzug ja ebenso in Flucht ausartete wie der des rechten, abgespielt haben. Caesars Standort.

Pompejus scheint in dem Augenblick, als die Caesarianer zurückgingen, sofort seinerseits die weitere Vorrückung eingestellt zu haben: den Grund haben wir früher gesehen[126]). So konnte Carsar die Fliehenden in den Schanzen wieder sammeln. Verhalten des Pompejus.

Wenn sich auch, wie gesagt, eine Reihe schwerwiegender Gründe zur Entschuldigung der Zurückhaltung des Pompejus anführen läßt, so ist nichtsdestoweniger die Tatsache festzustellen, daß er damit den größten Fehler seines Lebens begangen hat. Man braucht dabei gar

[125]) Vgl. Appian b. c. II 62.

[126]) Eutropius VI 20, 3, behauptet, die Verfolgung wäre durch die Nacht behindert worden. Dies geht nicht nur aus Caesars Schilderung, der zur Verschweigung dieses Umstandes sicher keinen Grund gehabt hätte, nicht hervor, sondern auch die wirklich angeführten Gründe sprechen dafür, daß die Fühlung mit dem Gegner noch bei Tage verlorengegangen war.

nicht an ein Vortragen des Angriffes aus der Ebene auf die Höhen zwecks vollkommener Aufrollung der feindlichen Stellung zu denken, wozu die Angriffsenergie seiner seit frühestem Morgen im Kampfe stehenden Truppen vielleicht gar nicht gereicht hätte; aber schon der Vorstoß auf die nur wenige hundert Meter entfernte Via Egnatia, eventuell sofortige Besetzung der Hügel von Kavaja hätte genügt, um Caesars Lage vollends katastrophal zu gestalten. Es wurden hier ähnliche Chancen aus der Hand gegeben wie bei der unterbliebenen Verfolgung Sullas in der ersten Schlacht; dies wird diesmal sogar durch den Geschlagenen selbst ausdrücklich bestätigt[127]). Damals freilich durfte man dem Legaten die engen Grenzen seiner vorgeschriebenen Machtbefugnis als Entschuldigung zubilligen; für Pompejus kam dieses Moment nicht in Betracht und Caesars hartes und dem Besieger des Mithridates gegenüber immerhin befremdendes Urteil, er verstehe nicht zu siegen, erweist dadurch seine volle Berechtigung.

Caesars Streitkräfte. An diesem Kampfe dürften auf Caesars Seite Kohorten folgender Legionen teilgenommen haben:

1. Die IX. Legion ganz (67, 3: *„in quibus erat legio nona"*).

2. Von der VIII. und VI. Legion zusammen 10 bis 12 Kohorten[128]).

3. Die Kohorten, die Caesar selbst aus dem nördlichen Teil der Linien herbeigeführt hatte, und die, da die VII. und X. Legion gar zu weit gehabt hätten, wohl der XIII. und XIV. angehört haben dürften.

Über die Verteilung dieser Kohorten sich ein Bild zu machen ist natürlich schwer; doch scheint aus der Schilderung des Kampfes hervorzugehen, daß die schwersten Verluste am rechten Flügel waren, somit die Legionen, die am schwersten gelitten haben, die VIII. und IX., dort zu suchen sind.

Verluste. Diese Verluste gibt Caesar für die g a n z e Schlacht (*„duobus his unius diei proeliis"* 71, 1) mit 960 Legionaren und 200 Reitern an, das macht, wenn man die damalige Durchschnittsstärke der caesarianischen Veteranenkohorten mit 260 Mann annimmt, rund 12%. Nach caesarianischem Sprachgebrauch dürften damit nur die Toten gemeint sein. Rechnet man die Verwundeten (75, 1) und Gefangenen (71, 4) dazu, so ergibt sich ein Prozentsatz, der den c. 89, 1 erwähnten Zustand der beteiligten Legionen erklärlich macht.

[127]) Caesar 70, 1; Plut. Caes. 39, 5 Pomp. 65, 5; App. II 62.

[128]) Die schweren Verluste der VIII. in dieser Schlacht werden c. 89, 1 bestätigt; daß das furchtbare Herabsinken des Standes der VI. (b. Alex. 69) zum mindesten in erster Linie auf diese Schlacht zurückzuführen ist, ist umso wahrscheinlicher, als ihre Teilnahme aus anderen Gründen naheliegt.

VII. Caesars Rückzug.

(Hierzu Karte 1*a*.)

1. Die Aufhebung der Einschließung.

Weit besser als der Sieger übersah der Besiegte die durch die Schlacht geschaffene Situation. Die Einschließung war durchbrochen, die Truppen aufs schwerste erschüttert, der sofortige Rückzug unvermeidlich. Caesar räumte gleichzeitig sämtliche Linien und zog die ganze Armee auf einem Punkte zusammen (73, 1).

Der Platz der Vereinigung der caesarianischen Armee.

Über die Lage dieses Platzes sagt er nichts Näheres. Sicher ist, daß er die beabsichtigte Rückzugslinie, das ist die Straße nach Apollonia, verläßlich decken mußte. Stoffel sucht S. 377 den Platz am Schnittpunkte der Linien mit der Straße, also etwas nördlich von Kavaja; Meusel S. 349 meint in voller Würdigung der in Betracht kommenden Gründe, die Vereinigung habe „nicht in der neben dem neuen Lager des Pompejus ganz im Süden zwischen der Kontravallation und Circumvallation hergestellten Verschanzung, sondern höchstwahrscheinlich einige Kilometer östlich davon, in der Nähe der nach Apollonia führenden Straße" stattgefunden. Aus dem Kommentar auf S. 252 geht jedoch hervor, daß auch er sich diesen Platz in unmittelbarem Anschluß an die Linien, und zwar an das Lager des Marcellinus, das eben „wahrscheinlich in der Nähe der nach Apollonia führenden Straße lag", gedacht hat: also so ziemlich dasselbe wie Stoffel.

Diese Auffassung ist aus zwei Gründen unhaltbar.

1. In einer Stellung beim Lager des Marcellinus, also an der Gešnike, hätte Caesar seine Rückzugstraße nicht mit jener absoluten Sicherheit gedeckt, die in dieser kritischen Lage unbedingt geboten war. Vielmehr hätte Pompejus, der ja jetzt nach dem Siege weit mehr Offensivfreiheit hatte als die schwer erschütterte Armee Caesars, ohne jedes Risiko die Höhen südlich Kavaja besetzen und damit der geschlagenen Armee den Rückzug abschneiden können. Die Rücknahme der ganzen Armee bis auf eben diese Höhen ist daher das allermindeste, was wir von Caesar voraussetzen müssen. Wir können aber noch weiter gehen, denn:

2. Caesar erwähnt c. 76, 2, daß die Soldaten des Pompejus nach dem Eintreffen in ihrem alten Lager nächst Asparagium, also bei Rogožina, „*invitati propinquitate superiorum castrorum*" zur Abholung zurückgelassener Habseligkeiten in das Ausgangslager zurückkehrten. Man braucht noch lange kein Anhänger des Stolleschen Normalmarsches von 12 km zu sein, um jene Nachricht für ganz

unmöglich zu halten unter der Voraussetzung, daß die *„superiora castra"* des Pompejus sich damals noch auf dem c. 65, 4 genannten Platz *„secundum mare"* befanden. Die Entfernung von da zum Lager bei Asparagium beträgt 19 Kilometer; da sollte den Soldaten die „Nähe des früheren Lagers" verlockend erschienen sein, um sofort nach Zurücklegung obiger Strecke freiwillig dahin zurückzukehren, mit dem Bewußtsein, spätestens in der Nacht zurücksein zu müssen, um aller Voraussicht nach am nächsten Morgen den Verfolgungsmarsch fortzusetzen: also in 24 Stunden 57 km mit der Aussicht auf sofortigen Weitermarsch!! Man sieht, diese Vorgänge werden nur erklärlich, wenn man die Entfernung der beiden Lager ganz wesentlich geringer annimmt. Das ist aber, da das Lager bei Asparagium am Genusus feststeht[129]), nur durch wesentliche Verschiebung der Ausgangssituation zu erreichen.

Müssen wir also schon das Lager des Pompejus vor dem endgültigen Abmarsche so weit nach Süden verlegt denken, so gilt dasselbe natürlich in noch höherem Ausmaße vom Lager Caesars, da diesem sonst der Rückzug tatsächlich abgeschnitten gewesen wäre. Wir können uns demnach die Sache nur so denken, daß Caesar mit der erwähnten Vereinigung der ganzen Armee auf einem Punkte gleichzeitig eine recht ausgiebige Rückwärtsverlegung aus dem feindlichen Machtbereich heraus und in eine feste, gegen Umgehungen möglichst geschützte, die Rückzugsstraße verläßlich deckende Stellung verband. Eine solche fand er tatsächlich auf dem knapp südlich des Darči[130]) gelegenen, für ein Lager vorzüglich geeigneten, die Straße absolut sperrenden Hügel Berzet einschließlich der benachbarten Welle von Kryeluzaj und der dazwischenliegenden Mulde. Hier hatte er in dem tiefeingeschnittenen Darči ein bedeutendes Hindernis zwischen sich und den Feind gelegt, ein Umstand, der bei dem sonst ähnliche Vorteile bietenden Hügel südlich Kavaja wegfiel, da die Gešnike von Pompejus bereits überschritten war. Außer diesem vorzüglichen Fronthindernis besaß die Berzetstellung auch einen guten Flankenschutz in dem, wie an anderem Orte gezeigt,

---

[129]) Auch unter der als zweifellos irrtümlich erwiesenen Annahme von Asparagium bei Baštova würde ganz das gleiche gelten. Einer allfälligen Hypothese, welche Asparagium an dem durch die Tab. Peutingeriana gegebenen nördlichen Genususlauf, also etwa bei Harizaj sucht, wäre entgegenzuhalten, daß hier zwei durch den Fluß getrennte Lager, wie die Quelle sie schildert, ganz ausgeschlossen sind; hier hätten beide Lager nur am rechten Ufer liegen können.

[130]) Der Darči muß, da er an dieser Stelle erst aus den Bergen heraustritt, naturgemäß jederzeit dort geflossen sein.

wahrscheinlich unweit in der Ebene bei Luza vogel vorbeifließenden Genusus.

Die Position des Lagers auf Berzet erfährt eine auffallende Bestätigung durch c. 76, 3, wo der zweite Marsch dieses Tages, dessen Länge ausdrücklich mit 8 m. p. = 12 km angegeben wird, mit den Worten *„duplicato eius diei itinere"* charakterisiert wird. Es liegt kein Grund vor, diese klare Angabe nicht wörtlich zu nehmen. Nun beträgt aber tatsächlich die Entfernung vom Berzet bis zum alten Lager Caesars südlich des Genusus genau 12 km.

Das neue Lager des Pompejus.

Es ist nun selbstverständlich, daß Pompejus auf diese Rückbewegung Caesars hin sich sofort seinerseits vorschob, um die Fühlung nicht zu verlieren. Daß Caesar dies nicht ausdrücklich erwähnt, ist bei der Selbstverständlichkeit des Vorganges und dem Konzeptcharakter seiner Darstellung entschuldbar. Für dieses neue Lager des Pompejus gab es aber unter den obigen Voraussetzungen nur einen Platz: die nördlich des Darči liegenden Höhen von Stodheri. Von hier betrug auch die Entfernung bis zum Lager bei Asparagium nur 11 Kilometer, was die c. 76, 2 geschilderten Vorgänge immerhin glaubhaft erscheinen läßt.

Die Räumung der Linien.

Die Räumung der Linien durch die geschlagene Armee Caesars und deren Vereinigung südlich des Darči war übrigens keine so einfache Sache; ihre glatte Durchführung in diesem kritischen Momente stellt der Führung wie den Truppen das glänzendste Zeugnis aus.

Der Befehl erging zweifellos noch am Tage der verlorenen Schlacht. Um Mitternacht konnten alle Truppen verständigt, und im Laufe des folgenden Vormittages die Vereinigung durchgeführt sein. Die Räumung erfolgte aus taktischen Gründen unbedingt vom rechten gegen den linken Flügel, das *„uno tempore praesidiis omnibus deductis"* darf nicht allzu wörtlich genommen werden. Jede einzelne Werkbesatzung durfte erst abrücken, bis die nächst rechtsstehende hinter ihr durchmarschiert war; die Vereinigung und der geschlossene Abmarsch der einzelnen Legionen auf der Gürtelstraße mußten durch spezielle Dispositionen geregelt sein. Die beim Lager des Marcellinus vereinigte, wenn auch schwer geschlagene Gruppe mußte notwendig daselbst ausharren, bis die übrigen Legionen hinter ihr passiert hatten; unterdessen mußte aber auch sofort der Hügel Berzet und zur vorläufigen Sicherung der Verbindung auch jener von Kavaja durch rasch vorausgesandte Abteilungen in die Hand genommen werden.

Am schwierigsten war die Heranziehung der auf dem nördlichen Isthmus von Dyrrhachium stehenden Werkbesatzung (c. 58, 1): 'dieselbe hatte über 40 km, das ist 8 bis 10 Stunden Marsch zu bewältigen und ich halte es nicht für wahrscheinlich, daß ihretwegen allein der ganze Abmarsch um mehrere Stunden verzögert wurde. Eher dürfte sie auf gedecktem Umwege über die Berge herangezogen worden sein; sie konnte dann immerhin noch am Abend oder in der Nacht am Darči eintreffen. Vielleicht ward sie aber auch der Besatzung von Lissus (78, 5) zugeschlagen, wo allerdings nach c. 40, 6 bereits eine Garnison lag; da die endgültige Stärke derselben nur eine Kohorte betrug, ist diese letztere Annahme nicht sehr wahrscheinlich.

2. Der erste Tag des Rückzuges.

Zeitpunkt des Abmarsches.

Sobald als irgend möglich („*nulla interposita mora*" 75, 1) trat Caesar nach Vereinigung der Armee den Rückzug an. Immerhin hat er vorher noch Vorsorge für die Verwundeten und Kranken getroffen und eine „*contio*" vor der ganzen Armee abgehalten. Dies alles konnte, da die Armee im großen ganzen etwa um Mittag vereinigt war, noch am Tage der Vereinigung selbst erledigt werden, so daß die Kampfunfähigen mit dem Train noch am späten Abend („*prima nocte*") abmarschierten. Die Haupttruppe folgte erst „*quarta vigilia*", also am folgenden Morgen, frühestens dem zweiten nach der Schlacht[131]).

Disposition des Rückzuges.

Der Rückzug war mit meisterhafter Sorgfalt eingeleitet. Der Train mit den Kampfunfähigen und einer Legion als Bedeckung ging, wie erwähnt, nach Einbruch der Dunkelheit ab. Er hatte Befehl, den Marsch ohne Rasten zurückzulegen („*conquiescere ante iter confectum vetuit*" 75, 1). Dies bezieht sich natürlich nicht auf den ganzen Marsch bis Apollonia, wie man bei allzu wörtlicher Auffassung des Textes glauben könnte, sondern nur auf den ersten Tagmarsch: denn abgesehen von der physischen Unmöglichkeit der ersteren Auffassung, wird nach c. 77, 1 aus dem definitiven Lager des ersten Marschtages wiederum der Train „*prima nocte*" vorausdirigiert.

Ob diese erste Marschstaffel am ersten Tage zunächst nur bis ins Lager „*contra Asparagium*" oder gleich bis ins endgültige dirigiert war, wird nicht gesagt: mit Rücksicht auf die Geheimhaltung des geplanten Manövers ist ersteres wahrscheinlicher.

Als zweite Staffel folgte „*quarta vigilia*", das ist etwa 3^h früh, die geschlossene und gefechtsbereite Haupttruppe, bei mehreren

---

[131]) Es ist schließlich Gefühlssache, ob man die Abwicklung der ganzen Vorbereitungen des Abmarsches samt der „*contio*" am Tage der Vereinigung für durchführbar hält oder mit Rücksicht auf die Fülle der Erledigungen und die Ermüdung der Truppen noch einen ganzen Tag einschaltet. Das „*nulla interposita mora*" scheint aber für die erstere Möglichkeit zu sprechen.

Toren gleichzeitig abmarschierend: hierdurch wurde sowohl eine wesentliche Beschleunigung des Abmarsches als auch eine bedeutende Verkürzung der Kolonnenlänge erreicht, indem jedenfalls auch der Weitermarsch in mehreren Kolonnen auf gleicher Höhe erfolgte: andernfalls hätte der Ausmarsch aus mehreren Toren nicht nur keinen Sinn gehabt, sondern überdies eine höchst gefährliche Stauung von Truppen außerhalb des Lagers bewirkt[132]). Nach angemessener Distanz, also vielleicht auf $1^1/_2$ bis 2 km nach Abmarsch der letzten Abteilung, was einem Zeitintervall von 20 bis 30 Minuten entspricht, folgte Caesar selbst mit der Nachhut, bestehend aus 2 Legionen und der ganzen Kavallerie. Jetzt erst wurden die üblichen Signale gegeben und dadurch einerseits der militärischen Ehre Genüge getan, anderseits doch dem Gegner der Abmarsch erst in dem Augenblicke verraten, wo er nicht mehr gestört werden konnte.

Aufbruch des Pompejus.

Pompejus alarmierte nun sofort und brach zur Verfolgung auf. Immerhin war der Vorsprung Caesars, der durch die zum unerwarteten Alarm nötige Zeit noch gesteigert wurde, bereits so groß, daß an ein Einholen der Abziehenden durch die Legionen des Verfolgers nicht mehr zu denken war. Pompejus sandte daher seine weit überlegene Kavallerie zur Verfolgung voraus. Auch dieser gelang es erst vor dem Übergang über den Genusus, also etwa in der Höhe des alten pompejanischen Lagers bei Asparagium, die feindliche Nachhut zu stellen.

Zeit- und Raumkalkül.

Das Zeit- und Raumkalkül für diese Vorgänge ist etwa folgendes:

Wenn Caesars Haupttruppe *„quarta vigilia"*, das ist etwa 3^h früh, abmarschierte, so konnte sie bei einer Stärke von 4 Legionen = 10.000 Mann, in 3 Kolonnen auf gleicher Höhe ca. 2 km lang, um etwa $3^h\ 30^{\prime}$ in Marschkolonne aufgefädelt sein. Gegen 4^h folgte dann die Tete der Nachhut, um $4^h\ 30^{\prime}$ bei gleichzeitiger *„conclamatio"* deren Queue. Nach 6^h vorm. konnte die Tete der Haupttruppe am

[132]) Der Ausmarsch erfolgte wahrscheinlich aus dem Hintertor und den beiden Seitentoren, während die Porta praetoria geschlossen blieb, da hier der größte Umweg zu machen gewesen wäre und gleichzeitig die größte Entdeckungsgefahr bestand. Daraus ergab sich demnach ein Marsch in 3 Kolonnen. Voraussetzung war die Gangbarkeit des Terrains unmittelbar an der Straße (auf 2 bis 3 Straßenbreiten) oder Parallelwege; hier ist das erstere wahrscheinlicher. Immerhin ist diese Marschform als eine durch besondere Umstände gerechtfertigte Ausnahme zu betrachten; das Marschtempo, das sich nach der am ungünstigsten marschierenden Kolonne richten muß, ist naturgemäß schlechter als beim normalen Straßenmarsch. Demzufolge ist diese Formation auch nur auf kurze Distanzen ökonomisch; ein weiterer Beweis für die geringe Entfernung des Abmarschlagers von Asparagium.

Genusus eintreffen, wo sich die Truppen nunmehr aufstauten, da der Übergang über den Fluß, *„quod ripis erat impeditis“* (75, 4), naturgemäß nur langsam von statten ging. Zu seiner Deckung bezog die Nachhut eine Stellung zwischen dem vorspringenden Hügel des alten pompejanischen Lagers und dem Flusse. Hier wurde sie von Pompejus' Kavallerie eingeholt.

Dieser hatte bald nach 4^h 30^l alarmiert; etwa um 5^h 15^I mochte die Kavallerie das Lager verlassen, etwa um 6^h die Tete der Legionen. Die Reiterei konnte, auf der Straße vortrabend, gegen 6^h 30^I beim alten pompejanischen Lager sein, wo um dieselbe Zeit die Nachhut Caesars ihre Stellung bezog. Hier kam es nun zu dem c. 75, 5 beschriebenen Gefecht, in welchem die pompejanischen Reiter von Caesars durch Antesignanen unterstützter Kavallerie[133]) geworfen wurden. Unter dem Schutze dieses Nachhutgefechtes konnte die Haupttruppe, und anschließend die Nachhut selbst den Flußübergang bewirken und gegen 8^h im alten Lager *„contra Asparagium“* vereinigt sein, während die Tete der pompejanischen Legionen erst gegen 9^h bei ihrem alten Lager eintraf und die ganze Armee, bei einer Stärke von 40.000 Mann, nicht vor 12^h mittags darin vereinigt sein konnte.

Damit war anscheinend das Programm des Tages für beide Parteien erledigt; es sollte aber anders kommen.

Caesars zweiter Marsch. Während Caesar seine Truppen im Lager marschbereit hielt und auch die zur Täuschung des Gegners scheinbar auf Fouragierung ausgerückte Kavallerie gedeckt durch das Hintertor wieder einrücken ließ, verfügte Pompejus nicht nur die übliche Entsendung von Holz- und Futterdetachements, sondern gestattete auch einer großen Zahl von Legionaren, die in der Hast des Alarms ihre Habseligkeiten im alten Lager liegen gelassen hatten, ohne Waffen dahin zurückzukehren, um sie zu holen. Da brach Caesar um die Mittagszeit plötzlich auf und legte an demselben Tage noch einmal 8 röm. Meilen = 12 km zurück (*„duplicato eius diei itinere VIII milia passuum ex eo loco procedit“* 76, 3). Er gelangte damit an die Stelle des heutigen G o l e m i, wo er auf einem isoliert vorspringenden flachen Hügel einen äußerst günstigen Lagerplatz fand.

[133]) Unter den vielumstrittenen „Antesignanen“ haben wir nach den neuesten Forschungen die Legionare der ersten Glieder jeder Kohorte zu verstehen, die, im Gegensatz zu den rückwärtigen, mit dem Pilum bewaffnet waren, sich daher auch besser zum Kampfe mit der Kavallerie eigneten, da das wenn auch als Wurfspeer gedachte Pilum in diesem Falle als Stichwaffe, etwa nach Art unseres Bajonettes, verwendet werden konnte. Vgl. Domaszewski, Die Fahnen im römischen Heere, S. 4; derselbe, Zwei römische Reliefs, Sitzungsber. d. Heidelberger Akad. d. Wissenschaften 1910. 4. Abh., S. 9 Anm. 5; Kromayer-Veith, Antike Schlachtfelder III/2 S. 789 f.

Pompejus aber hatte, wie wir gesehen haben, um Mittag seine Armee kaum erst vollständig im Lager, und überdies hatte es ein großer Teil der Mannschaft aus den angeführten Gründen wieder verlassen. Selbst wenn er die Abwesenden sofort durch Kavalleriepatrouillen zurückrufen ließ, war auf eine vollständige Vereinigung der ganzen Armee vor den späten Nachmittagsstunden nicht zu rechnen. Unter solchen Umständen blieb Pompejus nichts übrig, als von der weiteren Verfolgung Caesars am selben Tage abzusehen. Diesem aber hatte das geglückte Manöver eine Distanz von 14 km zwischen sich und dem Verfolger eingetragen[134]).

3. Der weitere Rückzug bis Apollonia.

Über die weiteren Marschtage erfahren wir aus c. 77, daß Caesar täglich in derselben Art wie am ersten Tage den Abmarsch disponierte, das heißt also den Train mit Bedeckung bei Einbruch der Dunkelheit, die Truppenkolonne *„quarta vigilia"* aufbrechen ließ, und so, trotz aller Fluß- und sonstigen Hindernisse (*„altissimis fluminibus atque impeditissimis itineribus"*), glücklich am Ziele ankam, während Pompejus, außer stande die am ersten Tage erlittene Verzögerung (*„primi diei mora illata"*) trotz größter Anstrengung (*„cum se magnis itineribus extenderet"*) einzubringen, am vierten Tage (*„quarto die"*) die aussichtslose Verfolgung einstellte.

Der Rückzug Caesars erfolgte, darüber kann ein Zweifel nicht mehr bestehen, auf dem Südaste der Via Egnatia: die Marschleistungen waren solche, daß Pompejus den von Caesar am ersten Tage gewonnenen Vorsprung trotz eigener forcierter Marschleistung nicht mehr einbringen konnte und am vierten Tage die Verfolgung aufgab: auf Grund dieser Daten lassen sich die Einzelheiten der beiderseitigen Märsche ziemlich genau festlegen.

Der Tag des Genususüberganges Caesars ist zweifellos als erster Marschtag zu zählen. Am Abend desselben stand Caesar bei Golemi, Pompejus noch bei Asparagium-Rogožina; Distanz 14 km, zudem zwischen beiden Gegnern der Genusus. Erster Tag.

Am zweiten Tage konnte Caesar, wenn er (c. 77, 1) wieder *quarta vigilia* abmarschierte, die 15 km bis an den Apsus bei Kuči um 7h früh zurückgelegt und den Flußübergang noch im Laufe des Vormittags zur Gänze bewirkt haben; am Nachmittage konnte er Zweiter Tag.

[134]) Es ist nicht uninteressant zu konstatieren, daß Caesar hier mit vollem Gelingen ein Manöver zur Durchführung brachte, das im Jahre vorher in Spanien seinen Gegnern ihm gegenüber mißglückt war. Vgl. b. c. I 80, 3—5.

dann noch ein Stück am Südufer, vielleicht bis zu dem 7 km entfernten Straßenknie bei Drenovica, weitergehen. Unter Berücksichtigung des ziemlich schwierigen Apsusüberganges — der Fluß ist im Spätfrühjahre bei Kuči schon durchfurtbar, aber immerhin mit Anstrengung und Vorsicht — ergeben die 21 km eine sehr ansehnliche Marschleistung.

Pompejus hatte von Asparagium bis an den Aspus allein fast 30 km, also bereits einen Gewaltmarsch, und überdies den Genusus-übergang zu bewältigen; es ist unwahrscheinlich, daß er seinen Truppen dann noch den zweiten, viel anstrengenderen und zeitraubenderen Übergang über den Apsus zumuten konnte, vielmehr dürfte er in seinem alten Lager bei Boka-Čukaš stehengeblieben sein. Am Abend dieses zweiten Tages steht also Caesar bei Drenovica, Pompejus bei Boka: Distanz zirka 8 km, dazwischen der Apsus.

Dritter Tag. Am dritten Tage konnte Caesar zur gewohnten Zeit ungehindert und fließend weitermarschieren, während Pompejus erst den für eine Armee von über 40.000 Mann viele Stunden in Anspruch nehmenden Übergang über den Apsus zu bewirken hatte, daher die tags vorher eingebrachten paar Kilometer und noch viele dazu wieder verlor. Caesar konnte an diesem Tage ungefährdet die etwa 28 km lange Strecke bis an die Djanica bei Fjeri zurücklegen, wo er nur mehr 8 km von Apollonia entfernt war und das ungehinderte Erreichen dieser Stadt ganz außer Frage stand. Pompejus wird wohl nach dem Gewaltmarsche des Vortages an den Apsusübergang kaum mehr eine gleiche Leistung haben anschließen können, umsoweniger als ihm schon die ersten Marschstunden die Gewißheit verschaffen mußten, daß der Gegner vor Apollonia nicht mehr einzuholen sei. Er mag daher etwa bis in die Gegend von Rozkovec marschiert sein und dort haltgemacht haben. So stand also am Abend des dritten Tages Caesar bei Fjeri, Pompejus bei Rozkovec: Distanz 16 km.

Vierter Tag. Am vierten Tage zog Caesar bereits in den Morgenstunden unbehindert in Apollonia ein, während Pompejus die aussichtslose Verfolgung einstellte.

Weitere Entschlüsse. Einen Tag, vielleicht auch länger, mag Pompejus, der berechtigten Erschöpfung seiner Leute Rechnung tragend, bei Rozkovec stehen geblieben sein; dann wandte er sich landeinwärts, um, da Caesar ihm vorläufig entkommen war, wenigstens dessen Legaten Domitius, der sich mit dem heranmarschierenden Scipio am Haliacmon herumschlug, abzufangen. In dem in heißen Kämpfen behaupteten Dyrrhachium blieb Cato mit 15 Kohorten zurück; man konnte nicht wissen, ob Caesar, dessen ungebrochene Schlagkraft der brillante Rückzug dargetan, nicht nach Abzug der pompejanischen Hauptkraft neuerdings einen Anschlag auf den vielumstrittenen Waffenplatz an der Adria versuchen würde.

Caesar aber ließ in Apollonia 4, in Oricum 3, in Lissus 1 Kohorte zurück und marschierte dann auf einem südlicheren Wege, *„per Epirum atque Athamaniam"* (78, 5) gleichfalls gegen Osten, um vor allem Domitius zu degagieren und dann auf einem neuen Kriegsschauplatze ein neues Schlachtfeld zu suchen. Nach wenigen Wochen standen sich die Heere wieder Auge in Auge gegenüber: die Stadt aber, unter deren Mauern sie sich wiedersahen, hieß Pharsalus.

Hier die Zeittabelle über die Tage von der zweiten Schlacht bei Dyrrhachium bis zu Caesars Ankunft in Apollonia: Zeittabelle.

Tag	Caesar	Pompejus
1.	Zweite Schlacht bei Dyrrhachium Caesar gibt Befehle zur Räumung der Linien und Vereinigung der Armee auf Berzet	Zweite Schlacht bei Dyrrhachium Pompejus zieht die ganze Armee im neuen Lager *»secundum mare«* zusammen
2.	Vormittags Vereinigung der Armee auf Berzet. *Contio.* Dispositionen für den Rückzug Nach Einbruch der Dunkelheit Abmarsch der 1. Staffel (Train, Kranke, 1 Legion)	Auf die Nachricht von der Räumung der feindlichen Linien und Vereinigung der feindlichen Armee auf Berzet geht Pompejus bis Stodheri vor
3. (I)*)	3h früh Abmarsch der Haupttruppe 6h 30l vorm. Gefecht der Nachhut am Genusus 8h Einrücken ins alte Lager gegenüber Asparagium 12h Abmarsch bis Golemi	4h 30l früh Alarm 5h 15l Abreiten der Kavallerie 6h 30l vorm. Gefecht der Kavallerie am Genusus Zwischen 9h und 1h Uhr Einrücken der Legionen ins Lager bei Asparagium
4. (II)	3h früh Abmarsch bis an den Apsus Übergang über den Fluß Nachmittags Weitermarsch bis Drenovica (22 km)	Marsch bis an den Apsus Lager bei Boka (29 km)
5. (III)	Marsch bis Fjeri (28 km)	Übergang über den Apsus Marsch bis Rozkovec (18 km)
6. (IV)	Marsch bis Apollonia (8 km)	Einstellen der Verfolgung Rasttag bei Rozkovec

*) Die eingeklammerten römischen Ziffern bezeichnen die Rückzugstage nach der Berechnung Caesars.

VIII. Die Blockade.

Nach Erledigung der gesamten Ereignisse zu Lande ist es wohl am Platze, auch jener zur See zu gedenken, die ja erstere in so hohem Grade beeinflußt haben; freilich noch immer nicht in so hohem, als die seebeherrschende Partei beabsichtigte und auf Grund des Kräfteverhältnisses auch beabsichtigen durfte. Weder die Überfahrt Caesars, noch jene des Antonius hat die pompejanische Blockade zu hindern vermocht, wenn auch anderseits „eine fast beispiellose Verbindung von tollkühnstem Wagen und ungeahnten Glücksfällen"[135]) dazu gehörte, daß sie gelangen. Aber den Verpflegsnachschub des Gegners von seiner eigentlichen und reichen Basis her hat sie vollkommen und andauernd gehindert und damit den Feldzug nicht nur schwer beeinflußt, sondern, soweit dieser Kriegsschauplatz in Betracht kommt, auch entschieden. In der Blockade und ihrer Bekämpfung gipfeln denn auch die Seereignisse des Feldzuges, in dem es zu großen Seeschlachten schon deshalb nicht kommen konnte, weil Caesar eine auch nur einigermaßen ebenbürtige Schlachtflotte in der Adria überhaupt nicht besaß.

In mein erstes Konzept war dieses Kapitel überhaupt nicht aufgenommen worden, da es mit den zu Lande vorgenommenen Lokalisierungen eigentlich nichts zu tun hatte. Nun habe ich mich doch entschlossen es nachzutragen, nicht nur auf Grund sehr gewachsener Erkenntnis von seiner Wichtigkeit, sondern vor allem auch deshalb, weil das Problem der Blockade als solches durch den Weltkrieg an Aktualität bedeutend gewonnen hat; und nicht zuletzt weil ich mich überzeugt habe, daß die Vorstellungen von ihrer Anlage und Durchführung, was den Feldzug Caesars betrifft, vielfach nicht minder laienhaft sind als jene harmloser Zeitungsleser über die Blockade im Weltkriege.

Die Stelle Caesar b. c. III 8,4. Die Berechtigung dieser Auffassung gibt mir die Art und Weise, in welcher die Stelle Caesar b. c. III 8, 4 — nur zum Teil mit Recht — zur Lösung des ganzen Problems herangezogen wurde.

Die Stelle lautet nach dem Wortlaut der Codices: „*Hoc confecto negotio (Bibulus) a Sasonis ad Oryci [Coryci, Coricy, Corici] portum stationes litoraque omnia longe lateque classibus occupavit custodiisque diligentius dispositis ipse gravissima hieme in navibus excubans neque ullum laborem aut munus despiciens, ne*

[135]) Kromayer, Philol. 56, S. 433.

quod subsidium exspectanti Caesari in conspectum venire posset . . ." Leider ist das Folgende verstümmelt; es hätte vielleicht die Unklarheit beseitigt.

Oder besser gesagt nicht aufkommen lassen; denn sie ist eigentlich nicht vorhanden, nur durch die Interpreten hineingetragen. Nimmt man die an sich klarste Lesart der so ziemlich ältesten Handschrift, des jetzt im British Museum befindlichen Codex Lovaniensis, so heißt es ganz einfach: Er besetzte das ganze Küstengebiet zwischen dem Hafen von Saso (= Saseno) und jenem von Oricum. Auch die übrigen Handschriften, die übereinstimmend in der ersten Silbe des zweiten Namens ein *o* haben, lassen sich am ungezwungensten in diesem Sinne berichtigen. Diese Lesart in ihrer Gänze hat aber allen bisherigen Auslegern ohne Ausnahme unmöglich geschienen; sie stellten sich, — warum ist nicht einzusehen — vor, daß zur Aufrechthaltung der Blockade unbedingt die Bewachung der ganzen adriatischen Küste notwendig war. Zu diesem Zwecke mußte der überlieferte Küstenabschnitt allerdings unglaublich gestreckt werden; dies aber war nur möglich, wenn einer der beiden Namen so uminterpretiert wurde, daß ein Hafenplatz im äußersten Norden der Adria daraus entstand. Es ist bezeichnend, daß beide überlieferten Namen diesem Prokrustesbett nicht entgingen. Die Mehrzahl der Ausleger versuchte es mit dem zweiten, der durch die wenn auch geringfügige Unstimmigkeit in den Handschriften immerhin eine Art moralischer Berechtigung bot, und machte daraus, trotzdem gerade das *o* in allen Lesarten konstant ist, „*Curici*", einen in weitesten Kreisen unbekannten Hafen auf der Insel Curicta (Veglia). Die anderen versuchten es mit dem ersten Namen und machten daraus „*Salonis*". Also entweder von Saseno bis Veglia, oder von Pašaliman bis Spalato. Heute ist die erstere Interpretation die bevorzugte, und ihre Anhänger berufen sich hauptsächlich darauf, daß sonst der nördliche Teil der zu bewachenden Strecke frei geblieben wäre[136]), vergessen aber dabei ganz, daß unter allen Umständen der viel wichtigere südliche Abschnitt zwischen Oricum und Corcyra, in welchem Caesar tatsächlich gelandet war, wirklich leer ausging; ja sie behaupten schlechtweg, Bibulus hätte nach ihrer Lesart „die ganze Küste von Korfu nach Norden besetzt"[137]). Es ist eigentlich zu verwundern, daß sie nicht in voller Konsequenz die Stelle in „*a Corcyrae ad Curici portum*" verbessert haben: wenn

---

136) Mommsen, Hermes II, 145.
137) Mommsen a. a. O. Meusel S. 174.

schon, denn schon, und Handhaben für so radikale Eingriffe bietet ja gerade diese in Eigennamen höchst unverläßliche Partie des *bellum civile* zur Genüge[138]).

Von einer Ausdehnung der Blockade von Corcyra nach Süden glauben die Ausleger absehen zu können[139]); es ist aber gerade nicht richtig, daß eine Bewachung hier überflüssig war. Bei der Blockade handelte es sich ja nicht nur um die Verbindung von Caesars Truppen- und Verpflegsnachschüben, die ja in erster Linie jenem Küstenstriche zustreben mußten, den er vom Lande aus beherrschte, sondern auch um die Lahmlegung seiner Kriegsflotte, deren Gros — nach III 101, 75 Schiffe — in der Meerenge von Messana lag. Diese zu beobachten und ihre Heranziehung nach Brundisium zu hindern, war sogar eine s e h r wichtige Aufgabe, die, wie die Ereignisse lehren, auch gelang: denn es besteht kein Zweifel, daß Caesar, wenn es ihm nur irgendwie möglich gewesen wäre, diese immerhin stattliche Schlachtflotte nach Brundisium herangezogen hätte, wo sie ihm bei Abwehr der Blockade und zum Schutze der Konvois sehr wesentliche Dienste hätte leisten können[140]).

Verteilung der Flotte nach den Quellen. Ehe wir die Berechtigung der Textkorrektur vom taktischen Standpunkt untersuchen, wollen wir zuerst einmal sehen, was sich über die Verteilung der Seestreitkräfte aus den Quellenberichten entnehmen läßt.

In der Zeit v o r Caesars Überfahrt finden wir die pompejanische Flotte folgendermaßen verteilt: Der Admiral Bibulus mit der Hauptkraft von 110 Schiffen liegt in Corcyra, Lucretius Vespillo und Minucius Rufus mit 18 Schiffen in Oricum[141]); in Dyrrhachium müssen wir uns nach dem Sinne von c. 5, 2 jedenfalls auch eine Eskader denken, wahrscheinlich die rhodische unter Coponius, die wir noch c. 26 dort finden. Das ist die eine große Gruppe. Dann aber sehen wir, wenn auch vielleicht nicht ganz gleichzeitig, so doch sicher nicht lange vorher, Libo mit der liburnischen und Octavius mit der achäischen Eskader im nördlichen Illyrien, wo sie erfolgreich den

---

[138]) Vgl. cap. 6, 3: *„Germiniorum"* statt *„Cerauniorum"*; *„Pharsalia"* statt *„Palaeste"*; 10, 5: *„ad Corcyram"* statt *„ad Curictam"*; 11, 1: *„Corcyrae"*.

[139]) Mommsen a. a. O. S. 146; Meusel S. 174.

[140]) Auch wenn diese nach Appian II 41 erst im Jahre 49 in Bau gegebene Flotte, was durchaus möglich ist, zur Zeit von Caesars Überfahrt noch lange nicht die oben angegebene, auf die Zeit der Schlacht von Pharsalus bezughabende Stärke erreicht hatte, so mußte doch schon die Tatsache, daß eine solche Flotte dort im Werden begriffen war, der pompejanischen Seemacht die Pflicht der Beobachtung und Absperrung auferlegen.

[141]) Caesar III 7, 1.

caesarianischen Vorstoß im Quarnero zum Scheitern bringen[142]). Man kann nicht annehmen, daß alle bisher nicht mit Namen bezeichneten, aber in der Übersicht c. 5, 3 angeführten Divisionen zusammen die Hauptflotte in Corcyra gebildet haben; denn schon die ägyptische und die syrische Division hätten nach Kromayer a. a. O. S. 435 zusammen 130 Schiffe gezählt, und dazu käme noch das Gros der asiatischen, von der nur 18 Schiffe in Oricum lagen, bei denen der Kommandant sich nicht befand. Die nächstliegende Lösung ist, in Corcyra die ägyptische nebst dem Gros der asiatischen Eskader anzusetzen, deren Stärke sich dadurch auf 50 Schiffe ohne die 18 in Oricum, im ganzen also auf 68 berechnen läßt. Wo die syrische damals war, können wir nur vermuten; jedenfalls wäre die an sich nicht unberechtigte Ansicht Mommsens[143]), daß damals noch ein Teil der Seestreitkräfte im Anmarsch war, in erster Linie auf sie anzuwenden, da auch das syrische Landkorps im Gegensatz zu allen anderen Kontingenten damals erst aus Asien abmarschierte (4, 3).

In dieser geschilderten Gruppierung erzwingt nun Caesars überraschende Überfahrt naturgemäß eine wesentliche Änderung, über die uns im Detail zwei Verfügungen überliefert sind: die in der vielumstrittenen Stelle 8, 4 angedeutete Anordnung der Küstenblockade, und die Heranziehung der in den illyrischen Gewässern stehenden Divisionen. Zuerst wird Libo abberufen; dies geht aus c. 9, 1 mit Berücksichtigung der einzig möglichen und von allen Auslegern übereinstimmend aufgefaßten Ergänzung der vorhergehenden Lücke unzweideutig hervor, und ebenso aus der Tatsache, daß er sich nach c. 15, 6 erst eine Zeit nach Beginn der Blockade mit dem bereits länger vor Oricum weilenden Bibulus vereinigt hat. Nicht lange darauf, nach der mißglückten Belagerung von Salonae, folgt auch Octavius, und zwar zunächst nach Dyrrhachium (9, 8). Beide sind in der nächsten Zeit nicht mehr nach Illyrien zurückgekehrt. Libo finden wir als Hauptakteur der Blockade vor Oricum[144]) und Brundisium[145]), von Octavius aber erfahren wir aus bell. Alex. 42, 4 ganz ausdrücklich, daß er erst nach der Schlacht von Pharsalus wieder in den illyrischen Gewässern erschienen ist; aus der ganzen Darstellung dieses Kapitels ist überhaupt zu entnehmen, daß vor diesem Zeitpunkte die dortige Tätigkeit der Caesarianer wenigstens von der See aus keine Behinderung erfahren hatte.

Dispositionen nach Caesars Überfahrt.

[142]) Dio XLI 40. Flor. II 13, 31.
[143]) R. G. III, S. 414.
[144]) 15, 6; 16 ff.
[145]) 23, 24.

Aus diesen klar überlieferten Verschiebungen, die nach der Überfahrt Caesars auf pompejanischer Seite verfügt wurden, geht aber genau das Gegenteil von dem hervor, was die verschiedenen Ausleger im Wege gewaltsamer Textkorrektur in die Stelle cap. 8, 4 hineininterpretieren wollten: nicht eine Ausbreitung der Flotte nach Norden zu wurde verfügt, sondern im Gegenteil die Heranziehung der bis dahin im Norden befindlichen Flottenteile zur Verstärkung des nunmehr zu höchster Wichtigkeit erhobenen Südabschnittes: mit anderen Worten die **Konzentrierung** der bisher weit, das heißt bis in die nördliche Adria verzettelten Flotte **auf den engeren Kriegsschauplatz.**

Der taktische Standpunkt.

Es ist leicht zu begründen, daß auch vom taktischen Standpunkte diese Maßregel die einzig richtige war.

Die Möglichkeit einer wirkungsvollen Blockade beruht grundsätzlich auf unzweifelhafter Überlegenheit. Wenn jedoch Bibulus die Flotte auf eine 800 km lange Strecke verzettelte, so riskierte er, schließlich am entscheidenden Punkte die Überlegenheit nicht aufrechthalten zu können; denn die Vereinigung der ganzen Macht oder auch nur eines Großteiles derselben brauchte gewiß, zumal im Winter, eine lange Reihe von Tagen, während die caesarianischen Konvois die Adria an jeder Stelle in längstens zwei Tagen durchqueren konnten. Hielt der pompejanische Admiral aber auf dem besonders wichtigen Südabschnitt einen so starken Teil der Flotte zurück, daß hier wenigstens die Überlegenheit auf alle Fälle garantiert war, so lief er wieder Gefahr, daß die umso spärlicher gehaltenen Abteilungen der ausgedehnten nördlichen Abschnitte nicht nur die Blockade nicht wirksam aufrechthalten konnten, sondern selbst in äußerst gefährdete Lage gerieten, wenn die Caesarianer wirklich gerade dort die Überfahrt zu forcieren versuchten.

Nun war ein solcher Versuch allerdings gänzlich unwahrscheinlich.

Caesar hatte seine ganzen für den albanischen Kriegsschauplatz bestimmten Truppen in Brundisium vereinigt: selbst Gabinius, der schließlich zu Lande nach Illyrien ging, befand sich, solange an eine Seefahrt überhaupt gedacht werden konnte, ebendort. Das mußten die Pompejaner doch wissen, die ja das Meer beherrschten und damit die Verbindung mit ihren immer noch zahlreichen Anhängern in Italien unschwer aufrechthalten konnten. Und sie wußten es auch und rechneten damit: denn als es Libo gelingt den Hafen von Brundisium vorübergehend zu sperren, meldet er an Pompejus, dieser könne jetzt die ganze übrige Flotte ins Dock schicken, er allein sei nunmehr imstande, jeden weiteren Nachschub Caesars zu verhindern (23, 3). Kam aber als Ausgangspunkt caesarianischer Nachschübe wirklich nur Brundisium in Betracht, dann konnte auch für die Landung nur die gegenüberliegende Küste in Frage kommen; denn von Brundisium auszulaufen, um bei Salonae oder im Quarnero zu landen, wäre hellster Wahnsinn gewesen. Für den zur See so bedeutend Schwächeren gab es ja nur die eine Maxime: den kritischen Moment der Überfahrt so sehr als nur irgend möglich abzukürzen, also auf dem tunlichst nächsten Wege überzusetzen. Daß Antonius schließlich statt nach Apollonia, wohin er offenbar wollte, nach Lissus geriet, war ein böser Zufall, und das cap. 26 läßt klar erkennen, wie kritisch die Sache aussah und wie nur ein ganz unglaublicher Glücksfall noch Rettung zu bringen imstande war.

Außer der Rücksicht auf die Überfahrt selbst sprachen auch alle anderen taktischen Erwägungen dagegen, die Konvois im Rücken der feindlichen Armee landen zu lassen, vor allem die Tatsache, daß sie dann erst recht durch die weit überlegene feindliche Landmacht von der eigenen Armee abgeschnitten waren. Dies galt schon von den noch überzusetzenden Legionen, obwohl dieselben immerhin eine respektable Gefechtskraft vorstellten und sich unter guter Führung und mit beträchtlichem Soldatenglück, wie die Ereignisse gelehrt haben, auch glatt aus der kritischen Lage zu ziehen vermochten; für sie war denn auch diese Eventualität für den äußersten Notfall in Caesars Instruktionen vorgesehen (25, 4). In weit höherem Grade aber galt dies von eventuellen Verpflegsnachschüben, denen ja die Blockade im selben Maße galt wie den Truppenverstärkungen. Es ist gar nicht möglich sich vorzustellen, wie ein im Rücken des Pompejus oder gar in Dalmatien gelandeter Verpflegskonvoi je hätte zu Caesar gelangen können. Erst nach der Einschließung des Pompejus bei Dyrrhachium haben sich diese Verhältnisse einigermaßen geändert; von diesem Zustand aber ist in cap. 8, 4 und noch lange darnach nicht die Rede.

Das alte Italien besaß gleich dem heutigen zwischen Brundisium und Ancona keinen Hafen, der sich für die Konzentrierung von Truppen und Überschiffungsmitteln trotz feindlicher Seebeherrschung geeignet hätte. War man aber schon in Ancona oder Ravenna, so war es unter den bestehenden Umständen entschieden praktischer, überhaupt gleich den Landweg einzuschlagen, statt die Überfahrt nach der nordillyrischen Küste zu riskieren; der beschwerliche und gefahrvolle Marsch durch das Delmatergebiet blieb auf keinen Fall erspart, und man hatte wenigstens die feindliche Seemacht ausgeschaltet. Wir finden aber nicht die geringste Andeutung, daß Caesar eine Nachschubbasis in Mittel- oder Oberitalien errichtet hätte, sondern immer nur den ausschließlichen Hinweis auf Brundisium: das mußten aber, wie gesagt, schließlich auch die Pompejaner wissen und erkennen, daß eine Blockierung der dalmatinischen Küste ein Windmühlenkampf gewesen wäre. Und so kommt es denn auch, daß wir im Laufe der Ereignisse *alle* im cap. 5 aufgezählten Flottendivisionen an der *albanischen* Küste finden, mit einziger Ausnahme der bis dahin überhaupt nirgends konstatierten syrischen Eskader; daß aber auch diese nie im nördlichen Illyrien war, geht aus der Schilderung der dortigen Ereignisse klar hervor.

Die taktischen Erwägungen führen uns somit zu dem Resultat, daß die pompejanische Blockade vornehmlich zwei Aufgaben zu lösen hatte, und zwar:

1. *Die Absperrung der in der Meerenge von Messana liegenden caesarianischen Schlachtflotte vom Kriegsschauplatz*, und

2. *Unbedingte Sperrung jedes Schiffsverkehres von Brundisium nach dem in Caesars Gewalt befindlichen Teile der albanisch-epirotischen Küste.*

Wenn sie diese beiden Aufgaben restlos erfüllte, so war ihr Zweck erreicht. Jede weitere Aufgabe, in den Rahmen des ständigen Blockadedienstes aufgenommen, hätte nur zu schädlicher Kraftzersplitterung geführt; insbesondere einem caesarianischen Übergang über die nördliche Adria, falls er aller Wahrscheinlichkeit zum Trotz dennoch erfolgt wäre, hätte in der Folge zu Lande mit weit größeren Chancen entgegengewirkt werden können als durch eine derart verzettelte Küstenblockade.

Auslegung der Stelle c. 8, 4. Nun zurück zur Stelle cap. 8, 4, die uns jetzt in ganz anderem Lichte erscheint. Ihr Wortlaut, der nunmehr keiner Korrektur bedarf, besagt nicht mehr und nicht weniger, als daß Bibulus *das Küstengebiet zwischen Saseno und Oricum, also den Golf von Valona, mit starken Flottenabteilungen voll-*

ständig besetzte. Daß die ganze Flotte hierher kam, wird nicht gesagt. Der Zweck der Maßregel war einfach der, das Gros der Flotte, das sich gelegentlich der Überfahrt Caesars als zu weit südlich abgelegen erwiesen hatte, unmittelbar an den jetzt für die Sperre wichtigsten Abschnitt heranzubringen.

Der Golf von Valona war für die pompejanische Seemacht, was im Weltkriege die Orkney-Inseln für die britische gewesen sind. —

Caesar stand am Apsus: seine zurückbehaltenen Kriegsschiffe lagen im inneren Hafen von Oricum (39, 1). Diese Stadt war sein Haupthafenplatz; daß das der Front nähere Apollonia hierfür nicht in Betracht kam, wurde bereits auf S. 43 dargelegt. Die wichtigste Aufgabe des Bibulus bestand also darin, Oricum zu blockieren: und dies ist durch jene Maßregel gründlichst besorgt worden, wie aus c. 14, 2 und der Instruktion Caesars an Antonius (25, 4) hervorgeht.

Von dieser Zentralstellung aus konnte die Flotte, ohne sich allzusehr zu zersplittern, die sonst noch für Caesar in seinem Machtbereich in Betracht kommenden Anlegeplätze von Palaeste bis zur Apsusmündung unter Aufsicht halten. Daß in c. 8, 4 nur an diese gedacht ist, geht aus dem Wortlaut *„ne quod subsidium exspectanti Caesari in conspectum venire posset“*, klar hervor. Im Süden wurde ihre Aufgabe durch den, wie wir später sehen werden, in Corcyra verbliebenen Teil, im Norden durch die vor Dyrrhachium liegende Division entlastet. Andere Räume als die hier genannten kommen für die Blockade nicht in Betracht, und nichts spricht dafür, daß wir in der fraglichen Zeit außer in der Linie Corcyra—Dyrrhachium pompejanische Flottenabteilungen zu suchen hätten: was besonders augenfällig durch die Tatsache bestätigt wird, daß bei dem nicht allzu weiten und doch wichtigen, von einer kleinen pompejanischen Garnison gehaltenen Lissus nicht ein einziges Schiff der Flotte lag, sondern dem Stadtkommandanten nur *„scaphae minoraque navigia“* zur Verfügung standen (28, 2), die natürlich für das so wünschenswerte Zusammenwirken mit der Flotte des Coponius anläßlich der Landung des Antonius nicht in Betracht kamen. Wie ganz anders hätte jenes Ereignis geendet, wäre Lissus noch in der Zone der effektiven Blockade gelegen gewesen!

Die gewählte Zentralstellung Saso—Oricum entsprach auch in maritimer Hinsicht bis zu jenem Grade, den Caesar in seinen Schilderungen klar erkennen läßt, das heißt es ging, aber nicht ohne schwere Strapazen und Entbehrungen, solange man eben den einzigen wirklichen, unter allen Umständen sicheren Hafen, den von Oricum selbst, nicht zur Verfügung hatte und sich mit Nothäfen behelfen mußte; und vor allem war hier, und nur hier, jene Gegenwirkung von Seite Caesars möglich, von der so ausgesprochen die Rede ist[146]). Gegen die winterlichen Stürme bot die Insel Saseno und das akrokeraunische Vorgebirge notdürftigen Schutz, zumal dort in jener Jahreszeit meist nur die Süd- (Südost-) und Westwinde gefährlich sind, weniger die Landwinde; die in der nördlichen Adria so gefürchtete Bora ist in dieser Stärke hier unbekannt. Man hatte auch eine Anzahl kleiner Nothäfen zur Verfügung, so den genannten Hafen von Saso selbst, dann die Buchten von Konjorufa und den Porto Raguseo, endlich die kleine „Bucht von Pašaliman" (nach der Seekarte) knapp vor Oricum. Diese Plätze hat man offenbar unter den „*stationes litoraque*" der fraglichen Stelle zu verstehen. Unter Umständen konnte man wohl auch am gegenüberliegenden Gestade des Golfes, bei Plaka oder Valona, wenigstens gegen Seegang Schutz suchen. Auch die gegen Palaeste kreuzenden Schiffe konnten in den Buchten von Orso, Grammata oder S. Andrea Deckung finden. Wasser, Holz u. dgl. allerdings war ihnen, solange Caesar das Land beherrschte, nicht zugänglich. Die Verteilung der Flotte auf diese „*stationes*" erfolgte auch in erster Linie nicht zum Zwecke der Sperrung derselben, sondern weil keiner dieser kleinen Nothäfen der ganzen starken Macht von weit über hundert Schiffen Schutz zu bieten vermochte. Daß der Aktionsradius der einzelnen Blockadeabteilungen nicht sehr bedeutend war, erhellt daraus, daß schon die Küste nächst Apollonia schlecht bewacht[147]) und, wie der rege Kurierverkehr Caesars zeigt, die Aousmündung nur ungenügend gesperrt war; vor allem aber aus der geradezu befremdlichen Tatsache, daß die pompejanische Hauptkraft gegen den Konvoi des Antonius, der nach Apollonia gravitierte und tatsächlich bis in Sicht der Stadt kam (30, 1), gar nichts unternahm. Schon diese Tatsachen zeigen zur Genüge, wie problematisch der Versuch einer Ausdehnung der Blockade auf die ganze adriatische Küste gewesen wäre.

Durchführung der Blockade.

Nunmehr können wir daran gehen die Verteilung der pompejanischen Flotte in jener Zeit soweit zu erkunden, als es die Quellen zulassen.

Es liegen hierfür folgende Daten vor:

Bibulus mit 110 Schiffen in Corcyra 7, 1; vor Oricum 14, 2; 15—18.

---

[146]) 15, 1, 2, 5; 17, 3; 25, 2. Siehe unten S. 213.
[147]) 25, 5

Libo (liburnische Eskader) von Illyrien abgegangen 9, 1; vor Oricum eingetroffen 15, 6; ebendort 16—17; geht von Oricum zur Blockade von Brundisium 23, 1; gibt diese auf 24, 4.

Octavius (achäische Eskader) von Illyrien nach Dyrrhachium 9, 8.

Coponius (rhodische Eskader) in Dyrrhachium 26, 2; seine Eskader geht bei Nymphaeum zugrunde 27, 2.

Cn. Pompejus (ägyptische Eskader) erscheint vor Oricum 40, 1 und Lissus 40, 5.

Laelius (asiatische Eskader) mit einem kleinen Teil der Schiffe vor Oricum 7, 1; ganze Eskader vor Oricum 40, 5; vor Brundisium 100.

Cassius (syrische Eskader) gegen die Meerengen 101.

Diese Daten, eingefügt in die vorher festgelegten allgemeinen Grundlinien, ergeben nun folgendes Bild der eigentlichen, auf Grund der c. 8, 4 angedeuteten Disposition organisierten Blockade:

Im Golfe von Valona lag jedenfalls die Hauptkraft unter Kommando des Bibulus selbst. Welche Divisionen zu ihr gehörten, läßt sich auch mit einiger Sicherheit ermitteln.

Von den Kommandanten wird hier außer dem Höchstkommandierenden Bibulus[148]) zuerst Libo erwähnt; aber ebenso sicher ist es auch, daß er erst später dort eintraf, als ein Teil der Flotte schon dort war (15, 6). Für diesen Teil kommen nach dem, was oben über die Zusammensetzung der ursprünglich in Corcyra gelegenen 110 Schiffe gesagt wurde, zunächst die ägyptische (Cn. Pompejus) und asiatische (Laelius) Eskader in Betracht. Was Pompejus betrifft, so finden wir ihn tatsächlich c. 40, 1 vor Oricum: aber gerade an dieser Stelle scheint der Ausdruck *„ad Oricum venit"* darauf zu deuten, daß er erst zu dem genannten Zeitpunkte, also nach der Landung des Antonius, im Golfe ankam, und zwar jedenfalls von Süden her, da er zuerst Oricum angreift und dann *„confecto negotio"* nach Lissus weiterfährt. Damit stimmt auch, daß wir von diesem temperamentvollsten und initiativsten der pompejanischen Flottenführer gar nichts hören bis zu eben diesem Moment, wo er dann allerdings förmlich explosiv losbricht. Da er auch nicht in Illyrien war und sonst nördlich des engeren Kriegsschauplatzes kaum gesucht werden kann, bleibt nur übrig ihn auch nach Beginn der Blockade in Corcyra anzunehmen, das als Zentralstation des gesamten Seenachschubs nach wie vor höchste Bedeutung besaß, und von wo aus am besten die oben

[148]) c. 15, 1; das *„ut supra demonstratum est"* an dieser Stelle deutet mit Bestimmtheit darauf, daß in c. 8, 4 *„Orici"* zu lesen ist.

erwähnte wichtige Aufgabe gelöst werden konnte, die feindliche Meerengenflotte in Schach zu halten, was auch gelang: denn soviel wir wissen, gelangte kein einziges Schiff von dort nach Brundisium oder zu Caesar[149]), und ebensowenig hören wir, daß jene zuletzt zu der stattlichen Zahl von 75 Schlachtschiffen angewachsene Flotte das geringste zur Störung der pompejanischen Seeverbindung gewagt hätte, was bei Entblößung oder schwacher Besetzung von Corcyra mehr als verlockend gewesen wäre. Wenn nun Cn. Pompejus nach der Überfahrt des Antonius plötzlich im zentralen Blockadegebiet erscheint um wie ein Sturmwind die caesarianischen Häfen auszufegen, so muß er in Corcyra durch eine andere Eskader abgelöst worden sein. Hierfür aber kann nur die syrische des Cassius in Betracht kommen, die, wie wir oben gesehen, bis dahin erst erwartet wurde, und um jene Zeit im jonischen Meer eingetroffen sein dürfte. Diese Vermutung wird vollauf bestätigt durch die Tatsache, daß eben diese Eskader später den Angriff gegen die caesarianische Meerengenflotte unternimmt (101). Es ist natürlich durchaus möglich anzunehmen, daß die jeweilig in Corcyra liegende Eskader sich nicht auf die Festhaltung dieses einen Hafens beschränkte, sondern zum Schutze des Nachschubweges und zur besseren Beobachtung der Meerengen auch weiter südlich gelegene Punkte wie Aktium oder die südlichen jonischen Inseln besetzt hielt.

Zur Zeit, als Cn. Pompejus noch allein in Corcyra lag, muß daher Laelius mit der nun vereinigten asiatischen Eskader im Golf gewesen sein, wo schon vorher 18 seiner Schiffe gelegen hatten, und wo wir ihn auch in c. 40, 5 wieder finden — daß er damals nicht erst mit Cn. Pompejus hinkam, sondern schon dort war, geht aus 40, 1 klar hervor, wo das *„venit"* nur auf Pompejus allein bezogen werden kann — und von wo aus er schließlich gleich Libo die Unternehmung gegen Brundisium ins Werk gesetzt hat. Seine Eskader ist es jedenfalls, die gleich als erste mit Bibulus von Corcyra in den Golf abgegangen war, und bis zum Eintreffen Libos allein die Blockade von Oricum und Umgebung besorgte; bei ihrer oben errechneten Stärke von 68 Schiffen ist das auch durchaus möglich.

Wir lesen noch c. 40, 5, daß Cn. Pompejus nach seiner Unternehmung gegen Oricum den Laelius *„ab Asiatica classe abductum"* dortselbst zurückließ mit dem Auftrage, die Verpflegung der Stadt von Byllis und Amantia her zu hindern. Natürlich kann es sich nach allem, was wir über Caesars Verhältnisse wissen — er hatte eben seine

[149]) Nach Appian II 41, werden 75 Schiffe in Bau gegeben, die nach Caesar III 101 zur Zeit der Schlacht bei Pharsalus alle noch dort liegen.

letzten Schiffe verloren — nur um Nachschub zu Lande handeln, und das „*abductum*“ hat also den Sinn, daß Pompejus den Laelius, jedenfalls mit einem Teile seiner Schiffsbesatzungen, vom Bord aufs Land setzte[150]).

Bleibt noch Octavius, der mit seiner achäischen Eskader erst längere Zeit nach Libo in den albanischen Gewässern eintraf. Er kam zuerst nach Dyrrhachium; da wir aber in c. 26, 2 nur Coponius dort finden, dürfte er inzwischen auch zur Hauptgruppe in den Golf gezogen worden sein, vielleicht um Libo für die Unternehmung gegen Brundisium frei zu machen. Ob er nach der Vernichtung der rhodischen Eskader wieder nach Dyrrhachium gezogen wurde, wird nirgends berichtet, ist aber wahrscheinlich.

So ergibt sich denn teils mit Sicherheit, teils mit Wahrscheinlichkeit folgende Übersicht über die Verteilung der pompejanischen Flotte und deren Wechsel im Laufe des Feldzuges:

Vor Caesars Überfahrt liegen:

In Corcyra unter unmittelbarem Kommando des Bibulus die ägyptische und das Gros der asiatischen Eskader, zusammen 110 Schiffe.

In Oricum 18 Schiffe der asiatischen Eskader.

In Dyrrhachium die rhodische Eskader (zirka 30 Schiffe[151]).

In den illyrischen Gewässern die liburnische (50 Schiffe) und achäische Eskader (ca. 40 Schiffe[152]).

In Anmarsch aus dem Orient die syrische Eskader (70 Schiffe).

---

[150]) Es ist wohl mehr Gefühlssache als erweisbar, wenn man in dieser Verfügung des Cn. Pompejus über den Kommandanten einer anderen Eskader die Andeutung eines Kommandowechsels erblickt, für den nach dem beschämenden Mißerfolg der Blockade von Brundisium und der trotz aller Vorkehrungen geglückten Überfahrt des M. Antonius wahrlich Veranlassung genug vorlag; damit würde auch stimmen, daß der früher besonders häufig genannte Libo, den sogar Dio XLI 48 als Bibulus Nachfolger im Oberbefehl bezeichnet, von jenem Zeitpunkte an aus den Berichten gänzlich verschwindet. Caesar sagt zwar c. 18, 2, daß nach Bibulus' Tode kein Oberbefehlshaber mehr ernannt wurde, und das dürfte auch seine Richtigkeit haben, soweit das Oberkommando über sämtliche Seestreitkräfte, wie Bibulus es ausgeübt hatte, in Betracht kommt; dagegen muß man an einem einheitlichen Kommando über die im Golf vereinigten, aus mehreren Divisionen bestehenden Streitkräfte schon aus taktischen Gründen festhalten. Dieses führte zuerst Bibulus selbst, nach seinem Tode offenbar Libo als ranghöchster Anwesender. Nach seinen schweren Mißerfolgen scheint er irgendwie kaltgestellt und das Kommando dem zweifellos bedeutend jüngeren Cn. Pompejus zugeschanzt worden zu sein.

[151]) Siehe unten S. 215.

[152]) Siehe unten S. 215 f.

Nach Caesars Überfahrt geht zunächst Bibulus selbst mit der vereinigten asiatischen Eskader sofort vor Oricum, während die ägyptische in Corcyra zurückbleibt mit der Aufgabe, die caesarianische Meerengenflotte in Schach zu halten. Dagegen erhält Libo Befehl, mit der liburnischen Eskader sofort zur Hauptkraft zu stoßen. Coponius mit der rhodischen bleibt in Dyrrhachium. Octavius mit der achäischen belagert Salonae, geht dann nach Dyrrhachium, wird später zur Hauptkraft in den Golf gezogen.

Nach der Überfahrt des Antonius scheidet das vor Nymphaeum vernichtete Gros der rhodischen Eskader aus: an ihrer Stelle kommt wahrscheinlich Octavius mit der achäischen wieder nach Dyrrhachium.

Die syrische Eskader trifft in Corcyra ein und übernimmt die Bewachung der Meerengen; mit der freiwerdenden ägyptischen stoßt Cn. Pompejus zur Hauptkraft bei Oricum, von wo aus er zunächst diese Stadt und unmittelbar darauf Lissus angreift.

Die Offensivunternehmungen.

Zum Schlusse noch einiges über die bereits erwähnten, im Rahmen der Blockade durchgeführten Offensivunternehmungen.

Die erste, von der wir hören, war die des Bibulus gegen die rückfahrende caesarianische Transportflotte (8, 3): sie wurde jedenfalls mit den vor Corcyra liegenden 110 Schiffen oder doch einem bedeutenden Teile derselben unternommen.

Die zweite Unternehmung führte Libo gegen Brundisium (23—24); sie wurde von Oricum aus angetreten: jedenfalls erst nachdem im Golf eine genug starke Macht versammelt war, um die Detachierung einer so bedeutenden Teilkraft zu rechtfertigen, also wohl erst nach Heranziehung des Octavius. Über die Einzelheiten verweise ich auf die Ausführungen Stoffels I 150 f., denen nichts hinzuzufügen ist. Nach dem Scheitern der Unternehmung ging Libo wieder zurück (*discessit a Brundisio*), wohin wird nicht gesagt, wahrscheinlich wieder zur Hauptkraft; wir hören in der Folge nichts mehr von ihm.

Als dritte Unternehmung kann der ganz unglaublicherweise nur von der schwachen rhodischen Eskader des Coponius unternommene Vorstoß gegen die überfahrende Transportflotte des M. Antonius gelten (c. 26—27). Sie endete mit voller Vernichtung.

Als nächste sind die energischen und glücklichen Unternehmungen des Cn. Pompejus gegen Oricum und Lissus zu erwähnen (c. 40). Ihr Erfolg war die vollständige Vernichtung der letzten Schiffe, die Caesar noch auf dem Kriegsschauplatz besaß. Die detailliert geschilderten Vorgänge der ersteren Unternehmung ergeben sich aus der Situation der Stadt mit vollster Klarheit und sind von meinen Vorgängern in einwandfreier Weise erledigt worden[153]).

Die letzten Unternehmungen auf diesem Kriegsschauplatze endlich sind jene, welche unter dem Eindruck des Sieges von Dyrrhachium Laelius gegen Brundisium und Cassius gegen die Meerengenflotte unternahm (100—101). Sie fallen offenbar schon in die Zeit nach der Räumung Albaniens durch Caesar und somit gleich dem zweiten Vorstoß des Octavius nach Illyrien (bell. Alex. 42 ff.) und den ganzen weiteren Schicksalen der stolzen pompejanischen Kriegsflotte nicht mehr in den Rahmen unserer Untersuchung.

* * *

Caesars Gegenwirkung.

Die Gegenwirkung Caesars gegen die Blockade beschränkte sich folgerichtig auch ausschließlich auf den Golf von Valona und seine Umgebung. Er hatte zu diesem Zwecke eine Legion nach Oricum gelegt (34, 1), welche mit Detachements alle in Betracht kommenden Anlegestellen, also vor allem die kleinen Buchten und flachen Reeden besetzt hielt und der feindlichen Flotte die Versorgung mit Wasser und Holz verwehrte (15, 2). Nach der Vereinigung mit Antonius zog Caesar die Legion ein und beließ nur 3 Kohorten in Oricum (34, 1; 39, 1), welche sich auf den Schutz der Stadt und des Hafens beschränkten: damit war die Gegenwirkung, die mit der geglückten Vereinigung der Armee, wenn nicht überflüssig, so doch weniger dringend geworden und in der besseren Jahreszeit überhaupt schwerer aufrecht zu erhalten war, tatsächlich aufgehoben.

[153]) Stoffel I 158 f., 367 f. Meusel 210. Große Schwierigkeit macht insbesondere den Philologen der Ausdruck „*ad libram fecerat turres*" (40, 2), der zu den gewagtesten Auslegungen Anlaß gegeben hat. Ich würde mich gerne dazu entschließen, *libra* hier als einen sonst nirgends überlieferten terminus technicus für irgend einen Bestandteil des Kriegsschiffes aufzufassen, vielleicht als das von Oehler in seinem „Bilderatlas zu Caesars gallischem Krieg", 2. Aufl., S. 35 erwähnte „Sprengwerk" oder einen Teil desselben; vielleicht war es auch gleichbedeutend mit „*prora*", oder es ist überhaupt „*prora*" statt „*libra*" in den Text einzusetzen. Schließlich könnte man auch an jene eigentümlichen Gerüste — oder irgendwelche Bestandteile derselben — denken, die auf den Münzen von Vienna (Coh.² Cés. et Oct. Aug. Nr. 7) abgebildet sind. Anderseits läßt sich gegen Meusels (S. 211) Auslegung „von gleicher Höhe", das heißt mit dem Turme auf dem Sperrschiff, kaum soviel einwenden, als dieser selbst annehmen zu müssen glaubt. Stoffels (S. 367) Vermutung eines beweglichen Zwischenbodens für die kämpfenden Soldaten ist ganz unmöglich; ein solcher hätte, statt den Seegang auszugleichen, durch die bekanntlich niemals sehr ruhige Kampftätigkeit erst recht ins Schwanken geraten müssen.

Exkurse.

IX. Die Streitkräfte.

1. Pompejus.

Die Legionen. Über die Streitkräfte des Pompejus herrscht genügende Klarheit. Caesar gibt III 4 seine Macht mit 9 Legionen, ohne die zwei noch ausständigen des Scipio, und einer Anzahl uneingeteilter Kohorten an. Letztere waren zumeist Reste der spanischen Armee[1]: die 15 Kohorten, die unter C. Antonius bei Curicta gefangen worden waren, wurden nicht als solche bestehen gelassen, sondern zur Standesergänzung der italischen Legionen verwendet (4, 2). Bei Pharsalus hatte Pompejus 110 Kohorten in der Front und 7 im Lager (88, 3), 15 waren in Dyrrhachium zurückgeblieben[2], gibt 132: rechnet man für sonstige Besatzungszwecke (Larissa, Thessalonike u. s. w.) noch einige Kohorten, so ergibt dies insgesamt etwa 135 bis 140. Davon 11 Legionen ab, gibt 25 bis 30 uneingeteilte Kohorten.

Von diesen waren auf dem albanischen Kriegsschauplatz die Legionen mit Ausnahme der beiden scipionischen, also 90 eingeteilte Kohorten, und wahrscheinlich der größte Teil der uneingeteilten vereinigt. Ihr Stand dürfte, da Ergänzungen ausdrücklich erwähnt werden (4, 2), annähernd komplett gewesen sein, also 360 bis 400 Mann pro Kohorte betragen haben.

Leichte Infanterie und Kavallerie. Die leichte Infanterie zählte 4000 Mann, die Kavallerie 7000 Pferde (4, 3—6).

Die Flotte. Über die Stärke der pompejanischen Flotte hat Kromayer, Philog. Bd. 56 S. 426 ff. bahnbrechend gehandelt und vor allem nachgewiesen, daß die von sekundären Quellen überlieferte Gesamtstärke von 500 bis 600 Schiffen wesentlich übertrieben ist. Seinen Ausführungen möchte ich nur folgendes beifügen:

---

[1]) b. c. III 88, 2.

[2]) Plutarch Pomp. 67, Cato min. 55; Dio XLII 10, 1.

1. Die r h o d i s c h e Eskader dürfte doch etwas mehr als die 20 mit Coponius ausgefahrenen und vor Nymphaeum vernichteten Schiffe gezählt haben. Darauf deutet, daß der eigentliche Kommandant C. Marcellus damals nicht dabei war, was auch Kromayer erwähnt, aber anders zu erklären sucht. Vor allem aber der Umstand, daß später in Alexandria die rhodische Eskader unter Euphranor, wenn auch nicht das Gros, so doch den Kern der caesarianischen Flotte gebildet hat. Ihre Stärke wird bell. Alex. 13, 5 mit 10 Schiffen abzüglich eines verlorenen angegeben. Da nun nach b. c. III 111, 3 auch die ägyptische Flotte des Pompejus bereits in ihre Heimat zurückgekehrt war, darf man dasselbe von den Resten der rhodischen voraussetzen. Man kann daher diese 10 Schiffe zu den 20 des Coponius dazuschlagen und die Gesamtkraft der Eskader auf 30 Schiffe veranschlagen, was die große Ungleichheit gegenüber der Mehrzahl der übrigen Divisionen einigermaßen mildert: denn daß auf eine wenigstens annähernde Gleichheit der Dispositionseinheiten gesehen wurde — was übrigens im Geiste des römischen Kriegswesens, im Gegensatz zum griechischen, begründet war, — geht auch aus b. c. III 101, 1 hervor, wo die Flotte des Cassius aus syrischen, phönicischen und cilicischen Kontingenten zusammengesetzt erscheint, was nur den Zweck gehabt haben kann, die angestrebte Stärke der E i n h e i t zu erreichen. Die rhodische Eskader.

2. Die von Kromayer nicht zahlenmäßig errechnete Stärke der a s i a t i s c h e n Eskader läßt sich nach den Ausführungen auf S. 203 mit 68, also rund ebenfalls 70 Schiffen feststellen. Die asiatische Eskader.

3. Aus denselben Gründen wie die rhodische möchte ich auch die a c h a i s c h e Eskader des Octavius nicht gar so schwach annehmen wie Kromayer meint. Dagegen spricht schon ihre wiederholte selbständige Verwendung, und die Niederlage vor Salonae wurde nicht zur See, sondern zu Lande erlitten: gelegentlich ihres zweiten Erscheinens in Illyrien aber wird sie ausdrücklich als „*magna*" bezeichnet (b. Alex. 42, 4), und die anfänglichen Erfolge des Octavius sowie die schwere Bedrängnis, in die er die Caesarianer brachte (b. Alex. 44), deuten gleichfalls auf recht bedeutende Kräfte. Anderseits war auch die Flotte des Vatinius der Z a h l nach nicht so gering; sie bestand außer aus einigen wirklichen Kriegsschiffen (44, 2) aus einer g r o ß e n Zahl adaptierter Transportschiffe („*quarum numerus erat satis magnus*" 44, 3), und der Unterschied der Flotten war daher in erster Linie ein q u a l i t a t i v e r (45, 1, 5); trotzdem war jetzt noch Octavius auch an Z a h l überlegen (46, 1). Der Kampf wurde denn auch durch die Qualität der Schiffsbesatzungen Die achaische Eskader.

entschieden, und die Verluste, die Octavius erlitt und die ihn zum Abbruch der Schlacht und zur Flucht nach Afrika bewogen, waren viel bedeutender als Kromayer angibt. Die in c. 47, 2 angeführten 11 Schiffseinheiten sind nur die von Vatinius e r b e u t e t e n; außer ihnen wurde aber noch eine anscheinend viel größere Zahl v e r n i c h t e t, darunter das Admiralschiff des Octavius (46, 5) das, da es eine *„quadriremis"* war, in der Aufzählung 47, 2 ausdrücklich n i c h t inbegriffen ist, und noch eine gute Anzahl anderer (*rostris perforatae merguntur* (46, 5). Unter diesen Umständen darf man wohl den Gesamtverlust des Octavius auf mindestens 20 bis 30 Einheiten ansetzen, und da wird die gezogene Konsequenz auch bei einer starken Flotte schon erklärlich.

Es läßt sich übrigens auch hier eine approximative Berechnung anstellen.

Nach Appian II 67 betrug die Gesamtzahl der Flotte zur Zeit von Pharsalus 300 Schiffe. Setzt man nun die Stärke der einzelnen Divisionen im allgemeinen im Sinne der Kromayerschen Ergebnisse ein, die rhodische und asiatische nach unseren Berechnungen mit 10 beziehungsweise 70, so resultiert ohne die achäische eine Gesamtzahl von 260 Schiffen, was für letztere die Stärke von 40 Schiffen ergibt; eine Zahl, die nach dem Vorausgeschickten gewiß nicht übertrieben erscheint.

Resultat. Die ursprüngliche Stärke der einzelnen Divisionen dürfen wir somit etwa folgend annehmen, wobei ich gleich bemerken möchte, daß wenigstens die größeren Zahlen vielfach abgerundet sein dürften, weshalb ich nicht Bedenken getragen habe auch die auf 68 Schiffe berechnete asiatische Division mit 70 einzusetzen:

Die syrische Eskader unter Cassius	70	Schiffe
„ asiatische „ „ Laelius	70	„
„ ägyptische „ „ Cn. Pompejus	60	„
„ liburnische „ „ Libo	50	„
„ achäische „ „ Octavius	40	„
„ rhodische „ „ C. Marcellus und Coponius	30	„
Somit die Gesamtflotte unter Bibulus	320	Schiffe,

welche Zahl als nach oben abgerundet zu betrachten ist.

2. Caesar.

Über Caesars Streitkräfte sind wir so genau unterrichtet, daß man überhaupt nicht über Zahl und Gefechtsstärke, sondern höchstens über die eine oder andere Legionsnummer debattieren kann.

Die Legionen.

Für den Feldzug wurden 12 Legionen nach Brundisium zusammengezogen (2, 1), darunter natürlich alle Veteranentruppen. Der erste Transport umfaßte 7 (6, 2), der zweite 4 Legionen (29, 2): eine blieb also noch zurück, die dann später mit einer weiteren, welche unterdessen wahrscheinlich in einer anderen italischen Stadt gestanden, unter Gabinius nach Illyrien ging. Diese beiden Legionen waren Rekruten (b. Alex. 42, 5).

Von den 11 übergesetzten Legionen war gleichfalls eine bestimmt eine Rekrutenlegion (29, 2). Da die drei andern des zweiten Transportes Veteranen waren (29, 2), und im ersten umsomehr nur solche mitgenommen worden sein dürften[3]), so kann jene Rekrutenlegion nur die XXVII. gewesen sein, die mit Cassius Longinus nach Thessalien ging (34, 2) und später von Calenus aus Griechenland nach Asien zu Caesar abgegeben wurde (106, 1). Von den 10 Veteranenlegionen sind die Nummern VI[4]), VIII[5]), IX[6]), X[7]), XI[8]), XII[8]) sicher überliefert; VII, XIII und XIV sind mit an Sicherheit grenzender Wahrscheinlichkeit anzunehmen, da sie zu den altgallischen gehörten und wir zwei davon überdies unter jenen finden, die nach Pharsalus durch Antonius nach Italien gebracht und von da, nach Unterdrückung der Meuterei, über Sizilien nach Afrika gezogen wurden[9]). Verbleibt noch eine, für die Groebe S. 711 die Nummer V einsetzt. Ich halte daran fest, daß die V. mit der im bell. Alex. 50 ff. erwähnten *„legio quinta"* identisch ist, daher damals in Spanien stand. Um den Beweis restlos zu erbringen, wäre es nötig, das ganze Problem der caesarianischen Legionsgeschichten aufzurollen, wofür hier nicht der Raum ist; darüber vielleicht ein andermal. Ich will nur auf das eine hinweisen, daß die V. Legion nach bell. Afr. 1, 5 gelegentlich der Eröffnung des afrikanischen Krieges bei Caesars An-

---

[3]) Vgl. Drumann-Groebe III S. 711.

[4]) Ihre Anwesenheit geht außer aus Suet. Caes 68 noch daraus hervor, daß sie im alexandrinischen Krieg anwesend war; sie war also offenbar die Legion, die Caesar nach der Schlacht bei Pharsalus zur Verfolgung mitnahm (102, 1).

[5]) 89, 1.

[6]) 45, 2 f.; 62, 4; 63, 6; 66, 2; 67, 3; 89, 1.

[7]) 89, 1.

[8]) 34, 3.

[9]) Vgl. Kromayer-Veith, Antike Schlachtfelder III/2, S. 880 ff.

kunft in Lilybaeum schon daselbst bereitstand, während die zur Teilnahme an diesem Feldzuge bestimmten pharsalischen Legionen erst im Anmarsche waren; und zwar befand sie sich dort in Gesellschaft einiger Rekrutenlegionen, die, wie Domaszewski erwiesen hat[10]), größtenteils aus Spanien gekommen waren. Ihre Identität mit der *legio quinta* des bell. Alex. wird dadurch umso wahrscheinlicher, als es allem Sprachgebrauche Caesars und seiner militärischen Fortsetzer widerspricht, eine Legion — im Gegensatz zu allen übrigen — fortgesetzt weder mit ihrer offiziellen Nummer noch mit einem Beinamen (wie etwa die *„vernacula"*) zu bezeichnen, sondern gewissermaßen immer nur mit einer Nummer, die eigentlich keine Nummer ist.

Die Nummer dieser letzten mit Caesar übergegangenen Legion ist tatsächlich nicht mit voller Sicherheit zu ermitteln[11]); zweifellos war es eine der jüngsten Veteranenlegionen, vielleicht die als Ersatz für die an Pompejus abgegebene XV. unter gleicher Nummer neu aufgestellte[12]), die sich inzwischen vor Ilerda oder Massilia die Sporen verdient hatte. Als gewissermaßen rangsjüngste der Veteranenlegionen kam sie in erster Linie für Besatzungen und Detachierungen in Betracht. Da Caesar nach 39, 1, als er die Besatzungen der Küstengegenden einzog, in Oricum 3 Kohorten zurückließ (*„reliquit"*), nicht aber neu hindisponierte, so muß die betreffende Legion von Haus aus im Besatzungsdienste gestanden, daher mit dem ersten Transport herübergekommen sein: vielleicht war sie als eine der ersten in Brundisium an Ort und Stelle gewesen und einige andere ältere erst später eingetroffen. Die übrigen, die mit Caesar selbst übergingen, waren, wie der geringe Stand zeigt[13]), jedenfalls die allerältesten, also VII., VIII., IX., X., XI., XII., die mit Antonius übergesetzten demnach die VI., XIII., XIV. und XXVII.

Der XV. Legion dürften wohl auch die 5 Kohorten angehört haben, die nach c. 34, 2 mit Calvisius Sabinus nach Ätolien gingen: sie waren nach Restringierung der Küstenbesatzungen disponibel geworden. Die verbliebenen Besatzungen betrugen daher vermutlich auch 5 Kohorten, da drei in Oricum standen (39, 1), so dürften in Apollonia und Lissus je eine gelegen haben[14]).

---

[10]) Die Heere in den Bürgerkriegen. Neue Heidelberger Jahrb., 1894 S. 173.

[11]) Vgl. Stoffel I 334.

[12]) Vgl. Drumann-Groebe III 709.

[13]) Vgl. Drumann-Groebe III 711.

[14]) Ursprünglich muß natürlich eine Kohorte der mit Antonius gekommenen Legionen die Besatzung von Lissus gebildet haben; erst später mag dann behufs Herstellung der Verbände die Ablösung erfolgt sein.

Als Caesar vor seinem Abzuge nach Thessalien in Apollonia seine ganzen Kampfunfähigen zurückließ, erhöhte er die Besatzung auf 4 Kohorten (78, 5); jene von Oricum und Lissus blieben unverändert. Diese Verstärkung der Garnison von Apollonia mußte, da die XV. Legion bereits aufgeteilt war, einer anderen, vermutlich der nächstjüngeren, entnommen werden, also der VI. oder der erst 53 neu aufgestellten XIV. Da die VI. mit Caesar nach Alexandrien ging, also wohl trotz ihres geringen Standes komplett war, so dürfte die XIV. es gewesen sein, von welcher 3 Kohorten in Apollonia zurückblieben, während 7 bei Pharsalus die Lagerbesatzung bildeten[15]).

Die Kavallerie.

An Kavallerie hatte Caesar mit dem ersten Transport 600 Reiter mitgebracht (2, 2), mit dem zweiten waren 800 nachgekommen (29, 2). Er verfügte daher nach der Vereinigung über 1400 Reiter.

Gelegentlich der Detachierungen gingen ab:

Mit Cassius Longinus . .	200	Reiter	(34, 2)
„ Domitius .	500	„	(34, 3)
„ Sabinus	einige	„	(34, 2)

Caesar behielt also etwa 700 bei der Hauptarmee.

Hiervon verlor er in der zweiten Schlacht bei Dyrrhachium 200 (71, 1), so daß er mit 500 nach Thessalien abzog. Auf dem Marsche dahin vereinigte er sich mit Domitius, so daß er wieder 1000 Reiter beisammen hatte, was mit der Stärkeangabe von Pharsalus (84, 4) stimmt und damit auch die Verläßlichkeit der dortigen Zahlen erhärtet, zumal wenn man den nicht durchgefeilten Zustand des Berichtes berücksichtigt. Anderseits geht daraus hervor, daß weder die Zahl der dem Sabinus beigegebenen Reiter noch die außerhalb der zweiten Schlacht erlittenen Verluste (zum Beispiel beim Überlaufen der Allobroger 60, 5) nennenswert gewesen sein können: sie sind offenbar in der unzweifelhaften Abrundung der überlieferten Ziffern auf ganze Hunderte aufgegangen.

Die Flotte.

Die Schlachtflotte Caesars war während dieses Feldzuges von kläglicher Geringfügigkeit. Die ansehnlichen Rüstungen, die er schon vor seinem Abgehen nach Spanien angeordnet hatte[16]), gelangten jetzt, wo es darauf ankam, gar nicht zur Geltung. Die adriatische Flotte Dolabellas, 50 Schiffe, war bei Curicta jedenfalls

[15]) 89, 2. Vgl. die Anmerkung bei Meusel S. 272.

[16]) Caes. b. c. I 30, 1; spezifiziert bei Appian b. c. II 41.

größtenteils verloren gegangen[17]), die tyrrhenische wurde zwar im Verlaufe des Feldzuges auf die anbefohlene Höhe von 75 Schiffen gebracht (101), ward jedoch von der pompejanischen Seemacht vollkommen in Schach gehalten und blieb dauernd von den Ereignissen ausgeschaltet; zum Schlusse erlitt sie noch eine empfindliche Einbuße (101, 2).

Auf dem Kriegsschauplatz selbst blieb Caesar auf die wenigen Kampfschiffe angewiesen, die er in Brundisium vorfand. Seinen ersten Transport begleiteten nur 12 (7, 2): sie wurden dann im inneren Hafen von Oricum eingestellt (39, 1), dort blockiert und zuletzt von Cn. Pompejus teils genommen, teils verbrannt (40), so daß Caesar von diesem Augenblicke an auf dem Kriegsschauplatze über keine Kriegsschiffe mehr verfügte.

Daß er vor seiner Überfahrt in Brundisium überhaupt nicht mehr als jene zwölf vorgefunden, geht daraus hervor, daß in der Folge M. Antonius dort auch keine zur Verfügung hatte, mit Ausnahme zweier von ihm selbst erbauter Schulschiffe (24, 1), und sich zur Abwehr der Blockade Libos mit notdürftig für Kampfzwecke adaptierten Booten der Transportschiffe begnügen mußte. Ob und wieviele Kriegsschiffe dann seinen Transport begleitet haben, wird nicht gesagt; viele können es nicht gewesen sein; da er in Lissus nur „*pontones*“ zurückließ, alle übrigen, also auch eventuell vorhandene Kriegsschiffe, nach Brundisium zurücksandte (29, 3), später aber Vatinius gelegentlich der zweiten Blockade des Hafens sich wiederum „*tectis instructisque scaphis*“ behelfen mußte (100, 2), so können es bestenfalls nur ganz wenige gewesen sein. Daß in einer Stadt wie Brundisium, unter den Augen bewährter und energischer Kommandanten, in der langen Zeit nicht mehr geleistet worden war — man vergleiche die Leistung vor Massilia (I 36, 4, 5) — muß Gründe haben, in die uns die Quellen keinen Einblick gestatten.

Kommandoverhältnisse.

Zum Schlusse ein Wort über die Kommandoverhältnisse in Caesars Armee.

An Legaten Caesars werden in diesem Feldzuge genannt:

1. Cn. Domitius Calvinus. Er war als einziger Konsular der rangälteste der anwesenden Legaten. Da er weder beim zweiten Transport, den er sonst hätte kommandieren müssen, noch

---

[17]) Dio XLI 40. Flor. II 13, 31. App. II 41, 47. Cic. ad Att. X 7, 1. Suet. Caes. 36. Oros. VI 15, 8. Vgl. Kromayer Philol. 56 S. 438, Drumann-Groebe II 488.

in Brundisium genannt wird, muß er mit Caesars erstem Transport herübergekommen sein. Nach der Vereinigung des ganzen Heeres ging er mit dem stärksten der ausgesandten Detachements nach Mazedonien (34, 3) und vereinigte sich auf dem Marsche Caesars nach Thessalien bei Aeginium wieder mit der Hauptarmee (79, 3, 7).

2. P. Cornelius Sulla kommandierte bei Dyrrhachium den rechten Abschnitt und in Caesars Abwesenheit die ganze Stellung. Auch er dürfte mit dem ersten Transport gekommen sein.

3. M. Antonius, vor dem Feldzuge caesarianischer Gouverneur von Italien, kommandierte dann in Brundisium[18]) und führte den zweiten Transport zu Caesar. Vor Dyrrhachium war er Kommandant des III. Abschnittes (siehe S. 165).

4. Q. Fufius Calenus kommandierte anfangs in Brundisium[18]), befand sich dann unter Antonius beim zweiten Transport; später übernahm er das Kommando über die Detachements des Cassius und Sabinus in Mittelgriechenland (56, 1).

5. C. Calvisius Sabinus, Kommandant des Detachements in Ätolien (34, 2).

6. L. Cassius Longinus, Kommandant des Detachements in Thessalien (34, 2)

beide später Calenus unterstellt (56, 1).

7. C. Volcatius Tullus, Kommandant eines Teiles des III. Abschnittes vor Dyrrhachium (52, 2, siehe S. 175), wahrscheinlich der VI. Legion; vielleicht in der ersten Schlacht Stellvertreter des M. Antonius, der vor der Stadt gekämpft zu haben scheint, da er bei den Kämpfen um die Schanzen nicht erwähnt wird.

---

[18]) Die Kommandoverhältnisse in Brundisium haben wiederholt gewechselt. Zuerst kommandierte Calenus (8, 2; 14, 1), später Antonius (24, 1; die Worte „*eo tempore*" an letzterer Stelle deuten auf den wiederholten Kommandowechsel hin); zuletzt A. Gabinius (Appian II 58; vgl. auch Plut. Ant. 7, 1), während die beiden anderen auch anwesend waren. Da die bei Appian a. a. O. ausdrücklich betonte Rangordnung: Gabinius (war Konsular) — Antonius — Calenus den wirklichen Rangverhältnissen entspricht, ist die Stelle als unverdächtig zu bezeichnen; es müssen daher in der ersten Zeit sowohl Gabinius wie Antonius von Brundisium abwesend gewesen sein, so daß Calenus dort kommandieren konnte, und Gabinius überhaupt erst kurz vor der Überfahrt des zweiten Staffels, jedenfalls nach Libos Abzug, dort eingetroffen ein. Die Sache erklärt sich daraus, daß Antonius vorher Gouverneur in Rom gewesen war und von dort wahrscheinlich nicht so schnell abkommen konnte, während Gabinius überhaupt erst von Caesar aus der Verbannung zurückgerufen worden war. Da er offenbar nicht direkt gegen seinen einstigen Gönner Pompejus fechten wollte, blieb er in Brundisium zurück und führte später zwei Legionen nach Illyrien, wo er starb (b. Alex. 42—43).

8. Lentulus Marcellinus, Quästor, Kommandant des südlichen Abschnittes vor Dyrrhachium (62, 4): ihm war zugeteilt

9. Fulvius Postumius (62, 4).

10. C. Volusenus, Kommandant der Kavallerie (60, 4).

Mit diesen überlieferten Namen ist die Liste nicht erschöpft. Wir vermissen vor allem den Kommandanten des zweiten Abschnittes vor Dyrrhachium. Groebe nennt S. 701 unter den Legaten Caesars in diesem Jahre noch L. Canulejus, M. Acilius Caninus, P. Vatinius, L. Munatius Plancus, C. Asinius Pollio, M. Valerius Messala, C. Antonius, L. Statius Murcus, P. Cornelius Dolabella, Q. Cassius Longinus, Sex. Julius Caesar, D. Junius Brutus, L. Tillius. Davon scheiden gerade die bedeutendsten aus, wie Vatinius, der in Italien war und später in Brundisium kommandierte (b. Alex. 44 f.), C. Antonius, der damals gefangen war, D. Brutus, der Gallia transalpina verwaltete, u. a. Welcher von den übrigen das fragliche Kommando innehatte, ist wohl nicht zu ermitteln.

Von den nominell Genannten verschwindet Marcellinus (den übrigens Groebe a. a. O. übersehen hat) nach dem Feldzuge vom Kriegsschauplatze. Möglicherweise ist er nach der zweiten Schlacht von Dyrrhachium „abgesägt“ worden; seine von Caesar schonungsvoll angedeutete „geschwächte Gesundheit“ (62, 4) mag damals wie noch heutzutage den äußeren Vorwand geboten haben.

X. Marschleistungen.

Mehr als irgend ein anderer Feldzug Caesars bietet der dyrrhachinische die Gelegenheit, eine große Anzahl von Marschleistungen mit bedeutender Genauigkeit festzustellen und vielfach auch die Notwendigkeit, sich mit ihnen näher zu befassen. Wir finden sie bei fast allen Autoren berücksichtigt, die den Feldzug bearbeitet haben; in letzter Zeit ist das Problem durch Stolles Marschtheorie, von der gleich die Rede sein soll, besonders aktuell geworden und nötigt zur Stellungnahme. Dasselbe gilt aber auch von der Heranziehung von Marschtableaux zur Rekonstruktion der Chronologie des Feldzuges, vor allem durch Groebe III 724 ff. Letztere basiert allerdings hauptsächlich auf den Märschen, die Caesar aus Albanien nach Thessalien führten, deren Gelände ich zum größten Teil nicht selbst gesehen und die ich daher auch nicht in meine Lokaluntersuchungen aufgenommen habe; indes sie sind mit der Frage der Marschleistung an sich so eng verbunden und vom Detail des Terrains im wesentlichen so unabhängig, daß ich mich entschließen durfte, sie wenigstens an dieser Stelle zur Vervollständigung der Untersuchung heranzuziehen[19]).

---

[19]) Das Problem der Chronologie selbst kann hier nicht behandelt werden. Ich habe das Kapitel zweimal geschrieben und beide Male wieder gestrichen. Es läßt sich im Rahmen des Feldzuges einfach nicht erledigen, sondern gehört in einen ganz anderen Zusammenhang. Die erste Bedingung einer ersprießlichen Lösungsmöglichkeit wäre die apodiktische Entscheidung, welche der bisnun vorliegenden Umrechnungen des vorjulianischen Kalenders in den julianischen eigentlich die richtige ist; soweit sind wir aber offenbar noch nicht, und bis dahin ist alle weitere chronologische Arbeit auf Sand gebaut. Einige Beiträge zur Lösung seiner Chronologie liefert der an überlieferten Datumangaben so arme Feldzug immerhin, und sie will ich hier nicht vorenthalten; wenn die angedeutete Kardinalfrage einmal gelöst ist, wird man sie mit Nutzen verwerten können. Solche Gesichtspunkte sind:

Das Problem der Chronologie des Feldzuges.

1. Die Überfahrt Caesars erfolgte nach Appian II 54 und Plutarch Caes. 37, Pomp. 65 zur Zeit der Wintersonnenwende. Überliefert ist uns von Caesar selbst als Datum der 4. Jänner. Wenn auch die Angabe der erstgenannten Schriftsteller nicht allzu wörtlich zu nehmen ist, so muß doch daran festgehalten werden, daß von den vorliegenden Umrechnungen jene am meisten Vertrauen verdient, in der das errechnete Datum der tatsächlichen Sonnenwende am nächsten, und zwar so nahe fällt, daß die sinngemäße Bedeutung der Stelle gewahrt bleibt.

2. Zwischen der zweiten Schlacht bei Dyrrhachium und der Schlacht von Pharsalus liegt, wie die Ausführungen im zweiten Teile dieses Kapitels erweisen werden, ein Zeitraum von etwa 35 Tagen (siehe S. 231 Anm. 28).

3. Der Aufbau der Chronologie auf die sporadischen Erfahrungen über Erntezeiten ist unmöglich. Schon ein Blick auf die ungeheure Diskrepanz dieser in der ganzen Literatur von Goeler bis Groebe zusammengetragenen, an sich gewiß durchaus richtigen, aber ganz unberechenbaren Einflüssen im weitesten Ausmaß unterworfenen und in ihrem Zusammenhang überhaupt noch nicht erfaßten Einzeldaten läßt diese Unmöglichkeit zur Genüge erkennen. Ich möchte nur beifügen, daß die von mir selbst im Lande beobachteten Erntezeiten wiederum wesentlich von den in der Literatur verzeichneten abweichen, und daß überdies sehr bedeutende Unterschiede zwischen den Daten unmittelbar benachbarter und scheinbar denselben Bedingungen unterworfener Landstriche bestehen.

4. Innerhalb der beiden durch Punkt 1 und 2 gegebenen Fixpunkte lassen sich für einzelne Ereignisse Teildatierungen auf Grund der von mir einzelnen Kapiteln beigegebenen Zeittabellen annähernd festlegen. Für das wichtigste Zwischendatum, die Überfahrt des M. Antonius, läßt sich allerdings nur eine sehr beiläufige Datierung aus den zahlreichen Angaben über die Tätigkeit der liburnischen Eskader Libos unter Zugrundelegung der über die Schiffs- und Flottengeschwindigkeit im Altertum bekannten Daten (vgl. Friedländer, Darst. a. d. Sittengesch. Roms, 8. Aufl., II 28ff.; Baumeister, Denkmäler des klass. Altert. III 1622) gewinnen. Es kommt in Betracht: Abberufung aus den nordillyrischen Gewässern nach Caesars Landung, Ankunft in Oricum, Waffenstillstandsanbot, Caesars Berufung von Buthrotum nach Oricum, Bibulus Krankheit und Tod, Libos Unternehmung gegen Brundisium und die Gegenmaßnahmen des M. Antonius, Kurierverkehr zwischen Caesar und Brundisium, Überfahrt des M. Antonius. Natürlich kann das Resultat nur ein sehr beiläufiges sein; aber eine untere Grenze für das Datum der zweiten Überfahrt, somit für die Dauer der „Apsuszeit", läßt sich immerhin gewinnen.

Stolles Theorie; das *iustum iter*.

F. Stolle, der bekannte Verfechter des Zwölfkilometermarsches, hat auch die Daten dieses Feldzuges zur Bekräftigung seiner Behauptung herangezogen[20]). Es gibt wenige Irrtümer in der neuesten Literatur über das antike Kriegswesen, deren Widerlegung dem mit den Quellen halbwegs vertrauten praktischen Militär gewissermaßen so in den Fingern prickelt, wie diese Theorie; fast alle Feldzugsberichte Caesars und zahllose anderer Schriftsteller liefern eine überreiche Menge von Beweismaterial gegen sie. Doch will ich mich hier einzig auf das beschränken, was der albanische Feldzug bietet.

Stolles Beweisführung ist, soweit sie auf diesen Feldzug aufbaut, folgende (S. 42 f.):

Caesar berichtet b. c. III 76, daß er nach Aufbruch aus dem Lager, in dem er nach Aufhebung der Einschließung die Armee vereinigt hatte, sein altes Lager am Genusus bei Asparagium *„confecto iusto itinere eius diei, quod proposuerat"* erreichte, sodann, als Pompejus gleichfalls in sein Lager eingerückt war (*simili ratione confecto eius diei itinere*), neuerlich aufbrach und *„duplicato eius diei itinere VIII milia passuum ex eo loco procedit"*. Daraus schließt Stolle zunächst wohl wahrscheinlich richtig, wenn auch nicht absolut zwingend, daß *„duplicato itinere"* eine „Verdoppelung des Marsches" bedeute, daß somit das *„iustum iter"*, also die Strecke vom Ausgangslager bis zu jenem am Genusus, gleichfalls 8 römische Meilen betragen haben muß. Da er aber ferner, und das ist die Hauptsache, *„iustum iter"* als feststehenden Terminus technicus = „Normalmarsch", und zwar im Sinne eines Distanzmaßes, annimmt (S. 46), so resultiert für ihn logischerweise, daß dieser Normalmarsch 8 römische Meilen = 12 km betragen habe. Quod erat demonstrandum.

Ich habe die Stelle des Ausgangslagers am Hügel Berzet angenommen, der tatsächlich 12 km = 8 m. p. vom Lager am Genusus entfernt ist. Die Sache stimmt also bis daher recht gut mit Stolles Ansicht, und das *„duplicato itinere"* kann ohneweiters wörtlich genommen werden, ja es bestätigt umgekehrt die Richtigkeit der Ansetzung des ersteren Lagers. Jetzt kommt aber der Pferdefuß. Caesar berichtet im selben Atem von Pompejus, daß er *„simili ratione*

[20]) F. Stolle, „Wo schlug Caesar den Ariovist?" Progr. d. Gymn. v. Schlettstadt, 1899, S. 30—40. Mit wenigen Änderungen übernommen in desselben Verfassers „Das Lager und Heer der Römer", Straßburg 1912, S. 24 bis 50. Die Zitate und Verweisungen der folgenden Untersuchungen beziehen sich auf die zweite Publikation.

confecto eius diei itinere" (76, 2) sein altes Lager bei Asparagium bezog; also jedenfalls auch ein „*iustum iter*": und wir haben auch konstatiert, daß diese Marschdistanz tatsächlich 11 km betrug. Als aber die Pompejaner daselbst eingerückt waren, gingen viele von ihnen „*invitati propinquitate superiorum castrorum*" noch am Vormittage — denn dies erfolgte früher, als Caesar *meridiano fere tempore* aufbrach — ins alte Lager zurück, selbstverständlich mit der Verpflichtung, noch am selben Tage oder spätestens im Laufe der Nacht wieder ins neue Lager einzurücken, und mit der sicheren Aussicht, am folgenden Tage weiterzumarschieren. Ich glaube, jeder unbefangene Leser kann die Worte „*propinquitate* etc." nur dahin auffassen, daß die Distanz der beiden Lager besonders klein, das heißt viel kleiner als normal war, so daß eine Verdreifachung der Marschleistung nicht nur möglich war, sondern von den Soldaten sogar um geringfügiger Ursachen willen freiwillig auf sich genommen wurde, und dies ohne Bedürfnis nach einem folgenden Rasttag. Daß dies mit der Annahme eines vorhergegangenen normalen, das heißt die Kräfte der Truppe in dem auf die Dauer pro Tag zulässigen Ausmaße beanspruchenden Marsches nicht vereinbar ist, kann wohl weiter nicht bestritten werden. Einer Truppe aber, die freiwillig ohne zwingenden Grund und ohne Rasttagsbedürfnis 33 km marschiert, normal nur 12 km Marschleistung zuzumuten, wäre doch denkbarst unökonomisch. Daß an diesem Tage die Lagerarbeit entfiel, schränkt das Kalkül gewiß ein, aber lange nicht ausschlaggebend; denn niemand wird behaupten wollen, daß die Lagerarbeit der doppelten Marschleistung gleichzusetzen war: auch führt Caesar nicht das Entfallen der Lagerarbeit, sondern ausdrücklich die Nähe des alten Lagers, mit anderen Worten die besondere Kürze des bisher zurückgelegten Marsches als Grund für das Verhalten der Pompejaner an. Überdies war die Lagerarbeit das wichtigste Disziplinierungsmittel der römischen Armee: sie hätte aber im selben Augenblick aufgehört es zu sein, wo sie auf Kosten anderer Leistungen gegangen wäre. Und vor allem hätten die Römer es sich wahrscheinlich sehr überlegt, bei diesem System zu verharren, wenn dies nur durch eine schwere Konzession in der Marschleistung zu erreichen war und sie in dieser Hinsicht gegenüber anderen Völkern, welche die von den Römern der Lagerarbeit gewidmete Zeit zur Gänze in Marschleistung umsetzen konnten, in Nachteil gekommen wären: zum allermindesten aber müßte sich in der so zahlreichen Kriegsliteratur doch irgend eine Andeutung dieses dem

Lagersystem zuliebe freiwillig in Kauf genommenen Mangels vorfinden. Dies ist jedoch nicht der Fall; im Gegenteil gewinnt man überall den Eindruck, daß die Römer auch in der Marschleistung ihren Gegnern, die das Lagersystem nicht kannten — und sie haben oft genug gegen hochachtbare, militärisch auf höchster Stufe stehende Armeen Krieg geführt[21]) — zum allermindesten ebenbürtig waren.

Im vorliegenden Falle jedoch die Lager des Pompejus noch näher aneinander zu rücken, so daß auch die Verdreifachung erst eine den Begriffen Stolles entsprechende Marschleistung ergibt, geht schon gar nicht an; die ganzen Vorgänge würden dabei unverständlich. Man denke nur an Caesars Befehl an den Train, den Marsch ohne Rast zurückzulegen; an die Verfolgung durch die pompejanische Kavallerie, welche die caesarianische Nachhut erst spät einholte, weil „*multum expedito itinere anticesserat Caesar*" (75, 3). All dies setzt denn doch eine gewisse Distanz voraus. Überdies würde bei einer wesentlichen Verkleinerung der Distanz der Sinn des „*duplicato itinere*", auf das Stolle seine ganze Beweisführung aufbaut, in Nichts zusammenbrechen.

Das »*iustum iter*« kein Maßbegriff.

Aus all dem geht hervor, daß wir unter „*iustum iter*" wenigstens bei Caesar nicht einen „Normalmarsch" im Sinne einer allgemein als Norm geltenden, in Zeit und Distanz ausgedrückten Leistung zu verstehen haben, sondern einfach die für den betreffenden Tag normalmäßig angesetzte Marschtätigkeit als solche, das heißt die einmalige Bewegung der Armee von Lagerplatz zu Lagerplatz, ohne Rücksicht auf Zeit und Distanz, die ja ohnehin je nach Wegbeschaffenheit, Zustand der Truppe, Eile u. s. w. sehr variabel sein mußte. Caesar hatte diesmal nach seinem Ausmarsch wieder ein Lager bezogen, damit das *iustum iter*, den formell in Aussicht genommenen Marsch dieses Tages („*quod proposuerat*") absolviert; wäre er, ohne das Lager bei Asparagium zu berühren, in einem Zuge in das endgültige Lager bei Golemi gezogen, so wäre eben dies das „*iustum iter*" des Tages gewesen. Auch für Pompejus war der Marsch vom Lager bei Stodheri in jenes bei Asparagium das „*iustum iter*" dieses Tages („*eius diei*"), wurde aber nichtsdestoweniger von seinen Truppen als abnormal kurz empfunden, so daß sie sich freiwillig eine wesentliche Vergrößerung der Leistung auferlegten. Dagegen war Caesars zweiter Marsch, trotzdem er gleichfalls 12 km betrug, kein „*iustum iter*"

---

[21]) Die Leistung der mit Kind und Kegel marschierenden Helvetier kann hier natürlich nicht als Maßstab angelegt werden.

mehr, da ein Tag naturgemäß nur ein *iustum iter* haben konnte; der zweite Marsch an ein und demselben Tage war ein Ausnahmsmarsch, der Tag hatte zwei Märsche umfaßt (*duplicato eius diei itinere*), alles wie gesagt ohne Rücksicht auf die Distanz[22]).

Von der Ansicht Stolles, deren Richtigkeit die römische Legion zu der am schlechtesten marschierenden regulären Truppe der ganzen Kriegsgeschichte stempeln würde, will ich mich nun der entgegengesetzten Anschauung zuwenden, welche derselben Legion Marschleistungen zumutet, vor denen der praktische Militär von heute mit ratlosem Kopfschütteln steht. Die trotz Delbrücks verdienstvollen, wenn auch leider vielfach über das Ziel schießenden Bestrebungen noch immer in den Köpfen vieler Altertumsforscher fortspukende Überzeugung, daß den Alten Dinge möglich waren, die uns unmöglich sind, hat begreiflicherweise vor den Marschleistungen nicht haltgemacht. Ein besonders charakteristisches Beispiel dieser Art hat uns hier zu beschäftigen. Maximale Märsche.

Die Versuche zur Rekonstruktion der Chronologie dieses Feldzuges haben naturgemäß das Bestreben gezeitigt, von dem nächstfolgenden mit Datum gegebenen Fixpunkt, der Schlacht von Pharsalus, rückrechnend zunächst den Tag der zweiten Schlacht bei Dyrrhachium zu bestimmen. Die Zeit zwischen beiden Schlachten wird größtenteils durch Märsche ausgefüllt, deren Gesamtdistanz man kennt, und deren kleinerer erster Teil, bis zu Caesars Eintreffen bei Apollonia, sich ohneweiters nach der Angabe der Quelle auch der Zeit nach festlegen läßt. Für den zweiten, größeren Teil, den Marsch Caesars von Apollonia nach Thessalien, liegen Daten zu einer so genauen Berechnung nicht vor: hier ist man darauf angewiesen, auf der nach den neuesten Forschungen immerhin mit guter Sicherheit feststehenden Marschlinie die möglichen und wahrscheinlichen Marschleistungen der einzelnen Tage aufzutragen und so zu der Gesamtzahl der letzteren zu gelangen. Caesars Marsch nach Thessalien.

Ich übergehe hier ältere Arbeiten und wende mich ausschließlich der jüngsten und ausführlichsten Untersuchung der Frage durch P. Groebe (III 742 ff.) zu, in welcher erstere, sofern sie von ihr abweichen, ohnehin gebührend berücksichtigt sind, und der vor allem die zweifellos richtige Marschlinie zugrunde liegt. Aber schon be- Groebe.

---

[22]) Vgl. darüber auch den einschlägigen Passus der Kritik des Stolleschen Buches von H. Meusel im Jahresbericht d. phil. Ver. XXXIX S. 55 f., der, abgesehen von den dem Verfasser noch unbekannten Abweichungen meiner Lokalisierungen von denen Stoffels, im wesentlichen dasselbe besagt.

treffs dieser letzteren irrt Groebe in der von Kießling kritiklos übernommenen Distanz und noch viel mehr in den ganz unmöglichen Marschleistungen, welche er den Truppen zumutet.

Ich kenne den in Betracht kommenden Weg, die ersten zwei Märsche ausgenommen, nicht aus eigener Anschauung und habe aus diesem Grunde auch darauf verzichtet, diesen Marsch in die meritorische Untersuchung aufzunehmen; allein um das, worauf es hier ankommt, festzustellen, genügt eine einigermaßen brauchbare Karte und praktische Erfahrungen auf dem Gebiete der Marschleistungen überhaupt sowie am Balkan im besonderen.

So sei denn zunächst festgestellt, daß die Wegdistanz Apollonia—Aeginium (Kalabaka) auf dem tatsächlich einzig in Betracht kommenden Wege über Argyrokastro—Janina—Mezovo nach der österr.-ungar. Generalkarte 1 : 200.000 gemessen nicht, wie Groebe nach Kießling angibt, etwas mehr als 270, sondern knapp 300 km beträgt. Da aber diese Karte stark schematisiert und kleinere Kurven oft vernachlässigt, kann man ihrem Zirkelmaße erfahrungsgemäß in der Ebene $^1/_{10}$ bis $^1/_8$, im Gebirge gut $^1/_4$ zuschlagen, so daß der wirkliche Weg praktisch sicher 350 km ausmacht.

Doch zurück zu Groebe. Er läßt Caesar, gestützt auf Appian II 64 „ἑπτὰ συντόνως ἡμέρας“, die von ihm auf 270 km geschätzte Strecke in 7 Tagen, also mit durchschnittlich fast 40 km Tagesleistung, marschieren. Im einzelnen: 40, 35, 40, 40, 40, 35, 40 km; im letzten Marsch ist auch noch der 1551 m hohe Zygospaß inbegriffen. Das ist einfach unmöglich, ganz abgesehen davon, daß bei der richtigen Distanz sogar eine Durchschnittsleistung von 50 km herauskommt.

Andere Märsche des Feldzuges.

Groebe beruft sich, auf Stoffel I 351 gestützt, auf Pompejus' Marsch von Candavia nach Dyrrhachium, bei dem angeblich 120 km in 48 Stunden zurückgelegt wurden, und auf Caesars bekannten 74 km-Marsch vor Gergovia[23]). Hierzu ist zunächst zu bemerken, daß, wie oben S. 89 abgeleitet, der erstgenannte Marsch gar nicht so groß war, da Pompejus es überhaupt nicht nötig hatte bis zur Stadt Dyrrhachium zu marschieren, weil er seinen Zweck mit dem Eintreffen bei Asparagium schon erreicht hatte; nach meiner Berechnung war seine größte Leistung auf diesem Marsche in 24 Stunden 40 km, und diese hatte schon die bekannte Deroute zur Folge[24]); auch wurde sofort ein Rasttag eingeschaltet. Der berühmte Parforcemarsch von

---

[23]) b. g. VII 40 f.
[24]) b. c. III 13. 2.

Gergovia aber erfolgte mit durch längere Zeit im Stellungskrieg verwendeten, also ausgeruhten Truppen, überdies mit abgelegten Tornistern (*legiones expeditas quatuor* b. g. VII 40, 1) und führte nach vollbrachter Leistung wieder ins Lager zurück, also zur wohlverdienten Rast. Solche Einzelleistungen sind möglich, aber sie dürfen niemals als Maßstab für einen fortlaufenden Marsch angelegt werden. „Wenn Pompejus", schreibt Groebe S. 742, „von Kandavia bis Dyrrhachium in 48 Stunden gelangen konnte, so war es auch möglich, die Strecke von Apollonia bis Asparagium in sieben, die von Asparagium bis Herakleia in fünf bis sechs und die von Herakleia bis Aeginium in fünf Tagen zurückzulegen." Nein, das war nicht möglich: dies anzunehmen wäre ein böser Trugschluß.

Betrachten wir einmal die besser kontrollierbaren Märsche dieses Feldzuges. Der weitaus stärkste ist der Umgehungsmarsch Caesars von Asparagium gegen Dyrrhachium (55 km, schlechter Weg, 500 m Steigung in etwa 30 Stunden); er führte aber, wie jener von Gergovia, aus der Ruhe in die Ruhe. Der nächste ist der eben erwähnte, allerdings nur sehr beiläufig zu berechnende erste Marsch des Pompejus auf Dyrrhachium, den letzten Tag von Scampa bis Asparagium ca. 40 km; er endete fast mit der Auflösung des Heeres. Von allen übrigen Märschen erreichte keiner mehr 40 km, auch der Caesars von Palaeste nach Oricum nicht. Besonders lehrreich aber sind für diese Frage die Rückzugs- und Verfolgungsmärsche vom Schlachtfeld bei Dyrrhachium bis Apollonia. Wir wissen, daß sie mindestens 3 Tage dauerten, da Pompejus am vierten die Verfolgung einstellte und daß es ausgesprochene Gewaltmärsche waren, mit denen Pompejus, trotzdem er *„se magnis itineribus extenderet"*, den mit 12 km Vorsprung marschierenden Caesar nicht einholen konnte[25]). Nun habe ich für diese Märsche ohnehin den weitesten nach dem Terrain möglichen Weg, östlich um die Muzakja herum, angenommen, während die älteren Ausleger die direkte Straße Dyrrhachium—Apollonia ihrem Kalkül zugrunde legten; trotzdem kommt auch bei meiner Annahme für keinen der beiden Gegner ein Marsch von mehr als 30 km heraus.

Caesars Marsch durch Italien.

Zum Vergleiche kann man auch Caesars vielbewunderten Marsch durch Italien im Winter 49 heranziehen, auf den das bekannte Schlagwort von der *„Caesariana celeritas"* geprägt wurde. Hier resultiert für die am schnellsten durcheilte Strecke Corfinium—Brundisium,

[25]) 77, 3.

auf besten italischen Straßen, eine durchschnittliche Tagesleistung von 27 km[26])!

Es kann keinem Zweifel unterliegen, daß die Märsche ab Apollonia, wo der Feind nicht mehr im Rücken saß, trotz der tatsächlichen Eile doch nicht mehr so beschleunigt wurden als die unmittelbar vorhergehenden. Zudem dürfte Caesar „durch Epirus und Athamanien" zum mindesten nicht bessere Wege vorgefunden haben als die Via Egnatia und auf keinen Fall auch nur annähernd solche wie in Unteritalien: was c. 89, 2 auch deutlich betont ist. Schließlich war ein nicht unbedeutendes Gebirge zu übersetzen. Unter diesen Umständen ist es ganz unmöglich, für diesen Marsch eine größere Durchschnittsleistung anzunehmen als der vielbewunderte Eilmarsch durch Italien gezeitigt hat, ja mit Rücksicht auf den unter allen Umständen sehr bedeutenden Unterschied in der Wegbeschaffenheit und die heiße Jahreszeit müssen wir die höchstmögliche Durchschnittsleistung wesentlich tiefer ansetzen, das heißt mit nicht mehr als höchstens 20 km pro Tag. In diesem Gelände, auf solchen Wegen und im südbalkanischen Sommer ist jenes Maß, auf längere Dauer festgehalten, tatsächlich eine ganz gewaltige Leistung, die sich mit den Worten 79, 1 *„celeritati studebat"* durchaus verträgt. Setzen wir nun die richtige Weglänge Apollonia—Aeginium mit 350 km fest, so ergibt sich eine Marschdauer von 17 bis 18 Tagen.

Unter diesen Umständen kann die Notiz Appians vom ununterbrochen siebentägigen Marsch, die sich übrigens ausdrücklich nicht auf den Endpunkt Aeginium, sondern auf Pharsalus bezieht, nicht im Sinne Groebes interpretiert werden. Was für eine Quellenangabe Appian hier in seiner gewohnten Weise unklar zusammengezogen hat, läßt sich nicht mehr mit Sicherheit entscheiden: mir will es als das Wahrscheinlichste dünken, die Originalquelle habe gesagt, daß Caesar auf diesem Marsche immer erst nach je 7 Marschtagen einen Rasttag bewilligte, während sonst wohl jeden vierten oder fünften Tag ein solcher eingeschaltet wurde. Mit dieser Maßregel allein wäre auch bei sonst ganz normalen Tagesleistungen das Kriterium des Eilmarsches, das *„celeritati studere"*, schon gegeben[27]). Natürlich gilt dies dann auch für den ganzen Marsch von Apollonia bis Pharsalus.

---

[26]) Stoffel I 198. Drumann-Groebe III 392. Anm. 1.

[27]) Das oben abgeleitete Zeitkalkül ändert sich dabei nicht, da der angenommene Durchschnitt nur als Verhältnis der Gesamtstrecke zur Gesamtzeit, ohne Rücksicht auf die Verteilung im einzelnen, gedacht ist. Je mehr Rasttage eingeschaltet werden, desto größer können die einzelnen Tagesleistungen ge-

Für dessen letzte Etappe Aeginium—Pharsalus, die durch die hochkultivierte thessalische Ebene führte, können wir Groebes — hier trotz der weit günstigeren Marschbedingungen bedeutend kleinere — Ansätze von 20 bis 27 km akzeptieren[28]).

Soviel über die übertriebene Einschätzung von Marschleistungen, deren Kritik umso lehrreicher wird, je unmittelbarer wir sie der entgegengesetzten Theorie Stolles gegenüberstellen. Gerade die Ablehnung unmöglicher Gewaltmärsche hat dazu geführt, festzustellen, daß immerhin solche von rund 30 km auf mehrere Tage hintereinander möglich, daß Durchschnittsleistungen (einschließlich Rasttagen) von 27 km auf guter Straße, von 20 km auf mäßigen Landwegen durchführbar waren. Dieses Gesamtbild setzt ein systematisches Marschtraining voraus, das mit dem Begriff des 12 km-Normalmarsches gänzlich unvereinbar ist. Gegenüberstellung.

Die Folgerungen, die der praktische Militär aus diesen Ergebnissen ziehen kann, lassen sich etwa in folgende Sätze zusammenfassen: Folgerungen.

1. Die normale Marschleistungsfähigkeit der römischen Legionare und damit überhaupt der römischen Armee war im wesentlichen dieselbe wie die moderner regulärer Truppen[29]).

---

halten sein; will man die Rasttage möglichst reduzieren, darf man die einzelnen Märsche nicht zu hoch ansetzen. Das Gesamtergebnis und damit die Durchschnittsleistung bleiben dabei konstant; das Kriterium des Eilmarsches aber liegt im ersten Falle in der Länge der einzelnen Tagmärsche, im zweiten in der Seltenheit der Rasttage.

[28]) Dagegen hat Groebe meines Erachtens die folgenden Tage von Caesars Ankunft bei Pharsalus bis zur Schlacht etwas zu sehr zusammengezogen; die Beschränkung des *„continentibus vero diebus"* (84, 2) auf einen einzigen Tag ist wohl nicht zulässig. Ich möchte hier noch wenigstens 2 Tage einschalten. Zeitkalkül.

Nach all dem ergibt sich also für die Zeit von der zweiten Schlacht bei Dyrrhachium bis zur Schlacht von Pharsalus folgendes Kalkül:

Zweite Schlacht bei Dyrrhachium	—	
Vereinigung der Armee	1	Tag
Rückzug bis Apollonia	4	Tage
In Apollonia	1	Tag
Marsch Apollonia—Aeginium	17	Tage
„ Aeginium—Pharsalus	5	„
In Stellung bei Pharsalus	7	„
Summe	35	Tage

Es lagen somit zwischen den beiden Schlachten etwa 35 Tage.

[29]) Delbrück (Gesch. d. Kriegskunst I 452) hat also Recht, wenn er schreibt: „Jedenfalls hat Stolle das Verdienst, die scheinbaren Beweise für das *„iustum iter"* von über drei Meilen zerstört zu haben" („über" von mir gesperrt gesetzt; die Meilen sind natürlich deutsche = 5 römische = 7·5 km).

Ebenso war natürlich der Begriff des „Normalmarsches" äußerst dehnbar; was unter bestimmten Verhältnissen eine mäßige Durchschnittsleistung war, konnte unter anderen einen bewunderungswürdigen Gewaltmarsch darstellen. Die heute übliche Schablone vom 20 km-Normalmarsch, die auf Kulturländer mit ausgebildetem Straßennetz basiert, ist für das Altertum mit seinen diesbezüglich ganz anderen und vor allem viel wechselvolleren Verhältnissen überhaupt nicht anwendbar.

2. Gewaltmärsche von 30 km und darüber mußten von einer gut ausgebildeten und trainierten Truppe jederzeit gefordert werden können. Ihre obere Grenze sowie die Notwendigkeit von Rasttagen hing in erster Linie von der Qualität der Truppe ab. Caesars Marsch vor Gergovia sowie jener von Asparagium gegen Dyrrhachium sind als ausnahmsweise Höchstleistungen ganz besonders hervorragender Truppen zu werten und dürfen nicht als allgemein gültiger Maßstab angelegt werden.

3. *„Iustum iter"* bedeutet nicht „Normalmarsch" im Sinne eines Maßes, sondern die einmalige Marschtätigkeit von Lager zu Lager, ohne Rücksicht auf Distanz, Zeit oder sonstige Maßfaktoren. *„Magnum iter"* bedeutet nichts anderes als was es wörtlich heißt, einen „starken Marsch", „Gewaltmarsch", mit aller Dehnbarkeit dieses Begriffes.

4. Die Überlegenheit, welche den Römern ihr Lagersystem verlieh, beruhte eben darauf, daß sie infolge eines besonderen Trainings und dank ihrer Disziplin imstande waren, nach einer normalen, das heißt der jedes beliebigen Gegners äquivalenten Marschleistung außerdem noch die Lagerarbeit zu leisten[30]).

Beeinflussung der Marschleistung.

Noch ein Detail. Stolle macht einen Unterschied zwischen dem Marsch im eigenen und im Feindesland, und Meusel gibt ihm hierin recht. Dem möchte ich nicht bedingungslos beipflichten. Daß unter Umständen die im Feindesland gebotene Vorsicht auch in der Verkürzung des Marsches zur Geltung kommt, ist gelegentlich möglich, grundsätzlich notwendig ist es nicht, wie gerade Caesars Märsche beweisen, und als Norm läßt es sich nicht fest-

---

[30]) Hierin liegt keine Konzession auf Kosten des Grundsatzes von der im wesentlichen gleichen Leistungsfähigkeit guter Truppen zu allen Zeiten. Auch unserer heutigen Truppen harrt nach dem Einrücken in die Nächtigungsstation manche Arbeit, die das Altertum in gleichem Ausmaße nicht kannte, wie die heutzutage viel kompliziertere und zeitraubendere Instandhaltung der Waffen, Geschütze etc.; im Weltkrieg kam noch vielfach die Notwendigkeit des sofortigen Eingrabens und Verdrahtens, also eine der römischen Lagerarbeit ganz analoge Tätigkeit dazu.

halten. Das Verhältnis war ja im Altertum im Grunde dasselbe, welches dem heute gültigen Unterschiede zwischen „Reise-“ und „Gefechtsmarsch“ zugrunde liegt: dieser Unterschied äußert sich jedoch praktisch in ganz anderen Dingen als in der Marschleistung; letztere wird vielmehr auch im Feindesland in erster Linie von ganz anderen Faktoren, wie Wegbeschaffenheit, Kräftezustand der Truppe, ganz besonders aber vom Nachschub, und fast gar nicht von der bloßen Möglichkeit feindlicher Einwirkung beeinflußt. Das kann wenigstens zur Zeit der Hochentwicklung römischer Kriegskunst prinzipiell nicht anders gewesen sein. Die von Stolle angeführten, fast durchwegs aus der Zeit des Niederganges stammenden und großenteils von unmilitärischen Schriftstellern überlieferten, sehr theorisierenden Daten kommen dagegen kaum in Betracht.

Märsche und Verpflegung.

Viel mehr als durch die Möglichkeit feindlicher Einwirkung wird die Marschleistung, wie schon erwähnt, vom Verpflegskalkül beeinflußt. Zumal wenn die Verpflegung, wie im Feindesland stets anzustreben, vom Lande erfolgt, muß sich die Marschleistung weitgehend den Ressourcenverhältnissen anpassen. Je ärmer das Land an Verpflegsmitteln ist, desto größer muß die Marschleistung sein, um in gleicher Zeit möglichst große Räume ausnützen zu können und verpflegsarme Gegenden möglichst rasch zu passieren. Ist eine Operation aber umgekehrt auf Nachschub von rückwärts basiert, so müssen die Märsche klein sein, damit die nachkommende Verpflegung die Truppe immer rechtzeitig einholen könne; sie müssen wesentlich unter der maximalen Leistungsfähigkeit zurückbleiben, welche dann eben den Verpflegsstaffeln, die den doppelten Weg haben, zugemutet wird. Je regelmäßiger der Nachschub organisiert ist, desto gleichmäßigere Märsche sind wünschenswert und desto leichter können dieselben, bei gewahrter Unabhängigkeit von den sonstigen Einflüssen des Kriegsschauplatzes, auch eingehalten werden.

Kein »Normalmarsch«.

Bei den primitiven Verkehrs- und Transportmitteln des Altertums war freilich diese Unabhängigkeit wohl nur äußerst selten zu erreichen, und demzufolge mußte sich auch die Marschleistung in weitgehender Weise von den Verhältnissen des Kriegsschauplatzes beeinflussen lassen. Notwendige Folge davon waren dann sehr ungleiche Marschleistungen als Regel, welche den Begriff eines Durchschnittsmarsches als „Normalmarsch“ praktisch eigentlich beinahe ausschlossen: der Soldat mußte gewohnt sein, täglich soviel zu marschieren, als es die jeweiligen Verhältnisse eben erforderten, ohne ein Mehr oder Weniger gleich als Ausnahme zu empfinden.

XI. Stellungskrieg und Durchbruchsschlacht.

Die Analogie zwischen antiken und modernen, ja modernsten Verhältnissen, an der dieser Feldzug an und für sich so reich ist, findet ihren im wahrsten Sinne des Wortes verblüffenden Höhepunkt in den Einschließungskämpfen um Dyrrhachium. Bis in die überraschendsten Einzelheiten finden wir hier jene beiden Formen des Kampfes vertreten, welche gerade dem Weltkrieg ihren charakteristischen Stempel aufdrückten: den Stellungskrieg und die Durchbruchsschlacht.

Stellungskrieg und Positionskrieg.

Der Stellungskrieg, wie ihn der russisch-japanische Krieg vorbereitet und der Weltkrieg zu höchster Vollendung und zu gigantischen Formen entwickelt hat, ist trotz der im Namen liegenden Gleichbedeutung durchaus verschieden von dem „Positionskrieg" des 17. und 18. Jahrhunderts, der übrigens auch in caesarianischer Zeit, in den Operationen südlich Ilerda, in Afrika und zwischen Corduba und Munda seine Vorgänger findet: er ist sogar sein ausgesprochenes Gegenteil. Das Wesen dieses „Positionskrieges" lag in kunstvollen Manövern an sich beweglicher Armeen, wobei das Schwergewicht auf die Wahl ebenso kunstvoller „Positionen" gelegt wurde beziehungsweise auf das Bestreben, den Gegner aus solchen wenn irgend möglich ohne Schlacht „herauszumanövrieren". Im Gegensatz hierzu strebt der moderne Stellungskrieg an, durch tunlichste Ausdehnung und Geschlossenheit der Front bei grundsätzlicher Anlehnung der Flügel an absolute Hindernisse (Meere oder neutrale Grenzen) jedes Manöver auszuschalten; er will die Schlacht nicht vermeiden, erblickt in ihr die letzte Entscheidung, aber er will den Gegner zwingen, sie unter Verzicht auf die üblichen taktischen Vorteile und Erleichterungen der Umfassung und Umgehung, also des Manövers, einzig in der brutalen und opfervollen Form des Durchbruches zu versuchen. In diesem Sinne stehen Stellungskrieg und Durchbruchsschlacht zueinander in untrennbarer Beziehung.

Der Stellungskrieg vor Dyrrhachium.

Daß bei Armeen von 20.000 bis 40.000 Mann die Verhältnisse in mancher Hinsicht doch andere sein mußten als bei Millionenheeren, ist einleuchtend; aber von den hierdurch bedingten rein graduellen, niemals prinzipiellen Einschränkungen abgesehen, finden wir bei Dyrrhachium alle Kriterien des modernen Stellungskrieges. Beide Armeen dehnen sich aus von Meer zu Meer, an welches sämtliche Flügel Anlehnung finden; die Ausdehnung aber ist eine derartige, daß die Besetzungsdichte geradezu der modernen, durch die Fernwirkung der Feuerwaffen ermöglichten entspricht: bei Pompejus etwa 2, bei Caesar nicht ganz 1 Mann auf den Frontmeter! Die Ausdehnung bedingte endlich die Gliederung in Abschnitte und Subabschnitte, die Ausscheidung von Abschnittsreserven für den Zweck der unmittelbaren Abwehr, und von Hauptreserven für das entscheidende Eingreifen bei großen Aktionen. Ausdehnung und Dichte.

Daß die Schaffung dieser Stellung langwierig war und im wesentlichen damals in gleicher Weise erfolgte wie heute, ist verständlich. Zuerst wurden die wichtigen, die Umgebung und das Vorterrain beherrschenden Höhen in die Hand genommen und daselbst Stützpunkte errichtet; war damit das Gerippe der Stellung im großen gegeben, so ging man daran, die Stützpunkte durch fortlaufende Linien zu verbinden, wohl auch Zwischenstützpunkte anzulegen, kurzum „die Intervalle auszugestalten" (43, 1, 2; 44, 4). Dort wie hier dürfte denn auch der Grundsatz bestanden haben, daß die Stellung „nie fertig" sei, daß es vielmehr fortgesetzt Pflicht der Truppen bliebe, sie immer weiter auszubauen. Daß auch Stellungskorrekturen vorkamen, wurde bereits besprochen (S. 154, 160). Daß zu dieser Ausgestaltung auch die Errichtung einer Hinderniszone gehörte, wie sie Caesar vor Alesia angelegt hat (b. g. VII 73), wird nicht erwähnt, ist, aber höchstwahrscheinlich; der im ganzen Stellungssystem wohlorganisierte Signaldienst, der ausdrücklich als „*superioris temporis consuetudo*" bezeichnet wird, findet sich auch nur an einer Stelle bezeugt, wo er entscheidend in Wirksamkeit trat (65, 3), und wäre ohne diese eine Gelegenheit auch unerwähnt geblieben. Endlich findet die von Caesar nach c. 49, 4 durchgeführte Wasserabsperrung und -aufstauung gleichfalls vielfache Analogien im modernen Stellungskrieg, wenn auch großenteils zu anderen Zwecken: man denke an die künstlichen Inundationsflächen auf dem französisch-belgischen Kriegsschauplatz. Immerhin muten auch diese Maßregeln Caesars durchaus modern an. Ausbau der Stellung.

Es lag, wie erwähnt, in der Natur der Sache, daß es in diesem Stellungskriege nur eine Form der gewaltsamen taktischen Entscheidung geben konnte: die Durchbruchsschlacht. Da dieselbe, gleichfalls ihrer Natur nach, nur unter bedeutendem Risiko und voraussichtlich schweren Opfern möglich war, so ist es klar, daß die Führung sich nicht früher zu ihr entschloß, ehe sie in ihr das ein- Die Durchbruchsschlacht.

zige Mittel erkannt hatte, eine günstige Entscheidung herbeizuführen. In dieser Lage befand sich schließlich Pompejus, und aus ihr entsprang sein Entschluß.

In den beiden nun folgenden Durchbruchsschlachten erreichen die Analogien zwischen Einst und Jetzt ihren Höhepunkt; sie gehen so weit, daß die allermodernsten Anleitungen, wie die von der deutschen und österreichisch-ungarischen Heeresleitung herausgegebenen Direktiven über Angriffs- und Abwehrschlacht[31]), in den Hauptsachen restlos, in den Einzelheiten in unglaublich weitgehendem Maße jenen vor zweitausend Jahren abgespielten Ereignissen zur Richtschnur gedient haben könnten.

Erste Schlacht. Der Angriff.

In der ersten Schlacht wird wohl zum Teil mit Mitteln gearbeitet, die nicht ausgesprochen den Stempel der Modernität an der Stirne tragen, vielmehr zu allen Zeiten zum Rüstzeug der Taktik gehörten. Hierzu zählt die allerdings in größtem Stile angelegte Demonstration zum Zwecke der Abziehung feindlicher Kräfte von der in Aussicht genommenen Durchbruchsstelle, die ihren Zweck auch erreicht hat. Aber was nun folgt, ist schon ganz modern: die Massierung stärkster Kräfte auf engstem Raume gegen die gewählte Durchbruchsstelle, bei gleichzeitiger Entlastung dieses Hauptangriffs durch einen zweiten, durchaus nicht als bloße Demonstration, sondern ganz ernstlich gedachten und durchgeführten Angriff gegen eine benachbarte besonders wichtige Position. Hier ist tatsächlich das Höchstmaß dessen angestrebt und erreicht, was die flügellose Durchbruchsschlacht an „Manöver" überhaupt gestattet, und gerade der hier gewählte Vorgang: Angriff der Nebenkraft auf den eigentlichen Schlüsselpunkt der feindlichen Stellung und gleichzeitiger Einsatz der Hauptkraft gegen einen benachbarten sekundären Punkt, woselbst jedoch der Durchbruch in unmittelbarer Folge auch den erstgenannten Stellungsteil zum Falle bringen muß, findet in mancher allermodernsten Schlacht ihr vollständiges Gegenbild.

Das — im äußeren Bilde wenigstens — modernste an dieser Schlacht aber ist ihre Ausdehnung, die in der antiken Kriegsgeschichte vereinzelt dasteht und überhaupt erst in der neuesten Zeit

Ausdehnung.

[31]) Deutsche Oberste Heeresleitung: „Vorschriften für den Stellungskrieg für alle Waffen", Teil 1a: „Allgemeiner Stellungbau". Teil 8: „Grundsätze für die Führung der Abwehrschlacht im Stellungskriege". Teil 14: „Der Angriff im Stellungskrieg".

Österr.-ung. AOK.: „Abschnitte aus der Gefechtslehre", Teil Ia: „Der Stellungsbau". Teil VIII: „Verteidigung und Abwehrschlacht". Teil XII: „Der Angriff".

erreicht beziehungsweise übertroffen wurde. Die Schlacht tobte gleichzeitig auf der ganzen Linie vom Kap Pali bis an die Gešnike, das heißt auf einer Front von über 30 km. Wohl war sie in eine Anzahl von Teilaktionen aufgelöst: aber ihnen allen lag ein gemeinsamer, einheitlicher Plan zugrunde, sie alle fügten sich zusammen zu einer einzigen großen Schlacht, ganz ebenso wie in modernsten Verhältnissen, wo die großen Schlachten ebenfalls in eine Anzahl von oft räumlich getrennten, bis zu einem gewissen Grade selbständigen Teilkämpfen zerfallen, deren Gesamtergebnis dann die Schlachtentscheidung darstellt[32]).

Der Durchbruch ist diesmal nicht gelungen, es ist daher nicht zu erkennen, wie die Ausnützung eines lokalen Erfolges beabsichtigt war. Wir können allerdings umso leichter darauf verzichten, uns über das Wenn und Aber den Kopf zu zerbrechen, als die zweite Schlacht, in welcher der Durchbruch gelang, uns darüber volle Klarheit gewährt.

Zuvor aber erst einige Worte über die Abwehr in der ersten Schlacht. Die Abwehr.

Die Vorbedingungen für eine solche waren von Caesar in weitestem Maße durch zweckmäßige Gliederung und Ausscheiden von Reserven geschaffen worden (siehe oben S. 162ff.); doch in der ersten Schlacht wurden diese Maßregeln zum großen Teile dadurch lahmgelegt, daß Caesar für den Angriff auf Dyrrhachium einen großen Teil der Abschnittsreserven abgezogen zu haben scheint. Daher kommt es, daß wir von einem Eingreifen solcher nirgends etwas hören, vielmehr aus allen Berichten zu entnehmen ist, daß die Besatzungen der Stützpunkte des Tullus und Minucius bis zum Eintreffen der Hauptreserve, also in stundenlangem Kampfe gegen eine erdrückende Übermacht, auf sich allein angewiesen blieben. Ihre Leistung ist demnach ganz besonders hoch zu werten, und wurde auch von Caesar selbst entsprechend eingeschätzt, nicht minder von der unmittelbaren Nachwelt[33]).

Der endlich erfolgte und geglückte Gegenangriff der Hauptreserve litt in seinen Konsequenzen unter dem Übelstand, daß der Feldherr, durch die Maßnahmen des Gegners vom Punkte der Hauptentscheidung abgezogen, nicht selbst zur Stelle war, und sein Legat P. Sulla sich in seiner Abwesenheit nicht getraute selbständig zu handeln, obwohl dies nach dem meist richtigen Gefühl der Truppe

---

[32]) Vgl. v. Csicserics, Die Schlacht, Wien 1906, S. 21.

[33]) Caesar III 53. Suet. Caes. 68; Plut. Caes. 16; Val. Max. III 2, 23; Flor. II 13, 40; Appian II 60; Lucan VI 144ff.

zu einem durchschlagenden Erfolge hätte führen können (51, 3). Auch die Stellung der Hauptreserve am äußersten Nordflügel der Hauptfront machte sich selbstverständlich recht ungünstig bemerkbar, war aber durch die gleichzeitige Front gegen Dyrrhachium geboten, zumal an einem Tage, wo Caesar selbst diese Stadt angriff. Aber auch nachher hat er sie trotz der gemachten Erfahrung nicht verlegt, sonst wäre er wohl in der zweiten Schlacht mit mehr als 13 Kohorten auf dem Kampfplatze erschienen. Jedenfalls ist festzuhalten, daß die vorbereitete Planmäßigkeit der Abwehr infolge der dem Gegner geglückten Abziehung caesarianischer Kräfte gegen Dyrrhachium nicht oder doch nur mit großen Einschränkungen zur Geltung kam; das richtige Bild der planmäßigen Abwehrschlacht wird uns erst an anderer Stelle ungetrübt entgegentreten.

Zweite Schlacht. Der Angriff.

Die Anlage der zweiten Schlacht war schon auf Seiten des Angreifers durchaus verschieden von jener der ersten. Auf die Demonstration wurde diesmal gänzlich verzichtet, wohl in der ganz richtigen Voraussetzung, daß der gewitzigte Gegner ein zweites Mal nicht so leicht sich würde täuschen lassen, ein Versuch hierzu daher nur das Überraschungsmoment gefährden könnte. Auf letzteres wurde diesmal das größte Gewicht gelegt, und es ist ganz offenbar, daß die Überraschung als solche vollständig gelang. Vorhergegangen war die genaueste Erkundung der feindlichen Stellung, wie zweifellos auch schon vor der ersten Schlacht; diesmal aber wurde sie durch die von Caesar erwähnten Überläufer (c. 59—60) wesentlich ergänzt, und es scheint tatsächlich, daß die hierdurch gewonnenen Daten die Wahl des Angriffspunktes und die Anlage des Angriffes entscheidend beeinflußt haben[34]).

In ganz besonderem Gegensatz steht die zweite Schlacht zur ersten in Bezug auf ihre Ausdehnung. Hatten sich damals die gleichzeitigen Einzelaktionen auf einer Gesamtfront von 30 km abgespielt, so war diesmal, durch Verzicht auf jede Demonstration, das Gefechtsfeld auf einen Raum von kaum mehr als 2 km Breite

---

[34]) Sehr interessant in seiner vollen Modernität ist das in den Aussagen der Überläufer (c. 61, 3) sich widerspiegelnde Programm der Erkundung. Es umfaßte:

1. Unvollendete Teile der feindlichen Stellung.
2. Sonstige schwache Punkte derselben.
3. Raum- und Zeiteinteilung im Dienstbetrieb.
4. Verläßlichkeit der einzelnen Truppenkörper.
5. Charakter der Kommandanten.

eingeschränkt. Die eigentliche Einbruchsstelle war wohl noch schmäler; wie denn überhaupt in beiden Schlachten die zum entscheidenden Durchbruch bestimmten Truppen — in der ersten vierzig, in der zweiten sechzig Kohorten — in engster Geschlossenheit und tiefster Gliederung angesetzt worden sein müssen.

Die Zahl der insgesamt in den Kampf gebrachten Truppen dürfte in beiden Schlachten so ziemlich die gleiche gewesen sein. In der ersten lesen wir von 4 Legionen gegen die Schanze des Minucius und einer gegen die des Volcatius Tullus; doch wurde gleichzeitig noch an vier anderen Stellen, wenn auch vielleicht vorwiegend mit Reiterei und leichten Truppen, gekämpft. In der zweiten Schlacht griffen 60 Kohorten allein die Haupteinbruchsstelle an (62, 2); dieselbe Zahl tritt uns durch Zusammenhalt von 66, 1 und 69, 1 wieder entgegen, woraus auch hervorgeht, daß es sich nicht um zusammengewürfelte Kohorten, sondern um sechs geschlossene Legionen handelt, die nach 62, 2 nicht nur der Hauptreserve entnommen, sondern auch aus der Frontbesatzung gezogen, das heißt dort jedenfalls von anderen Truppen abgelöst wurden. In der ersten Schlacht dürfte dies nicht anders gewesen sein.

Unterstützt wurde der Durchbruch in der zweiten Schlacht durch ein Manöver, das eigentlich doch eine Umgehung war. Hier zeigte es sich eben, daß Caesar infolge seines Unvermögens, die feindliche Seeherrschaft lahmzulegen, auch mit der beiderseitigen Flügelanlehnung ans Meer den Hauptzweck dieser Maßregel nicht voll erreicht hatte. Pompejus führte hier dasselbe aus, was England im Weltkriege mit der oft angedrohten Landung in Holland bezweckt hat, die es sicher ernstlich in Erwägung gezogen hatte und auch ausgeführt hätte, falls das Ziel auf anderem Wege nicht zu erreichen gewesen wäre. —

Der Einbruch und in unmittelbarer Folge der Durchbruch gelingt, und wiederum zeigt sich volle Planmäßigkeit des Vorgehens im Sinne modernster Anschauungen. Die nächste Tätigkeit der eingedrungenen Truppen bezweckt das A u f r o l l e n der feindlichen Stellung; die sich entgegenstellenden Abschnittsreserven werden geworfen (64, 1); erst jene des Nachbarabschnittes bringen das Vordringen zum Stehen (65, 1, 2). Nun wird sofort die Konsequenz gezogen: das Gewonnene wird durch E i n g r a b e n im eroberten Terrain gesichert (65, 4; 67, 2), die V e r b i n d u n g m i t d e n a l t e n S t e l l u n g e n rasch hergestellt (66, 1). Damit ist die Grundlage geschaffen, um den vorläufig kulminierten Angriff, falls der Gegner nicht jetzt schon seine Konsequenzen aus dem Durchbruche ziehen und die Stellung räumen sollte, aus einer neuen Ausgangssituation, nach neuem Plane und neuer Vorbereitung weiterzuführen oder aber einem feindlichen Gegenangriff entgegenzutreten, der denn auch erfolgt.

Die Abwehr. Im Gegensatze zur ersten Schlacht verläuft die Abwehr Caesars in der zweiten durchaus programmgemäß, man könnte sagen, genau nach den deutschen Vorschriften für den Stellungskrieg Heft 8. Dies zeigt sich vor allem in der scharfen Auseinanderhaltung von Gegenstoß und Gegenangriff[35]). Dem eingedrungenen Feind wirft sich zunächst sofort die Abschnittsreserve im Gegenstoß entgegen; er mißlingt (64, 1), und nun greift der Kommandant des Nachbarabschnittes mit seinen Reserven initiativ ein; ihm gelingt es, den feindlichen Angriff zum Stehen zu bringen (65, 2). Mehr war im Augenblicke nicht zu erreichen oder doch nicht ohne gründliche Erkundung und Vorbereitung, und so erfolgt indessen, genau im Sinne unserer heutigen Vorschriften, die Abriegelung gegen die Durchbruchsstelle (65, 4). Damit findet die Kampfhandlung, zumal auch der Gegner sich im gewonnenen Terrain eingräbt, einen vorläufigen Abschluß.

Inzwischen ist Caesar mit neuen Reserven eingetroffen: sofort setzt eine intensive Erkundung ein, mit allen verfügbaren Mitteln, das heißt durch an den Feind vorgetriebene Patrouillen sowie Fernbeobachtung von den Höhen (66, 1; 67, 1). Ihr Ergebnis befriedigt offenbar; dieses, dann die Stabilisierung der Situation und die an Ort und Stelle vereinigte Truppenzahl lassen — wieder genau nach Heft 8 — den von der Führung selbst anzuordnenden, als eigenen in sich geschlossenen Gefechtsakt angelegten und durchgeführten Gegenangriff aussichtsvoll erscheinen. In diesem Sinne ist es vollkommen begreiflich, wenn nicht nur den alten, sondern auch fast allen modernen Geschichtschreibern dieser Gegenangriff als eine eigene und, weil er die Entscheidung brachte, schlechterdings als die Schlacht bei Dyrrhachium galt; erst die modernsten Anschauungen des Weltkrieges rechtfertigen unsere Auffassung.

Der Gegenangriff Caesars erfolgte, gleich dem Angriff des Pompejus, durchaus überraschend. Nach anfänglichen Erfolgen — Ein-

---

[35]) Der Gegenstoß ist im Sinne der genannten Vorschrift von den hierzu bestimmten Abschnittsreserven spontan und sofort, ehe sich der Gegner in der eroberten Stellung noch orientiert und festgesetzt hat, auszuführen. Ähnliches gilt für die Reserven der unmittelbar anschließenden Abschnitte. Der Gegenangriff dagegen durch die eigentlichen Hauptreserven („Eingreifdivisionen") erst über höheren Befehl, nach gründlicher und planmäßiger Erkundung und Vorbereitung, als selbständiger Gefechtsakt.

dringen in die feindliche Stellung auf der ganzen Front, am wichtigsten Teil bis in die zweite Linie (67, 6) — verfiel jedoch die eine Angriffsgruppe der auch im modernen Stellungskrieg so gefürchteten Desorientierung in den genommenen feindlichen Linien: dies führte zum Rückschlag, zum Scheitern des Gegenangriffs, zum Verluste der Schlacht überhaupt und damit zur Notwendigkeit, die ganze Stellung zu räumen.

Der Gegenangriff des Pompejus erfolgte unverzüglich mit der gesamten am Platze verfügbaren Kraft, ein abgekürztes Verfahren, das durch die räumliche Enge des Gefechtsfeldes und die bereits vollzogene Bereitstellung der Kräfte vollauf gerechtfertigt war und zum Ziele führte.

Damit war das Ende des Stellungskrieges da. Er hatte für Caesar unglücklich geendet, — an der Unmöglichkeit des vollkommenen Flügelabschlusses war er gescheitert, — und wurde von ihm nicht wieder versucht. In der Folge sehen wir echten Bewegungskrieg mit gelegentlichen Ansätzen zum Positionskrieg; die Entscheidungsschlacht aber wird durchaus in der Art geschlagen, wie dies im Bewegungskrieg der Fall ist.

XII. Das Verpflegsproblem.

1. Verpflegung und Strategie.

Dieses Kapitel wäre nie geschrieben worden, läge nicht zwischen Konzept und Reinschrift dieser Arbeit der Weltkrieg. Balkankriegführung.

Ich war dabei, wie unsere erste Offensive in Serbien zusammenbrach, weil die Etappenlinien den Nachschub an Verpflegung, Ausrüstung und Ersätzen nicht bewältigen konnten; ich habe es mitgemacht, wie im zweiten serbischen Feldzug ein ganzes Korps, während die Nachbargruppen in schwerstem Kampfe standen, mitten in unwirtlichem Gebirge untätig stehen bleiben mußte, ohne einen Feind vor sich zu haben, nur weil jedes Rühren vom Fleck unfehlbar das Abreißen aller Verbindungen zur Folge gehabt hätte; ich habe hören müssen, wie in Albanien, als die Malaria wütete und die Stände auf einen kleinen Bruchteil der vorgeschriebenen herabdrückte, solche, die es wissen mußten, sagten: „Die Malaria rettet uns, denn mit kompletten Ständen müßten wir verhungern"; ich habe es knirschend erlebt, wie nach dem Siege von Fjeri, als der italienische Westflügel über die Vojusa zurückflutete und die Truppe einmütig den Vormarsch auf Valona forderte, die Führung die Verfolgung an der taktisch denkbar ungünstigen Djanica-Linie einstellte, weil der Nachschub nur bis dorthin sicherzustellen war. Seitdem weiß ich, was Balkankriegführung ist, und Caesars drittes Buch vom Bürgerkriege hat für mich keine operativen Rätsel mehr.

Diese Beispiele sollen aber auch dem Leser vor Augen führen, wie die Kriegführung auf dem Balkan aussieht, und — denn kein Landstrich Europas hat sich im Laufe der Jahrhunderte weniger verändert — jederzeit ausgesehen hat.

Kriegsschauplatz und Verpflegsproblem.

Um auf das eigentliche Thema überzugehen, sei die Hauptthese gleich vorweggenommen:

Je schwieriger, das heißt je ressourcen- und kommunikationsärmer ein Kriegsschauplatz ist, desto mehr tritt das Verpflegsproblem in den Vordergrund, desto mehr beherrscht es die ganze Kriegführung: und zwar nicht nur, indem es der Führung immer größere Sorge bereitet und immer kompliziertere Pflichten auferlegt, sondern indem es gelegentlich auch imstande ist, ihr das ganze Verhalten, ihre operativen Entschlüsse, mit unerbittlicher Strenge und oft genug ganz entgegen ihren strategischen Wünschen, zu diktieren. Und gerade dies trifft in dem Feldzuge, dem diese Untersuchung gewidmet ist, in mehr als einem Falle zu: Auch Caesar hat diesen Feldzug nicht durchwegs so geführt, wie es ihm als weitblickendem und initiativem, auf durchschlagende Entscheidung hinarbeitendem Strategen wünschenswert erscheinen mochte, sondern vielfach abweichend hiervon nach dem unerbittlichen Diktat des Verpflegskalküls.

Caesars Lage in Albanien.

Der Feldzug wurde auf einem Kriegsschauplatze geführt, der allein für die Bedürfnisse der Armeen nicht aufkommen konnte[36]). Beide Heere waren daher auf Zuschub aus anderen Gegenden angewiesen. Für die Feldherren erwuchs daraus die Pflicht, für ausreichende Zufuhr von außen Sorge zu tragen. Welchem dies nicht gelang oder durch feindliche Einwirkung unmöglich wurde, der mußte entweder den Schauplatz räumen oder zusammenbrechen.

---

[36]) b. c. III 42, 5.

In dieser Tatsache liegt der Schlüssel zu allem Folgenden.

Freilich stand es jedem frei zu hoffen, ehe er das Feld räumte, durch Erzwingen der taktischen Entscheidung das Netz zu zerreißen; allein bei der im innersten Wesen der antiken Kriegführung gelegenen Schwierigkeit, die taktische Entscheidung gegen den Willen des Gegners zu erzwingen[37]), konnte dies dauernd ein frommer Wunsch bleiben, dessen Erfüllung vom guten Willen des Gegners abhing. Und es ist klar, daß die Nichterfüllung dieses Wunsches für den in der Verpflegsfrage besser Gestellten umso verlockender wurde, je mehr der andere aus den oben angeführten Gründen auf die Entscheidung drängte. Von diesem Standpunkte betrachtet erscheint des Pompejus' hartnäckige Schlachtverweigerung durchaus nicht als übertriebene Vorsicht oder Mißtrauen in sich und seine Truppen; und sie fand auch sofort ein Ende, als das Blatt sich wandte und er sich plötzlich in derselben Lage sah, in der sich kurz vorher noch der Gegner befunden hatte.

Beide Feldherren kannten zweifellos den Kriegsschauplatz und rechneten von Haus aus mit seinen Eigentümlichkeiten. Pompejus, der hier zu überwintern und sodann von da aus die Offensive gegen Italien zu ergreifen gedachte, hatte die ihm gebotene lange Frist ausgiebig benützt, um an der adriatischen Küste große Magazine zu errichten und zu füllen, das Hauptmagazin in Dyrrhachium, andere in Oricum, Apollonia, Lissus und Corcyra; letzteres wohl zunächst hauptsächlich zur Verfügung der Flotte[38]). Der ganze Orient hatte dorthin geliefert[39]). Oricum und Apollonia gingen gleich zu Beginn des Feldzuges, Lissus eine Zeit später verloren, samt den dort aufgestapelten Vorräten, die zum Teile vernichtet wurden, zum Teile dem Feinde in die Hände fielen; dafür ließ Pompejus später die Vorräte von Dyrrhachium ausgiebig ergänzen[40]) und zog auch Corcyra zur Verpflegung der Landarmee heran[41]). Dem Lande selbst hatte er gleichfalls ausgepreßt, was es herzugeben hatte[42]): vermutlich weniger in der Zeit der Vorbereitung des Feldzuges als vielmehr während dessen erster Phase, als er am Apsus stehend noch das ganze Gebiet nördlich dieses Flusses deckte. Jedenfalls hat Pompejus während des ganzen Feldzuges an Mannschaftsverpflegung nicht

---

[37]) Siehe Veith, Geschichte der Feldzüge Caesars S. 19 f.
[38]) b. c. III 15, 3.
[39]) 5, 1.
[40]) 41, 3; 42, 2.
[41]) 47, 4; 58, 4.
[42]) 42, 5.

Mangel gelitten, wohl aber später an der Verpflegung der Pferde, die prinzipiell nicht auf Nachschub und Magazinswirtschaft aufgebaut war; worauf wir noch zu sprechen kommen werden.

Umgekehrt war es bei Caesar. Vorkehrungen am Kriegsschauplatze selbst im vorhinein zu treffen war ihm nicht möglich gewesen, und aus Italien mitgenommen hatte er nicht einmal die normal beim Manne fortzubringende Ration, da die Soldaten, um in möglichst großer Zahl auf den wenigen Schiffen Platz zu finden, „*expediti*“ an Bord gegangen waren (6, 1). Nachschub aus Italien war wohl ins Auge gefaßt: Beweis das mit Getreide beladene Schiff in Brundisium (23, 2; vgl. auch 42, 3). Allein infolge der gegnerischen Küstenblockade ward nichts daraus und Caesar blieb darauf angewiesen, das ganze Verpflegswesen in dem ressourcenarmen Lande selbst von Grund auf zu organisieren. Daß ihm dies unter so schwierigen Verhältnissen, bei gänzlicher Ausschließung des Seeweges und Beherrschung der wichtigsten landeinwärts führenden Straßen durch den Feind, wenigstens zur Not gelungen ist, ist an und für sich eine nicht hoch genug einzuschätzende Leistung. Allerdings mußte er zu Maßregeln greifen, die eben nur von diesem Standpunkte aus gerechtfertigt waren.

Für die allererste Zeit hatte ihn die Wegnahme von Oricum[43]) und Apollonia sowie der Anschluß von Amantia, Byllis und des Epirus wohl der dringendsten Sorgen enthoben; aber der langwierige Operationsstillstand[44]) zwang ihn bald, neue Hilfsquellen zu erschließen. So kam es unter anderem zu der abenteuerlich anmutenden Expedition des Feldherrn selbst tief ins Innere von Epirus (16, 1). Wenn der ohnehin schwachen, durch Besatzungen zersplitterten,

---

[43]) Die in Oricum magazinierten pompejanischen Verpflegsvorräte waren vor Einnahme der Stadt vernichtet worden (Appian b. c. II 54), doch mochte die Stadt selbst noch einiges aufbringen. Viel war es jedenfalls nicht, denn später wird ihre beziehungsweise des dort liegenden Detachements Versorgung von Byllis und Amantia her ins Auge gefaßt (Caes. III 40, 5).

[44]) Die Verpflegung während eines andauernden Operationsstillstandes oder Stellungskrieges, der die Armee an ein bestimmtes Ressourcengebiet auch dann noch bindet, wenn dasselbe bereits ausgesogen ist, erweist sich naturgemäß viel schwieriger als im Bewegungskrieg, wo die Truppen immer wieder in neue, noch weniger betroffene Gegenden geführt werden können; in dieser Hinsicht bietet selbst ein erzwungener Rückzug bessere Chancen als ein langdauerndes, wenn auch siegreiches Festhalten ein und desselben Raumes. Diese Erfahrung hat Caesar auch auf anderen Kriegsschauplätzen oft gemacht, so vor Avaricum (b. g. VII 17) und Uzita (b. Afr. 67, 1); auch uns ist sie in Albanien, wo der Nachschub aus dem Hinterlande von Tag zu Tag problematischer wurde und die Notwendigkeit des Lebens vom Lande nie ganz zu umgehen war, nicht erspart geblieben.

einem mehr als doppelt überlegenen Feinde hart gegenüberstehenden Armee noch ein so bedeutender Bruchteil entzogen wird; wenn überdies der Feldherr selbst, die Hauptkraft verlassend, die Führung jenes Teiles übernimmt: so läßt sich daraus eine Ahnung gewinnen, was auf dem Spiele stand.

Dieses unerbittliche Festsitzen auf einem Punkte, mit einem begrenzten Nachschubgebiet, dessen Leistungsfähigkeit in einer durchaus berechenbaren Zeit ihre Grenze finden mußte: das war der klare Blick in den sicheren Untergang. Es gab nur eine Rettung: den „Kerker zu sprengen", um wenn auch nicht einen neuen Kriegsschauplatz so doch ein neues Ressourcengebiet zu gewinnen. Dies aber war bei den bestehenden Kräfteverhältnissen nicht möglich. Daher die verzweifelten Anstrengungen, den anderen Teil der Armee aus Italien heranzuziehen. Aus dieser Lage wird selbst der phantastische Überfahrtsversuch des Feldherrn vollauf verständlich.

Und es gelingt, den Kerker zu sprengen und die ganze Armee zu vereinigen. Mit fast gleichen Kräften steht Caesar plötzlich dem durch schweren Gebietsverlust geschädigten, von seiner bisherigen Basis abgeschnittenen Gegner gegenüber. Und nun erfolgt das scheinbar Unfaßbare: Statt die so gründlich geänderte taktische und strategische Situation ausnützend, mit der endlich versammelten Hauptkraft energisch auf die Entscheidung loszugehen, erfolgt sofort, ohne daß vorher auch nur das Geringste mit der vereinten Kraft unternommen worden wäre, eine neuerliche Zersplitterung, welche die Hauptarmee wiederum nahezu auf denselben Stand herabdrückt, den sie am Apsus besessen. Die großen Detachierungen.

Es ist wohl einleuchtend, daß die diesmaligen Detachierungen doch wesentlich anderer Natur waren als die Trennung in der ersten Feldzugsphase[45]); aber es ist doch nicht zu leugnen, daß Caesar die endgültige Entscheidung, die er jetzt suchen mußte und wirklich suchte, an der Spitze von elf Legionen unter ganz anderen Aussichten anstreben konnte als mit sieben; was sich später denn auch nachdrücklich geltend gemacht hat. Auch hier handelte es sich offenbar um einen harten Entschluß, um ein schweres Opfer an taktischen Chancen, das ein Feldherr wie Caesar ohne zwingende Gründe gewiß niemals gebracht hätte; diese Gründe aber sind wiederum nirgends anders zu suchen als in der Verpflegsfrage. Den Feind von seinen mazedonischen Hilfsquellen abzuschneiden, dazu genügte Caesars

---

[45]) Vgl. Veith, Gesch. d. Feldz. Caesars S. 315.

Stellung auf der Via Egnatia an sich: die Detachements sollten, wie Caesar selbst sagt, ein weiteres tun, sie sollten die dem Feinde gesperrten Hilfsmittel für die eigene Armee auswerten. Allein auch unter diesem Gesichtspunkte erscheinen Detachierungen in dieser Stärke, welche die Kräfteverhältnisse auf dem Hauptkriegsschauplatz so verhängnisvoll beeinflußten, befremdlich bis zur Unverständlichkeit. Der eigentliche, zwingende Grund dieser Teilung der Kraft ist vielmehr in der Tatsache zu suchen, daß Caesar die vereinigte Armee in ihrer nunmehrigen Stärke einfach nicht ernähren konnte; diese Belastung vertrug sein Ressourcengebiet nichtmehr. Er mußte einen Teil abtrennen und ihn anweisen, auf anderen Gebieten zunächst sich selbst zu verpflegen und dann, wenn es sich machen ließ, auch der Hauptkraft etwas zukommen zu lassen. Die elende Verpflegslage, in welche die Hauptarmee trotz dieser starken Standesherabsetzung bald darauf vor Dyrrhachium geriet, obwohl ihr gerade damals so ziemlich der ganze Kriegsschauplatz zur Verfügung stand, läßt eine Vorstellung zu, wie es erst ergangen wäre, wenn noch weitere vierthalb Legionen zu ernähren gewesen wären.

Wie erwähnt haben die Detachements auch das Wenige nicht gehalten, was Caesar sich von ihnen an positiver Hilfe versprach. Der Hauptarmee geliefert haben sie offenbar nichts. Mag sein, daß Caesar das gar nicht ernstlich erwartete, sondern froh war, sie sich selbst überlassen zu können; jedenfalls aber trägt seine Schilderung ihrer Tätigkeit durchaus den Charakter eines geschickt den Mißerfolg verschleiernden Bulletins, in dem es notwendig ist zwischen den Zeilen zu lesen. Besonders trifft dies auf die Operationen des Domitius gegen Scipio zu (c. 36—38). Hier werden günstige taktische Episoden hervorgehoben und als das Um und Auf dieser Teilkämpfe hingestellt: in Wahrheit hindert Scipio erfolgreich die Lösung der Aufgabe des Domitius, indem er ihn in dem unwirtlichen Gebirgsland am Haliącmon festhält, so daß der Legat Caesars zuletzt, statt die Hauptarmee mit Zufuhren zu versorgen, selbst *„rei frumentariae causa"* nach Herakleia zurückgehen muß (79, 3). Dabei lähmt Scipio auch die übrigen caesarianischen Detachements in ihrer Tätigkeit, verjagt durch einen brillanten Vorstoß den L. Cassius Longinus aus der thessalischen Kornkammer (36, 2—3), und als die Entscheidung bei Dyrrhachium fällt, legt er sofort durch Besetzung der Hauptstadt Larissa die Hand auf dieses wichtige Gebiet (80, 4). Diese Tätigkeit Scipios bildet ein Kabinettstück geschickter Führung und restloser

Lösung einer begrenzten, aber wichtigen und nicht leichten Aufgabe, und läßt diesen vielverlästerten Führer in wesentlich anderem Lichte erscheinen als die meisten Schilderungen alter und neuer Geschichtsschreiber.

Die Verpflegsfrage beleuchtet dann auch ein zweites Problem, auf Grund dessen man in noch höherem Grade gegen Caesar den Vorwurf der Leichtfertigkeit erhoben hat: den Versuch der Einschließung des überlegenen Gegners bei Dyrrhachium. Es ist bezeichnend, daß Caesar eben hier den Grund für sein Verhalten ganz ausdrücklich anführt, aber gerade dies ist bisher gar nicht gewürdigt worden; und doch genügt es, die Kapitel 42 und 43 in logischem Zusammenhang, das heißt ohne den durch die nicht vom Verfasser herrührende, sondern nachträglich ganz willkürlich hineingebrachte Kapiteleinteilung bedingten Absatz als zusammengehörig zu lesen und zu verstehen[46]). Die Einschließung bei Dyrrhachium.

In c. 42 gibt Caesar eine zusammenfassende Übersicht der beiderseitigen Verpflegssituation. Und unmittelbar darauf fährt er c. 43, 1 fort: *„Quibus rebus cognitis Caesar consilium capit ex loci natura"*; und bezeichnet als dieses *„consilium"* den Entschluß zur Einschließung des Gegners.

Der innere Zusammenhang dieser Stelle ist offenbar, der Kapiteltrennung zuliebe, bisher so gut wie übersehen worden. Es geht aber nicht an, das bei Caesar allerdings ziemlich stereotype *„quibus rebus cognitis"* schlechtweg als bloße Gewohnheitsphrase aufzufassen. Der Sinn der Stelle ist vielmehr, daß Caesar eben durch die vorher mit deutlicher Absicht dargelegte Verpflegslage zu jenem nur unter besonderem Zwange gerechtfertigten Entschluß veranlaßt wurde. Diese Tatsache ist also als kritischer Maßstab bei Beurteilung des Entschlusses anzulegen.

Caesar sah klar, daß er unter den obwaltenden Verhältnissen weder jemals in den Nachschubmöglichkeiten werde mit Pompejus konkurrieren noch ihn, wenn er nicht Dyrrhachium nahm, vom Verpflegsnachschub zur See werde abschneiden können; er sah voraus, daß Pompejus aus den bekannten Beweggründen weiterhin trachten werde, die Schlacht zu vermeiden und den Krieg in die Länge zu ziehen (*„Caesar longius bellum ductum iri existimans"* 42, 3): damit mußte aber früher oder später der Moment eintreten, wo seine

[46]) Es ist überhaupt eine leider besonders in Schulausgaben übliche, durchaus ungerechtfertigte und sinnstörende Willkür, die Kapitel grundsätzlich mit neuen Absätzen beginnen zu lassen.

eigene Lage in Illyrien unhaltbar wurde. Daß er von den Detachements im Osten in Wirklichkeit keinen Umschwung erwartete, sie vielmehr nur zum Zwecke der Selbstverpflegung dorthin entsandt hatte, beweist eben diese Stelle zur Genüge. Es blieb ihm der einzige Ausweg, dem Gegner so unangenehm zu werden, daß dieser schließlich sich doch zur Schlacht, die allein eine für Caesar günstige Entscheidung bringen konnte, entschloß. Daß dies bei dem bestehenden Mißverhältnis der Kräfte ohne ein bedeutendes Risiko nicht zu machen war, daß es in dieser Lage ohne ein solches für Caesar überhaupt keinen Ausweg mehr gab, ist somit einleuchtend. Und so riskierte Caesar eben die Einschließung, die dem Pompejus tatsächlich in dreierlei Weise äußerst unangenehm wurde: sie bedrohte zwar nicht seine Leute, wohl aber seine Pferde mit der Hungerkatastrophe, sie drückte durch die Wasserabsperrung und die beginnende Malaria auf den Gesundheitszustand der Truppen und sie erschütterte in schwerster Art das Prestige des sieggewohnten Reichsfeldherrn. Und Caesar erreichte auch tatsächlich, was er erstrebte: Pompejus entschloß sich zum gewaltsamen Durchbruch, das ist zur Schlacht („*conandum sibi aliquid Pompeius de eruptione existimavit*" 58, 5). Daß Caesar diese Schlacht verlor, gehört in ein anderes Kapitel. Aber er hätte sie gewinnen können, so wie er so und so viele andere gewonnen hat, und damit hätte er eben abgewendet, was sonst — ohne Einschließung und Schlacht — erst recht unvermeidlich geworden wäre: die erzwungene Räumung des Kriegsschauplatzes, und zwar in einer Lage, wo ihm eigentlich gar kein gesicherter Rückzugsweg auf seine Basis offen stand: denn diese war der Okzident, vor allem Italien und Gallien, und man darf nicht vergessen, daß Caesar — ohne Flotte — nur über die Trümmer der pompejanischen Armee den Weg dahin sich hätte bahnen können. Daß er unter diesen Umständen lieber das grimmigste Risiko auf sich nahm als vor die Notwendigkeit des Rückzuges gestellt zu werden, wird nun wohl begreiflich. Umso bewunderungswürdiger freilich erscheint sein Genie, das ihn befähigte, den schließlich doch und obendrein nach verlorener Schlacht notwendig gewordenen Rückzug in einer Art zu führen, die nicht nur die Katastrophe vermied, sondern fast unmittelbar zum glänzendsten Siege hinüberleitete. Die von der Mit- und Nachwelt so scharf verurteilte Siegeszuversicht der Pompejaner aber erscheint im Spiegel der hier geschilderten Situation denn doch nicht so ungerechtfertigt.

Nach dem Durchbruch des Pompejus war es Caesars schwerste Sorge, sein bisher zwar schon äußerst kümmerlicher, immerhin aber vor feindlicher Einwirkung geschützter Nachschub könne nun auch noch in Frage gestellt werden (74, 3). Er beeilte sich daher, aus dem Wirkungsbereich des Gegners zu kommen. Zunächst ging er nach Apollonia; aber schon als er diesen Marsch antrat, stand es offenbar bei ihm fest, Albanien überhaupt zu räumen. Aus rein taktischen Gründen wäre dies nicht nötig gewesen: konnten die kleinen in Apollonia und Oricum zurückgelassenen Besatzungen sich behaupten, so konnte es umsomehr die ganze Armee, wenn sie auch unter dem unmittelbaren Eindrucke der Niederlage vorläufig außerstande war das offene Feld zu halten. Aber in fester Stellung an Apollonia gelehnt, wäre sie unangreifbar gewesen und hätte in naher Zeit wieder ebenso schlagfertig sein können wie sie es dann bei Pharsalus geworden ist. Schwerer wog schon das operative Moment, das Caesar auch ausdrücklich erwähnt, die Sorge um das Schicksal der Detachements, zumal des Domitius (78, 2). Indes dürfen wir mit großer Wahrscheinlichkeit annehmen, daß auch hier das Verpflegskalkül am schwersten in die Wagschale fiel. Hatte der Nachschub in der letzten Zeit kaum mehr ausgereicht, wo der ganze Kriegsschauplatz zur Verfügung stand, so mußte er jetzt, da ein großer Teil wieder verloren war, vollends versagen. Wohl war die Ernte nicht mehr ferne (49, 1): aber es war fraglich, ob man auch nur so lange noch werde durchhalten können; zum mindesten schloß die Verpflegslage die Vereinigung der ganzen Armee, die nach den schweren materiellen und moralischen Verlusten der Niederlage doppelt nötig war, auf d i e s e m Kriegsschauplatze aus. Wenn wir daher auch annehmen dürfen, daß in diesem Falle die operativen Erwägungen in erster Linie standen, so dürfen wir doch sicher sein, daß sie vom Verpflegskalkül sehr wirksam unterstützt wurden. Dies umsomehr, als Caesar hoffen durfte, durch den Wechsel des Kriegsschauplatzes nicht nur die eigene Verpflegslage zu verbessern, sondern auch die des Feindes zu schädigen, indem er ihn von der Flotte und seinen adriatischen Magazinen abzog und dadurch die bisher so ungleichen Chancen bedeutend ausglich (78, 3). Hier berührt sich die große Rolle des Verpflegsproblems am unmittelbarsten mit der im folgenden Kapitel zu erläuternden strategischen Grundidee des ganzen Feldzuges.

Räumung des Kriegsschauplatzes.

Schließlich war das Verpflegsproblem mit Caesars Abzug aus Albanien durchaus nicht erledigt: es spann sich, wenn auch unter für Caesar weniger schwierigen Verhältnissen, fort und fand schließlich erst durch die Schlacht von Pharsalus eine gewaltsame Lösung in dem Sinne, wie Caesar sie schon in Albanien ständig, aber erfolglos angestrebt hatte.

2. Verpflegsartikel und Surrogate.

Verpflegs-krisen. Im einzelnen bieten die zum Teil recht ausführlichen Schilderungen der verschiedenen Verpflegskrisen eine Menge interessanter Beiträge zur Kenntnis der römischen Heeresverpflegung überhaupt. Ihre volle Auswertung wäre nur im Rahmen einer einheitlichen Darstellung des ganzen Stoffes möglich; hier sollen nur einzelne Punkte hervorgehoben werden, die sich bei der Lektüre geradezu aufdrängen und zum Teil auch mit dem Kriegsschauplatz als solchem zusammenhängen.

In der ersten Hälfte des Feldzuges, bis zu Caesars Eintreffen vor Dyrrhachium, scheint es ihm wenn auch unter ganz ungewöhnlichen Anstrengungen und Wagnissen immerhin gelungen zu sein, die normale Verpflegung sicherzustellen. Erst zu dem angedeuteten Zeitpunkte trat die Wendung zum Schlimmeren ein, trotz der großen Detachierungen und trotzdem das Ressourcengebiet um ein Vielfaches erweitert, der Nachschub auf das sorgfältigste geregelt worden war[47]): es machte sich eben die kritische Zeit knapp vor der neuen Ernte (49, 1) wie auf jedem, so ganz besonders auf diesem getreidearmen Kriegsschauplatze fühlbar. Die normale Verpflegung, das „*frumentum*"[48]), reichte nicht mehr aus, und Caesar mußte, gleich so manchem Weltkriegsintendanten, zu den gefürchteten Surrogaten greifen. „*Non illis hordeum si daretur, non legumina recusabant; pecus vero ... magno in honore habebant*" (47, 7). Der Satz spricht Bände, wenn man das dort unmittelbar vorher Gesagte entsprechend berücksichtigt: all die Erwägungen und Rückerinnerungen auf Avaricum und Alesia, die — außer dem Hunger — noch nötig waren, um die Soldaten zu bewegen, Gerste und Hülsenfrüchte „nicht zurückzuweisen" und Fleisch sogar „hoch in Ehren zu halten". Auch hier ist es wieder nur der durch die Kapiteleinteilung künstlich entstandene Absatz, der den vollen Zusammenhang und damit die erschöpfende Einschätzung

---

[47]) Wir lesen von der Anlage von Etappenmagazinen sowie einem organisierten Staffeldienst der Städte (42, 4).

[48]) „*frumentum*" bezeichnet bei Caesar, wie die sinngemäße Auffassung aller Stellen und vor allem die wiederholte Gegenüberstellung zu *hordeum* ergibt, nicht „Getreide" überhaupt, sondern ausschließlich Weizen.

dieser Surrogate verschließt: unmittelbar nach dem Fleisch, fast in einem Atem mit ihm, folgt die — *„c h a r a“!*

Surrogate der Mannschaftsverpflegung.

Die Verlockung dieser Stelle ist zu stark, als daß ich es ganz vermeiden könnte, mich auf die hochinteressante Frage der V e r p f l e g s s u r r o g a t e im römischen Heere einzulassen, trotzdem auch sie auf Grund der Daten dieses Feldzuges allein nicht erschöpfend zu behandeln ist und ein Übergreifen auf andere Belege zu weit führen würde. Hier also nur das, was der albanische Feldzug bietet.

Als erstes Surrogat lernen wir die G e r s t e kennen, als zweites H ü l s e n f r ü c h t e, das heißt wohl überhaupt G e m ü s e. Daß die Gerste, das gewöhnliche Pferdefutter des Altertums, für die Mannschaft nur als Not- oder Strafverpflegung in Betracht kam, ist genugsam bekannt, der Sinn des *„non recusabant“* daher nicht weiter verwunderlich[49]). Anders das Gemüse, das bei uns einen wesentlichen Bestandteil auch der besten Verpflegung ausmacht und allgemein gerne gegessen wird; und man muß doch wohl annehmen, daß die caesarianischen Legionen es in frischem Zustande und nicht in der unserer Zeit vorbehaltenen Form des „Dörrgemüses“ vorgesetzt erhielten. Wenn es ihnen trotzdem so hoch angerechnet wird, daß sie es „nicht zurückwiesen“, und das als drittes Surrogat genannte Fleisch sogar „hoch in Ehren hielten“, so gibt es dafür nur die eine Erklärung, daß eben für den Legionar der W e i z e n das wichtigste Verpflegsmittel war und a l l e s andere, also auch Gemüse und Fleisch, entweder nur als gelegentliche „Zuspeise“ in relativ geringer Menge genossen oder aber, wenn es im Notfalle an Stelle des fehlenden Weizens in größerem Ausmaße ausgegeben wurde, eben als „Ersatz“ empfunden ward: auch dann, wenn es, wie Caesar c. 47, 7 vom Schlachtvieh und c. 49, 6 von allen Nahrungsmitteln außer dem Weizen ausdrücklich berichtet, im Überfluß vorhanden war.

Verpflegung des römischen Soldaten; Polenta.

Diese Tatsache wird derjenige leichter verstehen, der, sei es im Kriege oder auch nur im Frieden, mit Soldaten romanischer Nationalität zu tun gehabt hat.

Daß der italienische Bauer und noch mehr der Arbeiter fast ausschließlich von P o l e n t a lebt, ist genugsam bekannt. Dasselbe gilt vom Verhältnis des rumänischen Bauern zu seiner der Polenta

[49]) Auch wir erhielten im Frühjahr und Sommer 1918 in Albanien vorwiegend Gersten- statt Weizenmehl. Das daraus gebackene Brot ist minder schmackhaft, zudem läßt es sich, wenigstens mit primitiven feldmäßigen Mitteln, nicht vollkommen von der Spreu reinigen, wodurch natürlich die Qualität des Brotes stark beeinträchtigt wird; auch schimmelt es leichter als Weizenbrot.

nahe verwandten „Mamaliga". Beide werden einen Braten, auch wenn sie sich denselben leicht leisten können, stets nur als eine Art Luxus betrachten und ihn jederzeit leichter entbehren können als ihren Maisbrei.

Der Soldat rumänischer Nationalität kommt zur Menageverteilung, die Eßschale bis über die Hälfte mit zerbröckeltem Brot gefüllt, auf dieses läßt er sich dann Suppe und Fleisch aufschütten: anders würden sie ihm nicht schmecken. Daß je ein rumänischer Rekrut von seinem reglementarischen Rechte, eine doppelte Brotration zu erbitten, keinen Gebrauch gemacht hätte, ward nie erlebt: ebenso gibt er seine ganze Löhnung in der Kantine für Brot aus.

Nichts liegt näher als die Annahme, daß die römische Kriegsverpflegung, die ja auf das alte Milizheer zurückreicht, der allgemein üblichen Volksverpflegung entsprach: die Analogie der Lebensgewohnheiten der heutigen romanischen Völker läßt aber weiter den Schluß zu, daß wir diese auch in unklaren und strittigen Einzelheiten als Maßstab zur Beurteilung der antiken Volks- und Heeresverpflegung heranziehen dürfen.

Wenn also der römische Soldat unter normalen Verhältnissen fast nur von Cerealien lebte, so war das sicher keine spezifisch militärische Praxis, sondern sie entsprach der heute noch zu Recht bestehenden Lebensführung der breiten Volksschichten. Ein Mangel auf diesem Gebiet bedeutete für ihn einen schmerzlichen Eingriff in das Fundament der angeborenen und tief eingewurzelten Lebensweise, und jeden Ersatz, mag er unserem nordischen Geschmack noch so sehr als normale Nahrung erscheinen, empfand er stets nur als Notbehelf, als „Surrogat".

Anschließend tritt die Frage an uns heran, in welcher Form der römische Legionar den Weizen zu sich genommen hat. In dieser Hinsicht muß gleich betont werden: es ist ganz ausgeschlossen, daß der Legionar seine ganze Mehlration, wie Stolle[50]) will, ausschließlich in Form von Brot und Zwieback verarbeitet und verzehrt hätte: er hätte dann, wenn er nicht eben Fleisch bekam, was nach dem oben angeführten doch mehr weniger Ausnahme war[51]), den

---

[50]) Der römische Legionar und sein Gepäck. Straßburg 1914.

[51]) Daß Fleisch wenigstens zu Caesars Zeit nicht als Normalnahrung, sondern nur als Surrogat in Betracht kam, erhellt außer aus der hier in Rede stehenden Stelle noch ganz besonders aus b. c. I 48, 6, wo es ausdrücklich als „*secundum inopiae subsidium*" bezeichnet wird (vgl. Drumann-Groebe III 733); dann aus den zahlreich erwähnten Lieferungskontrakten mit Völkerschaften und Städten, in denen fast immer nur von „*frumentum*" die Rede ist.

ganzen Tag nichts Warmes in den Magen bekommen. Wozu dann die tägliche *„lignatio“?* Denn Brot und Zwieback wurden schon aus ökonomischen Gründen sicher nicht tagweise gebacken. Es ist vielmehr mit Sicherheit anzunehmen, daß der römische Legionar täglich als Normalspeise zur Hauptmahlzeit eine frischbereitete warme Mehlspeise verzehrte, in der wir gleichzeitig die Hauptnahrung des italischen Bauernvolkes und gewissermaßen eine Vorläuferin der heutigen Polenta zu erblicken haben. Diese war zweifellos mit Fett zubereitet, daher die häufige Erwähnung von Speck *(lardum, laridum)*, der teils zur Fettgewinnung zerlassen, teils nach Art der heute noch so beliebten „Grammeln“ der Speise zugesetzt worden sein mag.

Die altitalische *„polenta“* war eine Gerstengraupenspeise[52]) und stellte wohl die billige Nahrung der ärmsten Volksschichten dar: die aus Weizenmehl bereitete Form war gewissermaßen die bessere Qualität, die dem im Felde stehenden Soldaten eo ipso gebührte. Die heutige italienische Polenta, die ihren Namen von jener antiken Volksnahrung übernommen hat, wird bekanntlich gleich der rumänischen Mamaliga aus Maismehl zubereitet, das zur Römerzeit in Europa noch nicht bekannt war. Nun hat sich aber auch jene, je nach der Gegend aus Weizen-, Roggen-, Buchweizen- oder Gerstenmehl zubereitete Ur-Polenta heute noch erhalten, und zwar in dem in den Alpenländern gebräuchlichen „Sterz“, der aus Mehl, Fett und Wasser bereitet wird; will man ein besonderes tun, kann man statt des letzteren auch Milch nehmen. Zur Sterzbereitung eignet sich auch besonders das grobgemahlene grießartige Mehl, wie es die Römer, nach den uns erhaltenen Mühleneinrichtungen zu schließen, fast ausschließlich zur Verfügung hatten. Wir werden daher nicht fehlgehen, wenn wir in der Hauptnahrung der italischen Bauern wie der römischen Legionare unseren heutigen Sterz wiederfinden.

Fleisch nur Surrogat.

Wer daran festhält, daß der Legionar sein ganzes Getreide als Brot oder Zwieback konsumiert hat, muß naturgemäß, wie Stolle S. 27 auch tut, ihm eine tägliche Fleischportion zubilligen, die zwar wesentlich kleiner als die des deutschen Soldaten, immerhin aber als normaler Bestandteil der Nahrung anzusehen ist und auf alle

[52]) Cato s. r. 108. Ovid Met. V 450. 454. Celsus IV 11. Columella VI 17, 18. Plin. n. h. XVIII 7. 78; XXIV 1, 3; XXVII 8, 59. Vegetius III 4, 40. Vgl. den *„crepitus polentarius“* Plautus Curcul. II 3. 16.

Fälle die regelmäßige Belieferung der Truppe mit diesem Artikel voraussetzt. Dagegen spricht, wie schon erwähnt, das grundsätzliche Fehlen der Fleischlieferung in den Kontrakten sowie die ausdrückliche Bezeichnung desselben als *„secundum inopiae subsidium"*, also geradezu als „Ersatz": dann die Tatsache, daß es einer so abgehärteten Truppe wie den caesarianischen Legionen besonders angerechnet wurde, daß sie das Fleisch „hoch in Ehren hielt", und endlich, daß den Bravsten dieser Braven als Belohnung für eine ganz besonders glänzende Waffentat, trotz des erwähnten Überflusses an Fleisch und bitteren Mangels an Getreide, nicht das erstere, sondern das letztere verdoppelt wurde[53]). Eine verdoppelte Fleischportion wäre offenbar von den Legionen etwa so angesehen worden, wie von unseren Leuten eine Zubuße von Dörrgemüse.

Die *chara*. Die Untersuchung über die Surrogate ist allerdings damit noch nicht abgeschlossen; es erübrigt noch das letzte und kurioseste, von dem allerdings auch niemand behauptet hat, daß es zum Mundvorrat des römischen Soldaten gehört habe: die Wurzel *„chara"*[54]).

Über dieses Gewächs existiert eine ansehnliche Literatur: man hat alle möglichen Kräuter und Unkräuter hierfür herangezogen, hat es unter anderm auch für Kümmel (*carum*), wilden Kohl oder Spargel erklärt. Zuletzt hat Heuzey S. 79 f. die Vermutung ausgesprochen, es handle sich um eine in Albanien überaus häufige Art des Aaronstabes[54a]) und eine genaue Beschreibung dieser Pflanze gegeben. Wenn seitdem noch ein Zweifel in dieser Sache bestanden hat, so bin ich in der glücklichen Lage ihn endgültig zu zerstreuen, und zwar auf Grund des besten Beweises: der eigenen Kriegserfahrung.

Auch wir haben auf dem caesarianischen Kriegsschauplatz schwere Verpflegskrisen mitgemacht, und auch unsere Soldaten griffen, vom Hunger gepeinigt und von den Nachkommen der alten

---

[53]) *„Duplici stipendio, frumento, veste, cibariis ... donavit"* 53, 6. Also sowohl unvermahlenes Getreide wie fertiges Brot oder Zwieback; ersteres offenbar zur Zubereitung der Polenta. Diese Stelle allein beweist, daß der Weizen außer zu Brot und Zwieback noch anderweitig, und zwar vom Manne selbst, verarbeitet wurde.

[54]) Nach Plinius n. h. XIX 144 *„lapsana"*.

[54a]) Dieser in Albanien massenhaft wachsende Aaronstab ist allerdings nicht, wie Heuzey schreibt, *Arum byzanticum* (richtig *A. byzantinum* Schott.), sondern *A. italicum* Mill. Ersteres ist eine in Griechenland vorkommende Varietät des letzteren, die sich von der Stammform durch rötliche Färbung der Innenseite der Blüte unterscheidet. Ich habe in Albanien ausschließlich die Stammform mit einfärbig grünlichweißen Blüten angetroffen. Siehe E. de Halácsy, Conspectus florae Graecae III S. 292.

Parthiner angeleitet, zur *chara*, das heißt tatsächlich zu dem von Heuzey beschriebenen, von den Albanern „Kelkas" genannten, überall wuchernden, im Frühsommer lichtgrün blühenden Aaronstab. Besonders beliebt war diese Speise bei den bosnisch-herzegowinischen Mannschaften, die sie „Kozlac" (Ziegenkraut) nannten, doch wurde sie im Notfall auch von anderen nicht verschmäht. Genossen wurde der dicke Wurzelstock sowie die allerdings nur im Herbste vorhandenen, im Winter abfaulenden, an dünnen Wurzelfasern hängenden länglichen Knollen. Anfangs beschränkten sich unsere Leute auf letztere, die besser und milder schmeckten; in der Not aber aßen sie schließlich, gleich den Albanern, auch den sehr scharf schmeckenden Wurzelstock. Derselbe wird zunächst sehr gründlich in Wasser ausgekocht; dies ist unbedingt nötig, denn sonst wirkt er giftig; die Caesarianer kochten ihn mit Milch, was wohl besser war, doch unsere Leute hatten zumeist keine. Der gekochte Wurzelstock beziehungsweise Knollen wird sodann gut zerdrückt, gesalzen, mit etwas Fett geschmort und gegessen. Der Geschmack ähnelt — der Ausdruck stammt aus dem Berichte eines Offiziers des bosnisch-herzegowinischen Feldjägerbataillons Nr. 1 — „einem aus feinem Mehl bereiteten Sterz mit Paprikazusatz".

Da die Pflanze, wie alle *Arum*-Arten, giftig ist und in erster Zeit, wenn die Leute aus mangelnder Erfahrung oder aus Heißhunger sie zu wenig auskochten, auch ernstliche Vergiftungserscheinungen hervorrief, war ihr Genuß strenge verboten. Die Leute hatten sich jedoch so daran gewöhnt, daß sie nicht davon lassen mochten, selbst wenn sie sonst keinen besonderen Mangel litten, und sie im Gebüsch verborgen zubereiteten und verzehrten. Ich fand bei meinen Dienstgängen in der Front überaus oft die Reste dieser improvisierten Mahlzeiten. In der letzten Zeit war übrigens die Erfahrung der Mannschaft in der Zubereitung des Kelkas bereits so gefestigt, daß Vergiftungen nicht mehr vorkamen und der Genuß stillschweigend geduldet wurde.

Caesar deutet an, daß die Wurzel von seinen Leuten auf zweierlei Art zubereitet wurde, nämlich mit Milch gekocht (*admixtum lacte*) und als Brot (*ex hoc effectos panes*)[55]. Viel deutlicher gibt

[55]) Der diesen Kontrast verschleiernde Zwischensatz „*id ad similitudinem panis efficiebant*" wurde schon von Vielhaber aus sprachlichen Gründen mit Recht gestrichen; vgl. Meusel S. 330. Er ist nichts anderes als der Versuch eines Abschreibers, nach seinem beschränkten Kopf den ihm unverständlichen Unterschied auszuschalten.

Plutarch Caes. 39 diese Unterscheidung: „ἀλλὰ ῥίζαν τινὰ κόπτοντες οἱ στρατιῶται καὶ γάλακτι φυρῶντες προσεφέροντο· καί ποτε καὶ διαπλάσαντες ἐξ αὐτῆς ἄρτους . . ." Sie wurde also einerseits zerrieben und mit Milch gekocht, also als Sterz, anderseits als Brot zubereitet. Diese zweifache Verarbeitung des Ersatzmittels gestattet einen Rückschluß auf die ebensolche des hierdurch ersetzten originalen Verpflegsartikels, nämlich zu Sterz und Brot; die Milch hinwiederum mag hier den Speck — oder andermal dieser die Milch — bei der Sterzbereitung ersetzt haben. So liefert uns gerade dieses letzte und kurioseste Surrogat einen sehr wertvollen Anhaltspunkt zur Beurteilung der normalen Verpflegung, die zu ersetzen es berufen war.

Surrogate der Pferdeverpflegung.

Im Gegensatze zur Armee Caesars litt jene des Pompejus keinen Mangel an Mannschaftsverpflegung; umso schwerer traf die Einschließung seine Pferde und Tragtiere.

Wir wissen, daß die römischen Kavalleriepferde als Hartfutter Gerste, als Rauhfutter aber Weide beziehungsweise frisch eingebrachtes Grünfutter (*pabulum*) erhielten. Heu (*fenum*) war im Altertum wohl bekannt, scheint jedoch nur in der Landwirtschaft, im militärischen Dienstbetrieb nur bei ganz stabilen Verhältnissen verfüttert worden zu sein, da wir es ausschließlich aus landwirtschaftlichen Facharbeiten (Cato, Columella) sowie aus den Akten stabiler Garnisonen der Kaiserzeit kennen[56]). Der Grund lag wohl darin, daß es wegen seines bedeutenden Volumens zum Transport im großen — vor Erfindung der Heupresse — nicht geeignet war, man daher die vom Nachschub unabhängige Weide beziehungsweise Grünfutterbeschaffung vorzog. Dies ging so weit, daß man die Zeit der Feldzugseröffnung geradezu von der Möglichkeit der „*pabulatio*" abhängig machte[57]).

Caesars Maßnahmen trafen zunächst diese *pabulatio*, das heißt sie schränkten den Raum der Weide und Grünfutterbeschaffung derart ein, daß er für die starke Kavallerie und den jedenfalls auch sehr beträchtlichen Train des Pompejus nicht ausreichte. Dieser half sich zunächst dadurch, daß er die Ackersaaten abweiden ließ (43, 3): als auch dies nicht mehr reichte, schickte er die Pferde zu Schiff nach Dyrrhachium, wo sie in der großen Ebene nördlich der Lagune

---

[56]) Vgl. A. v. Premerstein in Klio III S. 10 ff. (*faenaria*).
[57]) Caes. b. g. II 2, 2 u. a. a. O.

reiche Weidemöglichkeit finden sollten[58]). Doch Caesar engte auch diesen Raum durch Sperrung der Isthmen derart ein, daß die Maßregel illusorisch wurde (58, 1, 2). Es kam ihm hierbei zu statten, daß, während seine eigene, durch Mangel an Mannschaftsverpflegung charakterisierte Lage mit Beginn der noch bevorstehenden Ernte eine wesentliche Erleichterung zu erwarten hatte, sich jene des Pompejus zur selben Zeit mit der zunehmenden Sommerdürre immer mehr verschlechtern mußte. So begannen denn auch hier die unvermeidlichen Surrogate. Zunächst die schon erwähnte Ackersaat, die in dem getreidearmen Raum nur kurze Zeit ausreichte. Dann versuchte man Grünfutter und Gerste gleich der Mannschaftsverpflegung aus Corcyra und Akarnanien zuzuschieben; jedoch das erstere eignete sich, wie gesagt, wenig zum Massentransport und war daher nicht in genügender Menge herbeizuschaffen, letztere, die zweifellos als Hartfutterzubuße an Stelle des Rauhfutterabganges gedacht war, war in dieser Art naturgemäß nicht zuträglich, da sie das natürliche Verhältnis zwischen beiden verschob, und scheint auch nicht in einem dem hohen Pferdestand entsprechenden Überfluß vorhanden gewesen zu sein (58, 5); es ist übrigens nicht uninteressant, daß zu gleicher Zeit Caesar die Gerste als Surrogat für Mannschaftsverpflegung ausgab (47, 7). Als das alles versagte, griff man im pompejanischen Lager zu Baumlaub und Schilfwurzeln (58, 3). Damit war man allerdings am Äußersten angelangt, und als auch hier Mangel eintrat, ward der Durchbruch um jeden Preis unvermeidlich (58, 5).

Pompejus wagte also, gegen seine frühere Absicht und durch Caesars Maßregeln dazu gezwungen, die Schlacht; und es ist bezeichnend, daß seine ersten Maßnahmen nach gelungenem Durchbruch der Sicherung seiner Fouragierung galten (65, 4).

---

[58]) Zu diesem Mittel der Verlegung aller im stabilisierten Stellungskrieg in der Front selbst entbehrlichen Pferde von da in weidereiche Gegenden wurde auch von uns im Weltkrieg wiederholt gegriffen und nicht nur in Albanien. Aus den Bukowinaer Karpathen wurden im Winter 1916/17 infolge schweren Futtermangels alle irgendwie entbehrlichen Pferde, etwa 70 Prozent des Standes, nach Ungarn abgeschoben; vom Isonzo wurden sie im selben Jahre bis nach Serbien verlegt. — Von den „Surrogaten", welche unsere Pferde erhielten, will ich lieber schweigen. —

XIII. Die Leitidee des Feldzuges.

Von den landschaftlichen und kulturellen Eigentümlichkeiten des Kriegsschauplatzes ausgehend, haben wir in einer Reihe von Untersuchungen die Einwirkungen erörtert, die jene auf die verschiedenen Probleme der Kriegführung ausgeübt haben. Als Abschluß des Ganzen soll nunmehr die strategische Idee dargelegt werden, zu der sich alle jene Einflüsse und ihre unmittelbaren Folgeerscheinungen in den Gehirnen der Führer verdichteten und die, als Produkt materieller Faktoren und individueller Begabung den Verlauf der Kriegshandlungen beherrschend, erst das wahre Verständnis derselben zu erschließen berufen ist.

Die Feldzugseröffnung: die erste Offensive gegen Dyrrhachium.

Die Eröffnung dieses Feldzuges durch Caesar ist vielfach mit jener des Vorjahres, dem berühmten Übergang über den Rubicon, verglichen worden. Die Analogie ist denn auch unverkennbar: Der überraschende Zeitpunkt, die Wahl desselben zu Beginn des Winters, die Eröffnung der Feindseligkeiten mit nur einem Bruchteil der Kraft, nicht zuletzt die Übersetzung hier der Adria wie dort des Rubicon: aber gerade diese letzte Analogie beleuchtet am besten die reine Äußerlichkeit des Vergleiches. War das kleine Bächlein Rubicon nur sozusagen ein moralisches Hindernis, so war die wintersturmgepeitschte, von der übermächtigen feindlichen Flotte beherrschte Adria ein sehr materielles; und war im ersten Jahre die feindliche Streitmacht noch nichts weniger als operationsbereit, sondern erst in der Mobilisierung begriffen, und charakterisiert sich damit die damalige Offensive Caesars vor allem als eine gewaltsame Störung dieser Mobilisierung, so war im folgenden die feindliche Armee vereinigt und eben marschbereit geworden; durfte Caesar im ersteren Falle bei nur etwas Glück darauf rechnen, trotz der größeren Menge der dem Gegner zur Verfügung stehenden Mittel und trotz der eigenen ursprünglichen Verzettelung schließlich doch bei jedem Zusammentreffen überlegen zu sein, so mußte er im zweiten Jahre gefaßt sein, wo immer er auf den Feind traf, einer Übermacht gegenüberzustehen. Die strategischen Vorbedingungen waren ganz andere, und daher muß auch die strategische Grundidee eine wesentlich verschiedene gewesen sein.

Dieses große strategische Leitmotiv Caesars, das den ganzen Feldzug beherrscht, tritt denn auch schon in dessen allererster Phase mit vollster Klarheit zutage. Er landet mit einem, diesmal allerdings dem **größeren** Bruchteil der für den Feldzug bestimmten Kraft: dann aber nimmt er nicht, wie im Vorjahre, in rasendem Vormarsch die Hauptmacht des Gegners aufs Ziel, sondern wendet sich unbekümmert um dieselbe, von Süden nach Norden aufrollend, gegen dessen adriatische Küstenstellung. Was er damit bezweckte, erkennen wir, wenn wir uns die Situation vorstellen, die sich ergeben hätte, falls diese Operation vollkommen gelungen wäre, das heißt wenn Caesar außer Oricum und Apollonia auch noch **Dyrrhachium** vor der Dazwischenkunft des Pompejus hätte nehmen können.

Pompejus stand ursprünglich mit der vereinigten und marschbereiten Armee bei Beroia, also im Bereich des ägäischen Meeres; seine Flotte, der wesentlichste Faktor seiner Überlegenheit, lag in der Adria. Die Fühlung beider Gruppen ging naturgemäß über die adriatischen Küstenplätze, vor allem die beiden Endpunkte der Via Egnatia. Gelang es nun Caesar, den ganzen in Betracht kommenden Küstenstrich in seine Gewalt zu bekommen, so war die Verbindung zwischen dem feindlichen Hauptquartier und Landheer einerseits und der Flotte anderseits unterbunden, und zwar umso empfindlicher, je mehr ersteres sich selbst der adriatischen Küste näherte und damit die allenfalls als Notbehelf in Betracht kommende Seeverbindung um Griechenland herum aufgab: am albanischen Kriegstheater selbst war dann vollends jeder Kontakt der beiden pompejanischen Gruppen, jedes planmäßige Zusammenwirken und damit das wesentlichste Moment ihrer Überlegenheit ausgeschaltet. Denn mit der Trennung von der Flotte und dem gleichzeitigen Verluste der großen adriatischen Magazine hätte für Pompejus der für den tatsächlichen Verlauf der Ereignisse so entscheidende Vorteil der Unabhängigkeit vom Kriegsschauplatz in Verpflegsfragen aufgehört und der Moment, da die Verpflegung der vereinten Armee auf einem Fleck unmöglich wurde, wäre für ihn infolge seiner größeren Truppenzahl früher eingetreten als für Caesar: er hätte sofort die Schlacht suchen und, wenn Caesar sie mit Rücksicht auf das Kräfteverhältnis versagte, die adriatische Küste und damit den ganzen westlichen Balkan aufgeben, die Flotte ins ägäische Meer zurücknehmen, sich selbst auf den Orient zurückbasieren müssen. Dann wäre Caesar die Verbindung mit Italien und dem ganzen Okzident offen gestanden, der Nachschub jeder Art sowie der ungestörte Ausbau der eigenen Flotte wäre möglich und damit das Kräfteverhältnis endgültig zu seinen Gunsten entschieden gewesen.

Dies alles war zu erreichen, wenn Dyrrhachium fiel.

Caesars Plan scheiterte an dem rechtzeitigen Eintreffen des Pompejus vor der Stadt; die Anstrengung und Eile, die dieser hierbei entwickelte, zeigt am besten wie auch er erkannte, was hier auf dem Spiele stand. Ich habe schon einmal darauf hingewiesen, daß Caesar bei seiner Überfahrt von dem bereits erfolgten Abmarsche des Pompejus von Beroia keine Kenntnis gehabt haben kann; wäre dieser zur Zeit von Caesars Landung noch in seiner Ausgangssituation gestanden, so hätte Vibullius die besten Renner der Welt zu Tode hetzen dürfen und Pompejus wäre trotz aller Eile lange nach Caesar vor Dyrrhachium angekommen. Ein längerer Widerstand dieser zwar festen, aber kaum stark besetzten Stadt ohne Anlehnung an die Hauptarmee war aber nach dem Beispiel von Oricum und Apollonia nicht zu erwarten; diese beiden Fälle sowie der ganz ähnliche von Lissus lassen übrigens vermuten, daß da schon etwas wie ein vorbereitetes Einvernehmen bestanden hat. In Dyrrhachium dürfte es auch nicht anders gewesen sein, und Caesars Leichtgläubigkeit anläßlich des erheuchelten Verrates vor der ersten Schlacht ist wohl zum Teil darauf zurückzuführen.

Wir sehen aus all dem, daß die Entscheidung schon in den allerersten Tagen des Feldzuges auf eines Messers Schneide gestanden und Caesar durchaus nicht immer nur Glück, sondern gelegentlich auch recht arges Pech gehabt hat.

Und noch eines erkennen wir schon jetzt: die ungeheure und man kann sagen verhängnisvolle B e d e u t u n g d e r S t a d t D y r r h a c h i u m selbst für den ganzen Verlauf des Feldzuges. Für Pompejus bedeutete nach dem Verluste von Oricum, Apollonia und des ganzen Epirus ihr Besitz die einzige Verbindung zwischen Heer und Flotte, mit anderen Worten die einzige Möglichkeit der Aufrechthaltung seiner Überlegenheit und der dauernden Behauptung des Kriegsschauplatzes: für Caesar aber ihre Wegnahme die mit allen Mitteln anzustrebende Krönung seiner Pläne, die endgültige Zertrümmerung der gegnerischen Überlegenheit und damit den Endsieg. Mit magischer Gewalt mußte ihn der Platz anziehen: alle strategischen und taktischen Maßnahmen beider Feldherren zielten letzten Endes bewußt und einzig auf seine Wegnahme beziehungsweise Deckung: notwendig mußten sich die Operationen immer näher um die vielbegehrte Stadt zusammenziehen, mußte endlich vor ihren Toren die Entscheidung fallen. Nicht nur auf Grund äußerlicher Momente, sondern aus tief inneren Gründen darf und muß man die albanische Kriegsepisode als den „Feldzug von Dyrrhachium" bezeichnen.

Durch die Unmöglichkeit, Dyrrhachium gleich bei der ersten Offensive zu nehmen, wurde für Caesar nicht nur die Trennung der feindlichen Hauptgruppen vorläufig vereitelt, sondern auch die Vereinigung der eigenen wesentlich erschwert. Die Peripetie ist eine sehr bedeutende. Es ist schon seitens der alten Schriftsteller vielfach angedeutet, in der neueren Literatur wiederholt klar ausgesprochen worden, daß die bangen Wochen am Apsus für Caesar so ziemlich die gefährlichste Situation in seiner ganzen kriegerischen Laufbahn bedeuteten; das Bedenklichste an der Sache war eben, daß ihm gerade das in vollem Ausmaße passiert war, was er dem Gegner zugedacht hatte: die vollkommene Trennung seiner beiden Machtgruppen. Wie die Sache geendet hätte, wenn deren Vereinigung durch Pompejus endgültig hätte verhindert werden können, ist nicht abzusehen, und müßig, sich darüber den Kopf zu zerbrechen; wie ernst aber Caesar selbst die Situation auffaßte, beweist am besten der Überfahrtsversuch und nicht minder deuten die mit Hochdruck betriebenen Friedensverhandlungen darauf hin, auf deren Zusammenhang mit der kritischen Situation schon Dio hinweist[59]): sie erinnern sehr an gewisse Friedensanbote der Mittelmächte im Weltkrieg. Die erste Peripetie; Apsus.

In dieser Lage trat ein neuerlicher Umschwung ein, als die Vereinigung mit Antonius dank einem beispiellosen Zusammentreffen von Kühnheit und Glück dann doch zustandekam. Freilich, das, was Caesar ursprünglich angestrebt, war nur zur Hälfte geglückt: die Vereinigung seiner Hauptkraft war gelungen, aber die Trennung der feindlichen Landmacht von ihrer Flotte war damit nicht erreicht. Immerhin war nicht nur die ärgste Krise überwunden, sondern außer dem großen moralischen, auch ganz kolossale materielle Erfolge erzielt. Pompejus hatte in seinem Bestreben, die Vereinigung um jeden Preis zu hindern, die Apsuslinie aufgegeben und sie auch endgültig eingebüßt; Caesar aber stand jetzt auf der Via Egnatia, der wichtigsten Landverbindung des Pompejus, und hatte ihm damit den Landweg nach dem Osten abgeschnitten. Und gleich darauf, gewissermaßen in einem Atem der Ereignisse, verlor Pompejus auch noch die Genususlinie, und da auch Lissus kurz vorher in Antonius' Hand gefallen war, so sah er sich plötzlich auf Dyrrhachium und dessen nächste Umgebung beschränkt, er, der noch vor wenigen Tagen unumschränkter Herr der ganzen Nordhälfte des Kriegsschauplatzes und aller Verbindungen mit dem Orient gewesen war!. Man muß Die zweite Peripetie; zweite Offensive auf Dyrrhachium.

---

[59]) Vgl. Ed. Meyer, Die Monarchie Caesars und das Prinzipat des Pompejus, S. 307 Anm. 3.

sich diese Wandlung gut vor Augen halten, um das Verhalten Caesars zu verstehen, der trotz der aus Verpflegsrücksichten erzwungenen neuerlichen Kraftzersplitterung dennoch sofort zur rücksichtslosesten Offensive übergeht und selbst die Schlacht gegen die doppelte Übermacht nicht scheut; dann aber, als der Gegner sie verweigert, den alten Plan wieder aufnimmt, sich Dyrrhachiums um jeden Preis zu bemächtigen.

Die Situation war tatsächlich derart, daß sich die Entscheidung ausschließlich um den Besitz der Stadt drehte. Caesar hatte den Gegner bereits von j e d e r Zufuhr zu Lande abgeschnitten; wenn es ihm jetzt noch gelang auch Dyrrhachium zu nehmen, so war Pompejus auf engstem Raum vollkommen isoliert und mußte mit seiner ganzen Armee in kürzester Zeit zugrunde gehen. Er befand sich dann in weit schlimmerer Lage als Caesar am Apsus, sein Ressourcengebiet war weitaus kleiner bei doppelt so starken Kräften, das Ende mußte also in einem Bruchteil jener Zeit da sein, die Caesar damals als Galgenfrist vor Augen gehabt. Und dabei besaß er nicht einmal mehr die Möglichkeit, gleich dem Gegner durch Detachierungen seine Lage zu entlasten. Dies alles muß man sich vor Augen halten, um das rücksichtslose Einsetzen aller Energien zur Wegnahme Dyrrhachiums seitens Caears zu verstehen und all das Risiko, das er gerne auf sich nahm, sofern es ihm nur Hoffnung bot, diesem Ziele näherzukommen.

Die dritte Peripetie.

Caesars Plan scheiterte neuerdings an dem rechtzeitigen Eintreffen des Pompejus, der sich zwar diesmal nicht mehr wie das erste Mal zwischen ihn und die Stadt zu werfen vermochte, aber doch durch sein Erscheinen in ihrem Gesichtskreis sowohl die freiwillige Übergabe, die sonst wahrscheinlich erfolgt wäre, verhinderte, als auch jeden gewaltsamen Angriff unmöglich machte.

Es ist nicht zu verkennen, daß dieses neue Mißlingen des Anschlages auf Dyrrhachium einen fast sicheren Todesstoß abgewehrt und die rasende Serie der Erfolge Caesars jäh abgeschlossen hat. Pompejus' Lage war freilich nicht besser als sie tags vorher am Genusus gewesen, aber auch nicht schlechter, und das war unter diesen Umständen sehr viel wert; jedenfalls fiel die Rettung Dyrrhachiums für ihn in diesem Augenblick schwerer in die Wagschale als alle zu Lande erlittenen Verluste. Tatsächlich datiert die dritte Peripetie dieses Feldzuges, die mit der Schlacht an der Gešnike ihren Höhepunkt erreicht, von diesem Tage.

Caesar mußte das Fatale der neuen Situation schwer empfinden. Seine elanvolle Offensive war hart vor dem Erreichen des letzten

Zieles plötzlich gelähmt, und er hatte sich damit geradezu in eine Sackgasse verrannt. Indes das große moralische Übergewicht, das ihm die vorhergegangenen Erfolge verliehen hatten, im Verein mit der dringenden Notwendigkeit, sein Ziel unter allen Umständen weiter zu verfolgen, und nicht zuletzt die bekannten Erwägungen der Verpflegsfrage veranlaßten ihn zu dem Wagnis der Einschließung des übermächtigen Gegners im freien Felde vor Dyrrhachium.

Kampf um Dyrrhachium.

„Les manoeuvres de César à Dyrrhachium sont extrêmement téméraires: aussi en fut-il puni." Dieses Urteil hat der berufenste aller Kritiker Caesars gefällt, und man hat ihm begreiflicherweise allgemein Recht gegeben. Und wenn wir auch heute sagen dürfen, daß Napoleon seinen großen Vorgänger gerade in jener Schrift denn doch ein wenig zu sehr von oben herab behandelt, in diesem Ausspruche wird man ihm nicht ganz Unrecht geben können: Caesars Vorgehen war unbedingt gegen alle Dogmen der Taktik. Aber — das Paradoxe gehört einmal mit zum Wesen der Genialität. Und wenn wir den ganzen Verlauf dieser merkwürdigen Landblockade genauer verfolgen, so erkennen wir alsbald, daß es mehr als einmal den Anschein hatte, als sollte Caesar doch noch als Sieger hervorgehen. Freilich, gleich das verhängnisvolle Gefecht bei Paljemoh hatte seinen ursprünglichen Plan und damit seine Chancen wesentlich zu seinen Ungunsten beeinflußt; es war der zweite Schritt zur Peripetie, aber auch das ward in der Folge scheinbar wieder gutgemacht; insbesondere die andauernde Passivität des Pompejus, der sich zu einem kräftigen Entscheidungsversuch zunächst nicht aufraffen zu können schien, ließ Caesars Chancen wiederum steigen. Daß Caesar aber auch jetzt noch in der Wegnahme Dyrrhachiums den Endzweck aller seiner Operationen erblickte und diesen keinen Augenblick aus den Augen verlor, zeigt die erste Schlacht. Auf alle Fälle konnte er jetzt länger warten als der Gegner: und je länger dieser freiwillig wartete, desto besser für Caesar. Es gab da einen Zeitpunkt, wo beide in gleichem Maße unter Verpflegsschwierigkeiten litten; aber während Caesars Lage im Hinblick auf die bevorstehende Ernte wenigstens Aussicht hatte sich zu bessern, verschlechterte sich jene des Pompejus von Tag zu Tag. Das Pferdefutter war zu Ende, seine ganze stolze Reiterei dem ruhmlosen Zusammenbruche nahe. Die Zeit der Ernte, für Caesar die Erlösung, bedeutete mit ihrer Dürre für Pompejus erst die schwerste Krisis. Wenn die Sache so weiterging wie sie sich angelassen hatte, so konnte Caesar doch noch Sieger bleiben.

Pompejus erkannte dies auch, und so entschloß er sich endlich zu dem unvermeidlichen einzigen Rettungsweg, der energischen taktischen Offensive unter voller Entfaltung seiner numerischen Übermacht. Auch jetzt mißlang noch der erste Versuch und hätte ihm beinahe selbst den Untergang gebracht; der zweite jedoch gelang; Caesars verzweifelte Anstrengung, die Situation zu retten, endete mit seiner endgültigen Niederlage und besiegelte vollends die neue Peripetie.

Tatsächlich war mit einem Schlage alles wieder verändert. Pompejus hatte nicht nur den Besitz Dyrrhachiums und damit die Fühlung mit der Flotte behauptet, sondern war auch, da Caesar nach der Niederlage das offene Feld nicht zu halten vermochte, neuerdings Herr des ganzen Kriegsschauplatzes bis auf wenige feste Plätze geworden. In drei Tagen jagte er den Gegner bis hinter den Apsus und hatte damit die Situation so wiederhergestellt wie sie in jener Zeit gewesen war, da seine Chancen am höchsten, jene Caesars am tiefsten gestanden hatten; dieser aber war „auf den Punkt zurückgeworfen, von welchem er ausgegangen war“[60]).

Die Räumung des Kriegsschauplatzes.

Über das Folgende kann ich mich kurz fassen, einerseits weil darüber schon endlos viel geschrieben wurde, anderseits weil es bereits größtenteils aus dem Rahmen dieser Arbeit fällt: denn der Rückzug Caesars nach Apollonia, eine so brillante taktische Leistung er an sich ist, war doch strategisch nur die notwendige Folge der oben geschilderten Situation und brachte zunächst keine Änderung derselben.

Über Pompejus' vielkommentierten Entschluß, Caesar nach Thessalien zu folgen, verweise ich auf meine früheren Ausführungen[61]), die ich vollinhaltlich aufrechthalte. Ich möchte nur denjenigen von den Vertretern der Gegenansicht sehen, der, mit der Hand auf dem Herzen, Pompejus auch dann einen Vorwurf aus diesem Entschluß machen würde, wenn dieser, was ja damals die ganze Welt und er selbst nicht anders erwarteten, bei Pharsalus gesiegt hätte! Denn daß Caesar trotz der vor aller Welt offenkundigen, von ihm selbst rückhaltslos eingestandenen schweren Erschütterung, die jede andere Armee für lange Zeit hinaus jeder Offensivfähigkeit beraubt hätte, es zu stande bringen würde, nach kaum viel mehr als einem Monat, beinahe noch aus dem Rückzug heraus, eine ganz offene rangierte Feldschlacht gegen den eben erst siegreich ge-

---

[60]) Mommsen, RG. III[8] S. 420.
[61]) Geschichte der Feldzüge Caesars S. 356 ff.

wesenen, mehr als doppelt überlegenen Gegner nicht nur zu wagen, sondern auch zu gewinnen: das ist an sich so wunderbar im höchsten Sinne des Wortes, daß auch dem tüchtigsten Feldherrn kein Vorwurf daraus gemacht werden kann, diese Möglichkeit nicht ins Kalkül gezogen zu haben.

Aber noch eines ist wunderbar. Was Caesar in monatelangen immer wiederholten Versuchen, was ihm auf den Höhepunkten seiner Erfolge nicht gelungen war: die gegnerische Landmacht von ihrer Flotte zu trennen, das gelang ihm jetzt als Folge seines erzwungenen Rückzuges, betreffs dessen Richtung ihm eigentlich keine Wahl gelassen war; so hat er im Augenblick des äußersten Unglücks das erreicht, was ihm im höchsten Glücke versagt geblieben. Auf dem thessalischen Kriegsschauplatze war die Flotte tatsächlich ausgeschaltet. Caesar war sich dieses Sinnes seiner Bewegung voll bewußt[62]). Daß aber auch Pompejus die leitende Idee der ganzen gegnerischen Strategie in diesem Feldzuge richtig durchschaut hatte, daß ihm diese Erkenntnis gewissermaßen noch in allen Knochen lag, zeigt die Rücklassung eines so starken Detachements, wie es anderthalb Legionen sind, zum Schutze des heißumstrittenen Dyrrhachium, dessen ernstliche Bedrohung in absehbarer Zeit doch wohl außer jedem Bereich der Möglichkeit lag. Diese fünfzehn Kohorten waren hier wirklich überflüssig, und bei Pharsalus haben sie gefehlt. So hat Caesars strategische Leitidee nach ihrem scheinbar vollständigen Fiasko doch noch suggestiv in der Seele seines Gegners nachgewirkt und nicht unerheblich beigetragen zur endgültigen Entscheidung.

* * *

So bietet denn der Feldzug von Dyrrhachium in seinen Grundzügen das in der Geschichte immer wiederkehrende Bild, das uns, wenn auch in manchen Einzelheiten verändert, schon vorher im Kampfe Spartas gegen Athen, dann Roms gegen Karthago entgegentritt, und wie wir es zuletzt alle in dem Riesenkampfe Deutschlands gegen England erlebt haben. Schlußwort.

Hier wie dort sehen wir den Kampf einer qualitativ überlegenen Landmacht gegen eine quantitativ überlegene Seemacht: hier wie dort mußte die erstere trachten, nach möglichst über-

---

[62]) *„Ut abductum illum a mari . . frumento ac commeatu abstractum pari conditione belli secum decertare cogeret.“* III 78, 3. Vgl. Plutarch Caes. 39, 7; Appian b. c. II 64.

raschender, energischer Feldzugseröffnung, unter tunlichster Ausscheidung der Seegeltung von jeder Einwirkung auf die Landkämpfe, die Entscheidung mit äußerster Beschleunigung zu erzwingen, während es im Interesse und Plane der letzteren lag, einer allzu schnellen Entscheidung zu Lande auszuweichen, durch rücksichtslose Ausspielung der maritimen Überlegenheit den Gegner kriegswirtschaftlich zu erdrücken, und unter ihrem Schutze gleichzeitig den fortgesetzten ungestörten Ausbau auch der Landstreitkräfte bis zu jenem Grade zu fördern, der schließlich auch hier den Sieg sichern mußte.

Aus dieser Auffassung heraus wird uns alles klar: das rücksichtslose, oft mehr als riskierte Drängen Caesars auf die Entscheidung ebenso wie deren beharrliches Hinziehen durch Pompejus; dann aber und vor allem die Rolle der Küstenstädte im Feldzuge. Man braucht nur für Oricum Antwerpen, für Apollonia Ostende und für Dyrrhachium Calais einzusetzen, um diese Rolle restlos zu verstehen. Freilich darf Caesar nie der Vorwurf gemacht werden, daß er die Bedeutung seines Calais nicht vom ersten Augenblick an erkannt und dessen Wegnahme, unbeirrt durch noch so verlockende andere Ziele, vom ersten bis zum letzten Tage des Feldzuges mit eiserner Konsequenz angestrebt hätte. Es ist ihm nicht geglückt. Und wie die ganz unglaublich weitgehenden Erfolge, die er nach der Vereinigung mit Antonius und der Absperrung des Gegners vom ganzen Landkriegsschauplatz errungen hatte, in Nichts zusammenbrachen vor der einzigen Tatsache, daß er Dyrrhachium nicht nehmen und damit den Feind von seiner Flotte nicht hatte absperren können, so wurden auch alle Siege Deutschlands und seiner Verbündeten, die Eroberung des Balkans, die Zertrümmerung der italienischen Isonzofront und schließlich sogar die Ausschaltung des ganzen östlichen Kriegstheaters in dem Augenblick zu Schlägen ins Wasser, wo Calais nicht fiel und der U-Bootkrieg versagte.

Es war Caesars Glück oder Caesars Genie — und im Grunde ist beides dasselbe, — daß es ihm möglich wurde, aus dem vollen Zusammenbruch seiner strategischen Idee doch noch den Weg zur Rettung zu finden, indem er den Kriegsschauplatz räumte, auf dem für ihn der Krieg nicht zu gewinnen war. Albanien und Epirus hat eben auch ein Caesar nicht halten können, wie unter gleichen Seemachtsverhältnissen auch kein späterer Führer es je vermocht hat.

Ich erinnere nur an den in nächster Nachbarschaft und unter fast vollkommener Gleichheit der beeinflussenden Faktoren ausgekämpften Feldzug von Actium, der freilich in operativer Hinsicht vielfach geradezu als bewußte Nachahmung des dyrrhachinischen zu werten ist[63]); dann an den Krieg Boëmunds von Tarent gegen den byzantischen Kaiser Alexius, in dem die Analogie ihren Höhepunkt erreicht[64]). Die Lehren dieser sich immer wiederholenden Ereignisse aber, die solange in Kraft bleiben werden, als dieser Kriegsschauplatz und seine Verbindungen sich nicht radikal ändern, liegen nunmehr klar vor uns:

Auch die Landkämpfe in Albanien werden, qualitativ gleichwertige Gegner vorausgesetzt, schließlich durch die Überlegenheit der Flotten entschieden, und nur jener kann dieses auf Zufuhr von außen angewiesene Land dauernd behaupten, der das Meer beherrscht: denn nur er ist in der Lage, die quantitative Überlegenheit nicht nur bereitzustellen, sondern auch dauernd im Lande zu erhalten.

Und wenn die österreichisch-ungarischen Truppen trotz der bekannten Lage zur See in den Tagen vom 22. bis 25. August 1918 bei Berat und Fjeri den letzten großen Sieg zu erringen vermochten, der den Mittelmächten beschieden war, so spricht dies angesichts des damaligen Kräfteverhältnisses nicht gegen jene Lehre: es fügt nur das letzte Ruhmesblatt in den Kranz, den die Geschichte dereinst auf das Grab der kaiserlichen und königlichen Armee niederlegen wird.

---

[63]) Vgl. Kromayer in Hartmanns Weltgeschichte III S. 156.

[64]) Anna Comnena XII 9—XIII 8.